都城与陵墓研究

——段鹏琦考古文集

文物出版社

北京·2022

图书在版编目（CIP）数据

都城与陵墓研究：段鹏琦考古文集／段鹏琦著．—北京：文物出版社，2022.3

ISBN 978－7－5010－7281－1

Ⅰ.①都… Ⅱ.①段… Ⅲ.①汉魏洛阳城－古城遗址（考古）－文集 Ⅳ.①K878.04－53

中国版本图书馆 CIP 数据核字（2021）第 226852 号

都城与陵墓研究——段鹏琦考古文集

著　　者：段鹏琦

责任编辑：孙　丹
封面设计：程星涛
责任印制：王　芳

出版发行：文物出版社
社　　址：北京市东城区东直门内北小街 2 号楼
邮政编码：100007
网　　址：https：//www.wenwu.com
经　　销：新华书店
印　　刷：宝蕾元仁浩（天津）印刷有限公司
开　　本：787mm×1092mm　1/16
印　　张：23.75
版　　次：2022 年 3 月第 1 版
印　　次：2022 年 3 月第 1 次印刷
书　　号：ISBN 978－7－5010－7281－1
定　　价：210.00 元

1991年，于洛阳汉魏城队工作站

段鹏琦　　1938年11月出生，河南省偃师人。中国社会科学院考古研究所研究员。研究方向为汉唐考古。曾任社科院考古所洛阳汉魏城工作队队长、第三研究室副主任。

多年主持发掘洛阳汉魏城等遗址，出版专著数部，有《北魏洛阳永宁寺：1979—1994年考古发掘报告》（合著，中国大百科全书出版社，1996年），《汉魏洛阳故城》（文物出版社，2009年），《汉魏洛阳故城南郊礼制建筑遗址：1962—1992年考古发掘报告》（合著，文物出版社，2010年）等，发表论文数十篇。参与撰写的《新中国的考古发现和研究》，获中国社会科学院第一届（1977—1991年）优秀科研成果奖；《北魏洛阳永宁寺：1979—1994年考研发掘报告》获第三届夏鼐考古学研究成果二等奖（一等奖空缺）。

北京大学 1958 级考古班同学合影（段鹏琦　摄）

1991 年 4 月，宿白先生来工地参观合影（左起：杜玉生、宿白、段鹏琦、钱国祥）

在晋武帝陵前思考

1986 年 12 月，和钱国祥在工地

1988 年 4 月，在洛阳东汉墓园内扫除

1991 年 6 月，于洛阳洛魏城考古队工作站（后文均简称洛阳工作站）

1991 年 10 月，参观龙门石窟

2000 年 5 月，在偃师学术讨论会上发言

1995 年 5 月，与肖淮雁一起观摩永宁寺出土文物

1995 年 5 月，在洛阳工作站讨论永宁寺出土文物（左起：段鹏琦、张德清、肖淮雁）

2001 年 4 月，访栾川伊源

洛阳汉魏城考古队全体成员留念

1998 年 12 月，于洛阳

2002 年 5 月，于洛阳工作站

与夫人在洛阳工作站合影

与夫人在洛阳工作站合影

自 序

我 1938 年 11 月出生于河南省偃师县一个普通的农民大家庭，家住段湾西镇。我兄弟姊妹七个，其中五个男孩，我排老三。父母都是农民，但很重视孩子们读书。我的两个哥哥皆因旧社会家里穷，掏不起学费，或上到初中而辍学、或考上初中而未报到，终究没有读完，就早早地养家糊口。托中国共产党的福，家乡解放，各行各业逐渐兴盛，突飞猛进，两个哥哥先后参加了工作，我个人也得到了学习和实现志向的机会。

我在本村上完小学，到县城读初中、高中，1958 年考入北京大学历史系，念考古专业，承蒙苏秉琦、吕遵谔、严文明、邹衡、俞伟超、宿白等先生的辛勤教诲，学到了考古和文物的基本知识。1963 年毕业后，分配到中国科学院（后称中国社会科学院）考古研究所工作，由研究实习员逐级晋升为研究员。

在考古研究所，除 1963 年至 1964 年夏赴山东黄县劳动实习、1965 年年底至 1966 年夏到山西孙常公社郭李大队参加"四清运动"、1970 年 5 月至 1972 年 7 月下放到河南五七干校（先在息县，后迁至明港）劳动外，其余时间绝大多数用来搞业务。

先是在辽宁沈阳参加青铜时代墓葬的发掘，后参加河北保定满城二号汉墓、北京元大都后英房大型住宅遗址和和义门瓮城门的发掘。而后，被派到河南汉魏洛阳城参加辟雍遗址、太学遗址和灵台遗址的发掘。还为河南偃师二里头开办的考古训练班讲课、并辅导学员实习——发掘二里头 2 号宫殿遗址。

1982 年被考古所任命为洛阳汉魏城工作队队长。其时，适逢配合基本建设任务加重，和队里计划内的考古工作产生矛盾。每当此时，为了保证两者都要抓，而且要抓得好，我们坚持了有关基本建设的项目优先完成的原则。

在这种情况下，1983 年春，因配合首阳山电厂选址的需要，我们在偃师县城之西勘探，发现了偃师商城遗址。

1987 年在汉魏洛阳城内发掘一处东汉时期陵园遗址（保存下来的部分），获得了大冢连同广大墓园的一份完整资料。

1988 年 5 月，配合"207"国道建设中，在汉魏洛阳城北魏东外郭城范围内清理了一批墓葬和窑址。

1991 年 6 月，应洛阳古墓博物馆（后称洛阳古代艺术博物馆）之邀并与之合作，清理了已遭盗掘的北魏宣武帝景陵，加深了对北魏帝陵的认识。

1993 年，在汉魏洛阳城北魏西外郭城内，清理了 40 多座东汉晚期墓葬。

同一时期，我们在所做计划内的考古工作，约有以下诸项：

1982 年秋，在偃师南蔡庄、潘屯一带勘探，初步判明晋武帝峻阳陵和晋文帝崇阳陵的位置、形制和布局，并发掘了崇阳陵的两座陪葬墓。

1984 年春，在汉魏洛阳城太极殿遗址四面各开探沟一条，了解遗址的保存情况，为发掘做准备。

紧接着，在现存城墙上开挖探沟 10 余条，从而查明，在汉至晋代洛阳城址下，至少有三个规模不同、时代早晚各异的古城叠压在一起，它们分别始建或增筑于西周、东周和秦代。

还在北面城墙上，发掘了一座始建于魏晋时期的马面遗址。

是年秋，勘查发现汉魏洛阳城北魏外郭城西墙 4000 多米。第二年又发现北魏外郭城东城墙 1000 多米。19 世纪 60 年代曾发现北魏外郭城北城墙 1000 余米。证实北魏外郭城确实存在，只是北魏南外郭城无城墙发现。

在此期间，还对河南巩县（今巩义市，后同）宋陵采石场进行了调查。

1985 年 10—12 月发掘汉魏洛阳城北魏建春门遗址。

1989 年，在汉魏洛阳城北魏东、西外郭城内发现三条东西向大道和"阳渠"渠道，南外郭城内各条大道也先后找到，至此，北魏外郭城的基本框架全部搞清。

1993 年，在汉魏洛阳城北魏西外郭城内清理属于北魏大市的部分遗址。

1994 年，我不再做队长，而以顾问身份，参加汉魏洛阳城北魏永宁寺遗址发掘（出土数十件彩色泥塑残块），揭露永宁寺西门的建筑遗址。

自 1985 年至 1996 年在汉魏洛阳城北魏大市范围内多次发掘，出土许多中原地区少见的北朝瓷器和釉陶器。

在每项工作完成后，大多及时写出了简报或报告，同时，也就一些有关问题，写出了自己的认识和见解。

其间，在 1992、1993 和 1995 年，曾三次参加访问团，赴日本参加"中日都城研究现状"的学术交流活动。

1998 年年底退休。返聘。

近日，队内诸同事希望将我发表过的文章，收集出版。鉴于目前我的身体状况，全面改动已不可能，所以决定：一，已被作为专著出版者，不在收集范围之内；二，只收集分散发表在各种出版物上的；凡此类文章，均注明出处，基本上以原样示人，并按现行出版规范修改个别字、词，另有个别文章，有所删节。

向对以往我的文章提出过批评的同志，表示最诚挚的感谢。

段鹏琦

2020 年 10 月 18 日

目　录

自序　　　*1*

综合论述

洛阳汉魏故城勘察工作的收获　　　　　　　　　　　　　　　　　　　　　　　3

考古研究所汉唐宋元考古二十年　　　　　　　　　　　　　　　　　　　　　　8

三国至明代考古学五十年　　　　　　　　　　　　　　　　　　　　　　　　　22

再现古都历史的辉煌

　　　　——洛阳地区重要考古发现概述　　　　　　　　　　　　　　　　　40

考古调查及发掘简报

偃师商城的初步勘探和发掘　　　　　　　　　　　　　　　　　　　　　　　　47

偃师商城发现追记　　　　　　　　　　　　　　　　　　　　　　　　　　　　70

对勘察汉魏洛阳故城的片段回忆　　　　　　　　　　　　　　　　　　　　　　75

洛阳汉魏故城北垣一号马面的发掘　　　　　　　　　　　　　　　　　　　　　83

汉魏洛阳故城太学遗址新出土的汉石经残石　　　　　　　　　　　　　　　　　91

汉魏洛阳城北魏建春门遗址的发掘　　　　　　　　　　　　　　　　　　　　104

汉魏洛阳城西东汉墓园遗址　　　　　　　　　　　　　　　　　　　　　　　113

西晋帝陵勘察记　　　　　　　　　　　　　　　　　　　　　　　　　　　　154

初释西晋帝陵之谜　　　　　　　　　　　　　　　　　　　　　　　　　　　169

北魏宣武帝景陵发掘报告　　　　　　　　　　　　　　　　　　　　　　　　176

河南巩县宋陵采石场调查记　　　　　　　　　　　　　　　　　　　　　　　200

河南巩县宋陵采石场题记补遗　　　　　　　　　　　　　　　　　　　　　　207

研究论文

汉魏洛阳城的几个问题 211

汉魏洛阳与自然河流的开发和利用 221

黄河三门峡邻近地区新发现汉魏漕运遗迹浅议 233

洛阳古代都城城址迁移现象试析 246

汉魏洛阳故城形制浅议 258

对汉魏洛阳城外郭城内丛葬墓地的一点看法 263

洛阳平等寺碑与平等寺 268

洛阳东白马寺和庄武李王 276

从北魏通西域说到北魏洛阳城

　　　——公元五、六世纪丝绸之路浅议 280

隋唐洛阳含嘉仓出土铭文砖的考古学研究 288

西安南郊何家村唐代金银器小议 299

我国古墓葬中发现的孝悌图像 307

读唐崔凝及其妻李氏墓志 321

访问讲稿

北魏洛阳城的考古发现和研究 329

汉魏洛阳故城遗址出土的北朝瓷器和釉陶器 333

北魏洛阳永宁寺的考古发现和研究 337

北魏洛阳永宁寺遗址出土的彩塑残件 342

书评

读《北宋皇陵》 349

中国钱币学研究的新成果

　　　——简评《洛阳钱币发现与研究》 353

学术成果目录 355

后　记 361

综 合 论 述

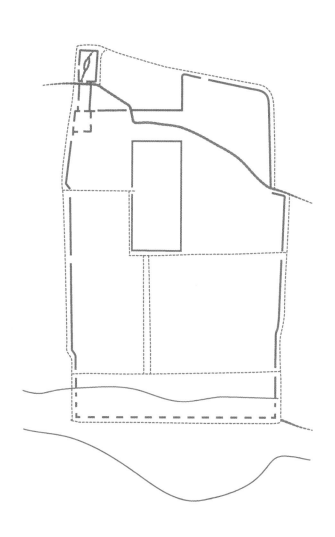

洛阳汉魏故城勘察工作的收获

段鹏琦　杜玉生　肖淮雁　钱国祥

　　洛阳汉魏故城是国务院公布的第一批全国重点文物保护单位。该城始建于周而废于唐，具有一千五百年以上的悠久历史。其间，自公元初年至公元 6 世纪，东汉、曹魏、西晋、北魏四代相继建都于此，作国都的时间累计长达三百余年。它像一部特殊材料的古代史书，保留着祖国历史前进的部分轨迹。

　　这座古都，在其存在的漫长历史时期内，伴随着阶级斗争的波澜起伏和一朝一代的盛衰交替，经历了沧海桑田般的巨大变迁：一次次遭受摧毁性破坏，又一次次复苏并走向繁荣。曲折的历史进程，造成了城址范围内文化遗迹的复杂关系。各代文化层，层次多且变化大；各类建筑遗迹，完整者少而屡经修补、改造者众。现象错综纷繁，似在这部特殊的史书上蒙上了一层神秘的罩纱。因此，要用考古学方法探明洛阳汉魏故城各个时期的历史面貌，实非一件容易办到的事情。

　　中国社会科学院考古研究所洛阳汉魏城工作队自 20 世纪 60 年代初组建以来，除部分时间用于完成其他任务外，已经在这里工作了十余年。经过一系列的野外调查、铲探和发掘，在学术上取得了一些初步成果，值此中国考古学会召开古城址会议之机，拟就汉魏洛阳故城勘察工作做一简单的回顾，并以此就教于与会的前辈及同行。

　　建队初期，关于该城址的实际资料，只有外国人的一张所谓实测图和阎文儒先生20 世纪 50 年代的地面踏查报告。因此，作为全面勘察工作的第一步，我们开展了对汉晋洛阳，即北魏洛阳内城城墙、城门、绕城水道、宫城及城内主干道路的钻探，从而初步掌握了该城的基本形制和布局，并得到了我国自己测绘的第一张比较可靠的实测图①。

　　勘察表明，该城呈不大规则的南北长方形，方向北偏东约 5 度。城墙版筑，东墙长 3895 米，西墙长 4290 米，北墙长 3700 米，南墙被洛河冲毁，现已不存，以东、西二城墙间距离估计，其长度当在 2460 米上下，城区面积大体与文献所记东西六里、南北九里相符。现存三面城墙上共有汉—北魏城门遗址十座，东面三座，西面五座，北面两座。这十座城门，除西城墙南起第二门汉雍门，第三门为废雍门后北魏所建西阳门、南起第五门为北魏新辟承明门外，其他皆为汉—北魏历代所沿用者，门名详载于文献，此不赘述。南面城门无存，从城内主干道路看，应有四门，同于文献记载。北城墙及西城墙北段外侧，各有与城墙相连的长方形夯土台基多处，当是古代城市防御设施之一、后世称作"马面"的遗迹。城西北角高地上附建小城一座，那就是有名的金墉城的遗址。它由南北毗连的三个小城构成，长1048、宽255米，面积约26.7万平方米，周围城墙上同样分布着"马面"遗迹。在包括金墉城在内的汉晋洛阳城外围，均发现了绕城沟渠，其口面一般宽约18—24米，最宽可达40米，它们显然就是文献中的阳渠。城内水道系统未探，但在阊阖门、大夏门以及承明门以北，分别探到了阳渠枝分入北魏洛阳内城、宫城和金墉城的分流处，为探查城内水道系统打下了良好基础。汉之南、北宫尚待查明，但对北魏宫城的布局已有基本了解：它位于北魏内城北中部。呈南北长方形，长1398、宽660米，面积约92.3万平方米。周围设版筑宫墙。城内建筑密集，其中轴线位于宫城中部稍偏西，宫城正门阊阖门及主殿太极殿，都是这条轴线上的主体建筑。宫城中部一条大道横穿而过，向东、向西分别贯通内城建春门和阊阖门。内城范围内，共有纵横主干大道八条，皆与城门相通。从宫城阊阖门通往内城宣阳门的大道最宽，约40—42米，应即北魏洛阳名噪一时的铜驼街的遗迹。此外，还探查了城东北角可能是汉魏太仓、武库的建筑群，以及城南大型礼制建筑灵台、明堂、辟雍等遗址。

在此后的岁月里，我们在工作中随时注意积累与该城历史沿革有关的各项资料和线索，为深入开展进一步的考察工作准备条件，其间，也在学术方面取得了一些收获。

1. 我们实地考察洛阳周围的山川形势，着意查访当年的重要关隘、河津，重点调查了保存较好的函谷关、大谷关、轩辕关旧址。由此，我们对洛阳之所以成为历史名城的地理条件有了比较深刻的认识。

2. 多次实地踏查今洛阳至偃师这一段洛河故道，对洛河改道前的走向、河床有了比较具体的了解，获得了一项对恢复汉魏洛阳历史面貌十分有用的科学资料。

3. 在复探城内永宁寺及城南辟雍、太学遗址时，我们特地探索了附近里坊的情况。有迹象表明，城内里坊的大小可能同城外（即北魏郭城）有所不同。

4. 早在20世纪60年代，我们就在城北邙山上探出数段残存的北魏外郭城北城墙，它们筑在山梁上，总长可千余米。70年代，我们又对外郭城东、西城墙做了一些探索性的工作。今年（1984年）正式开展了对外郭城西城墙的试探并获得了新的突破，找到了古长分沟及其上源谷水的遗迹，在长分沟东侧探出了郭城城墙及可能是郭城门的阙口。郭城城墙总长达4000余米，阙口有三个，东面正对内城城门。由这一发现和以往掌握的线索可以断言，北魏洛阳确实已经筑起了外郭城，彻底究明北魏洛阳外郭城的一天已经为期不远了。

5. 今年（1984年）我们还对城墙上的马面遗址作了考察。从北城墙一个马面的清理情况看，它始建于魏晋，北魏加宽城墙时又曾予以增筑。这一事实表明，在我国古代都城中，汉魏洛阳是迄今所知使用马面最早的实例。

1972 年以后，鉴于以高台建筑为主体的建筑遗址保存状况日渐恶化，我们用了几年的时间集中力量复探并发掘了汉晋灵台、辟雍及汉魏明堂遗址，同时，还发现并发掘了太学遗址[②]。这些遗址，损坏较甚，遗迹现存状况不佳，无从取得完备资料，主体建筑多数难以复原，然收获还是不小的，可归纳为以下几个方面。

1. 明堂、辟雍是汉魏时期最主要的礼制建筑，太学则是当时全国的最高学府。对它们的相互关系及建筑形式，汉以来有各种不同见解。按照蔡邕《月令》的观点，它们似乎是同一座建筑物，其所谓清庙、太庙、明堂、太学、辟雍，系"异名而同事，其实一也"。然在一些关于汉魏洛阳的文献里，却分别记载着它们各自不同的位置，如《洛阳记》有"平昌门直南大道东是明堂，道西是灵台"；《洛阳伽蓝记》有"灵台东有辟雍"；元《河南志》有明堂"在辟雍西南"，太学在洛阳故城"开阳门外三里御道东"；等等。事实如何呢？据实地勘察，灵台位于平昌门外御道西，明堂位于平昌门外御道东；辟雍在明堂东北、地当开阳门外御道东；太学更在辟雍东北，位置与前述记载多可印证。从而可以认定，在汉魏洛阳，明堂、辟雍、太学确是各自独立的建制。

2. 辟雍、明堂作为主要礼制建筑，从文献看，似乎各有规范化了的建筑模式，但调查、发掘表明，其实际建筑并非完全如式。例如辟雍，综观文献，其模式应为，内有馆舍，外无墙院，四门外有水，水圆如璧。而辟雍遗址呢，中心为殿堂，殿堂前即晋辟雍碑出土处；四面筑阙，阙外环水，然水不圆而方，与模式判然有别。

3. 汉魏时期我国天文学的发展居于世界的前列，汉代科学家张衡曾两度主持朝廷的天象观测工作。汉魏洛阳灵台，正是与天文学和科学家张衡有直接关系的天象观测机构。灵台在哪里，建筑形式如何？文献除记述其方位外，仅记其四周十二门；主体建筑为高约六丈、上平无屋的方形高台，并没有全面回答这一科学史家所关心的问题。通过铲探、发掘，不但确定了它的准确位置，而且再现了它的具体建筑形式。其主体建筑位于长方形院落的中心，其基体为一每边长约 50 米的方形夯土台基，台基四面各修出两层平台，平台上建造房舍。下层平台房舍开间小，或为回廊，上层平台房舍开间大，应为殿堂，殿堂壁而各以其方位相应地涂以青、红、白、黑诸彩。西侧殿堂后面还辟有或可称作密室的暗间。台基顶部残损，原高不可确知，或如文献所记为六丈，其上应是安置观测仪器的地方。由此人们完全可以想象，这一距今近两千年的天文科学之宫，当年是一派何等壮丽宏伟的景象。

4. 通过对太学遗址的钻探和发掘，查明了魏晋以降太学的范围，它南北长 220 余米，东西宽 160 余米，四面各设一门，围墙内整整齐齐排列着一座座长方形房舍。它的发现，不仅使当时国学的位置得以确定，还为推定东汉太学的地址和规模提供了科学依据。

1978 年，我们全面勘察了北魏洛阳城内的最大佛寺——永宁寺遗址③。勘察中我们钻探了它的平面布局，并发掘了山门、东门及木塔塔基。结果查明，该寺平面为一南北长的长方形，长 305、宽 210 米，四周设版筑围墙，东、南、西三面各有一门。木塔建在寺院正中，塔北为殿堂。这种以塔为中心的布置，正是我国早期寺院的典型布局。永宁寺木塔，据记载为九级，是当时闻名国内外的高层建筑。塔基呈方形，高 2.2 米，四周青石包砌，每面各设一踏道。塔基上规律地布置着排排木柱，中心部位则是一个木柱与土坯混作的方形实心体，残高 3.6 米。由塔基的结构及现状，既可复原这座名塔的基本风貌，还可借以窥知北魏时期建筑技术的发展水平。

在历年的发掘清理工作中，发现了大批汉魏时期建筑材料和一些与社会经济、文化、国际交流有关的文物，其中最集中、最重要的有以下四批。

1. 在汉魏洛阳以南发现汉刑徒墓地数处，我们对紧临洛河故道南岸的西大郊东汉刑徒墓地进行了发掘④。该墓地总面积约 5 万平方米，实际发掘面积约为总面积的百分之四左右，共清理安帝永初元年至永宁元年（公元 107—120 年）刑徒墓葬 522 座，出土刻铭墓砖 820 块，墓砖刻文记录了刑徒的部属、狱所、刑名、姓名及死亡年月。不少刑徒遗骸上留有外伤及病理伤痕。这些为研究汉代阶级斗争及刑徒问题提供了丰富资料，刻铭本身还是研究汉代书法的实物标本。

2. 在北魏洛阳内城南部，曾清理属于官署的房基一座，出土带刻文和印文的板瓦、筒瓦 911 块。瓦上文字记录了管理官员隤主、匠师以及承担轮、削、昆等制作工序的工匠姓名⑤，既是研究北魏官府手工业及其管理制度的宝贵材料，对研究北魏书法也有一定价值。

3. 将儒家经典镌刻成石碑立于太学供天下学人观摩，是东汉文化史上的重大事件，也是我国古代文化史上的一个创举。这些被称作石经的经碑残块，新中国成立前曾大量出土，并被学者摹拓汇集成书，然无一块为科学发掘品。1980 年我们在太学遗址先后发现两批汉石经残石，共 157 块，这在石经发现史上还是第一次⑥。此外我们还在当地收集到出土地点明确的汉石经残石 6 块，其中两块可以接合，其上残存《春秋》经文约 700 字。碑块之大，字数之多，都是所见残石中少有的。这些残石提供的新资料对研究石经所据经本，恢复石经原貌以及研究石经毁坏的历史都有较高的价值。初步研究表明，《尚书》石经确系采用欧阳氏本，经文 29 篇，单有一篇书序⑦；《仪礼》石经采用大戴礼本，丧服篇有经、有记而无传文，与今本异⑧。

4. 在北魏永宁寺塔基发掘中，发现一批大型泥塑残件和数百件彩绘影塑作品，其种类有佛、菩萨、比丘、武士及其他僧俗人物，还有龛饰、摩尼珠、菩提树等。这批泥塑造型逼真，工艺精湛，人物神情憨态可掬，植物如出自然，堪称北魏最上乘的雕塑珍品，在我国佛教美术史及古代艺术史上应占一定地位⑨。

在过去的十多年里，我们工作做得不多，学术成果也不够显著，但我们正是在这些工作实践中，逐步加深了对城址考古重要意义的理解，摸到了一些城址考古工作的规律，明确了汉魏洛阳故城考察工作的目标，提高了解决复杂问题的能力。从而使我们有可能在今后的工作中克服盲目性，增强自觉性，去开创汉魏洛阳故城考察工作的新境界。这在一定意义上，可以说是比学术成果更宝贵的收获。

（原刊于《中国考古学会第五次年会论文集〔1985〕》，文物出版社，1988 年）

注　释

① 中国科学院考古研究所洛阳工作队：《汉魏洛阳城初步勘查》，《考古》1973 年 4 期。

②⑧ a. 中国社会科学院考古研究所洛阳工作队：《汉魏洛阳城南郊的灵台遗址》，《考古》1978 年 1 期；b. 中国社会科学院考古研究所洛阳工作队：《汉魏洛阳故城太学遗址新出土的汉石经残石》，《考古》1982 年 4 期；c. 参见《新中国的考古发现和研究》第五章。

③⑨ 中国社会科学院考古研究所洛阳工作队：《北魏永宁寺塔基发掘简报》，《考古》1981 年 3 期。

④ 中国科学院考古研究所洛阳工作队：《东汉洛阳城南郊的刑徒墓地》，《考古》1972 年 4 期。

⑤ 中国科学院考古研究所洛阳工作队：《汉魏洛阳城一号房址和出土的瓦文》，《考古》1973 年 4 期。

⑥ 上半年发现者已报道，见注②b。

⑦ 许景元：《新出熹平石经〈尚书〉残石考略》，《考古学报》1981 年 2 期。

考古研究所汉唐宋元考古二十年

中国社会科学院考古研究所汉唐考古研究室

1977 年建院以来，我所坚持以马列主义、毛泽东思想为指导、以科研为中心的正确方向，充分调动、发挥全体科研人员的积极性，使得汉唐至明代的考古同考古学其他领域一样，在以往工作的基础上继续阔步前进并取得长足发展。无论是主动发掘、配合基本建设清理地下文物或是室内整理、研究，都有一大批新发现、新成果呈现在学界及世人面前。

一　古城址的考察概况

众所周知，古城遗址是中国考古学的重要研究对象。勘察、研究封建社会的古城遗址，尤其是都城遗址，更是汉唐考古的首要任务。自新中国成立初期起，在夏鼐所长领导下，我所即相继开始了对洛阳东周王城，西安西汉长安城、隋唐大兴—长安城，洛阳汉魏故城、隋唐东都城，北京金中都、元大都以及新疆吉木萨尔北庭古城，黑龙江宁安渤海上京龙泉府城的考古勘察，并建立了相应的考古工作队，对各遗址进行长期而有计划的专题勘查和研究。这一部署，既有利于遗址保护，又有利于学术研究。业已获得的一系列重大成果，不仅引起国内外学者的极大关注，也为大遗址保护提供了可靠依据，而更重要的，是为重新编写中国古代都城史奠定了较好基础。毋庸讳言，从学术研究深入发展的长远观点看，其间还是存在某些较明显的薄弱环节甚至缺环。进入 20 世纪 80 年代，为弥补缺环、加强薄弱的环节，以满足中国古代都城史研究的需要，我所主动与有关省、市文物单位联合，先后于 1983 年和 1986 年分别组建了河北、江苏、浙江考古队，共同开展对河北邺城遗址、江苏扬州城遗址、浙江杭州临安城遗址的考古勘查和研究，获得丰硕成果。

二　城址整体布局考察

古代城址，尤其是都城遗址考察的重点，首先是究明不同时代城址的整体布局特点及其演变规律。自新中国成立之初至20世纪70年代中，考古勘查工作开展较早的城址，如隋唐大兴—长安城、元大都城和渤海上京龙泉府城，整体布局业已基本查明。而另一些城址，如西汉长安城、洛阳汉魏城、隋唐东都洛阳城，整体布局虽已大体明了，但还存在某些疑难之点甚至是较大的缺憾①。通过1977年以来的工作，一些疑难之点得以澄清，缺憾得到弥补，我们对各城址整体布局的认识，进一步趋向明晰、准确和完善。

西汉首都长安城，在整体布局上素以宫殿区分散、占地面积大为特色。在1975年以前，就完成了对外郭城垣、城门和城南礼制建筑群的探查和发掘，并查清了城内街道以及长乐宫、未央宫、桂宫和城西建章宫的形制与范围。二十年来，又相继开展了对长乐宫、未央宫、桂宫、武库、东市、西市以及分布于两市和诸宫间的手工业遗址的全面勘探、发掘或试掘，确认了未央宫、桂宫，东、西市的相对位置及未央宫主殿——前殿的具体所在，从而认定西市在主殿之北，具有"前朝后市"的意味。贯通郭城横门、未央宫南门西安门的南北轴线，向南通过城南礼制建筑群的社稷和宗庙之间，又表现出"左祖右社"的规划构想。同时，从郭城、宫城形制、未央宫前殿选址，还可发现汉长安城在城市规划设计上，体现了汉人"择中""崇方"。在汉长安城，一个牵涉整体布局但又长期悬而未决的问题是北宫的具体位置。这个问题，通过1995年的大规模勘探最终找到了答案，确认此宫处于由厨城门大街、安门大街、直城门大街、雍门大街交织构成的长方形区域内，平面呈长方形，隔"北阙甲第"区与桂宫东西相对，南北长1710、东西宽620米，四面建夯筑宫墙，南北宫墙各辟一门②。至此，除明光宫有待继续探查外，长安城的整体布局，可以说已经基本查明。

洛阳汉魏故城，是东汉、曹魏、西晋、北魏四代的都城，它的前身是东周时期的成周和秦汉洛阳。上下千余年连续使用同一城址，考察工作难度之大不言而喻。20世纪70年代以前，业已对汉—晋代洛阳城（也即北魏洛阳内城）的城垣、城门、城内主干道路、宫殿、寺院、环城水道及城南礼制性建筑、太学等进行了全面勘探和重点发掘。建院以来，除相继发掘汉晋太学，北魏明堂、永宁寺和东城垣建春门外，着力开展有关城址沿革及整体布局演变的考古勘查工作。1984年，在该城现存东、北、西三面城垣上开挖探沟十多条，借以查明城址沿革历史。勘查结果表明：此城址的源头可以追溯到西周时期，西周城址地当汉—晋代洛阳城中部；东周时期敬王东迁，因城区狭小不敷王都之用，将此城向北扩展至汉—晋代洛阳北城垣处，形成东周时期的成周城；秦封吕不韦于洛阳又向南扩大其城，即达到汉—晋代洛阳城的规模③。从1985年开始，勘查北魏洛阳外郭城以及郭城内主干道路和水道系统。外郭城垣的发现，证明北魏洛阳城的规模空前扩大，东西、南北俱已达到10千米④。勘查发现和研究表明，伴随城市范围的扩大，城内布局也发生了根本性的变化。汉至晋代，宫殿区经历了由相对分散的南北宫制向集中于城区北中部的单一宫制转化；北魏时城区扩大，汉—晋代洛阳城变成了内城，内城大部为宫城、宗庙和中央衙署所占据，已具有某些如同隋唐皇城那样的性质，外郭城内则成为主要居民里坊区和工商市场所在地。汉魏洛阳城的城市布局演变，突出表现了它在我国古代都城发展史上的重要地位⑤。

相对于隋唐大兴—长安城来说，隋唐东都洛阳城作为当时的陪都，在城市整体布局上如实表现了低大兴—长安城一等的性质，这在70年代以前测绘的隋唐洛阳城平面实测图中得到了形象反映。经过建院以来的大量实际工作，对宫城及宫侧诸小城的平面布局提出以下三点局部性更正或补充。1. 陶光园东西两端的南北向短墙实为宋代所筑，应予删除。墙既不存，前图所标陶光园东西两端的隔城，也就没有存在的理由了。2. 现已有根据认定，在宫城中轴线西侧、与东侧之东宫西墙相对称处，同样有一条南北向夯土墙，此墙与西夹城之间的长方形区域，当即诸皇子、公主所居处。3. 在皇城以东，发现东城南墙，使东城南界得以准确认定⑥。近年又在皇城右掖门外西侧，发现并发掘了上阳宫的部分园林遗址⑦，从而使上阳宫的地望得以确认。这些新成果的取得，更加丰富、完善了我们对隋唐洛阳城整体布局的认识。

建院以来才陆续开展较大规模考古勘查工作的邺城、扬州城及临安城遗址，日益清晰地显示出它们的本来面目。

邺城是曹魏和东魏、北齐的都城，它和汉魏洛阳城在时代上相互交替，同为研究汉魏北朝时期都城布局演变的重要遗址，一向为国内外学者所关注。邺北城，建于东汉建安九年（公元204年），曾是曹操封魏王时的国都。关于此城，以往只有连城区范围都不太准确的地面调查材料。通过1983—1986年对其城垣、城门、城内道路及宫殿区的勘探和重点发掘，知其平面略呈长方形，东西长2400、南北宽1700米，四面城垣之上应有七门，因遗址保存太差，实地勘探只能确定其中六座门址的位置。在城内，由东垣建春门通往西垣金明门的东西大道，将整个城区分成南北两大部分。道南部分为里坊区，其间已有数条南北向道路遗迹发现。道北部分，自东至西分为三区，分别相当于文献记载中的戚里、宫殿区和铜雀园。铜雀园西侧即大城西垣，城垣上曾建造铜雀三台，今只有南面的金虎、铜雀二台遗址犹存。邺北城将宫殿区与里坊区断然分开这种布局的出现，在我国古代都城发展史上具有划时代的意义⑧。它曾直接影响到汉—晋代洛阳城内布局的变化。据研究，不仅曹魏洛阳城金墉城的营建就是邺北城于西城垣上建造三台作法的延续，而且在汉魏洛阳城由南北宫制向单一宫制的转化中，邺北城的影响应也起到了促进作用。邺南城是东魏、北齐时期新扩出去的部分。扩建后的邺城，其城市布局当包含自南北朝都城转化为隋唐都城的过渡性特征。对邺南城的勘探和发掘已经全面展开，在中轴线两侧发现一系列大型建筑遗址⑨，可望取得有关都城发展演变的重要新资料。

隋唐扬州，乃隋江都宫之所在，也是唐代东南地区一大重镇和工商业中心，并为宋及以后诸代所沿用。对扬州城进行全面考古勘察，始于 1987 年。经过近十年的工作业已查明，隋江都宫城位于今扬州北部的蜀冈上，系在汉广陵城基础上修建而成。平面呈不规整的方形，南北约 1600、东西约 1900 米，四面各辟一门。南门一门三道，规格略同京都皇城正门。唐代扬州，除沿用隋江都宫城旧址建成子城外，又在蜀冈下营建了罗城。子城又称衙（牙）城，为官府所在，罗城则为里坊区，安置工商市肆和百姓。二城南北通长 6030、东西 3120 米，规模仅次于长安、洛阳二京。罗城平面呈长方形，南北 4200、东西 3120 米，周绕夯筑城垣，四面共辟七门。城内勘探出南北大道三条，东西大道四条。根据《梦溪笔谈·补笔谈》提供的线索，还在诸东西大道间探出相同方向的小道九条。依据这些实物资料，现已能够基本复原罗城范围内道路、水道网络及里坊分布的整体面貌。勘查还表明，宋代扬州由大城、宝祐城、夹城等三城构成。宋大城和宝祐城，系分别以唐罗城东南隅和子城为基础缩建而成，夹城处于大城和宝祐城之间，起联络南北二城作用[10]。宋代扬州军事意味浓重，其性质与唐代扬州截然不同。

南宋都城临安城的考古勘查面临重重困难，但近些年宫殿区勘探的开展以及郭城南垣和太庙遗址的发现[11]，预示着通过孜孜不倦的艰苦努力，究明其整体布局将不是很遥远的事。

此外，近些年还对北庭故城遗址进行了实地勘查，测绘出比前人更为科学的城址平面图[12]。

三　城门结构及宫城、离宫考察

探讨城门的形制及建筑结构，历来是城址考古的主要任务之一，对历代都城遗址来说，更是必不可少的考察项目。汉长安城的宣平门、霸城门、西安门、直城门和横门，早在 20 世纪 50 年代已经发掘或试掘过。其形制均为一门三道，门洞建筑结构皆为靠排叉柱支撑的大过梁式；门外数十米处建造双阙；供排水涵洞从门洞地下通过。近些年，在各都城遗址发掘城门址颇多，较重要者有汉魏洛阳城建春门[13]、邺南城朱明门[14]，唐长安含光门[15]，东都洛阳郭城永通门、宫城应天门[16]，唐扬州城西门[17]等。发掘表明，自汉至唐凡属郭城、皇城、宫城的主要门址，皆取一门三道甚至一门五道形制，门洞建筑结构同为大过梁式；供排水涵洞，在北魏以前，承两汉传统，由门洞下穿行，汉魏洛阳建春门的发掘显示，自北魏起，供排水涵洞出入城已改由门侧某处。汉长安城门外立双阙的做法，为汉—晋代洛阳所继承，至迟到东魏、北齐的邺南城朱明门时期，门外双阙已不再孤立存在，而是以短墙将其与郭城垣连为一体。这种做法，到隋唐时期达到更高境界，并用于宫城正门，双阙取三出阙形制，连结阙与城垣的短墙一变而为廊道，且于廊道与城垣连接处增建垛楼，显得十分雄伟壮丽，隋唐东都洛阳宫城应天门即其典型实例。唐扬州城西门外侧发现瓮城遗迹，这在内地都城或大城遗址中尚属时代最早的一例。而更使人感兴趣的，是 1996 年在扬州宋大城遗址上揭露的南宋门址，门洞遗迹与前述诸城门大异其趣，不设排叉柱，据以断定该门洞应为券洞式[18]。它标志着我国古代城市的城门结构，完成了由过梁式向券洞式的转化，因而具有划时代的意义。

宫城是都城的核心，宫城遗址在考古学上的重要性自不待言。在宫城遗址考察方面，以对汉长安城未央宫的勘探、发掘最为引人注意[19]。未央宫平面近方形，边长 2150—2250 米，宫墙夯筑而成，四面各辟一门，四隅并有角楼。宫内探出相互平行的东西向干道两条，南北向干道一条，南北向干道直通宫之南门。这三条干道将宫内地面分为南部、中部和北部。中部为该宫主体建筑未央宫前殿所在地，殿址两侧还有一些其他宫殿建筑。北部为后宫和皇室官署之所在。后宫首殿椒房殿，即在前殿基址以北 350 米处；少府及其他皇室官署多在后宫之西；在后宫以北和西北安排包括天禄阁、石渠阁在内的文化性建筑。南部，西侧为宫内池苑区，东侧也有一些建筑基址。在这些重要建筑基址中，有 4 处，即宫西南隅角楼、椒房殿、少府及一处负责官营手工业的官署，已经经过发掘，其建筑结构各具特征。负责官营手工业的官署基址，出土刻字骨签 5 万多枚，多为设在地方的中央工官向皇室和朝廷上交各种产品的记录，具有较高资料价值。

在未央宫与长乐宫之间发现并发掘的武库遗址，是我国迄今发现的唯一一处国家武库。这是一座由东、西二院构成的长方形院落，东西长 710、南北宽 322 米。东、西二院分别布列着 4 座和 3 座建筑基址，清理出大量包括剑、刀、戟、矛、斧、镞等铁兵器[20]。

唐长安大明宫的整体布局，建院以前已经基本查明。近些年来，又相继发掘了含耀门[21]及三清殿、翰林院和朝堂遗址，进一步丰富了对大明宫建筑布局和不同类型建筑结构的认识。1995—1996 年对含元殿本身的整体揭露，弥补了以往局部发掘带来的某些缺陷，在对这一宏伟建筑形制和结构的整体把握上，科学性大大提高，正确恢复了它的真实面貌[22]。在隋唐东都洛阳城，位居宫城、皇城中轴线上的应天门、乾元门[23]和武则天明堂遗址[24]先后得以发掘，不仅明确了各建筑的具体位置和结构特征，对复原宫城内主要建筑的布局也有重要意义。近些年在洛阳宫城内勘探、发掘九洲池遗址[25]，在皇城右掖门外西侧勘探、发掘上阳宫遗址的园林部分，取得了关于唐代皇家园林的一批宝贵资料。它们构思巧妙，布景协调，水池与亭台楼阁、假山花树相映成趣，再现了唐代皇家园林的历史风貌。

隋唐两朝在精心营建都城及其皇城、宫城的同时，还在首都之外一些山水胜地兴建离宫。1978 年开始勘察、发掘的唐九成宫即是当时诸离宫中最为著名的一座。此宫系在隋仁寿宫的基础上加以修缮、增建而成，位于东距西安 163 千米的麟游县新城区，地属渭北丘陵，海拔 1100 米，四面青山叠翠，中间杜水长流，夏无酷暑，景色宜人，是最受隋文帝、唐太宗、唐高宗喜爱的避暑胜地。据勘察，离宫平面略呈长方形，建宫墙两重，内垣平直，外垣屈曲，跨谷据岭。外垣之内，以居中主殿为中心，凭山面水营造殿台亭榭数十座，已发掘的数座，规模大小不同，建筑风格各异，展现了这座离宫往昔的壮丽、秀美景观（图一）。近年清理的 37 号殿址，隋唐两代相沿使用，西距主殿 100 米。其石构长方形殿基保存基本完整，殿基之上柱础石绝大部分保持原位，据判断，这是一座面阔九间、进深六间的大型建筑，建筑结构独特，各部构件雕造精美（图二），从这里，既可体味隋代建筑技术达到的高水平，又可看到隋唐两代建筑艺术的承继关系[26]。

图一　隋仁寿宫唐九成宫醴泉渠遗迹　　　　图二　隋仁寿宫唐九成宫遗址出土鸱尾
（自东向西摄）

四　名人宅第及官府衙署考察

历代都城遗址中，都有为数众多的达官贵人及文化名人宅第，但直至20 世纪80 年代，实施全面发掘者，元大都虽间或有之，其他都城遗址却迄无一例。在这种形势下，

1991—1992 年隋唐东都洛阳城白居易故居的发掘便显得特别宝贵[27]。白居易乃唐代杰出的现实主义诗人，晚年定居洛阳履道坊西北隅。对其宅第的大体面貌，诗人曾有多篇诗文描述。发掘表明，其宅第呈南北长的长方形，南半为以南池为主体的园林区，北半是由前后庭院构成的两进式院落，当为居住区。伊水渠经宅第西墙下北流，至宅第西北角右转，沿宅第北墙东去。遗址状况同诗人诗文的描述毫无抵牾之处。出土遗物中，既有文房用具石砚、瓷砚和陶砚，又有较为完备的茶具、酒具，南园区清出的石经幢，题记中有"大和九年"纪年和"开国男白居易造此面尊胜"陀罗尼经幢字样，以形象资料表现了诗人晚年寄情自然、嗜酒、好茶、奉佛的生活情趣和信仰。

宋代衙署遗址，前所未闻，1992 年在隋唐东都洛阳东城范围内所发现者应属首例[28]。此衙署遗址，西半似为庭堂类建筑，当是该遗址的主体，惜因破坏太甚，只有部分遗迹残留，东半则为由花砖甬道、水池、台榭、石子小路等组成的园林区。基于此遗址的上述特点，故而被称为庭院衙署遗址。此遗址的发掘，为研究宋代大型衙署的建筑布局及整体风貌，提供了一个难得的典型实例。发掘出土的一大批陶质建筑构件，如各种类型的脊瓦、脊兽等，也是十分少见的。

五 佛教寺院考察

佛教寺院，是汉唐考古的又一重要考察对象。建院以来，除零星发现的佛教遗迹、遗物外，经过较大规模勘查、发掘的，计有北魏洛阳永宁寺，唐长安青龙寺、西明寺以及新疆吉木萨尔高昌回鹘佛寺遗址四项。

北魏洛阳永宁寺，位居宫城以南一里御道西，乃孝明帝之母胡太后建，是当时最著名的寺院之一。经过 1979 年以来的多次发掘，全面揭露出它的完整布局。其平面呈规整的长方形，南北 301、东西 212 米，周绕夯筑寺垣，四面各开一门。寺内中心部位为一九层木塔，塔与四门直对，塔北有大型佛殿一座。木塔塔基尚存，其上犹存塔身初层残迹，塔身初层残迹显示，其东、西、南三面原曾筑建像龛。永宁寺的整体布局，突出表现出以塔为主、以殿为副的时代特质。发掘出土的大批彩塑残件，还是当时堪称一流的雕塑艺术珍品[29]。

唐长安青龙寺，原为隋灵感寺，位于长安城新昌坊东南隅，地当今西安市南部铁炉庙村北高地。原范围应占有全坊面积的四分之一，东西长 530 余米，南北宽约 250 米，因历代破坏，南部遗迹不存。至发掘前夕，青龙寺遗址尚存部分，东西长 500、南北宽 100—200 米，约为原面积的二分之一。今所发掘者，仅是位于寺址西部的两座院落和中部的北门遗址。两座院落中，居西一院，又称塔院，有早晚两期建筑遗迹。早期遗迹由中山门、塔、殿三部分组成；晚期遗迹，包括殿堂、回廊和东西配房。晚期殿堂建在早期殿址上；回廊环绕塔院四周，其中南廊叠压在早期的中山门故址上；东西配房置于殿址东西两侧。从遗址出土的石灯台纪年铭文看，早期建筑有可能属于隋代寺院建筑，毁于武宗会昌灭法时，晚期建筑属于宣宗再次恢复起来的青龙寺。居东一院，仅残存一座殿堂基址和部分院落，而殿堂基址也是早晚两期遗址叠压在一起，其时代应与塔院早晚两期建筑遗迹相对应[30]。西明寺，位于唐长安皇城西南之延康坊西南部。此次发掘性质属配合基本建设清理地下文物，受条件局限，仅清理出寺址最东面一组建筑的一部分。这组建筑，自南至北排列着三座殿堂，并由回廊和廊房相连接，构成三进相对独立的院落[31]。从青龙寺和西明寺已揭露部分看，这两所佛寺的建筑，皆由一个个结构严谨的院落构成，显然是一种不同于北魏洛阳永宁寺的新型布局。

相对于上述三所佛寺来说，新疆吉木萨尔高昌佛寺应属于有别于中原地区的另外一个系统的佛寺建筑。该佛寺位于北庭古城之西 700 米处，整体呈长方形，南北残长 70.5、东西宽 43.8 米。遗址北部是以正殿为主体的建筑群，外观呈方塔形。正殿南北长 15、东西宽 11、残高 14.3 米。正殿四周环筑洞窟式大龛，每面应有大龛三层，现仅存两层，龛内建塑像、壁面彩绘壁画。正殿之南，以正殿踏道口、庭院、平台为中轴线，左右对称排列佛殿以及库房、僧房等附属建筑。这所佛寺的时代，约在 10 世纪中期至 13 世纪中期左右，最终废弃似在进入 14 世纪以后。它规模宏伟，塑像壁画精美，高昌王等贵族供养像栩栩如生，回鹘文题记随处可见，应是高昌回鹘在陪都北庭建造的王家寺院。通过这次发掘，扩大了回鹘佛教遗迹分布的地域，弥补了吐鲁番回鹘佛寺形制和塑像壁画资料中的缺环，大大丰富了高昌回鹘佛教文化的内涵[32]。

六　手工业遗址考察

在封建社会里，各种手工业部门甚多，而在我们的工作范围内所涉及的，主要是制陶业、冶铸业和陶瓷烧造业等。

属于制陶业而以烧制砖、瓦等建筑材料为主的窑址，历来发现甚众。这里只想撮其要者，以在汉长安城发掘的官营陶俑窑址、冶铸遗址、铸币遗址以及在浙江、福建、宁夏等地发掘的瓷窑遗址为例，略述建院以来在手工业遗址考察方面取得的成绩。

汉长安城发现的陶俑窑址、冶铸遗址和铸币遗址，皆处于西市范围内[33]。陶俑窑址，共发掘 21 座，产品包括裸体人俑、马俑、鸟俑等，而以裸体人俑为主。裸体人俑的形象，分别与茂陵和杜陵出土陶俑类似，应为随葬明器产地，是研究少府东园秘器生产的重要实物。冶铸遗址，共发掘 2 处，两者相距 100 米。居南一处，包括 3 座烘范窑、1 处冶铸遗迹和 5 个废料坑；居北一处，有烘范窑 1 座、废料坑 3 个。产品皆叠铸范，主要品种为车马器，所见有圆形轴套范、六角承范、带扣范、圆形环范以及齿轮范、权范、器托范、镇器范等。铸币遗址在西市东北部，出土"五铢"钱范母数以千计，质地有砖有石，而以砖质者为大宗。范母上间或刻有题记，题记内容包括纪年、编号、匠名等，纪年以"元凤""本始""甘露"等为多，对探讨西汉政府铸币生产及其管理、研究"五铢"钱断代颇有价值。

在浙江、福建进行的陶瓷窑址考察工作，包括1979—1980年对浙江龙泉县（今龙泉市，后同）安福村至安福口地段的考古调查和发掘，1984年与浙江省文物部门联合发掘了杭州市南宋官窑遗址，1989—1992年与福建省文物部门合作发掘福建建阳境内宋代建窑遗址。

在对浙江龙泉安福村至安福口地段的考古调查、发掘中，调查窑址60余处，发掘了其中的4处民间窑场遗址，发现宋、元、明诸代各种窑炉15条、制瓷作坊4处，采集到大量精美的龙泉窑系青瓷器（图三）。这些窑址位于濒临河岸的山坡上，一处民间窑场面积约2000平方米，包括龙窑窑室和作坊两部分。龙窑依山势修建，从山脚延伸至山头，整体呈长条形，作坊建在窑室近旁的山坡平地上，一般面积不大，小且简陋的窑工住房则建于作坊附近。这种布局，适合民间生产特点，便于就地取材，并完成淘漂、练泥、拉坯、装烧等一整套工序㉛。

图三　石大门山元代瓷窑遗址（自南向北摄）

对浙江杭州南宋官窑的发掘，在窑址所在之乌龟山清理窑炉1座、大型作坊遗址1处，出土瓷片3万多片，复原出23类70多种型式的瓷器，其中有日用器，也有陈设器和祭器，宫廷生活所需器皿几乎应有尽有。此外，还出有数千件工具和窑具㉟。从这里，我们不但了解到南宋官窑制瓷手工业作坊的规模、结构及产品特征，还看到了融合南北方制瓷工艺而形成的先进技术。

在对福建建阳境内宋代建窑窑址的考古发掘中，清理出龙窑10条和一些作坊遗迹，最长的一条龙窑长达135米，规模之大，前所未见。出土瓷器数量甚多，品种以黑釉茶盏为主，有的茶盏底部刻有"供御""进琖"等字，明白道出了该窑生产的黑釉茶盏也曾是奉献朝廷的贡品㊱。

上述浙江龙泉窑、杭州南宋官窑、福建建窑，都是我国古代名窑。以往无不进行过一定的试掘，但像近些年开展这种较大规模的发掘，实不多见。这对全面掌握实物资料，正确评价当时陶瓷烧造业的发展水平，都非常必要，因此，其学术意义自然非同寻常。

除此之外，为抢救江西景德镇湖田窑址，制定窑址保护规划方案，我们还在国家文物局的统一部署下，对那里14个地点的五代至明代窑址进行了周密调查，采集到一批白瓷、青瓷、青白瓷、黑釉瓷和酱釉瓷标本，对各地点窑址的文物价值做出了客观评价，为制定保护规划方案提供了科学依据。

在发掘宁夏灵武磁窑堡窑址之前，西夏瓷窑和瓷器尚鲜为人知。因此，此项发掘，意义显然与上述诸窑不同，明显带有填补我国陶瓷史上缺环的性质。发掘中，共清理西夏残窑炉3座、作坊8座，元代作坊1座，清代窑炉1座，出土瓷器、窑具、工具等3000余件，还有大量瓷片。实物资料表明，此窑创烧于西夏中期，直到明清时期才衰落下去。其产品以白釉器和剔刻花器最具特色，曾受到定窑系和磁州窑系的强烈影响㊲。这一发现和发掘，对研究西夏王朝历史和物质文化的重要价值不言而喻。

七 帝王陵墓考察

限于条件，帝王陵墓的田野考察工作，我们没有系统进行。建院以来，在这方面主要是对部分陵墓的地上建筑设施做了一些地面勘探和发掘，一般未涉及地宫（即墓室）。这些陵墓，包括西汉杜陵，西晋崇阳陵、峻阳陵，北魏景陵，以及有可能是北齐帝陵的河北磁县湾漳壁画墓等。

西汉杜陵，是宣帝刘询的陵墓，坐落于汉长安城东南少陵原上，地当今西安市雁塔区曲江三兆镇一带。对杜陵陵园的考察，始于1982年秋，工作重点是发掘宣帝及孝宣皇后陵园门阙、寝殿、便殿遗址，勘察陵庙、陵邑遗址和陪葬墓、陪葬坑分布状况，并清理了诸陪葬坑中的两座。通过考察，全面再现了杜陵陵园的布局、结构及其陵寝制度，这在西汉诸陵中尚属首次⑧。由于宣帝执政期间，正是西汉各种制度趋于定型之时，因此，这项成果在汉代丧葬制度研究中将具有典型意义。

对东汉及曹魏帝陵的考古，目前尚处在资料积累阶段，而于1982年进行的西晋帝陵调查则已取得可喜收获。在此之前，有学者按照通常传说的晋武帝贵人左棻墓志和晋中书侍郎荀岳墓志出土地点（事实表明荀志出土地点不确），推断晋武帝峻阳陵和文帝崇阳陵应在洛阳以东贯穿南蔡庄村及邙山的南北一线。此次实地调查和勘探证实，峻阳陵确在南蔡庄以北的邙山上，但崇阳陵却在南蔡庄以东杜楼村北的邙山上。两者东西相距数千米，处于同一高程，陵园内墓葬布局呈现同一特征⑨。此二陵位置和基本布局的确定，不仅有助于探寻晋五陵中其余诸陵，也为研究西晋陵墓制度提供了实证。

对北魏都洛时期诸帝陵墓，以往曾做过有成效的地面调查，各陵位置基本查明。1991年对宣武帝景陵进行全面勘探和抢救性发掘，在洛阳诸北魏帝陵中却是第一次。此陵位于洛阳市北部邙山乡冢头村东，其墓冢前清出一件石翁仲。其墓室（含墓道）平面呈甲字形，全部为墓冢所覆盖。墓道保持素土壁，甬道、后室砖筑，甬道北口建石门。墓砖全部为青掍砖，表面并涂了一层黑彩。整个墓室充溢着庄严肃穆的气氛。因早年多次被盗，随葬品几乎荡然无存，仅能从捡到的碎陶、瓷片中复原出一些陶器和青瓷器。尽管墓葬保存很差，但所得实物资料，对研究北魏陵墓制度还是大有裨益⑩。

河北磁县湾漳壁画墓，形制略同北魏宣武帝景陵，砖筑。此墓保存较好，出土大批精美陶俑，还有一定数量的陶、瓷器。墓道、墓室内保存如新的彩色壁画，曾引起广大学术界人士的巨大关注。墓内没有出土能够表明墓主为谁的实物，据其规模、形制及随葬品推测，应属帝王一级⑪。

此外，我们还调查了位于偃师市（今偃师区，后同）缑氏乡滹沱村西南景山白云峰上的唐高宗太子李弘墓。李弘在宫廷斗争中于上元二年（公元675年）遇害，死后追谥为"孝敬皇帝"，其墓号为"恭陵"。调查工作重点是勘探陵园、神道、清查陵区石像生，并完成了一幅较为科学的陵园平面实测图，为研究唐代陵墓制度增加了一份完整资料⑫。

八　普通墓葬考察

墓葬，无疑是考古学研究的主要对象，20世纪70年代以前，已经有大量新发现和一些重大研究成果公之于世。建院以来，各遗址发现并发掘的汉唐墓葬为数甚多，有不少墓葬保存完整且清理出一定数量的精美随葬品。其中最值得称述的，应是汉魏洛阳城西发现的东汉墓园和偃师商城以北杏园村一带发现的汉唐墓地。

东汉墓园发掘于 1987 年。其平面呈长方形，东西长 190、南北宽 135 米，四周有夯筑土垣，转角处增设附属建筑。墓园之内分为东、西二区。西区修建墓主人墓，东侧建墓侧建筑群——以"石殿"（青石包砌殿基）为主体建筑的三重院落。从总体看，这组建筑位于陵区内东偏北处。像这种布局的东汉墓园当属第一次发现，其布局特点又与文献关于东汉帝陵的描述近似⑬，因此，它虽不是帝陵，也赢得了学术界的高度重视。

杏园汉唐墓地，1983 年开始勘探、发掘。此墓地占地数百亩，范围可谓广大，且因表面有一层数米厚的沉积土覆盖，保存状况普遍良好。在这里，前后共发掘汉—唐代墓葬 200 多座，内有汉墓 50 座、西晋墓近 50 座、唐墓 69 座。除 1 座为砖室墓外，其余均为土洞墓，出土遗物十分丰富，是汉唐墓葬的一份重要实物资料。汉墓中东汉末年墓占有一定比例，为探索曹魏墓奠定了较好基础，而如何辨认曹魏墓正是迄今尚未突破的难题。西晋墓非常典型而且遗物品类齐备，对研究晋墓很有参考价值。69 座唐代墓，墓主多为中小官吏，其中 37 座墓出有墓志，按墓志纪年，时间最早者为长寿三年（公元 694 年），最晚者为中和二年（公元 882 年）。以这批唐墓资料为主要依据进行的研究，对洛阳地区唐墓分期的确立做出了贡献⑭。

九　简短的结语

总的看来，建院以来我所在汉唐考古方面取得的成果是巨大的。这些成果早已引起学术界的高度重视，并造成了较大的社会影响。不断有新发现、新成果见诸报端，仅《中国文物报》开始评定年度十大发现以来，即有汉长安未央宫 4 号殿、唐九成宫 37 号殿、唐洛阳应天门等多项发掘被评为当年的十大考古发现项目。一批田野发掘报告，也已陆续出版，单是近几年出版的，即有《北庭高昌回鹘佛寺遗址》《汉杜陵陵园遗址》《宁夏灵武窑发掘报告》《北魏洛阳永宁寺》《汉长安城未央宫》《南宋官窑》等6 部，还有一些报告正在编辑、印刷中，不久将和广大读者见面。这些成果同时又是一种动力，它将激励我们继续前进，去争取更大更多的成绩。

执笔者：段鹏琦

（原刊于《考古》1997 年 8 期）

注　释

① 中国社会科学院考古研究所编著：《新中国的考古发现和研究》，文物出版社，1984 年。

② ⑲ ⑳ ㉝ 刘庆柱：《汉长安城的考古发现及相关问题研究》，《考古》1996 年 10 期。

③ 中国社会科学院考古研究所洛阳汉魏城队藏资料。

④ 中国社会科学院考古研究所洛阳汉魏城工作队：《北魏洛阳外廓城和水道的勘查》，《考古》1993 年 7 期。

⑤ 段鹏琦：《汉魏洛阳城的几个问题》，《中国考古学研究》，文物出版社，1986 年。

⑥ 王岩：《隋唐洛阳城近年考古新收获》，《中国考古学论丛》，科学出版社，1993 年。

⑦ 中国社会科学院考古研究所：《洛阳唐城考古发现上阳宫遗址——清理出廊房、水榭、水池、假山等遗迹，再现唐代宫廷园林的豪华气魄》，《中国文物报》1994 年 1 月 9 日。

⑧ 中国社会科学院考古研究所、河北省文物研究所邺城考古工作队：《河北临漳邺北城遗址勘探发掘简报》，《考古》1990 年 7 期。

⑨ 中国社会科学院考古研究所、河北省文物研究所邺城考古工作队藏资料。

⑩ 中国社会科学院考古研究所、南京博物院、扬州市文化局扬州城考古队：《扬州城考古工作简报》，《考古》1990 年 1 期；中国社会科学院考古研究所、南京博物院、扬州市文化局扬州城考古队：《江苏扬州宋三城的勘探与试掘》，《考古》1990 年 7 期。

⑪ 杭州市文物考古所：《杭州发现南宋临安城太庙遗址》，《中国文物报》1995 年 12 月 31 日。

⑫ 中国社会科学院考古研究所新疆工作队：《新疆吉木萨尔北庭古城调查》，《考古》1982 年 2 期。

⑬ 中国社会科学院考古研究所洛阳汉魏故城工作队：《汉魏洛阳城北魏建春门遗址的发掘》，《考古》1988 年 9 期。

⑭ 中国社会科学院考古研究所、河北省文物研究所邺城考古工作队：《河北临漳县邺南城朱明门遗址的发掘》，《考古》1996 年 1 期。

⑮ 中国社会科学院考古研究所西安唐城工作队：《唐长安皇城含光门遗址发掘简报》，《考古》1987 年 5 期。

⑯ 中国社会科学院考古研究所：《隋唐洛阳考古又获重大成果——宫城应天门东阙遗址重见天日》，《中国文物报》1991 年 1 月 20 日。

⑰ ⑱ 扬州唐城考古队：《扬州发掘宋大城西门遗址》，《中国文物报》1996 年 5 月 19 日。

㉑ 中国社会科学院考古研究所西安唐城工作队：《陕西唐大明宫含耀门遗址发掘记》，《考古》1988 年 11 期。

㉒ 中国社会科学院考古研究所西安唐城工作队：《唐大明宫含元殿遗址 1995—1996 年发掘报告》，《考古学报》1997 年 3 期。

㉓ 中国社会科学院考古研究所洛阳唐城队：《唐东都乾元门遗址发掘简报》，《考古》1994 年 1 期。

㉔ 中国社会科学院考古研究所洛阳唐城队：《唐东都武则天明堂遗址发掘简报》，《考古》1988 年 3 期。

㉕ 中国社会科学院考古研究所洛阳唐城队：《洛阳隋唐东都城 1982—1986 年考古工作纪要》，《考古》1989 年 3 期。

㉖ 中国社会科学院考古研究所西安唐城工作队：《隋仁寿宫唐九成宫 37 号殿址的发掘》，《考古》1995 年 12 期。

㉗ 中国社会科学院考古研究所洛阳唐城队：《洛阳唐东都履道坊白居易故居发掘简报》，《考古》1994 年 8 期。

㉘ 王岩：《天下名园重洛阳——记洛阳北宋衙署庭院遗址》，《光明日报》1993 年 3 月 14 日。

㉙ 中国社会科学院考古研究所：《北魏洛阳永宁寺》，中国大百科全书出版社，1996 年。

㉚ 中国社会科学院考古研究所西安唐城队：《唐长安青龙寺遗址》，《考古学报》1989 年 2 期。

㉛ 中国社会科学院考古研究所西安唐城工作队：《唐长安西明寺遗址发掘简报》，《考古》1990 年 1 期。

㉜ 中国社会科学院考古研究所：《北庭高昌回鹘佛寺遗址》，辽宁美术出版社，1991 年。

㉞ 中国社会科学院考古研究所浙江工作队：《浙江龙泉县安福龙泉窑址发掘简报》，《考古》1981 年 6 期。

㉟ 中国社会科学院考古研究所、浙江省文物考古研究所、杭州市园林文物局：《南宋官窑》，中国大百科全书出版社，1996 年。

㊱ 中国社会科学院考古研究所、福建省博物馆建窑考古队：《福建建阳县水吉北宋建窑遗址发掘简报》，《考古》1990 年 12 期；《福建建阳县水吉建窑遗址 1991—1992 年度发掘简报》，《考古》1995 年 2 期。

㊲ 中国社会科学院考古研究所：《宁夏灵武窑发掘报告》，中国大百科全书出版社，1995 年。

㊳ 中国社会科学院考古研究所：《汉杜陵陵园遗址》，科学出版社，1993 年。

㊴ 中国社会科学院考古研究所洛阳汉魏城队：《西晋帝陵勘察记》，《考古》1984 年 12 期。

㊵ 中国社会科学院考古研究所洛阳汉魏城队、洛阳古墓博物馆：《北魏宣武帝景陵发掘报告》，《考古》1994 年 9 期。

㊶ 中国社会科学院考古研究所、河北省文物研究所邺城考古工作队：《河北磁县湾漳北朝墓》，《考古》1990 年 7 期。

㊷ 中国社会科学院考古研究所河南第二工作队、河南省偃师县文物管理委员会：《唐恭陵实测纪要》，《考古》1986 年 5 期。

㊸ 中国社会科学院考古研究所洛阳汉魏城队：《汉魏洛阳城西东汉墓园遗址》，《考古学报》1993 年 3 期。

㊹ 徐殿魁：《洛阳地区隋唐墓的分期》，《考古学报》1989 年 3 期。

三国至明代考古学五十年

1949 年新中国的成立，迎来了中国考古学的春天，也使三国至明代考古得以迅猛发展。在这五十年里，伴随伟大祖国各项建设事业的高歌猛进，对各种古遗址、遗迹、墓葬的调查、发掘和研究，日益广泛深入地在全国各地蓬勃展开，从而积累了十分丰富而系统的实物资料和研究成果，学科领域不断扩大，并逐步趋向体系化。

对于新中国三国至明代考古的重大成就，20 世纪 80 年代中期相继出版的《文物考古工作三十年》《新中国的考古发现和研究》《中国大百科全书·考古学》等，已经做过比较全面而有重点的总结。我们今天为庆祝新中国成立五十年而撰写的这篇短文，拟在前述总结的基础上，重点阐述 1986 年以来除宗教遗迹、遗物、陶瓷、文书、碑刻以外之各项遗址、遗迹、墓葬考察、研究的主要收获。

一　城址及相关建筑遗址

五十年来考古发现的三国至明代城址，可分为历代中央政权的都城和离宫遗址、地方民族政权都城遗址、地方城市和军镇遗址三大部分。

（一）历代中央政权的都城和离宫遗址

历代中央政权的都城遗址是所有城址中最受人们关注，也是考察工作做得最充分的部分。在《中国大百科全书·考古学》等书中，已将邺城、鄂城、汉魏洛阳城、隋大兴唐长安城、隋唐洛阳城、辽上京、辽中京、金上京、金中都、元上都、元大都、明北京、明南京、明中都等遗址列为专条或有较集中的叙述。其中除邺城遗址当时仅有少量地面调查材料外，其他城址皆已有较多的调查发掘资料作依据，至少业已明确城址的范围、形制，而绝大多数城址已经查明了它们的城垣、主干道路、宫殿区、居民区和商市之所在，对其城市布局有了一个基本的认识。1986 年以来都城遗址考察工作的重大进展主要表现在以下三个方面。

其一，在一些基础较好的都城遗址，考察工作在深度和广度上都有新的扩展。对汉魏洛阳城遗址，相继进行了城垣马面遗址、建春门遗址、北魏永宁寺西门遗址、大市遗址的发掘①和太极殿、金墉城城垣的试掘②，取得了关于汉魏洛阳城市防御、交通、北魏寺院布局、宫殿建筑的新资料，得知金墉城的 3 座小城并非同一时期所建，只有丙城是魏晋时期的建筑。与此同时，还开展了城垣解剖③、外郭城和水道勘探，初步掌握了自西周经东周、汉魏，该城由小到大的沿革轨迹；证明北魏确曾在故洛河北岸修筑外郭城，使此城的规模东西、南北都达到了 10 千米。勘察和研究表明，随着城市范围的扩大，城内布局也发生了根本性的变化：汉至晋代，宫殿区经历了由相对分散的南北宫制向集中于城区北中部的单一宫制转化；北魏时外郭城的出现，使汉至晋代洛阳城变成了内城，内城之大部为宫城及宗庙、中央衙署所占据，已具有某些如同隋唐皇城那样的性质，郭城则成为主要居民里坊区和工商市场所在地④。在隋大兴唐长安城，这些年又相继发掘了皇城含光门，大明宫含耀门、三清殿、翰林院、朝堂，以及大城内的青龙寺、西明寺部分遗址，并对大明宫含元殿做了整体揭露⑤。在隋唐洛阳城，相继发掘了郭城永通门⑥，宫城应天门、乾元门、武则天明堂和皇城右掖门外上阳宫遗址⑦，勘探、发掘了宫内九洲池遗址和郭城东南隅的履道坊白居易故居，并根据新的发现，对前所发表的宫城及宫侧诸小城的平面布局图提出了若干订正⑧。通过长安安定坊和洛阳履道坊坊内道路的清理，还明确了当时里坊的基本建筑布局。这些对于再现隋唐两京的历史风貌，无不具有重要意义。

其二，一些以往尚未充分开展考察的都城遗址，考古工作如火如荼地展开，取得了丰硕的成果。这种情况突出表现在对邺城和北宋东京城遗址的勘察发掘上。对此二城址较大规模的考察同始于 20 世纪 80 年代。在邺城遗址，迄今已完成对南北二城的城垣、城门、城内主干道路及宫殿区的勘探和重点发掘，据此可知邺北城平面呈横长方形，东西长 2400、南北宽 1700 米，四面城垣上勘探确定了 6 座城门的位置。城区之内，由东垣建春门通往西垣金明门的大道，将整个城区分成南北两大部分：道南为里坊区，道北部分自东至西分为三区，分别相当于文献记载中的戚里、宫殿区和铜雀园。在铜雀园西侧的大城西垣上，发现了铜雀三台中居南二台的遗迹，展现出有别于秦汉以来都城的一种新的城市布局⑨。邺南城平面呈竖长方形，南北长 3460、东西宽 2800 米。对南垣正门朱明门的发掘表明，此门为一门三道，门洞建筑同汉唐诸城门一样，采用大过梁式结构，不同的是，门外所筑双阙以短墙与大城垣连为一体⑩。因地理条件所限，对北宋东京城的勘察难度颇大。现已查明，此城由外城、内城、皇城（宫城）三重城构成。外城范围大于明清开封城，诸城垣夯筑，处于明清开封砖城墙外 1.3—2 千米处。平面略呈长方形，南北长 7590—7660、东西宽 6940—6990 米。按《东京梦华录》，四面城垣上应有城门 12 座、水门 6 座，现已发现城门 10 处，门外多有瓮门。内城位于今开封市内，南垣在大南门以北约 300 米的东西一线，北垣南距龙亭大殿约 500

米，东、西二城垣叠压在明清开封砖城墙下。平面略呈方形，周长约 11.5 千米，面积较明清开封城略小。皇城位于内城西北部，即今开封市区之潘、扬湖一带，平面略呈东西短、南北长的长方形，周长 2500 米。东京城内主干道路共 4 条。其中最主要的街道，北起皇城宣德门，南达外城南薰门，时称御街，实为全城的南北轴线，其位置、走向约与今开封城中的中山路相应。另外 3 条大道，一条自州桥往西通往外城新郑门，一条由州桥往东通向新宋门，另一条从相国寺往北通向新封邱门。州桥遗址位于今中山路中段，其为横跨汴河而建的南北向砖石结构拱形桥，长 17、宽 30 米，保存基本完好[11]。在东京外城西垣外近 300 米处，还勘探发现了金明池及其周边的建筑遗迹[12]。关于北宋西京城遗址，在勘察隋唐洛阳城的过程中，也有不少较重要发现，包括一些不完整的宫殿基址和官府衙署遗址等[13]。邺城和北宋东京城，都是处于我国古代都城平面布局发生历史性转变时期的关键城址，对它们的勘探和发掘，不仅填补了我国都城遗址系列的缺环，而且对都城史研究具有巨大的学术价值。此外应该提到的是，北魏前期国都平城和南宋都城临安的考古勘察工作，近年也有重要收获。平城北魏明堂辟雍遗址的发掘[14]和临安郭城南垣及太庙遗址的发现[15]，都预示着究明其整体布局的那一天将不会距我们太远。

其三，多处著名离宫遗址被发现，并得到不同程度的勘察或者清理发掘。迄今所知的此类遗址有唐九成宫、华清宫、玉华宫和翠微宫 4 处。九成宫系在隋仁寿宫基础上经修缮、增建而成，位于今陕西麟游县新城区。坐落于青山绿水之间，平面略呈长方形，有宫墙二重，内垣平直，外垣屈曲而跨谷据岭。外垣之内，以居中主殿为中心，凭山面水建造殿台亭榭数十座。已发掘的数座，规模大小不一，建筑风格各异，近年报道的 37 号殿址，以其宏伟的规模、独特的建筑结构，赢得各方面的重视[16]（图一）。位于陕西临潼的唐华清宫遗址，发掘面积已达 6000 平方米，清理出 7 个形制、结构各异的石砌汤池。据考证，其中的 5 个分别是当年的莲花汤（又称御汤九龙殿）、海棠汤（贵妃汤）、太子汤、星辰汤和尚食汤。各汤池的供排水系统设计合理，自成一体，彼此互不干扰，并注意避开地面建筑物[17]。玉华宫和翠微宫，俱为唐代皇室的避暑胜地和举行佛事活动的场所，分别位于陕西铜川和长安县（今西安市长安区，后同）。对它们的了解虽不及前两个离宫遗址清楚，但现已可以初步确认玉华宫建筑群体的中轴线和宫殿建筑范围，并知道南风门、玉华殿、肃成殿的位置[18]；在翠微宫，也发现了当时的一处主体建筑基址和石舍利塔等遗存[19]。

（二）都城以外的地方城址

这类城址中，规格最高、工作成果最为显著的首推隋唐扬州城。它曾是隋江都宫所在地，又是唐代仅次于东西两京的重要城市，且为宋及以后历代所沿用。1987 年以

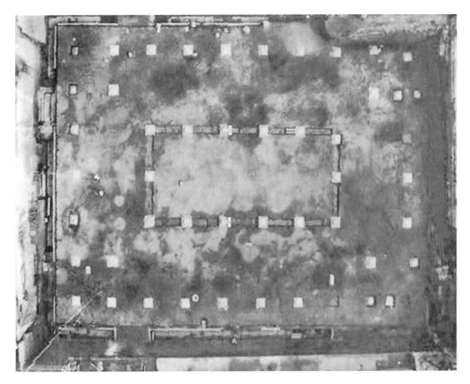

图一　陕西麟游县隋仁寿宫唐九成宫 37 号殿址（空中摄影）

来的勘察表明，隋江都宫城位于今扬州北部的蜀冈上，系在汉广陵城的基础上修建而成，平面呈不规整的方形，南北约 1600、东西约 1900 米，四面各辟一门。南门一门三道，规格略同京都皇城正门。唐代扬州，除沿用隋江都宫旧址建子城外，又在蜀冈下营建了罗城。子城乃官府之所在，罗城则用以布置工商市肆和居民里坊。罗城平面呈长方形，南北长 4200、东西宽 3120 米，周绕夯筑城垣，四面共辟 7 门。城内勘探出南北大道 3 条、东西大道 4 条，并在诸东西大道间探出方向与大道相同的小道 9 条。依据这些实物资料，已能基本复原罗城内道路、水道网络和里坊分布的整体面貌。勘察还表明，宋代扬州由大城、宝祐城、夹城等三城构成。宋大城和宝祐城，分别以唐罗城东南隅和子城为基础缩建而成，夹城处于大城和宝祐城之间，起着联络南北二城的作用。宋代扬州军事意味浓厚，其性质与唐代扬州截然不同[20]。

　　新发现的三国至明代城址，有州郡城，也有军镇和军事要塞，总数有数十座之多，其中较为重要的，有位于江西九江的六朝时期寻阳城和半洲城，位于江苏镇江市东北的东晋京口城，内蒙古境内北魏代北六镇中的怀朔镇城和柔玄镇城；位于河北石家庄市振头村的唐恒州都督府城；位于内蒙古库伦旗的辽灵安州城、辽宁喀左县的辽利州城、黑龙江克东县的金蒲峪路城，以及位于内蒙古额济纳旗的西夏黑水城元亦集乃路城等。有些地方古城遗址分布十分密集，如在吉林永吉一地即发现辽金古城址 7 座、烽燧遗址 5 处；在内蒙古科右前旗辽金泰州境内发现古城址 57 座。令人高兴的是，对这些古城遗址，不仅仅是进行了认真的调查，对有些重要遗址，如金蒲峪路城[21]、元亦集乃路城[22]等，还做了较大面积的发掘。这一形势说明，随着考古事业的发展，地方城市和军镇城址越来越受到人们的关心和重视。

（三）与地方民族政权相关的古城址

这类古城址，主要分布在历史上曾是地方民族政权所在地的我国西南、西北和东北地区。1985 年以前发现者，如南诏太和城、大夏统万城、高昌国都高昌故城、高句丽国内城和诸山城以及渤海的上京龙泉府城，已写入《中国大百科全书·考古学》等书。自那以后，又有不少新的发现。这种发现有两种情况，一种是，在业已查明城市基本布局的基础上开展进一步的调查和发掘，以取得更加准确的科学资料。如在渤海上京龙泉府城，相继发掘了宫城第一宫殿的东西廊庑遗址和宫城南垣的城门遗址。前项发掘，是对早年日本人挖过的遗址再做全面清理，结果在两廊之东西向段中部各发现一处具有特殊意义的建筑单元，可能是楼阁之类的附属建筑物；在两廊之南北向段，清理出早年发掘遗漏的一列柱础，因知南北向段并非 28 间而是 29 间；同时还清理出了廊庑建筑的壁柱和地面。这次清理不但纠正了旧资料在两廊结构、布局方面的错误，还以实物资料证明，两廊的建造年代，可能晚于第一宫殿的主体建筑。后项发掘，是清理宫城南垣之午门台址及其东侧的 4 号门址（同侧的 1 号门址前已发掘）和西侧的 2、3 号门址。据此可知，诸门址皆采用大过梁式门洞结构，门枕石、门槛石等也近似于唐代建筑的形制；1、2 号门址应为上层统治者进出的通道，3 号门址当供运输或宫廷其他人员出入，4 号门址为假门，大约只有求得建筑上对称方面的意义[23]。属于这类情况的工作，还有对吉林集安高句丽国内城的重新调查、试掘和测绘[24]。通过工作确认，此城址原为一座有夯筑城垣的土城，高句丽迁都国内城之初，曾予沿用，迁都一段时间之后，才沿用土城垣旧基修筑了石城，现存石筑城垣下部砌作规整、墙面平齐的部分，即是高句丽石城的遗迹。据实测，其平面略呈方形，东垣长 554.7、西垣长 664.6、南垣长 751.5、北垣长 715 米。城之西北、西南、东南角部各有一个凸出墙外的方台，似为角楼遗基，东北角呈弧形弯转，不筑角楼，但夹城角之东、北两面各筑一座马面。城之四面共设城门 6 座，门外均有瓮门，城垣外侧还建有马面。城之中部发现较多建筑基址，或为宫殿区所在地。另一种发现，以往不曾见于报道，可视为新发现者。其中有近年在新疆乌鲁木齐市南郊发现的乌拉泊回鹘故城，更有一批分布于辽宁、吉林的高句丽山城。新报道的高句丽山城有辽宁新宾县黑沟山城、太子城，宽甸虎山高句丽山城，沈阳市石台子高句丽山城，铁岭市西丰县城子山山城、催陈堡山城和吉林柳河的罗通山城。通过调查或小规模发掘，对山城的形制、范围、建筑布局及其历史沿革，大都有了基本的了解，它们无疑都是雄踞山口要隘的防御要塞。有些在高句丽历史上颇有名气。据考证，铁岭市城子山山城，始建于夫余时期，高句丽占据此地后，一直被称为夫余城；催阵堡山城当为高句丽的金山城；宽甸虎山的高句丽山城，即是著名的勺泊城。这些发现，大大丰富了关于高句丽都城建设以及完整防御体系的研究资料。

关于古城址研究的文章，除去前面涉及的探讨城市布局、城市建筑、水道系统者外，傅熹年《隋唐长安洛阳规划手法的探讨》[25]，应该算是一种新的有益尝试。

二 其他建筑遗址

这里所说的其他建筑遗址，包括祭祀遗址、水陆交通遗址、水利工程遗迹、金界壕遗址、矿冶等手工业遗址。

（一）辽、西夏祭祀遗址

内蒙古巴林右旗罕山，是辽道宗及其以后的祭祀圣地，其祭祀遗址位于罕山主峰正南。其处原有石碑，附近分布着 8 处建筑遗址，对其中的 4 处做了清理。1、2 号遗址建筑面积小、结构简单，当分别为小型祭室和碑亭；3 号遗址面阔 5 间、进深 4 间，室内北中部有一凹字形祭台，西北角有烧坑 2 个，应是用于祭祀的主要建筑；4 号遗址，为一组庭院式建筑，约为与祭人员的休息场所[26]。西夏与祭祀有关的遗址，位于西夏陵园北端，为一平面呈长方形的建筑群体，面积约 6 万平方米，现存各类建筑遗迹 10 余处。过去曾以之为西夏陵邑，发掘表明，它可能是西夏的祖庙遗址[27]。

（二）隋唐桥梁遗址和遗物

新发现的隋唐桥梁遗址有隋灞桥遗址、唐东渭桥遗址和蒲津桥遗址三项。西安隋灞桥遗址，已清理出桥体长度达 20 多米，包含 4 个船形石砌桥墩和 3 孔桥洞。桥墩有分水尖，上饰石雕龙头；墩体之下，自上至下依次铺设石板、方木、栽植柱桩以为基础[28]。依记载，此桥建于开皇三年（公元 583 年），元代始废。1978 年曾在陕西高陵县耿镇乡出土唐《东渭桥记》碑碑体，1981—1983 年发掘了唐东渭桥桥址。知其为一座大型木柱桥，全长 548.8、宽 11 米，清出 22 排木柱和一批铁石构件，以及分水金刚墙 4 处[29]。蒲津关，又名临晋关，地当陕西大荔之东，隔黄河与山西永济蒲州古城相对，控扼蒲津渡口。秦昭襄王于此初作河桥，其后西魏、隋、唐皆在此连舟为浮梁。唐浮梁称蒲津桥，是唐代的三大河桥之一。关于此桥，《方舆汇编·职方典》曾有这样一段记载："唐开元十二年铸八牛，东西岸各四牛，以铁人策之，其牛并铁柱入地丈余，前后铁柱三十六、铁山四，夹岸以为舟梁。"1989 年在蒲州城西门外黄河古道东岸发掘出铁牛和铁人铸像各 4 尊，4 牛之间且有两座形体高大峭拔的铁山，在诸大型铸件所在处的中心部位，还有一根硕大铁柱深植于地③⓪。这些应即开元时期桥头遗址上用以结缆系舟、固定浮桥的主要设施。

（三）黄河两岸古栈道遗迹

为配合黄河小浪底水库建设工程，1996—1997 年山西、河南两省考古工作者，对三门峡以东黄河两岸栈道遗迹的调查又有新发现。据报道，在山西平陆、夏县、垣曲三县沿河 50 余千米的地段内，发现古栈道遗迹 40 处，累计长达 500 余米③①；在河南新安县八里胡同峡长约 5.5—6 千米的黄河南北两岸，发现古栈道遗迹 14 段。其遗迹包括不同形制的壁孔、底孔、桥槽、历代题记等③②。题记中纪年最早者为东汉建武十一年（公元 35 年），次为曹魏正始九年（公元 248 年），而最常见的仍是唐、宋、明、清纪年。

（四）水利工程遗址

20 世纪 80 年代初期，在配合浙江省杭州市江城路立交桥建设工程时，曾清理出一段吴越钱氏时期所筑捍海塘基③③。基础宽 25.25、上面宽 8.75 米，残高 5.05 米，用石块、竹木、细沙土等材料筑成。其中心为宽厚的泥塘，内外两侧建护基木桩。于塘基外侧复植 4 排木桩，木桩间置竹笼沉石，再外更设有滉柱。此作法属"竹笼沉石"结构，是我国古代筑塘技术迈进一个新阶段的标志。新发现的另一项水利工程遗址，是始建于北宋大观二年（公元 1108 年）的引泾灌溉渠道——丰利渠的遗迹③④。此渠首设在陕西泾阳县王桥乡西北的泾河峡谷之内。渠首现存两组闸槽，在前闸的前方和前闸顶部之东壁，各发现 1 处保存较好的线刻水尺。水尺为连续方格状，格高平均值约为 30.6 厘米。水尺前后尚有闸槽、石窝、水标等相关设施。这组水尺，当是凿渠时为直接观测渠水正常流量和超常流量而专门设置的。

（五）金界壕遗址

《中国大百科全书·考古学》曾设专条阐述金界壕的性质、形制结构和分布状况。此后又在吉林省舒兰县（今舒兰市，后同）西部和内蒙古哲里木盟（今通辽市，后同）霍林河矿区各发现一段金界壕遗址，对后者且作过必要的发掘、清理。霍林河矿区的金界壕为东北、西南走向，全长 12.5 千米。由堤墙和壕堑两部分组成，一般是山岗处壕堑较窄、堤墙较低，平原处壕堑较宽、堤墙较高且附建马面；正当山口处，增设附壕小堡，并以之与界壕内侧的边堡相呼应。矿区内共发现边堡 4 座，均建于视野开阔、水源丰富、适于居住的地方，距界壕1千米左右，堡间距5—10千米。平面多方形，边长200米上下，围墙夯筑，附建马面、角楼和护城壕。发掘表明，戍卒除守边作战外，平时还从事农业、畜牧、建筑等劳动[㉟]。

（六）矿冶等手工业遗址

20世纪80年代以前发现的矿冶和其他手工业遗址，在《中国大百科全书·考古学》等书中曾有涉及，但此后见到的有关报道则更为引人注意。矿冶遗址中，有河南的安阳后堂坡、铧炉、林县铁炉沟、申村和南召县下村唐宋冶铁遗址，江西的分宜县唐宋采矿冶铁遗址，南京的九华山唐代铜矿遗址，安徽铜陵的汉唐至北宋采矿冶铜遗址，河南的桐柏围山城唐宋至明清银矿遗址，栾川红铜沟金、明银铅锌共生矿遗址，灵宝明清秦岭古金矿遗址，以及山东莱芜宋及以后古铁矿冶炼遗址和河南禹州北宋煤矿遗址等。这些矿冶遗址，分布范围大，采矿或冶炼遗迹密集，有的甚至是采矿、冶炼、铸造遗迹集中存在于一地，体现了古代矿冶生产的特点和发展水平。如河南林县申村冶铁遗址，面积可达30万平方米，遗址中北部是冶炼区，至今仍残存炉基21座，遗址南部为生活区[㊱]。江西分宜县湖泽乡采矿冶铁遗址，露天开采褐铁矿，其地矿粉、铁渣、铁流散布面积超过15万平方米，发现冶铁炉9座，附近还有与铸造相关的遗存[㊲]。南京唐九华山铜矿，是在现矿区发掘过程中发现的，迄今已知有古坑道暴露段12处、古采矿场4个。在4个采矿场的顶部及壁面共发现10个天井、28个巷道口，还清理出一处冶炼遗迹[㊳]。在安徽铜陵采矿冶铜遗址发现采矿遗址9处、冶炼遗址20处[㊴]。河南桐柏围山城银矿遗址，分布于银洞坡和破山洞两地。在银洞坡发现古采坑和矿洞21个，破山洞发现较大古矿坑12个；在银洞坡山下馆驿村一带普遍可见古代冶炼留下的炉渣[㊵]。河南禹州北宋煤矿遗址，发现于神垕镇梨园煤矿，由管理区和矿井两部分组成，遗址面积约6万平方米。已查得古井口11个，已知2竖井的深度分别为54、64米；由今煤矿巷道中犹可看到古巷道的遗迹[㊶]。其他手工业作坊遗址，最可称述者当是河南郑州市金水河路发现的宋代水力磨坊遗址[㊷]。该遗址由连为一体的水槽、水道、水池三部分组成。水槽，木质，呈长方形凹槽状，长16.9米，出水口装有闸门。往东接石砌凹槽形水道，水道底部、侧壁尚存水力机械立轴插孔和承支架小龛。再东，则为石砌方形水池。这组遗迹以西，曾探出大水潭一处，潭水当引自金水河，此即水力磨坊用水的水源。像这样完整的古水力磨坊遗址，以往尚不多见。

三　墓　葬

新中国成立以来全国各地发现的三国至明代墓葬，概括起来可分为历代帝后陵墓、官宦贵族和平民墓、地方民族墓葬三大类。

（一）历代帝后陵墓

除前蜀王建墓、辽庆陵 1949 年以前已被发掘外，所有 1949—1985 年调查、清理的帝后陵墓，诸如河南洛阳西晋帝陵，江南六朝陵墓，山西大同方山北魏文明太后永固陵和孝文帝万年堂，河南洛阳北魏帝陵，陕西西安地区唐代十八陵，四川成都后蜀孟知祥墓，南京南唐二陵，广州南汉刘晟墓，杭州吴越王钱氏墓，河南巩义北宋皇陵，浙江绍兴南宋六陵攒宫，宁夏银川西夏王陵，南京明孝陵，北京明十三陵，以及建于安徽凤阳和江苏泗洪县的明皇陵、祖陵等，已写入《中国大百科全书·考古学》等书中，对各陵的形制、布局、陵园制度甚至墓室结构、随葬器物等也都做了简要的阐述，由此不难看出各代陵墓制度的特点及其演变规律。自那以后有关历代帝后陵墓的新发现，约可归纳为以下几个方面。

其一，调查勘探隋文帝泰陵并发掘了一些亟待清理保护的帝后陵墓，如北魏宣武帝景陵、北周武帝孝陵、唐僖宗靖陵和五代十国之闽国王审知墓等。

隋文帝泰陵[43]，是杨坚与独孤皇后的合葬墓，位于陕西扶风县东南的王上村旁。由调查和勘探得知，其陵园东西长 756、南北宽 652 米，四面陵垣中部设门，四角建有阙楼。陵园内墓葬封土尚存，整体呈覆斗形，底部东西长 166、南北宽 160、残高 27.4 米。在陵园东南的陵角村和陵东村之间，旧有隋文帝祠庙，废墟上曾有倒卧螭首圭额石碑一通。

北魏宣武帝景陵，是洛阳北魏诸陵中唯一得到全面清理的一座[44]。通过勘探和发掘，取得了有关该陵封土形制、规模、神道石刻以及墓室结构的科学记录，结合文明太后永固陵和孝文帝万年堂的资料进行对比研究，形成了关于太和以后北魏帝后陵寝制度的初步认识。

北周武帝孝陵，是宇文邕同武德皇后的合葬墓，位于咸阳市底张镇陈马村东南约 100 米处，地上既无陵前石刻，也无封土和寝殿遗迹，是因被盗而清理的[45]。它是一座长斜坡墓道的单室土洞墓，有 5 个天井、5 个过洞、4 个壁龛，全长 68.4 米。甬道内平置"孝陵志石"，还出有武德皇后志石 1 方，天元皇太后印 1 枚，随葬器物主要是 150 余件陶俑、一些陶模型器和陶器，另有不少金、铜、玉质小件器物和装饰器。资料显示，孝陵的营建、葬埋是遵照武帝临终"丧事资用，须使俭而合礼，墓而不坟"的遗诏行事的。

闽国国王王审知墓，位于福州北郊莲花峰下，东西二冢并列，墓后土坡中央树有明万历十三年（公元 1585 年）重修闽王墓碑，墓前神道两侧依次排列石人 2 对，石虎、石羊、石狮各 1 对。发掘表明，其墓系凿山为陵，由斜坡墓道和墓室组成。墓道

图二　河北磁县湾漳北朝墓墓道西壁壁画（局部）

长8.8米，两侧有石砌排水沟；东、西二墓室皆作长方形，长近8米。因多次被盗，随葬品仅存墓志和瓷器、玻璃器、铁器碎片[46]。

这些帝后陵墓的调查和发掘，填补了历代帝后陵制度研究资料的缺遗。

其二，对业已多次调查之帝陵如唐乾陵[47]、北宋皇陵[48]的陵园做进一步的考察，除一般意义上的地面建筑调查、实测外，还对陵园之各类主要建筑遗存开展较大面积的发掘，取得了关于唐宋帝陵门阙以及宋陵封土、下宫建筑形制和结构的新资料。在北宋皇陵，更考察了与皇陵密切相关的寺院遗址。从而使有关帝陵的考察资料变得更加准确、完备和充实。

其三，发表了一批唐朝廷追尊之陵墓的考察报告，诸如河北隆尧唐高祖李渊第四代祖李熙建初陵和第三代祖李天赐启运陵、咸阳市后排村唐高祖父李昞兴宁陵、河南偃师唐高宗太子李弘恭陵、陕西蒲城县唐玄宗之兄让皇帝李宪惠陵等。这些虽是与帝后陵墓有所区别的另一类陵墓，但作为其时陵墓制度的一个组成部分，其学术价值也是不可忽视的。

其四，对一些已经发掘的大型墓葬，学者们经过仔细甄别提出，它们有可能是尚未能够确认的帝陵遗构。比如蒋赞初的《南京东晋帝陵考》[49]一文认为，南京大学北园东晋墓可能是元、明、成三帝陵墓中的一个；幕府山2号墓应是东晋穆帝的陵墓。又比如河北磁县湾漳北朝墓，形制、结构与洛阳北魏宣武帝景陵近似，墓内既有1500余件随葬陶俑和其他随葬品，更有气势宏伟、内容丰富的壁画（图二）。发掘者认为它应该属于帝陵一级,近年更有推测其为东魏武定八年(公元550年)被追尊或谥为文襄帝的高澄或文宣帝高洋之墓者[50]。此外,根据在山西右玉和内蒙古和林格尔地区发现的10余座较大北魏墓葬,有人认为,它们在地理位置上与北魏前期的皇陵——金陵应有密切关系[51]。

(二)帝后陵墓以外的各类墓葬

对于1985年以前的发现和研究成果,《中国大百科全书·考古学》等书已做过分区分期的阐述,一些重要墓群、家族墓地和墓例,还被列为专条和专题作了重点介绍。此后公布的新资料甚多,连篇累牍,不胜枚举。限于篇幅,这里拟从中归纳出以下几点,以概略揭示其学术价值。

其一,新发现的墓葬中,包含大批纪年墓,且形制、结构完整、随葬品丰富者占绝大多数。纪年墓的分布范围十分广泛,几乎遍布各个历史时期的各个王朝。其中有的还是当地乃至全国某一朝代少见的纪年墓。这些,无疑为历代墓葬编年研究提供了难得的科学依据。

其二,又有一些关于重要家族墓地的新发现(图三)。这类发现有两种情况:一种是为已知家族墓地补充了新资料,另一种是将一批新的大家族墓地呈现在世人面前。南京尧化门、甘家巷及麒麟门地区曾是南朝萧梁皇族聚葬地,1949年以来已先后在这一带清理出可确定或推测属于王陵的墓葬4座,即安成康王萧秀墓、南平元襄王萧伟墓、桂阳简王萧融墓、桂阳敦王萧象墓,1997年又在栖霞区白龙山北麓发掘一座凸字形大型砖室墓,墓主可能是临川靖惠王萧宏或其家族[52]。多年来的考古发现证明,南京戚家山为六朝时期以谢鲲为代表的谢氏家族墓地,而南京中华门外雨花台区谢珫墓、谢温墓等7座墓葬的发掘结果显示,司家山地区当是谢氏的另一处墓地[53]。属于新发现的大家族墓地有:安徽南陵县麻桥东吴萧氏墓地、山东临淄北朝清河崔氏墓地、陕西长安县韦曲镇唐韦氏墓地、广西钦州隋唐宁氏墓地、内蒙古科尔沁旗辽耶律

图三　河北宣化5号辽墓前室东壁壁画

羽之家族墓地、河北宣化辽张氏家族墓地（见图三）、河北石家庄市郊元史天泽家族墓地、南京雨花台明徐达家族墓地、四川平武明王玺家族墓地、广东东莞明罗亨信家族墓地，等等。这些大家族墓地，都是各该历史时期强宗豪族的族葬地，规模大，墓葬数量多，延续时间长，排列严格有序，墓室建筑讲究，多有墓室壁画，随葬器物丰富且不乏珍贵文物，并有一定数量的墓志出土，不仅对恢复各宗族的世系和埋葬习俗是绝好的实物资料，而且对研究当时的社会经济、文化发展状况也有重要价值。这里还应该提到的是，在内蒙古赤峰市宝山主峰阳坡，发现一处由茔墙和墙内 10 余座大、中型墓组成的契丹显贵家族墓地。1993—1996 年对其中的两座墓进行发掘，二墓皆为砖石结构或石筑的壁画墓，1 号墓并有"天赞二年"（公元 923 年）墨书题记，是为早期辽贵族墓中目前所知年代最早的实例。虽不能肯定其墓主为谁，但不排除是耶律阿保机嫡亲墓地、甚至先茔的可能性[54]。此外，在吉林省双辽县（今双辽市）还曾清理出一处与上述大家族墓地形成强烈对比的辽代平民家族墓地。

其三，新发现一大批富有资料价值的大、中型竖穴土坑墓、砖室墓（含砖石结构墓）、砖室壁画墓、画像石墓和仿木建筑雕砖壁画墓，随葬品丰富甚至极为丰富，墓主中不乏当朝太子、公主、贵族、高官大吏或一代名流。有的墓室结构颇为特殊；有的随葬品种类与通行葬俗迥异；有的随葬品不多，墓室建筑及设施却有较高的文物价值，因此，足以作为研究历代埋葬制度和社会生活的典型实例。此类墓葬为数甚众，稍加检选，即可举出数十例之多。其中属皇室成员墓者，有曹魏陈思王曹植墓，南梁桂阳敦王萧象墓，东魏茹茹公主墓，唐李承乾墓、大长公主墓、唐安公主墓、惠昭太子墓、金乡县主墓，睿宗贵妃豆卢氏墓、吴王妃杨氏墓，辽陈国公主及驸马萧矩合葬墓，金齐国王完颜晏墓，明辽简王墓等。其他墓葬之较重要者，有安徽马鞍山东吴朱然墓、江苏金坛方麓东吴墓、湖南安乡西晋刘弘墓、山东苍山县西晋画像石墓、广州沙河顶西晋墓、江苏江宁下坊村东晋墓、辽宁朝阳十二台乡砖厂前燕墓、锦州前燕李廆墓、宁夏彭阳北魏墓、山西大同北魏元淑墓、内蒙古和林格尔县三道营北魏大型壁画墓、山东济南东八里洼北齐壁画墓、宁夏固原北周李贤墓、宁夏固原隋史射勿墓、湖北武昌马房山隋墓、甘肃天水隋至唐初石棺床墓、宁夏固原王涝坝唐史道德墓、河北献县唐墓、陕西咸阳贺若氏墓、咸阳西突厥可汗阿史那怀道墓、宁夏固原南郊乡唐梁元贞墓、北京丰台史思明墓、北京海淀八里庄唐墓、河南伊川鸦岭唐齐国太夫人墓、四川成都金牛区后蜀孙汉韶墓、陕西彬县五代冯晖墓、河北曲阳五代王处直墓、河南洛阳北宋王拱辰墓、安徽合肥北宋马绍庭墓、河南新安宋代壁画墓、江苏武进南宋薛极墓、江西星子县南宋陶桂一墓、江西德安南宋周氏墓、福州茶园山南宋许峻墓（图四）、辽宁阜新契丹墓、河北宣化辽韩师训墓、内蒙古科尔沁旗辽耶律祺墓、山西襄汾金墓、山西大同南郊金墓、内蒙古敖汉旗老虎沟金博州刺史墓、北京密云太子务元代壁画墓、

图四　福州茶园山南宋许峻墓出土鎏金银镜盒
（M1：9）

辽宁辽源富家屯元墓、福建将乐元代壁画墓、山西运城西里庄元壁画墓、山东济宁元张楷墓、四川重庆江北区明玉珍墓、山西永济明韩揖墓、上海宝山明朱守城墓、江苏泰州明胡玉墓等等。

其四，新发现一批大型墓群。山西大同南郊北魏墓葬群，是北魏都平城时期的文化遗存。现已发掘各种形制的墓葬 167 座，出土各类遗物 1088 件，其中以陶器数量最多。陶器形制既表现出对鲜卑文化的继承和发展，又体现了大量吸收中原汉族文化因素的特点。这批墓葬的主人可能就是拓跋氏某部族的成员[55]。在河北临漳县邺城遗址以西，发现古墓葬 213 座，内有砖室墓 101 座，土坑墓 112 座。砖室墓规模较大，墓室最长可达 18 米，应为曹魏墓；土坑墓则可能是后赵、冉魏、前燕的墓葬[56]。在西安西郊热电厂勘探，发现墓葬 1000 座以上，已清理各种形制的中、小型隋唐墓 140 座，出土各式陶俑、陶器、釉陶器、三彩器、瓷器、铜器、铁器 600 余件，另有一些银、铅、玉、石、蚌质小件器物和近 300 枚货币，并有 5 方墓志。经整理研究，这批墓葬可分为隋至唐高宗、武则天至中宗、玄宗至代宗和德宗至唐末 4 期。墓主可能是不同姓氏的平民，少数为中小官吏，应是一处公共墓地[57]。在陕西凤翔南郊发现一处庞大墓群，分布范围东西长 1.5、南北宽近 1 千米，墓葬总数可达数千座。已发掘其中的 155 座，墓葬形制计有 5 种，葬式多样，多以木棺为葬具，出土随葬品 400 多件，它们分属盛唐墓和中唐墓。一个令人关注的现象是：在其中 34 座墓内发现殉人，总计达 87 人之多。发掘者认为，这些人可能是异族战俘和墓主人同族的奴婢，然有证据显示，他们更可能是与墓主人属于同一支居住在凤翔地区的少数民族的成员[58]。与此同时，也发现了一批规模较小的墓群，如南京富贵山的六朝墓群、四川松潘唐代墓地、河南偃师杏园汉唐墓群（图五）等。在偃师杏园墓群，前后发掘汉至唐代墓葬 200 多座，其中西晋墓近 50 座、唐墓 69 座。西晋墓非常典型而且遗物品类齐备，对中原西晋墓研究颇有参考价值；69 座唐墓，墓主多为中小官吏，其中 37 座出有墓志。以这批唐墓资料为主要依据进行的研究，对洛阳地区唐墓分期的确立，起了关键作用[59]。此外，还揭露出一些特殊墓群。在安徽繁昌县城西郊的基建工程中，清理出 13 座颇有特色的北宋墓，为单室砖墓和土坑墓，部分用残瓷窑具或瓷片封顶，随葬品主要是普通陶、瓷器，墓室后部又都放置 1—2 件盂钵。据认为，其墓主应是一个特殊的人群，即当时的窑工[60]。

其五，在北魏洛阳城东外郭城内，曾清理了两处丛葬墓地。墓地内墓葬排列紧密且井然有序，随葬器物很少，随葬朱书铭文砖上有"西人"一词。被认为是桓温北伐所统"义故西人"在洛阳附近战死或因其他原因死亡后的集体葬地[61]。

其六，对分布于我国西南地区的崖葬进行了较为广泛的调查和必要的清理，迄今已相继发表了四川宜宾、珙县、兴文、高县、筠连、乐山、绵阳以及广西左右江流域的调查及清理资料。调查者认为，四川境内的崖葬，流行于六朝至宋元，当为古僚人的葬俗；广西左右江流域的崖洞墓，流行于南朝末至明清，可能是壮族及其先民的遗迹[62]。

（三）地方民族政权控制区的墓葬

这类墓葬，包括高句丽墓、渤海墓、吐蕃墓、南诏大理墓和其他部族的墓葬。对高句丽墓、吐蕃墓、南诏大理墓的发现和研究，在20世纪80年代已经做过初步总结，

图五　河南偃师杏园村唐墓出土滑石熏炉
（M1921∶18）

此后较重要的工作有：在吉林集安东大坡高句丽墓群清理积石墓和封土墓95座；在辽宁桓仁县原高丽墓子村大型高句丽墓地上，又发掘由4座近方形和长方形大石堆组成的积石墓1座；在黑龙江发掘渤海大型石室壁画墓并在宁安发现渤海墓葬群；在西藏洛扎县调查吉堆吐蕃墓地；在四川西昌陆续发现一大批南诏大理时期的火葬墓和一通刻有大理国"盛德二年"纪年的墓碑，在云南澄江发现大理国至元代的火葬墓等等。

另外，近几年相继对新疆尉犁县营盘汉晋墓地[63]和青海都兰县吐蕃时期吐谷浑人墓地[64]进行了较大规模发掘，分别清理葬俗颇有特点的墓葬110余座和60座，出土一大批毛制品、丝织品等珍贵文物。不少织物融汇了东西方文化因素，有的显然为境外输入品。对研究我国古代毛织、丝织工艺和东西方文化交流具有重要价值。关于历代墓葬的研究，涉及很多问题，但重点仍在对墓葬的编年研究方面。这项研究一直是沿着对墓葬进行分区分期的路子开展。20世纪80年代以后发表的主要文章，有张小舟的《北方地区魏晋十六国墓葬的分区与分期》[65]、徐殿魁的《洛阳地区隋唐墓的分期》[66]、权奎山的《中国南方隋唐墓的分区分期》[67]。张小舟的文章将此期墓葬分为中原、西北、

东北三区，并将中原地区墓葬分为 4 期，将西北、东北地区墓葬各分为 3 期。徐殿魁的文章将新中国成立以来洛阳及周围地区发现的隋唐墓葬分为 4 期，从而结束了以往以西安隋唐墓分期涵盖两京地区隋唐墓分期的历史。权奎山的文章，将南方隋唐墓分为长江上游、长江中游、赣江地区和福建、岭南等六区，每区墓葬又划分出若干个发展阶段。以此为基础，还探讨了墓葬分区与唐代"道"的关系，各区之间的关系、各区与中原地区的关系等问题。此外还有一批探讨三国两晋南北朝祔葬墓、唐代双室砖墓、阴阳堪舆对北宋皇陵的影响、金代女真贵族墓、明代后期藩王墓葬制度以及山西境内金墓、福建境内六朝至宋代墓葬的文章。关于地方民族地区墓葬的研究文章，有《高句丽积石墓的类型和分期》《渤海墓葬研究中的几个问题》《古代西南民族墓葬研究》等。

四　出土文物研究举要

对于遗址、墓葬各类出土文物的研究，除散见于专著、专刊者外，还有大量文章刊布于各种期刊杂志，内容涉及金银器皿、货币、铜镜、马具、玻璃器、瓦当及文化艺术品等。

方兴未艾的古代金银器皿研究，20 世纪继 80 年代初期首次出现关于唐代金银器皿的分期意见之后，1989 年出版的《海内外唐代金银器萃编》一书，又推出了一种关于唐代金银器分期的看法。齐东方在评论文章[68]中，在肯定其积极贡献的同时，对书中的"复古潮流"说表述了不同的观点。关于宋代金银器，则发表有《试谈宋代金银器的造型和装饰艺术》[69]一文。历代货币研究近些年取得的突出进展，是对曹魏"五铢"钱的辨识实现了历史性的突破[70]，对唐"开元通宝"的分期也做出了初步的尝试[71]。关于历代铜镜这一考古学研究课题，新发表的文章有《略论中国古代人物镜》[72]、《唐镜分期的考古学探讨》[73]等。关于汉魏瓦当的编年研究，则发表有《汉魏洛阳城出土瓦当的分期与研究》[74]一文。与文化艺术相关的研究文章较多，既有

图六　湖北鄂州塘角头六朝墓出土釉陶佛像
（M4 : 3）

对宁夏固原北魏漆绘木棺画、南北朝壁画和拼镶砖画、唐李寿石椁线刻侍女图和乐舞图的研究，又有关于宋金社火杂剧雕砖和宋元戏台建筑的探讨，还有对孙吴墓出土佛像（图六）问题的综合分析。如果说上述文章所论涉及中外交往的内容不是很多的话，那么由下列诸例应能看出有关中外交往文物研究之大势。此类文章似以有关金银器的最多，仅 1986 年以来发表的即有 7 篇以上，齐东方等撰《唐代金银器皿与西方文化的关系》[75]和林梅村撰《中国境内出土带铭文的波斯和中亚银器》[76]都是其中较有分量的著作。王仲殊发表了一系列有关日本出土三角缘神兽镜的文章，重在探讨此类镜的作者和产地，认为它们应是我国三国时期东渡日本的吴国工匠在当地制造的[77]。董高撰《公元 3 至 6 世纪慕容鲜卑、高句丽、朝鲜、日本马具之比较研究》[78]、王巍撰《从出土马具看三至六世纪东亚诸国的交流》[79]等则是从马具出发探讨了中国和东亚诸国的文化交流关系。还有多篇文章，分别对北周李贤墓出土的玻璃碗、何家村出土的玛瑙兽首杯和波斯釉陶的胎釉本质和烧造工艺作了深入的研究，王仲殊撰《论汉唐时代铜钱在边境和国外的流传》[80]更是从另一个角度去揭示历史上中外之间的交往关系。

以上的简要叙述，显然不能涵盖新中国成立五十年来三国至明代考古取得的全部成果，但由此已足以使人感到欢欣鼓舞。展望未来，在即将到来的 21 世纪，三国至明代考古必将迎来它更加光辉灿烂、繁花似锦的发展新阶段。

附记：受总幅限制，文中所引资料不能一一注明出处。在此谨向有关单位、个人和广大读者致歉。

（原刊于《考古》1999 年 9 期）

注　释

①④⑤⑧⑨⑩⑮⑯⑳㊹㊾ 中国社会科学院考古研究所汉唐考古研究室：《考古研究所汉唐宋元考古二十年》，《考古》1997 年 8 期。

② 中国社会科学院考古研究所洛阳汉魏故城队：《汉魏洛阳故城金墉城址发掘简报》，《考古》1999 年 3 期。

③ 中国社会科学院考古研究所洛阳汉魏城队：《汉魏洛阳故城城垣试掘》，《考古学报》1998 年 3 期。

⑥ 中国社会科学院考古研究所洛阳唐城队等：《隋唐洛阳城永通门遗址发掘简报》，《考古》1997 年 12 期。

⑦ 中国社会科学院考古研究所洛阳唐城队：《洛阳唐东都上阳宫园林遗址发掘简报》，《考古》1998 年 2 期。

⑪⑫⑬㊱㊵㊶㊷㊽ 杨育彬等主编：《20 世纪河南考古发现与研究》，中州古籍出版社，1997 年。

⑭ 刘俊喜等：《平城考古获得新突破——大同发现北魏明堂辟雍遗址》，《中国文物报》1998 年

1 月 21 日。

⑰⑱⑲⑳㊸㊺㊼㊼ 姜捷：《陕西隋唐考古述要》，《考古与文物》1998 年 5 期。

㉑ 黑龙江省文物考古研究所：《黑龙江克东县金代蒲峪路故城发掘》，《考古》1987 年 2 期。

㉒ 内蒙古文物考古研究所等：《内蒙古黑城考古发掘纪要》，《文物》1987 年 7 期。

㉓ 黑龙江省文物考古工作队：《渤海上京宫城第一宫殿东、西廊庑遗址发掘清理简报》《渤海上京宫城第 2、3、4 号门址发掘简报》，同见《文物》1985 年 11 期。

㉔ 集安县文物保管所：《集安高句丽国内城址的调查与试掘》，《文物》1984 年 1 期。

㉕ 傅熹年：《隋唐长安洛阳城规划手法的探讨》，《文物》1995 年 3 期。

㉖ 内蒙古自治区文物工作队等：《内蒙古巴林右旗罕山辽代祭祀遗址发掘报告》，《考古》1988 年 11 期。

㉗ 宁夏文物考古研究所：《西夏陵园北端建筑遗址发掘简报》，《文物》1988 年 9 期。

㉙ 陕西省博物馆编：《隋唐文化》，学林出版社，1990 年。

㉚ 樊旺林等：《唐铁牛与蒲津桥》，《考古与文物》1991 年 1 期。

㉛ 张庆捷等：《黄河古栈道的新发现与初步研究》，《文物》1998 年 8 期。

㉜ 河南省文物管理局等编：《黄河小浪底水库文物考古报告集》，黄河水利出版社，1998 年。

㉝ 浙江省文物考古研究所：《五代钱氏捍海塘发掘简报》，《文物》1985 年 4 期。

㉞ 秦建明等：《陕西泾阳北宋丰利渠口发现石刻水尺》，《文物》1995 年 7 期。

㉟ 哲里木盟博物馆：《内蒙古霍林河矿区金代界壕边堡发掘报告》，《考古》1984 年 2 期。

㊲ 彭振声等：《分宜发现唐宋采矿冶铁遗址》，《中国文物报》1992 年 1 月 26 日。

㊳ 南京市博物馆等：《南京九华山古铜矿遗址调查报告》，《文物》1991 年 5 期。

㊴ 安徽省文物考古研究所等：《安徽铜陵市古代铜矿遗址调查》，《考古》1993 年 6 期。

㊻ 福建省博物馆等：《唐末五代闽王王审知夫妇墓清理简报》，《文物》1991 年 5 期。

㊽ 蒋赞初：《南京东晋帝陵考》，《东南文化》1992 年 3、4 期。

㊿ 参见宿白：《关于河北四处古墓的札记》，《文物》1996 年 9 期。

51 李清俊：《北魏金陵地理位置的初步考察》，《文物季刊》1990 年 1 期。

52 南京市博物馆等：《江苏南京市白龙山南朝墓》，《考古》1998 年 12 期。

53 南京市博物馆等：《南京南郊六朝谢珫墓》，《文物》1998 年 5 期。

54 内蒙古文物考古研究所等：《内蒙古赤峰宝山辽壁画墓发掘简报》，《文物》1998 年 1 期。

55 山西省考古研究所等：《大同南郊北魏墓群发掘简报》，《文物》1992 年 8 期。

56 邺城考古队专稿：《配合京深高速公路建设邺城考古勘探又有重要发现》，《中国文物报》1993 年 10 月 10 日。

58 雍城考古队尚志儒、赵丛苍：《陕西凤翔县城南郊唐墓群发掘简报》，《考古与文物》1989 年 5 期。

60 繁昌县文物管理所：《安徽繁昌县老坝冲宋墓的发掘》，《考古》1995 年 10 期。

61 段鹏琦：《对汉魏洛阳城外郭城内丛葬墓地的一点看法》，《考古》1992 年 1 期。

62 四川大学历史系考古专业 1970 级实习队等：《宜宾县双龙、横江两区岩穴墓调查记》、同校

1978 级实习队：《四川叙南崖葬调查纪略》，分别见《考古与文物》1984 年 2 期和 1985 年 1 期。

㊻ 蒋迎春：《1997 年全国十大考古新发现评选揭晓·尉犁营盘汉晋墓地》，《中国文物报》1998 年 2 月 18 日。

㊼ 蒋迎春：《'96 全国十大考古新发现评选揭晓·都兰吐蕃墓群》，《中国文物报》1997 年 2 月 2 日。

㊽ 张小舟：《北方地区魏晋十六国墓葬的分区与分期》，《考古学报》1987 年 1 期。

㊾ 徐殿魁：《洛阳地区隋唐墓的分期》，《考古学报》1989 年 3 期。

㊿ 权奎山：《中国南方隋唐墓的分区分期》，《考古学报》1992 年 2 期。

68 齐东方：《评〈海内外唐代金银器萃编〉》，《考古》1991 年 2 期。

69 肖梦龙：《试谈宋代金银器的造型和装饰艺术》，《文物》1986 年 5 期。

70 戴志强：《曹魏五铢考述》，《文物》1998 年 4 期。

71 徐殿魁：《试论唐开元通宝的分期》，《考古》1991 年 6 期。

72 孔祥星：《略论中国古代人物镜》，《文物》1998 年 3 期。

73 徐殿魁：《唐镜分期的考古学探讨》，《考古学报》1994 年 3 期。

74 钱国祥：《汉魏洛阳城出土瓦当的分期与研究》，《考古》1996 年 10 期。

75 齐东方等：《唐代金银器皿与西方文化的关系》，《考古学报》1994 年 2 期。

76 林梅村：《中国境内出土带铭文的波斯和中亚银器》，《文物》1997 年 9 期。

77 王仲殊：《论日本出土的景初四年铭三角缘盘龙镜》，《考古》1987 年 3 期。

78 董高：《公元 3 至 6 世纪慕容鲜卑、高句丽、朝鲜、日本马具之比较研究》，《文物》1995 年 10 期。

79 王巍：《从出土马具看三至六世纪东亚诸国的交流》，《考古》1997 年 12 期。

80 王仲殊：《论汉唐时代铜钱在边境及国外的流传》，《考古》1998 年 12 期。

再现古都历史的辉煌

——洛阳地区重要考古发现概述

　　源远流长的滔滔黄河，孕育了我们伟大中华民族的古老文化，而河南西部位于黄河中游伊洛平原上的古都洛阳，犹如我国古代文明发展史上一颗璀璨明珠，始终闪耀着夺目的光芒。浩如烟海的文献古籍，为她写下了上下数千年光辉灿烂的历史，新中国成立以来的考古发现，更以翔实的实物资料，再现了古都历史的辉煌。

　　早在北京猿人活跃在华北的年代，就已有古人类在豫西繁衍生息。三门峡、灵宝、渑池等地曾相继发现过先民们用石块打制的生产工具。1987 年，在洛阳市内凯旋东路发掘一处古文化遗址，出土 31 件打制石器和象、犀牛等一批动物化石。据鉴定，这是距今五万年以前的古文化遗存，也是洛阳地区迄今所知最古老的人类活动遗迹（《河南文博通讯》1980 年 3 期）。

　　大约自公元前 6000 多年至公元前 2000 年左右，黄河流域先民们先后经历了原始社会氏族公社制由全盛到衰落的历史阶段，约当考古学上的新石器时代。此时，人们使用磨制石器，已会制陶和纺织，主要从事农耕和畜牧。洛阳地区已发现新石器时代裴李岗文化、仰韶文化和河南龙山文化遗址百余处。据《洛阳日报》1993 年 11 月 2 日报道，中国社会科学院考古研究所二里头队新近又在二里头遗址发现了不止一处仰韶文化晚期的大型夯土建筑基址，发掘工作正在进行中。这一发现，将对中国古代文明史的研究产生重大影响。这些遗址中最重要者，当数洛阳城西 15 千米的王湾遗址。该遗址发掘于 1959—1960 年，揭露面积 3350 平方米，清理房基 9 座、灰坑 179 个、墓葬119 座（《考古》1961 年 4 期）。因其中包含仰韶文化、河南龙山文化及由仰韶文化演变为河南龙山文化的过渡期这三种文化遗存并证明三者一脉相承，而成为我国新石器时代考古的典型遗址之一。研究表明，与王湾遗址前两种文化面貌基本一致的文化遗存，年代约当公元前 4000 年至公元前 3000 年，主要分布在郑州—洛阳地区；以土湾遗址后一种文化为代表的河南龙山文化，主要分布在郑州、洛阳之间和伊洛河流域，关中东部也有发现，其年代约当公元前 2800 年至公元前 2000 年，已处于原始社会的解体阶段。

河南龙山文化晚期，已有一些小城堡出现。公元前 1900 年至公元前 1500 年，洛阳地区出现出我国历史上第一座都邑，其废墟就是洛河岸边的偃师二里头遗址。该遗址发现于 1959 年。以它为代表的文化遗存，叫作二里头文化，由王湾类型河南龙山文化发展而来，主要分布在河南中、西部的郑洛地区和山西南部汾水下游一带。二里头遗址西距洛阳约 20 千米，纵横各约数华里（1 华里为 500 米，后同）。其间既有宫殿和一般居住基址，又有手工业作坊遗址和墓葬，出土遗物十分丰富。已发掘的两座宫殿，基址规模巨大，皆夯土筑成。一号基址略呈正方形，东西长 108 米，南北宽 100 米；二号基址为长方形，南北长 73 米，东西宽 58 米。基址周绕围墙和廊庑，南廊中部设宫门，北中部建殿堂。殿堂南向，下有长方形基座，上为四阿式屋顶的附廊式宫室。整座建筑气势宏伟，展示了我国早期宫殿建筑的风采（《考古》1974 年 4 期和 1983 年 3 期）。出土遗物主要为青铜器、玉器、陶器、石器、骨角器和蚌器，还有少量漆器和卜骨，除生产工具和生活用具外，武器和礼器也占有一定比例，并不乏制作精美的工艺品。建筑、墓葬和出土文物所体现的种种社会对立现象，揭示了阶级和早期国家的存在。鉴于其年代与文献中的夏代相当，二里头文化的分布范围又在传说中夏人的活动区域，因此，关于二里头文化的研究，一开始便与夏文化探索紧密联系在一起。一种意见认为，二里头遗址前期（一、二期）为夏文化遗存，后期（三、四期）则为汤都西亳。另一种意见认为，二里头文化为夏文化，二里头遗址乃是夏代晚期的一处都邑。洛阳学者更以二里头遗址为夏都斟鄩城（《洛阳古都史》），是历代王朝建都洛阳之始。

1983 年，偃师尸乡沟商城重新面世。这座商代前期城址，位于偃师县城西，西去洛阳约 30 千米。大体呈长方形，南北长 1710 米，东西宽 1240 米。周遭夯筑城垣上已发现城门七座。从发掘西垣 2 号城门知道，门宽 2.3—2.4 米，二侧壁夯筑，壁内立排列密集的木柱（《考古》1984 年 10 期），其上应架设木梁，构成大过梁式门洞。这种作法，为后代城门建筑所继承。城市建筑大多集中于南部，可分三区。处于南部居中部位的建筑群，应是主要宫殿区。此宫殿区由多座宫殿组成，结构颇为严谨。已发掘的 4 号宫殿，基址呈方形、夯筑，东西长 51 米，南北宽 32 米，周遭建庑。南面设宫门，殿堂建于最北部，殿面南，前置台阶（《考古》1985 年 4 期）。其建筑技术和风格显与二里头宫殿遗址同出一系。城内还发现若干条道路和排水设施。这一考古发现，曾引起国内外学者的广泛关注。大多数学者认为，其年代早于郑州商城，当为汤都西亳。它的面世，对探索夏文化也有重要意义。

公元前 11 世纪，西周武王克殷，成王委托周公东营洛邑。洛邑何在，一直是个历史之谜。1973 年以来，在洛阳东北郊瀍河岸边之北窑村南，发现并发掘了一处大型西周铸铜遗址。遗址面积 10 余万平方米，发掘面积 3000 余平方米。清理出一些建筑和烧窑、烧灶遗迹，出土熔铜炉壁残块数以千计、铸范残块数以万计。据测算，熔铜炉体直径一般为 0.9—1.1 米，最大者可达 1.6—1.7 米。主要铸造青铜礼器、车马器和兵器。这是一座西周宗室经营的铸铜作坊，始建于成康时期，毁于穆王、恭王以后（《考古》1983 年 5 期）。铸铜作坊遗址西北之庞家沟村一带，还发现一处大型西周墓地，面积约 2.5 万平方米。1964 年以来已发掘西周早期至晚期墓葬 300 余座。虽绝大多数墓葬被盗严重，仍有数量可观的随葬器物出土，其中包括带铭文青铜礼器、兵器以及各类陶器、原始瓷器等（《文物》1972 年 10 期）。偌大规模铸铜遗址和墓地的发现，必将对追寻洛邑有所裨益。

东周时期，洛阳为王都所在，周王曾先后徙居王城和成周。王城遗址，1954 年发现。它位于洛阳城内洛河与涧河交汇处，呈不规则方形，其保存状况稍差，仅能找到西、北两面城垣，西北、东北、西南三个城角和部分护城壕沟，北垣长 2890 米，西垣长约 3700 米。城内西南隅地势较高，或为宫殿区；宫殿区以东有很多粮食仓窖；西北部有一些手工业遗址。筑城年代不晚于春秋中叶。城中部发现不少带墓道东周大墓和车马坑（《考古学报》1959 年 2 期），被认为是东周王陵区之一。成周城系汉魏洛阳城的前身，西去洛阳城约 15 千米。近些年解剖汉魏洛阳城垣时，已发现东周城垣。在城东北隅并勘探发现了又一处东周王陵区，闻名中外的金村大墓即在这一王陵区内。

以成周为基础发展起来的汉魏洛阳城，秦、西汉时已是中原一大都会，公元 1 世纪初至 6 世纪中叶，东汉、曹魏、西晋、北魏相继建都于此，更成为全国的政治、经济、文化中心。据 1962 年以来的系统勘察，东汉—西晋洛阳城，南北约 4.5 千米，东西约 3 千米，南城垣被洛河冲毁，另三面城垣仍断续屹立于地面，保存最好处尚高 7 米。东、西垣各有三门，北垣二门，门皆三个门道。魏晋时于城西北角修建金墉城，并于北垣东段、西垣北段及金墉城外增筑马面。阳渠环绕城外且分流入城。北魏都洛期间，兴修外郭城垣，使其城市规模扩展至东西、南北各约 10 千米，将汉—西晋洛阳城包围其中，成为它的内城。以北魏洛阳与汉洛阳相比，城市布局发生了显著变化：调整内城西垣城门位置使之与东垣三门直对，又于西垣北端新开一门，纵横主干大道经诸城门贯通全城，大大便于城内交通；摈弃汉洛阳南北宫对峙的旧制，将宫殿集中置于内城北部，形成单一宫城建中立极的格局，内城南部及外郭城则辟为里坊区；宫城呈长方形，南北长 1398 米，东西宽 660 米，正殿太极殿，基址高大，雄踞宫城中部，由宫门往南的铜驼街宽 40—42 米，两侧布置中央衙署及宗庙、社稷，使内城带有某些后代皇城的性质；将主要市场由宫侧移至东、西外郭城及洛河浮桥，为发展商业创造了更为有利的条件（参见《考古》1973 年 4 期和 1993 年 7 期）。汉魏洛阳城内保存着许多富有时代特征的建筑遗址，其中尤可宝贵的是汉晋灵台遗址。它占地约 4.4 万平方米，其中心的方形高台建筑，即当年的天文观测台址，基部边长 50 米，残高 8 米余，既是我国目前发现的一座年代最早的天文观测遗址，又同古代天文学家张衡的科学实践活动有密切关系（《考古》1978 年 1 期）。汉—西晋太学是全国最高学府，遗址亦在城南，与辟雍毗邻。这里黉舍栉比，出土大量汉熹平石经及曹魏正始石经残石（《考古》1982 年 4 期）。永宁寺乃北魏洛阳最著名佛寺，位于宫前铜驼街西。遗址呈长方形，面积约 9 万平方米，前有山门，后有大殿，中心为一塔基，是为我国早期寺院的一种典型布局。塔基作方形，长宽各约 38.2 米，残高 2.2 米，尚存柱础石和佛龛残迹，周围出土彩塑残块千余件，对研究北魏佛教建筑和雕塑艺术具有很高价值（《中国大百科全书·考古学》）。北魏洛阳西郭城大市遗址，清理出一批房址和窖穴，出土数十件瓷器和一些模仿波斯萨珊玻璃器风格的釉陶器，从一个侧面反映了北魏陶瓷制造业的生产水平和洛阳同周边国家的文化交流关系（《考古》1991 年 12 期）。

大业元年（公元 605 年），一座大型新城在洛阳拔地而起，这就是隋唐东都洛阳城。1959 年以来的系统勘察表明，它地跨洛河两岸，平面近方形，和唐长安一样由郭城、皇城、宫城三部分组成。郭城东、南二垣长 7 千米多，西、北二垣长 6 千米余。共开八门。皇城、宫城南北毗连，置于郭城西北隅，西隔郭城与禁苑为邻，东接东城和含嘉仓城，前临洛河，后置曜仪、圆璧二小城。宫城平面近方形，长宽各千余米；皇城环绕宫城之东、西、南三面，南北长约 1670 米。城内其他地面为里坊区。区内纵横街道交织，分为 103 个方形里坊，形成棋盘式格局。里坊间设南、北、西三市，市傍漕渠（《考古》1961 年 3 期和 1978 年 6 期）。隋唐洛阳作为陪都和东方重镇，城市布局明显有别于首都长安。其皇城、宫城不在郭城北部正中而置于郭城西北隅，从城市规划上表明其地位下长安一等。宫城既有皇城包围，又有禁苑及诸小城围护，防卫措施远较长安严密。商市多于长安，俱傍漕渠，水陆交通便利；城内建有含嘉仓等大型粮仓，天下租粮大多聚积于此。这些，都是与洛阳在政治、经济、军事上的特殊地位相适应的。至于洛阳里坊作方形，大约是沿袭了北魏洛阳的坊制。由郭城定鼎门通往皇城、宫城的定鼎门内大街，又称天门街，宽约 121 米，是隋唐洛阳城的中轴线。坐落于中轴线上的宫城应天门、明堂以及皇城、宫城内的右掖门、九洲池等十多处建筑遗址业已发掘。应天门乃宫城正门，东西宽约 83 米，约为三个门道，门之侧前方左右各建一座三出阙，门、阙之间以廊庑、垛楼相连，总体形制略如北京明清故宫午门。其东阙及廊庑遗址，保存较好，气势雄伟，巍峨壮丽（《中国文物报》1991 年 1 月 20 日）。明堂为宫内主体建筑之一，南对应天门，建于武则天时期，基址约作八角形，面积约 2500 平方米。其中心柱柱坑呈圆形，直径 9.8 米，底部平置由四块方形青石拼成的柱基石，石面刻出柱榫窝、十字形定位线和两条同心圆阴线，内圆直径 3.87 米。这一发现为研究明堂建筑和宫城布局提供了重要依据（《考古》1988 年 3 期）。含嘉仓城，面积约 6 万平方米，已探出圆形粮窖 259 个。已发掘的 6 个粮窖，出土载有租粮数量、入仓时间、运输状况的铭文砖 8 块，160 号窖内尚存大半窖炭化谷子（《文物》1972 年 3 期），是研究隋唐漕运以及租粮运输、储存和管理的难得的实物资料。隋唐洛阳里坊区，有不少以园林闻名的私人府第。近年对诗人白居易故里的勘察和发掘，取得可喜收获，再现了这所名人住宅的基本布局（《洛阳日报》1993 年 6 月 28 日）。

洛阳城北邙山上，自东至西依次分布着曹魏、西晋、东汉、北魏帝后陵墓；伊河以南的高地上，亦有追封为孝敬皇帝的唐高宗太子李弘墓和东汉陵区。对这些陵墓，已做过程度不同的调查和研究，近年还发掘了北魏宣武帝景陵。新中国成立以来，在洛阳地区清理包括东汉刑徒墓（《考古》1972 年 4 期）在内的汉唐各阶层人物墓葬数以千计，出土文物中具有较高科学价值和艺术价值者不在少数，洛阳唐三彩因其造型优美、色彩绚丽，早已名闻遐迩。1987 年，于汉洛阳城西发掘的一座东汉墓，墓侧建有占地数千平方米的建筑群。这种结构基本完整的东汉墓园，在我国还是第一次发现（《考古学报》1993 年 3 期）。

唐代以后，洛阳地位下降，但北宋时仍为西京。在北宋洛阳城址上也有一些重要发现。如在洛阳中州路老城段清理的一处宋代衙署庭园遗址，南部为砖石结构的衙署正门，北部偏东为庭院，院内分布着粉墙、水池、花榭、花砖甬道、石子路面，展现了宋代庭园的典雅景观，遗址出土的一些兽形建筑构件，前所未见，被认为是宋代考古的一大收获（《中国文物报》1992 年 6 月 14 日）。

（原刊于《文史知识》1994 年 3 期）

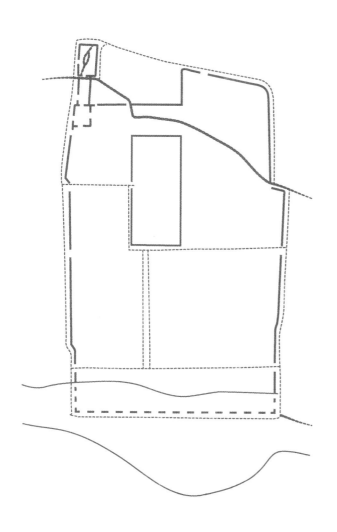

考古调查及发掘简报

偃师商城的初步勘探和发掘

中国社会科学院考古研究所洛阳汉魏故城工作队

1983 年春，中国社会科学院考古研究所受国务院文化部文物局委托并责成我队勘察河南省偃师（今偃师区，后同）县城西一项基本建设工程拟选厂区的地下文物。勘察中，我们在城关公社大槐树村西南发现一座古城址的西北角，探出该城部分北城墙和西城墙，并在城内探到大面积商代地层堆积，据此，我们对该城的时代和学术价值做出了大略的估计。这一发现得到上级领导的高度重视，4 月中旬，文物局和考古所发出文件，要求进一步扩大勘察区域，了解该城的全部范围、形制、时代和性质。这后一阶段的工作，于 4 月 22 日开始，共用了一个月左右的时间。在基建部门和地方各级领导的大力支持下，通过考古钻探和小型发掘，取得了必要的科学资料，基本完成了上级规定的任务，从而使又一座大型商代城址在湮没数千年后得以重新面世。

鉴于该城址紧靠偃师县城，我们称其为偃师商城。兹将初步勘察情况报道如下。

一

偃师县城一带，北依邙山，南临洛河，地势平坦，土壤肥沃，是有名的粮食高产区。这里，自古以来就是东西交通的孔道，南北交通也颇为便利。东经巩县出虎牢关到郑州，西经洛阳出函谷关达西安；南越轩辕关至登封，北过邙山岭便抵黄河要津。从很早的时候起，当地就广泛流传有关尸乡和西亳的传说，城郊各地还保留着多处与传说相关联的"遗迹"：城西赫田砦村以东有所谓伊尹墓、田横冢；城南高庄村边地势隆起，人云是汤都西亳的"亳地"；城西南塔庄村北有一东西向低凹地带，老乡世代相承称之为尸乡沟。娓娓动听的传说固然使人神往，而 1971 年以来塔庄村多件商代铜器的相继出土，对考古工作者则具有更为强烈的吸引力。我们这次勘察的偃师商城，正是处于这一传说和文物都很丰富的区域。

偃师商城，地处城关公社大槐树村与洛河之间，南北对应的塔庄村和偃师化肥厂适居城址南北两端，偃（师）登（封）公路、偃（师）洛（阳）公路纵横穿过城址，在城址中部偏北处成丁字形连接。当地所传"亳地"在其东；伊尹墓、田横冢在其西；

尸乡沟则横贯城址中部。它和学术界所熟知的二里头遗址同居于洛河故道（在今洛河南）北，两者东西对应，相距仅五六千米（图一）。

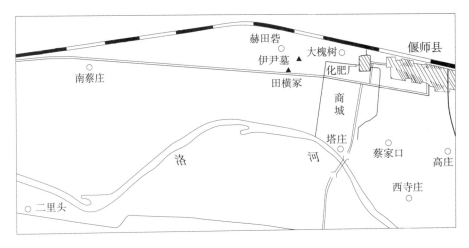

图一　偃师商城位置示意图

该城址绝大部分深埋于地下，地面无遗迹可寻，这虽使它免遭过多的人为破坏，得以较好地保存下来，但也给勘察工作带来一定困难，单单进行地面调查不易有所发现。因此，在目前，要全面了解该城，只有依靠考古钻探。当我们开始后一阶段勘察时，正值小麦抽穗、灌浆期，这种季节，在大范围内开展细致的考古钻探，显然不合时宜。为兼顾文物勘察和农业生产，我们采用了充分利用田埂、路边、田间小道以及灌溉渠道布孔的办法，对所见古城各项重要建筑遗迹，一般仅作条件允许的卡探。靠这种方法取得的勘察结果，虽然符合工作任务的要求，但从严格的科学意义上讲，那就不能不说是粗线条的了。

据勘探，偃师商城建于洛河北岸稍稍隆起的高地上，整体略作长方形。方向 7 度（以西城墙为准）。城址范围：南北长 1700 余米；东西，最北部宽 1215 米，中部宽 1120 米，南部宽 740 米。面积约为 190 万平方米。城周围有夯筑土城墙。已探出东、北、西三面城墙和西北、东北二城角，南城墙和东南、西南二城角没有发现（图二）。

西城墙　北起大槐树村西南 100 余米处的西北城角，向南穿过偃洛公路，再经塔庄村西头李应魁、孙新茂两家宅下，最南至洛河北堤边，从北到南基本为一直线，唯在其中段，即北距西北城角 800 余米处，城墙东屈约 10 米，后又折而向南。西城墙现存总长度 1710 米。西墙宽度一般为 17—24 米，但穿塔庄村的一段，墙基宽近 40 米，其外墙皮的位置远较它西段墙墙基偏西，何以形成这种现象，未予详查。城墙夯土厚度：南段 1.5 米，偃洛公路南侧 2.5 米，北段 3 米以上。城墙夯土由酱红色生土掺杂灰黄色地层土夯筑而成，土质致密，夯打坚实。城墙夯土距地表深度：塔庄村处 2.2 米，偃洛公路南侧1—1.5米，偃洛公路以北3—4米。

北城墙　西起西北城角，由大槐树村南向东，穿过偃师化肥厂，然后斜向东南，至城之东北角。此城角在石硖村麦田内，西距偃师化肥厂约200米。北城墙总长度为1240米。其城墙宽度一般为16—19米，最宽处达28米。城墙夯土总厚度为2—3米。夯土的土质、颜色、硬度与西城墙略同。城墙夯土距地表深度：中段、西段，3.2—3.6米；东段，2.8米。

东城墙　北起城东北角，顺氧气厂西侧向南，穿过偃洛公路，至距东北城角约955米处，折向西南，在塔庄村北之东西向车路北侧、西距偃登公路30米处，再一次改变走向，折而南行，终于塔庄村东小路北约80米处。这最南一段南北向城墙，墙基保存不好，时断时续，残缺处甚多。合计东城墙现存长度为1640米。城墙宽

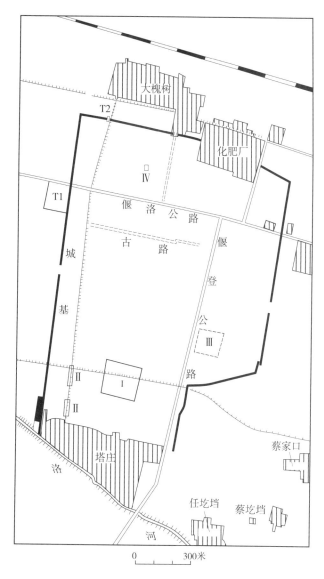

图二　偃师商城实测图

度，一般为20—25米，最南段破坏尤其严重，宽仅10米左右。城墙夯土总厚度，北部2.5米，偃洛公路以南1.3—1.5米；最南端仅残余0.3—0.5米。由偃洛公路南侧往北，城墙夯土的土质、颜色、硬度略同于西城墙，但往南，夯土的质量、颜色则与西城墙有所不同：土色略呈黄褐，土质稍软，硬度较低。城墙夯土距地表深度：偃洛公路北侧2—2.8米，公路南侧1—1.3米，塔庄村东1.5—2米。

为找南城墙，我们曾做了一定的努力，然而，除河堤堤身无法钻探，不知其下是否压有城墙遗基外，迄未见到任何城墙痕迹。根据地下钻探资料：1.西城墙虽抵洛河北堤边，但未见其东拐，也没有延伸到河堤以南；2.东城墙在洛河北堤以北460米处

中断，再南皆为淤土；3. 在塔庄村附近及村内，文化层很厚且与城内地层堆积连为一体，塔庄村一带仍为城内区域。我们认为，南城墙如不为河堤所压，则必已尽毁无遗，后者的可能性最大。至于其遭毁的原因，从今洛河的位置及东城墙南端呈现的状况看，当与历史上洛河改道、泛滥有直接关系。

在三面城墙上共发现缺口四处：东、西二城墙各一处，北城墙二处。在城内发现道路两条：一条东西向，一条南北向。在城之东南部、东城墙外侧，还探到一处大型水池遗迹。它们之间存在着内在联系。

东、西二城墙上的缺口，分居于各城墙的中段，各宽60余米。缺口内，上层为农耕土和扰乱土，距地表深2米以下为淤土，淤土甚厚，可达5.5米以上（未探到底）。两缺口间，为一条东西向淤土沟，南北宽30—60米，深度与缺口内淤土略同，淤土内见有汉代遗物，它们应是横穿城址的沟渠，其地望与老乡所传尸乡沟一致。沟渠遗迹向东，与城东南的水池相连。据探，水池规模，东西、南北长各约1.5千米。水池形成的年代甚古，存在的时间也很长，至少汉魏时期尚未干涸壅塞。城址之东城墙南段，沿水池西岸而建，这大概正是它之所以迂回曲折、破坏严重的原因之所在。

北城墙上的两处缺口，一东一西，皆在城墙的中段。居东者，位于偃师化肥厂西墙外，缺口内从上到下满是砂石和淤土，未见路土痕迹，应是邙山山洪冲击城墙造成的突破口。居西者，距西北城角大约510米，现为大槐树村社员袁跃新、袁贵新宅院门前空地。缺口宽10米，缺口两侧之城墙夯土，距地表深约4.5米见，墙宽18米，夯土厚度1米余。城内之南北向路土恰从缺口内穿过。对南北向路土，这次仅探了偃洛公路北的一段，长约380米，距地表深约4—4.5米见。路土土色黄褐，既脏且硬。在城墙缺口处，路土宽约9米，厚约0.3米。缺口和路土吻合的情况表明，它同东面缺口具有截然不同的性质，当是北城门的遗址。

受条件限制，这次不可能仔细探查城墙上所有的缺口，东、西城门的具体位置及南城门的大致方位尚未找到，但已知现象似乎向我们透露，弄清这些问题还是大有希望的。像前面提到的东西向路土，它北距北城墙约560米，位于城内中部稍偏北处，路土宽约8米，厚约0.3—0.5米，其土质、颜色与南北向路土同，探出长度已达600余米，无疑也是城内的主干道路。因当时正在灌溉，无从下铲，其东西两端与东、西城墙之间各有数百米未探，然而可以预料，它可能是贯通东、西城门的大道。此外，如将那条南北向路土继续往南追，对查明南城门的大致方位，恐怕也不会是劳而无益的。

为摸索建筑布局的大概情况，我们采用拉稀网的办法（南北向布探孔七排，排间距约150—180米，排内孔间距为10米），对城区进行普探，并适当作了一些卡探，共

发现四处大型夯土建筑群或建筑基址，其中三处分布于城区南部*。（见图二）

Ⅰ号建筑遗址　位于塔庄村正北，是一处四面设有夯土围墙的大型建筑群。围墙范围近方形，北墙长 200 米，东墙长 180 米，南墙长 190 米，西墙长 185 米。墙宽 3 米左右，夯土厚 1—1.5 米。夯土的土质、颜色、硬度与城墙夯土略同。夯土距地表深度为 1.4—2.1 米。门址未予探查。围墙内普遍发现夯土建筑基址，但未一一细卡。这些夯土基址，距地表深度：浅者，耕土下即见；深者，1—1.7 米见。夯土厚度可达 2.4 米。

Ⅱ号建筑遗址　位于塔庄村西北，邻近西城墙。该建筑遗址呈南北向长方形，由两块夯土基址组成，两者南北相距约 70 米。北边一块，南北长约 100 米，东西宽约 20 米；南边一块，南北长约 90 米，东西宽约 25 米。夯土距地表深 1 米，夯土厚度 1.5—2 米。

Ⅲ号建筑遗址　位于塔庄村东北，偃登公路东侧。夯土建筑遗址范围是东西、南北各约 140 米。因未细探，不知其为一个建筑基址抑或是若干个建筑基址的集合体。这片夯土距地表深 1.2 米，夯土厚度 2.5 米。

Ⅳ号建筑遗址　位于城北部通北城门之大路西侧，距北城墙约 180 米。这一夯土建筑基址呈长方形，南北长 25 米，东西宽 20 米。夯土距地表深 3.7 米，夯土厚度为 1.2 米。

在城之南部，还探到一些小面积夯土遗迹。如Ⅰ号建筑遗址南侧、塔庄大队部院墙北及西北面麦地内，均有夯土发现。

最后，就钻探所见介绍一下城内地层堆积的情况。

一般地说，城内地层堆积可分五层。

第一层：为农耕土，厚约 30—40 厘米。

第二层：为沉积土，土质细软纯净，呈黄褐色。此层厚度，城南部和北部大不相同，南部通常厚 1 米左右，而随着所在部位的北移，厚度逐渐增加，至偃洛公路以北，厚度普遍为 2—3 米，局部可达 4 米。这层土分布范围颇广，我们在汉魏洛阳故城以东的邙山坡上以及洛河至邙山麓的广大地域内都曾见到。商城内这层土形成的年代，从汉魏至元明前后延续了千余年。查其成因，可能与长期风沙沉积和邙山水土流失有关。

第三层：为汉代文化层，土色浅红褐或深黄褐，稍脏。在城内此层不是到处皆有，且不甚厚，一般只有 20—30 厘米。在偃洛公路北侧，曾探到东西向大路一条，方向基本与今公路平行，宽度一般为 30 米左右，路土厚约 30 厘米。时代约与此层土相当，应

---

* 受条件限制，我们对城内建筑遗址的钻探非常粗略，尤其是Ⅱ、Ⅲ号遗址。有关诸遗址规模的各项数据，请以复探后发表的材料为准。

是由汉魏洛阳东去的一条交通干道。

第四层：为商代文化层，此层多呈灰褐色或灰色，有的地方为红褐色，在城之北部，土质较纯净，内含遗物较少，而在城南部，土质甚杂，内含遗物较多。距地表深度，城南部为1—2米，北部2—3米，局部超过3.5米。城内各处，此层土厚度不同，一般地说，北部薄而南部厚，堆积最丰富的区域是南部之塔庄村附近。当然，城之北部也有此层堆积甚厚的地方，如西北城角内有的探孔，此层厚达3米余。探孔所出此层遗物，主要是泥质灰陶和夹砂灰陶陶片，表面多饰绳纹，能看出的器形有大口尊、鬲、盆和夹砂陶缸等。多数属二里岗期，有的则是二里头文化遗物。

第五层：为生土层。城内生土有两种：一种呈酱红色，土质紧密而坚实，碎后成颗粒状；一种呈黄白色，土质细腻如面粉。生土距地表深度南部一般为3—4.5米，偃洛公路以北多为6—7米。

二

与考古钻探同时，我们在西、北二城墙上各开探沟一条，编号分别为83ychT1和83ychT2，探沟方向正南北。T1东西长32、南北宽4米；T2南北长24、东西宽5米。当探沟的发掘工作接近结束时，又对城墙及其两侧的附属堆积作了解剖，借以取得有关城墙年代、结构及现状的确凿资料。T1内解剖沟在探沟中部稍偏南，东西长32、南北宽1米；T2内解剖沟在探沟中部，分南北两段，北段由探沟北壁向南，长4.6米，南段自探沟南壁向北，长6米，宽同为1米。

（一）地层堆积与城墙结构

发掘表明，T1、T2内地层堆积和城墙结构基本一致。现以T1为例予以说明。

1. 地层堆积

第一层：农耕土，厚0.25—0.3米。

第二层：沉积土。因早年老乡烧砖在此取土，故该层较薄，厚0.3—0.9米。

第三层：红褐色土。该层硬度较大，内有不少碎夯土块，厚0.15—1.1米，叠压在城墙夯土和城墙两侧之第四、五层地层堆积土上。出土陶片甚碎，绝大多数为商代泥质或夹砂的灰陶和黑褐陶片，表面饰绳纹、方格纹、弦纹、附加堆纹。可辨认的器形有长腹罐、尊、鬲、簋、大口尊、卷沿盆等。但与其同出的，还有一块布纹里的绳纹板瓦片和两块碎砖。城墙西侧出土不少田螺壳。此层应为汉代层。

第四层：稍泛红的灰黑色土。该层土质疏松，内含较多的木炭、烧土、碎骨等，厚0.15—0.35米，仅分布于城墙内侧，下压与其同时的灰坑H1和H2。出土陶片较为丰富，几乎全部为泥质或夹砂的灰陶、黑褐陶，表面磨光或饰粗、细绳纹、弦纹、附加堆纹、模印云雷纹、雕刻乳丁纹，有的内壁饰"麻点"。仅见一片釉陶片，上饰方格纹。可辨认的器形有折沿或卷沿的长腹罐、高圈足豆、敛口罐、大口尊、簋、卷沿盆、折卷或卷沿的鬲、甗等。还出有铜镞、骨笄、陶纺轮等小件器物和一颗植物果实。

H1　位于探沟东北角，与其南面的 H2 相隔仅 15—30 厘米，大约一半在探沟内。H1 口部略呈圆形，口径约 3.25、底径约 2.8、深 0.5 米，填土黑灰色。压在第三、四层下，叠压并打破第五层地层堆积土和城墙的附属堆积。出土陶片的陶质略同于第四层，纹饰除已见于第四层者外，还有刻划于敛口瓮口部的短线纹、戳于筒形器壁的圆圈纹，可辨认的器形有长腹罐、捏口罐、卷沿盆、簋、甗、豆、大口尊、斝、敛口瓮、高领瓮、筒形器、泥质红陶缸、镂孔圈足、器盖等。还出土铜镞、残蚌镞各一件。

H2　位于探沟东南角，其南部压在探沟外。口部略呈长方形，清理部分东西宽1.6—1.7、南北长 2.25、深 0.15—0.3 米，填土也作黑灰色。它和 H1 一样压在第四层下，叠压并打破第五层地层堆积土和城墙的附属堆积。出土陶片的陶质和纹饰略同于第四层，可辨认的器形有长腹罐、捏口罐、鬲、斝、卷沿盆、簋、豆、敛口壶、器盖、泥质红陶缸等。还出有陶纺轮、残石戈、骨椎等小件器物。

第四层和 H1、H2 出土陶片和可复原器物，多属二里岗类型，折沿长腹罐、大口尊、斝、捏口罐具有浓厚的二里岗上层器物的特征，它们的年代显然应相当于二里岗上层，若从 H2 出土的大口尊来看，它延续的时间似乎比郑州二里岗上层更长一些。

第五层：灰黄色土，土质松软，内含细砂，厚 0.15—0.7 米。在城墙内侧，它压在第三层和第四层下，在城墙外侧，则直接为第三层所压。其下叠压城墙的附属堆积。出土陶片不多，其陶质虽还是泥质或夹砂的灰陶或黑褐陶，但陶土含细砂，陶片质软易碎者多，还有火候不高的泥质夹心灰陶片。纹饰有细绳纹、弦纹和模印饕餮纹，有的内壁饰"麻点"。可辨认的器形有三角形鼎足、三足盘、盆、豆等。因陶片过少，此层时代不易确断，如就陶质、纹饰及仅见的几样器物看，年代显然比二里岗上层要早。

这里还应该交代一下路土 L2 和 M1。

L2　位于探沟西部，城墙外侧，压在第五层下，其下叠压城墙附属堆积之下层和生土。路土东西宽 3.8—4.3、厚 0.1—0.25 米，土色红褐，质地坚硬，内出可复原细绳纹夹砂灰陶鬲和泥质黑褐陶残豆盘各一件。它们的时代约晚于二里头四期。

M1　位于城墙夯土东侧，上面为红褐色土沟所压（沟属第三层），打破第五层和城墙附属堆积。墓穴为长方形，南北长 1.95、东西宽 0.42、深 0.04—0.08 米，方向13度。墓内填土松软，黑灰色，没有葬具和随葬品，仅置骨架一具，头北脚南，仰身直肢。（图三）

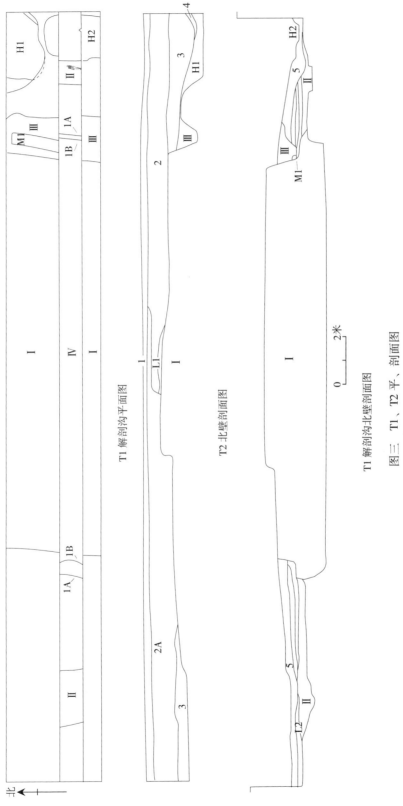

T1 解剖沟平面图

T2 北壁剖面图

T1 解剖沟北壁剖面图

0　　　2米

图三　T1、T2 平、剖面图

Ⅰ. 城墙（红褐色夯土）　1A. 基槽口线　1B. 基槽底线　Ⅱ. 土沟　Ⅲ. 红土沟　Ⅳ. 解剖沟　L1、L2. 路土　1—5. 层位编号　2A. 近代夯土

2. 城墙及附属堆积

城墙由墙基和墙体两部分构成。墙基部分的作法是：先在酱红色和黄白色生土中按城墙走向挖出基槽，而后逐层填土夯实。基槽口大底小，东西两壁不十分整齐，上口宽（东西）18.2—18.35、底宽17.7、深0.6—0.9米。西壁上残存竖直或斜向的工具痕迹五个，每个宽约8厘米。夯土高出基槽口以后，夯层骤然向城墙内外两侧展宽，成为墙

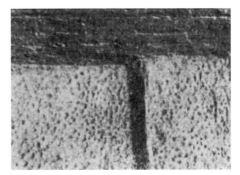

图四　T1切剖夯土夯层与夯窝情况

体宽大而稳固的基部，其东西宽度为18.4—18.7米。当墙体高出基槽口0.25—0.4米时，内外两侧分别向中心收缩0.6—1.15米，然后有收分地逐层向上夯筑，至现存城墙夯土顶部，墙体东西宽度减为16.4米。现存墙高，从基槽口起算为1.7—1.85米。城墙夯土总厚度（包括墙体和墙基）为2.6米。夯土的成分为酱红色生土掺杂少许灰褐色地层土，内含少量碎陶片、烧土碎块和蚌壳，基槽内接近底部的一层夯土，内含较多的禾本科植物茎叶。夯土呈红褐色，质地坚硬，夯层清晰。夯层基本平直，每层厚8—13厘米。表面夯窝密集，排列无规律且多重叠现象，应系反复夯打所致。夯窝圆形、圜底，直径2—3厘米。值得注意的是，直接打在黄白色生土层上的"底夯"，与一般夯层有所不同：夯窝密度小，排列无规律，罕见重叠现象，夯窝直径达4—5厘米，这大概接近夯打头遍时呈现的状况，对研究夯土的构造当有一定参考价值。在夯层中间也发现有稀疏的夯窝，它们大约是填土达到一定厚度时曾略施夯打留下的遗迹，这样做，显然是为了提高夯层的硬度（图四）。夯土内出土的陶片，既少且碎。陶质主要是泥质灰陶和夹砂灰陶，还有一些泥质黑褐陶，多数火候较低，陶土带砂性，质软易碎。表面多饰细绳纹，其次为篮纹，少数饰弦纹、附加堆纹和模印饕餮纹，有的绳纹陶片内壁饰"麻点"；可确认的器形有鬲、豆、刻槽盆以及鸡冠形鋬手等。此外还出有两段骨笄和一小块卜骨。据分析比较，这些陶片年代晚的稍晚于二里头四期，其中如鸡冠形鋬手则常见于一、二期器物。

城墙墙体基部的内外两侧，皆发现有土质颇为坚硬的堆积。这堆积依墙体而在，具有保护墙根的作用，我们称之为城墙的附属堆积。附属堆积表面平整且作坡状倾斜，靠近墙体一端高，远离墙体一端低。城墙内侧，附属堆积东西宽约3.3米；城墙外侧，附属堆积东西宽约5.1—5.25米。解剖城墙发现，附属堆积从上到下可分三层，各层均作坡状倾斜且无夯窝痕迹。

上层，为厚0.1—0.2米的草泥土，致密坚硬，层内，尤其是表面，杂有大量禾本科植物茎叶。

中层，土呈褐色，内含许多或大或小的硬土块，质地也甚坚实。这褐色土，在城墙内侧明显分为两层，每层厚 0.1—0.15 米；在城墙外侧，不分层，厚 0.15—0.5 米。

上述上、中两层，叠压在城墙墙体基部夯土之上，出土陶片甚少，多为泥质黑褐陶和夹砂灰陶，纹饰有细绳纹和篮纹，器形不易辨认。

下层，土呈灰褐色，厚 0.15—0.8 米，土质较硬，内含遗物不多，出有泥质或夹砂的灰陶、黑褐陶片以及火候较低的泥质夹心灰陶片。饰细绳纹、弦纹、附加堆纹，还有内壁饰"麻点"者。器形有鬲、斝、尊、高领罐、大口尊、卷沿盆等。多数陶片年代较早，少数可晚至二里岗期。这层土的高度，大略与墙体基部夯土相同。

（二）其他现象

在 T1、T2 的发掘中，还发现了一些与修建或修补城墙有关的现象。

1. 在 T2 南段解剖沟北壁，现存北城墙夯土顶部以下、高约 1 米的断面上，左右两半边的夯土土色判然有别，夯层上下相错，两半间的分界线为一斜直线，其上端东倾，下端西斜。在左右夯层接合处，西边的夯层每层都翘起一个小角，显系填土为夯土挤压所造成。这一现象说明：（1）筑城墙工程是分层（大层）进行的，每层的厚度可能为 1 米左右；（2）夯筑一层（大层）城墙，大约是先由某点开始，而后一步步向前推移，循序而进。具体到这一层，系由东向西逐段施工。为了解筑墙用具，我们清理了两段夯土的部分接合面，在接合面上发现横向长方形印痕上下三列，其中最清晰的一列，从南到北连续排印痕三个，每个高约 10、长约 30—40 厘米。它究竟是何种用具的遗迹，一时尚难判定。

2. 在 T2 北段解剖沟内发现修补城墙的遗迹。后补部分为黄色夯土，以黄白色生土夯打而成，其南北宽为 0.4—0.9、高 2 米。黄色夯土内未出任何文化遗物，但地层叠压关系清楚：它打破第五层（T2 第五层的年代属二里岗上层）并坐在城墙外侧的附属堆积上，而在探沟之第三、四层文化层下（T2 第三层为汉代文化层，第四层和第五层同属二里岗上层），为判断修补的时间提供了依据。在红、黄两种夯土的结合部，红夯土的侧面上修有不甚规则的台阶，应是为防止黄夯土滑坡而采取的措施（图五）。

3. 在 T1 城墙东侧附属堆积下层的东端，下面压着一段南北向小沟，沟挖在红生土中，东西宽约 1、深 0.1—0.15 米，沟内发现无墓圹、无葬具人骨一具。在 T2 城墙南侧之南段解剖沟内，城墙附属堆积下，叠压墓葬一座（T2M2），墓为土圹竖穴，墓口略作长方形，南北长 1.9、东西宽 0.45、深 0.2 米，墓边不整齐，墓内填土同城墙附属堆积下层。墓内置人骨一具，无任何随葬品（图六）。这两具人骨皆仰身直肢，双足并拢，手置盆骨处，肋骨因受压变形而重叠如饼。从地层叠压关系及埋葬情况来看，死

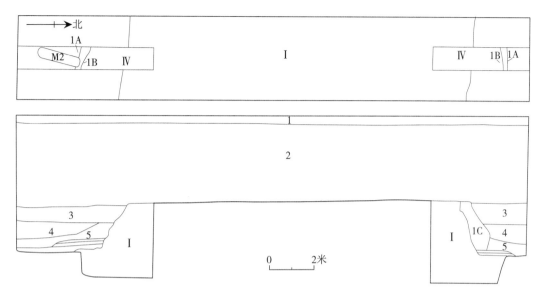

图五　T2 平面图（上）及西北壁剖面图（下）

I. 城墙（红褐色夯土）　1A. 基槽口线　1B. 基槽底线　1C. 黄色夯土　Ⅳ. 解剖沟　1—5. 层位编号

者社会地位甚低，他们的死，当同筑城这一大型土建工程有着某种内在的联系。

（三）文化遗物

这次在偃师商城发掘的两条探沟，出土遗物数量不太多，可分为陶器、石器、骨器、蚌器、铜器五类。

1. 陶器

完整器物很少，多为碎片，可辨认的器形有罐、鬲、甗、盆、簋、豆、大口尊、尊、瓮、缸、甑、钵、瓶、三足盘、鼎、斝、纺轮等。陶质主要为夹砂灰陶和泥质黑褐陶，灰陶普遍稍泛褐色，青灰色器物少见。罐、鬲、甗、鼎、缸等多为夹砂灰陶，盆、簋、豆、大口尊、尊、瓮等皆为泥质黑褐陶或灰陶。器物纹饰以粗、细绳纹为主，其次为弦纹、附加堆纹，还有少量云雷纹、饕餮纹、篮纹、方格纹、圆圈纹、乳丁纹、麻点纹、平底圆窝纹，其中麻点纹、平底圆窝纹仅施于器物内壁（图七）。

（1）罐　是发现数量最多的器物之一，形制种类也多。

长腹罐　依其口沿特征可分为二式。

I式：侈口、折沿、方唇，唇之转角较圆。H2∶6，残，口径17.5厘米，腹壁较为圆鼓（图八，3）。T1④∶16，残，口径17.5厘米，腹壁较直（图八，5）。T1③∶10，

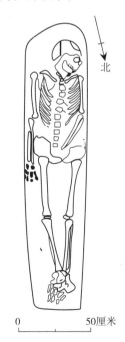

图六　M2 平面图

图七　陶片纹饰拓本

1. 刻槽盆内壁沟槽（T1 夯土城墙）　2. 方格纹（T1⑤釉陶）　3. 绳纹与附加堆纹（T1H2）　4. 横向细绳纹（T1H2）　5. 方格纹（T1③）　6. 阴弦纹与竖行沟状纹（T2⑤）　7. 平底圆凹纹（T2④）　8. 粗绳纹（T1④：3）　9. 特细绳纹（T1 夯土城墙）　10. 细绳纹（T1 夯土城墙）　11. 方格纹与附加堆纹（T1⑧：7）　12. 篮纹（T1 夯土城墙）　13. 篮纹与附加堆纹（T1H2：20）　14. 阴弦纹与竖行沟状纹（T1H2）　15. 云雷纹（T1H1）　16. 饕餮纹（T1⑤）　17. 阴弦纹（T1H2：27）　18. 刻划短线纹（T1H1：19）　19. 雕刻乳丁纹（T1④）　20. 饕餮纹（T1 夯土城墙）　21. 阴弦纹与竖行沟状纹（T1H1）　22. 竖行沟状纹（T1⑧）　23. 圆圈纹（T1H1）　24. 云雷纹（T1H1：12）

残，体形较大，口径25.8厘米，沿面上有阴弦纹一周，颈下饰附加堆纹一条，器物内壁饰麻点（图八，12）。三者均为夹砂灰陶，器表饰普通绳纹。

Ⅱ式：侈口、折沿、方唇，唇之转角棱角鲜明。H2：14，残，口径19厘米，沿面斜直（图八，8）。T1④：3，残，口径18厘米，唇部下钩，器物内壁饰麻点（图八，4）。T1④：4，残，口径18.3厘米，沿面凹陷，唇部下钩（图八，16）。三者均为夹砂灰陶，T1④：3、TI④：4被火烧，腹部呈红褐色。H2：14器表饰普通绳纹，T1④：3、T1④：4饰粗绳纹。

高领罐　高领、折沿、沿面近平。T2③：9，残、口径15厘米，领稍有倾斜，圆唇，腹部略作球形（图八，13）。H2：9，残、口径16厘米，领近于垂直，腹部稍呈袋形（图八，23）。二件皆为泥质灰陶，器表饰普通绳纹。H2：9颈部绳纹被抹，腹部绳纹上加划横向阴弦纹数道。H2：12，残，口径18厘米，泥质黑褐陶，领稍矮，腹部较T2③：9更肥圆。颈部绳纹被抹光，饰阴弦纹数道，腹部饰绳纹（图八，22）。

捏口罐　高颈，侈口，圆唇，口部两侧各有一由上往下捏出的缺口。H1：2，底残，口径13.5、残高19.8厘米。泥质灰陶，通体饰普通绳纹，颈、腹各加划阴弦纹一周（图八，6；图一一，4）。

皿形口小罐　口部略作皿形，圆唇，束颈。T2③：2，残，口径12厘米，泥质灰陶，口、颈部壁面抹光，颈下有一周小凸棱（图八，9）。

直口罐　口微敛，折沿，沿面斜平，圆唇，腹稍鼓。T1④：15，残，口径23.7厘米，泥质黑褐陶，上腹部饰阴弦纹二周（图八，25）。

敛口双耳罐　敛口，方唇，腹壁外弧如鼓，上腹部有左右对称的一对桥形耳。H2：31，残，口径8.1厘米，泥质黑褐陶，通体素面（图八，21）。

（2）鬲　是又一类出土数量多的器物。根据口沿特征，可将其分作四式。

Ⅰ式：翻沿，尖唇，沿面呈弧形，束颈。T1L2：1，完整，口径16.8、通高22厘米，夹砂灰褐陶，该器分裆部位较低，裆较平，袋足实足根，足根尖外撇。通体饰绳纹，足根表面抹光（图八，14；图一一，1）。T1④：11，残、亦为夹砂灰褐陶，沿面弧度较小，其上有一周阴弦纹，分裆部位较高（图八，15）。

Ⅱ式：折沿，束颈，沿面斜直，尖圆唇。H1：3，残，口径15.6、残高14.5厘米，夹砂灰褐陶，尖唇，体较瘦，表面饰绳纹，颈下加划阴弦纹一周（图八，1）。T1城墙附属堆积：13，作青灰色，圆唇，体较肥（图八，10）。

Ⅲ式：翻沿，方唇，唇之转角较圆。H1：9、H2：3，夹砂灰陶，沿面斜直。H1：9，口径18.9；H2：3，口径18.3厘米。器表饰绳纹（图八，2、11）

Ⅳ式：折沿，方唇。H1：7，残，口径18厘米。口沿外缘向上挑起形成方唇，唇部下方转角较钝（图八，19）。T1④：19，残，口径6.8厘米，口沿外缘向上挑起较高，

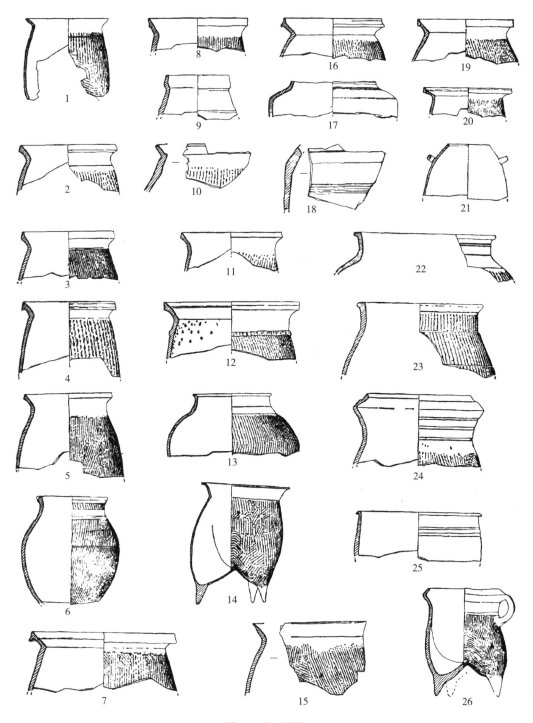

图八　出土器物

1、10. Ⅱ式鬲（H1∶3、T1 城墙附属堆积∶13）　2、11. Ⅲ式鬲（H1∶9、H2∶3）　3、5、12. Ⅰ式长腹罐（H2∶6、T1
④∶16、T1③∶10）　4、8、16. Ⅱ式长腹罐（T1④∶3、H2∶14、T1④∶4）　6. 捏口罐（H1∶2）　7、19、20. Ⅳ式鬲
（H1∶14、H1∶7、T1④∶19）　9. 皿形口小罐（T2③∶2）　13、22、23. 高领罐（T2③∶9、H2∶12、H2∶9）
14、15. Ⅰ式鬲（T1L2∶1、T1④∶11）　17、18. 尊（T1 城墙附属堆积下层∶5、H2∶27）　21. 敛口双耳罐（H2∶31）
24. Ⅱ式罕（H2∶4）　25. 直口罐（T1④∶15）　26. Ⅰ式罕（H1∶1）　（7、9、10、18、22—25 为 1/5，余为 2/15）

唇部下方转角较硬，几成方角（图八，20）。H1：14，残，口径 18.4 厘米，口沿基本斜直，上划阴弦纹一周，唇部有下钩现象（图八，7）。T1④：9、T1④：18 形制与 H1：4 接近，但 T1④：9 沿面有两道阴弦纹，颈部以下也划阴弦纹两道，T1④：18 颈部比较长。这类标本皆为夹砂灰陶，表面饰绳纹。

（3）斝　出土数量较少，可分二式。

Ⅰ式：敛口，肩部转角较钝。H1：1，完整，口径 13.8、通高 19.5 厘米，夹细砂灰陶，肩与袋足之间附一桥形耳，袋足实足根，足根尖部外撇。颈与足根间饰绳纹（图八，26；图一一，2）。T1 城墙附属堆积下层，也曾见过此种斝的碎片。

Ⅱ式：敛口，肩部转角尖锐。H2：4，残，口径 13 厘米，夹砂灰陶，肩部以下饰数重阴弦纹（图八，24）。此种形制的斝仅见于探方之第三、四层堆积。

（4）盆　出土数量也比较多。分三式。

Ⅰ式：侈口、卷沿。T1③：2，残，口径 31.8 厘米，上腹部并列阴弦纹三条。深腹，圆唇（图九，2）。H1：4，残，口径 35 厘米，形制接近 T1③：2，腹上半部饰两组阴弦纹，下半部饰绳纹，并加划阴弦纹（图九，6）。H1：10，腹较浅，方唇，唇部有阴弦纹一道（图九，5）。

Ⅱ式：直口，卷沿。H1：11，残，口径 33 厘米，沿面近平，腹深（图九，3）。T2④：1，残，口径 13.8 厘米，腹较浅。二器表面各饰两组阴弦纹（图九，1）。

Ⅰ、Ⅱ式器物皆为泥质黑褐陶。

Ⅲ式：直口、折沿、沿面近平、圆唇、腹深壁斜直。H1：6，残，口径 24.6 厘米，器表饰绳纹（图九，4）。H2：17，残，口径 26.7 厘米，口部器壁稍侈，口沿横断面略作三角形，此与 H1：6 有所不同（图九，25）。这两件器物皆为泥质灰陶。

（5）豆　皆为泥质灰陶及黑褐陶，分二式。

Ⅰ式：浅盘细把豆。T1L2：2，把残、盘口径 16.5 厘米，黑褐色，折沿，沿面作弧形，圆唇（图九，22；图一一，5）。H1：16，把残，盘呈青灰色，口径 17 厘米，折沿，沿面斜直，圆唇，器壁下部急收（图九，21）。

Ⅱ式：浅盘粗把豆。T1④：12，把残，盘呈黑褐色，口径 11.8 厘米，折沿，沿面弧形，圆唇，器壁作弧形倾斜，豆柄直径与器体略同（图九，15）。T1④：7，把残，盘呈青灰色，折沿，尖唇（图九，12）。

（6）大口尊　均为泥质灰陶或灰褐陶。其共同特点是口大于肩，肩多不太明显甚至无肩。分二式。

Ⅰ式：T1 城墙附属堆积下层：1，系一肩部残片，肩部较为明显（图九，27）。

Ⅱ式：肩部不明显或无肩。H2：1，底稍残，基本可复原，口径 22.5、肩径 19、残高 23 厘米，侈口、卷沿，肩部饰附加堆纹一道，颈部、腹部各饰阴弦纹三组，肩下阴弦纹间有可以看得见的浅竖行沟纹（图九，26；图一一，3）。另有两片肩部残片，即 T1④：17 和 T1③：5，几乎看不出有肩部存在（图九，8、9）。

（7）簋　无完整器，只出有簋口沿和底部残片，皆为泥质黑褐陶。口沿可分为三式。

Ⅰ式：侈口，翻沿。T1⑤：1，口径 23.7 厘米，圆唇，腹部饰阴弦纹两周（图九，19）。T1④：14，口径 24.3 厘米，方唇，腹壁上部饰阴弦纹，下部饰绳纹（图九，23）。

Ⅱ式：直口，折沿，沿面略带弧形，圆唇。H1：15，器壁饰阴弦纹和云雷纹带（图九，16）。T1④：5，腹壁上部饰阴弦纹，下部急收，表面饰绳纹，口径 25 厘米（图九，20）。

Ⅲ式：直口，方唇。H1：17，口径 18 厘米，腹壁饰绳纹和阴弦纹（图九，14）。

簋底可分二式。

Ⅰ式：底呈凹弧形，圈足作喇叭状。H2：2，足径 13.2 厘米，器壁饰绳纹，圈足饰弦纹（图九，17）。

Ⅱ式：底同Ⅰ式，圈足近于直筒形。T1④：6，足径 19 厘米，底面饰纵横排列之绳纹，圈足上饰弦纹（图九，18）。

（8）尊　均为泥质灰陶及黑褐陶。T1 城墙附属堆积下层：5，敛口（残），折肩，筒形腹，口径约 16.5、肩径 24 厘米，肩部、颈部各饰一组阴弦纹（图八，17）。T1③：7，肩部转角比上件标本浑圆。H2：27，肩部比上二器更为倾斜（图八，18）。

（9）瓶　仅见一口沿残片（H1：19），泥质黑褐陶，敛口，方唇，唇部饰刻划短线纹及阴弦纹（图七，18；图九，7）。

（10）小钵　泥质黑褐陶，敛口，尖唇，鼓腹。H2：10，口径 13.6 厘米，腹较浅，口部饰阴弦纹一周（图九，10）。H1：22，腹稍深（图九，11）。

（11）瓮　泥质灰陶，直领、斜肩。H1：12，残，口径 16.8 厘米，翻沿、尖唇，肩部饰阴弦纹和云雷纹带（图九，24）。H1：5，残，卷沿，圆唇，器表饰绳纹，内壁饰麻点（图九，13）。

（12）夹砂陶缸　直口，平沿，筒形直腹。T1③：7，残，橘红色，器表饰小方格纹和附加堆纹（图一〇，17）。H2：20，残，黄白色，口稍外侈，沿面微微向内倾斜，器表饰篮纹和附加堆纹（图一〇，25）。

（13）甑　仅见此类器物底部残片，均为泥质灰陶，分 2 式。

Ⅰ式：底部镂三角形孔。H2：28，器壁饰绳纹（图一〇，26）。

Ⅱ式：底部镂椭圆形孔。T1④：13，器表绳纹较乱（图一〇，24）。

（14）刻槽盆　仅 1 件（T1 城墙夯土：6），底残，泥质红褐陶，口径 18.9 厘米，

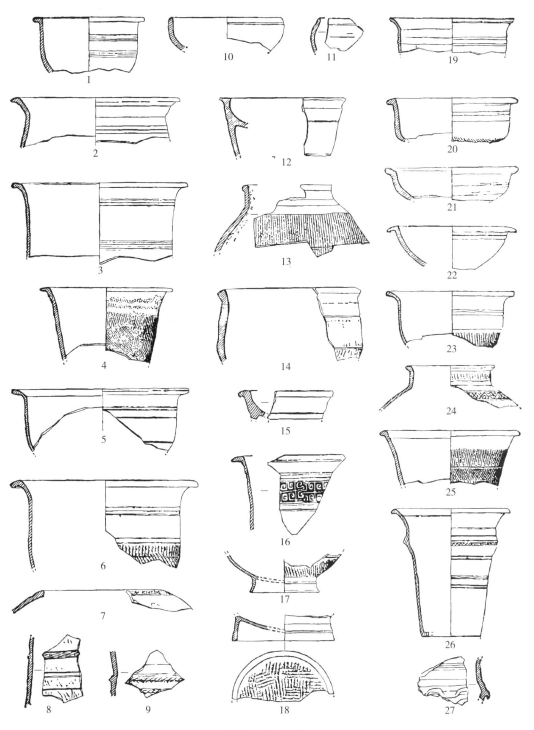

图九　出土器物

1、3.Ⅱ式盆（T2④：1、H1：11）　2、5、6.Ⅰ式盆（T1③：2、H1：10、H1：4）　4、25.Ⅲ式盆（H1：6、H2：17）
7. 瓿（H1：19）　8、9、26.Ⅱ式大口尊（T1③：5、T1④：17、H2：1）　10、11. 小钵（H2：10、H1：22）　12、15.
Ⅱ式豆（T1④：7、T1④：12）　13、24. 瓮（H1：5、H1：12）　14.Ⅲ式簋（H1：17）　16、20.Ⅱ式簋（H1：15、T1
④：5）17.Ⅰ式簋底（H2：2）　18.Ⅱ式簋底（T1④：6）　19、23.Ⅰ式簋（T1⑤：1、T1④：14）　21、22.Ⅰ式豆（H1：
16、T1L2：2）　27.Ⅰ式大口尊（T1 城墙附属堆积下层：1）（1、7、10、12、14－16、21、22、27. 为1/5、余为2/15）

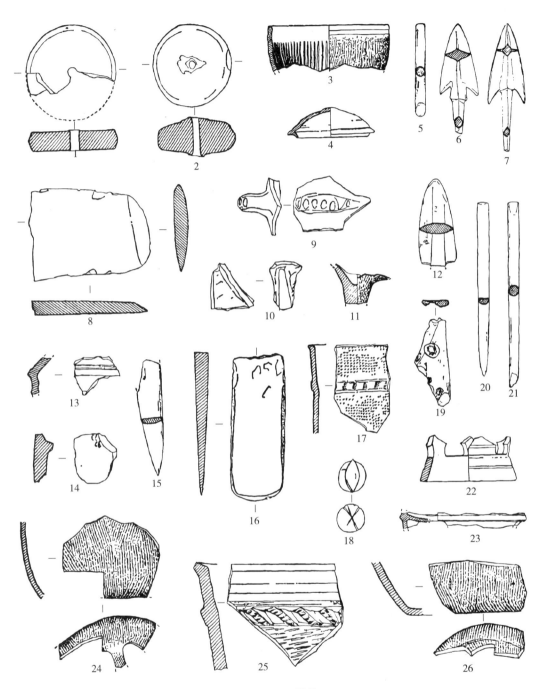

图一〇　出土器物

1、2. 陶纺轮（H2：009、T1④：008）　3. 刻槽盆（T1 城墙夯土：6）　4、13. 器盖（H2：21、H2：24）　5、20、
21. 骨笄（H2：12、T1④：006、T1 城墙夯土：004）　6、7. 铜镞（H1：002、T1④：001）　8. 石戈（H2：010）
9. 鸡冠錾手（T1 城墙夯土：1）　10、14. 鼎足（T1⑤：6、T2④：2）　11. 鬲足（T1 城墙夯土：2）　12. 蚌镰
（H1：003）　15. 骨椎（T1④：011）　16. 石铲（T2④：002）　17、25. 夹砂陶缸（T1③：7、H2：20）　18. 植
物种子（T1④：013）　19. 卜骨（T1 城墙夯土：007）　22. 器座（H2：22）　23. 三足盘（T1⑤：1）　24. Ⅱ式
甑底（T1④：13）　26. Ⅰ式甑底（H2：28）　（4、9、11、13、14、22、25. 为 6/25，3、10、16－18、23、24、26.
为 4/25，余为 12/25）

直口、圆唇、弧壁，器表饰细绳纹，内壁刻竖向的平行沟槽（图一〇，3）。

（15）三足盘　仅见盘底部残片一（T1⑤：1），泥质灰陶，盘底径约 19.8 厘米，足呈舌状（图一〇，23）。

（16）器座　只 1 件（H2：22），残，整体作喇叭形，器表饰阴弦纹，周壁镂三角形孔五个。泥质灰陶。底径 10.2 厘米（图一〇，22）。

（17）器盖　共见 2 件，均为泥质黑褐陶。H2：21，纽残，直径 9 厘米，整体作蘑菇顶形，下有子口，器边缘处饰阴弦纹一周（图一〇，4）。H2：24，为器盖握手残片，该握手形制较大，全体应作蘑菇形（图一〇，13）。

（18）鸡冠鋬手　只 1 件（T1 城墙夯土：1），泥质黑褐陶（图一〇，9）。

（19）纺轮　2 件，均为泥质红褐陶。H2：009，作规则圆形，扁平，直径 4.6、厚 1 厘米（图一〇，1；图一二，2）。T1④：008，也作圆形，孔周围稍稍隆起，直径 4.1、厚 1.8 厘米（图一〇，2）。

此外，还发现有甗腰残片、平底和凹底器底，通体饰绳纹之鬲足（图一〇，11）以及鼎足。鼎足有两种，T1⑤：6，夹砂灰陶，作扁平三角形（图一〇，10）。T2④：2，夹砂红褐陶，一面为平面，另一面为弧面，呈鸭嘴形（图一〇，14）。

2. 石器

仅发现石铲、石戈两种。

（1）铲　1 件（T2④：002）。青石磨制而成，整体作长方形，长 22、宽 8、厚 2.1 厘米。正面平直，由背面磨成刃部（图一〇，16；图一一，6）。

（2）戈　1 件（H2：010）。黑石磨制而成，后段残缺，前段略作横长方形，残长 6.3、宽 4.4、厚 0.7 厘米，其前锋及两侧皆有刃，前锋最为锋利（图一〇，8；图一二，1）。

3. 骨、蚌器

有骨笄、骨椎、蚌镞等。

（1）骨笄　3 件。T1④：006，完整，体呈扁圆柱形，尾部平齐，通体磨光，全长 8.7、大径 0.55 厘米（图一〇，20；图一二，6）。T1 城墙夯土：004，尖端残，体呈圆柱形，尾部加工成扁圆形。残长 9.3、直径 0.5 厘米（图一〇，21；图一二，3）。H2：12，亦作圆柱形，残长 4.6、直径 0.5 厘米（图一〇，5；图一二，4）。

（2）骨椎　1 件（T1④：011）。尾部残，骨片磨成，器体扁平，尖部加工细致，残长 5.8 厘米（图一〇，15；图一二，5）。

（3）蚌镞　1 件（H1：003）。铤残，镞体作长三角形，残长 4.3、翼部宽 1.9 厘米，中间隆起但脊不明显（图一〇，12；图一二，10）。

图一一　出土器物

1. 陶鬲（T1L2：1）　2. 陶斝（H1：1）　3. 陶大口尊（H2：1）　4. 捏口罐（H1：2）

5. 残陶豆（T1L2：2）　6. 石铲（T2④：002）

图一二　出土器物

1. 残石戈（H2：010）　2. 陶纺轮（H2：009）　3、4、6. 骨笄（T1 夯土城墙：004、H2：12、T1④：006）

5. 骨椎（T1④：011）　7、8. 铜镞（H1：002、T1④：001）　9. 卜骨（T1 城墙夯土：007）

10. 蚌镞（H1：003）

4. 铜器

只出铜镞 2 件。H1∶002，锋部较圆钝，两翼宽且厚，中脊细矮，铤短，略作圆柱形（图一〇，6；图一二，7）。T1④∶001，锋部尖锐，两翼窄且薄，翼侧磨出利刃，中脊明显，横截面作菱形，铤长，作四棱柱形，它远较 H1∶002 锐利（图一〇，7；图一二，8）。

另外，还出土卜骨 1 件（T1 城墙夯土∶007）、植物种子 1 粒（T1④∶013）。卜骨所用骨料为羊肩胛骨，残长 4.4 厘米，骨面尚存四处灼痕（图一〇，19；图一二，9）。种子出土时呈黑色，外观似桃，壳硬，由四瓣构成，竖径 0.8、横径 0.7 厘米（图一〇，18）。

三

通过一个多月的考古钻探和发掘，我们已经基本查清了偃师商城的范围、形制，探到了城内建筑布局的大致情形，并从地层堆积和出土文物两个方面找到了足以证明其为商代城址的可靠证据。

偃师商城地据冲要，规模宏大，城内文化层厚，且不乏大型建筑基址。这次，我们以三四天的时间，利用田间孔隙布稀网粗探，即探到大型建筑遗址四处，今后如作较细致的探查，定会有更多的建筑遗址发现。像这样规模大、内涵丰富的商代城址或都邑，在迄今的考古发现中，只有郑州商城和安阳殷墟。这意味着，偃师商城绝非一般聚落，也非方国小城，而应是一代王都。其南部城区建筑遗址集中，又有 I 号建筑遗址那样宏伟壮观大型建筑群，无疑是该城的重心所在，换句话说，那里可能即是当时的宫殿区。

偃师商城的全部沿革历史，看来不是我们所做的一点点工作所能解决的问题，需要进行大量工作才能给予较为明确的回答。根据现有勘察资料，我们认为，偃师商城始建年代的确定虽然有待于南部城区的全面考察和发掘，但我们有理由断定，商文化的二里岗期当是该城历史上的兴盛时期之一；在与二里岗上层相当的某段时间里，城墙曾作过修补；该城废弃的年代，约相当于二里岗上层晚期或更迟一些的时期。因此，可以说偃师商城是商代前期的城址。

如前所述，83ychT1 第五层遍及城墙内外，覆盖着城墙两侧的附属堆积。我们注意到，以其为分界，上、下诸层出土物表现出一些值得重视的区别：第五层以下，制陶所用陶土含细砂量大，陶片质软易碎；纹饰以细绳纹为主并有一定数量的篮纹、方格纹。而第五层以上，陶土多不含细砂，陶片质地坚硬；纹饰中粗绳纹比例较大。第五层以上、以下所出陶斝的形制有明显的不同；第五层以上所出大口尊肩部不明显，肩下多饰竖行沟状纹，显示了浓重的二里岗上层晚期器物的特征。这些迹象既表明了将来对偃师商城出土陶器进行分期的可能性，同时也反映了该城历史的长久性。

偃师商城的性质、时代既如上述，那么，它的重新面世，在目前正在进行的关于夏商文化的讨论中必然居于不容忽视的位置。

众所周知，二里头遗址已被中国考古学会列为探讨夏商文化的两大重点遗址之一。然长期以来，对该遗址的时代，学者们的认识却大不一致：有人主张一至四期全为夏；有人主张一至四期皆为商；有人主张一至四期部分为夏，部分为商。种种观点，各有所据，争论热烈而莫衷一是。这次在偃师商城城墙夯土及地层中都发现了一些二里头类型的陶片。从城墙内出土二里头文化遗物比较集中的现象看，偃师商城范围内虽不敢说一定有属于二里头文化的城址，但存在二里头文化遗址的可能性似乎毋庸置疑，这不仅进一步丰富和延长了二里头遗址附近地区与夏商文化有关的古代物质文化序列的链条，而且为探讨二里头文化与商文化之间的联系提供了方便条件。今后，在重点考察二里头遗址的同时，积极开展偃师商城的考古勘察，并将两地发现的各种现象进行系统地对比研究，定会有助于二里头文化时代及性质问题的早日解决，加速夏商文化研究的深入发展。

汤都西亳是否存在，以及偃师是否即西亳之所在，是目前考古界关于夏商文化讨论的争论焦点之一。对这个问题，学者们持有完全相反的意见。我们初步认为，所谓"亳"，字意当为京。鉴于偃师商城的规模、形制及城内建筑布局情况，说它是商代前期诸亳之一，大概不会有什么问题。如果考虑到它的地理位置，甚至可以径直称其为西亳。至于它是否为汤所都之西亳，现在尚无做出明确判断的足够证据，但这并不是说该城没有是汤都西亳的可能性。论者否定偃师为西亳的一个主要依据，是古文献中关于汤都西亳的记载出现较晚。据云，有关记载始见于《汉书·地理志》，即该书河南郡偃师县尸乡条，班固自注"尸乡，成汤所都"。而后才有晋皇甫谧《帝王世纪》的"殷汤都亳，在梁。又都偃师。至盘庚徙河北，又徙偃师"，并指偃师为西亳的三亳说。北魏郦道元沿用皇甫谧的说法，在《水经·谷水注》中具体记述了盘庚自河北徙偃师所都"亳殷"的位置。文献资料固如其所述，然而如以今所知地下文化遗址与文献记载结合起来研究，便觉得以文献记载出现较晚而否定西亳的存在似有不妥之处。前面提到，偃师商城西距二里头遗址只五六千米，两者同在故洛河北岸；汉魏时期由洛阳东去的大道位于二遗址之北。从地望看，晋《太康地记》所谓"尸乡南有亳坂"的尸乡、亳坂，所指即是这一地域。郦道元《水经·谷水注》记述"亳殷"的位置时说"阳渠水又东迳亳殷南"。按，故阳渠水，约当今洛河河道，适在偃师商城南，郦氏所指亳殷旧址与偃师商城地望相符。这些显然不是偶然的巧合，它表明有关偃师为西亳的文献记载虽则晚出，但并非捕风捉影的臆造，不可轻易否定它们的学术价值，重要的是，在今后的发掘和研究工作中如何慎重加以甄别，找出其中符合历史史实的东西。

最后，应该指出，偃师商城这座宏伟的古城址几千年来深埋于地下，遭受后世人为破坏较少，整个遗址的保存状况，至少不比其他商代城址差；它地处旷野，城址范围内，除偃师化肥厂及塔庄村外，只有公路交叉口有几间临时性店铺，其他概无大面积现代建筑。这些说明，今后进一步考察和保护该城的工作，基础条件好，具有十分可喜的前景。因此，可以满怀信心地说，偃师商城，大有可为。

执笔者：段鹏琦　杜玉生　肖淮雁

（原刊于《考古》1984 年 6 期）

偃师商城发现追记

偃师商城，又称偃师尸乡沟商城，在我国文物考古界几乎是个尽人皆知的响亮名字。这是一座商代前期的大型城址，大多数致力于夏商考古的学者相信，它就是商汤灭夏之后营建的第一座都城西亳。然而，1983 年第一次对它进行全面考察从而使其基本面貌呈现于世人面前的，却是长期从事汉唐考古并以勘查汉魏洛阳故城遗址为己任的中国社会科学院考古研究所洛阳汉魏城工作队。

1982 年春，中国社会科学院考古研究所对洛阳汉魏城队进行人事调整，由我和杜玉生出任正、副队长。调整后的洛阳汉魏城队，除开展正常田野工作外，必须做的一件大事，便是协助有关决策部门解决好国家重点建设工程项目首阳山电厂的选址问题。

在此之前，首阳山电厂在选址问题上已然几经周折，一直定不下来。待到 1982 年拟于洛阳地区建厂的意向确定之后，电厂筹备处第一次提出的方案，将厂址选在偃师南蔡庄乡大石桥村以东，并报经上级领导批准。由于此处适当汉魏洛阳故城遗址的北魏洛阳东郭（即东外城）所在地，又可能涉及西晋帝陵区，从文物保护的长远利益出发，中国社会科学院考古研究所和国家文物局都认为，像首阳山电厂这样的大型工业企业不宜兴建于此。于是双方发生分歧。在我队提交实物资料的基础上，双方经过实地考察和充分协商，于同年秋重新达成共识，决定电厂厂址东移。电厂筹备处按照建厂条件做了一番调查论证后，第二次提出的拟选厂址在偃师县城以西，即今厂址。为避免国家蒙受经济损失，电厂方面要求文物部门先行做一考古勘察，这一要求很快得到国家文物主管部门的积极响应。1983 年春，国家文物局委托中国社会科学院考古研究所组织实施。鉴于 1982 年以来我们同电厂方面打交道较多，考古研究所便责成我队于 1983 年三四月份完成此项勘察任务，并如期写出书面报告。按照国家文物局的要求，此项勘察的重点，是查明新选厂址区内有没有必须原地保护的重要文物。

首阳山电厂筹备处拟选厂址的主厂区，处于杏园、赫田寨、大槐树三村之间，南起 310 公路（即原郑洛公路，后同）、北至陇海铁路，其东、西界，分别为大槐树村和赫田寨村通往 310 公路的南北大路，东西长 1000 余米，南北宽 800 余米，占地面积 1200 多亩（1 亩约为 666.67 平方米，后同）。另在陇海铁路以北、杏园村以西还划出了一大片备用地。此时已是 3 月上旬，要确保在 4 月底以前完成偌大范围厂址的考古勘察，实非易事，如将勘察过程中有可能出现预想不到的情况估计在内，时间便更觉紧张。在这种情势下要如期完成任务，唯一的办法只能是双方团结一致，通力协作，并主动争取各级地方政府的大力支持。为此，经我队与电厂筹备处多次协商，达成下述协议：电厂方面承担铲探所需经费（包括铲探占地赔产费、探工工资等）和与各级地方政府、有关生产大队的联系，必要时考古队也将尽力予以协助；考古队主要对有关业务工作负责，做好勘察的各项准备和组织工作，力求在保证质量的前提下提前完成任务，同时，经常保持与各级文物主管部门的联系。双方还取得共识：在实际工作中，千方百计兼顾农民的切身利益，能不毁坏的麦苗一定不要毁坏，必须毁坏者则按面积赔偿损失；凡探孔，一律按每孔 0.2 元给予补偿。为处理好这些具体事务，我们还特地从每个相关生产大队邀请一位大队书记或主任与我们一道工作。

今偃师市区一带，北依邙山，南临洛河，地势平坦，土壤肥沃，是有名的粮食高产区。这里自古以来就是东西交通的孔道，南北交通也颇为便利：东经巩县出虎牢关到郑州，西经洛阳出函谷关达西安，向南穿越轩辕关至登封，往北翻过邙山岭即抵黄河要津。长期以来，当地就广泛流传着有关尸乡和西亳的传说，城郊各地还保留着多处与传说相关联的"遗迹"。比如：城西赫田寨以东有所谓伊尹墓、田横冢；城南高庄村边地势隆起，人云即是"亳地"。如此等等，不一而足。娓娓动听的传说足以使人神往，而 1971 年以来多件珍贵青铜器物在塔庄出土，更为引人注目。在我们勘察首阳山电厂选厂址以前，考古学家和历史地理学家也曾抱着不同的目的，多次踏上这片充满魅力的土地，或探查商代大墓，或查询汤都、尸乡和尸乡亭故迹，但终因条件限制，无功而返。我们还从偃师县文物干部那里得知，20 世纪 70 年代初期，偃师化肥厂扩大厂区时曾探出一条带状夯土，西北、东南走向，长可数百米，既不知其为何代物，又不知它的完整形制，迄未给予应有的重视。我是本县人，青少年时期曾在县城读了六年中学，无数次来往于这片土地，但对埋藏于地下的文物古迹也是一无所知。在正式开展勘察之前，除了和同志们一道努力做好地面调查和访问，便只有感受到巨大的精神压力而已。

1983 年 3 月 15 日，大规模铲探正式开始。针对此次铲探所具有的特殊性质和国家文物局提出的要求，我们决定采取有别于一般配合基建铲探的方法：第一，布孔要科学但密度稍小，以保证重要现象不漏为度。第二，先集中普探而不卡探，将有"问题"的探孔记录在案；待普探完毕，经过对此类探孔进行综合分析，再选择重点实施卡探。为保证质量，我们强调，在整个铲探过程中，本队业务人员和技工全部盯在工作第一线。其任务是，一抓铲探质量，二抓铲探发现的"现象"（即地下各种古遗址、遗迹暴露出来的苗头）。不准对探工做任何诱导或暗示，使其完全凭借铲上功夫对"现象"做出独立判断。

在普探基础上选择的卡探对象，主要是包括所谓伊尹墓、田横冢在内的古墓葬和古道路、古夯土建筑遗迹，而其中的重点又是古道路和古夯土建筑遗迹两项，因为它们最有可能成为必须原地保护的文物。

铲探发现的古道路，处于310公路北侧的汉代文化层内，距地表深2.8—3米，呈东西向，与310公路基本平行，宽度30米左右，路土厚约30厘米。视其位置和走向，显然应是由汉魏洛阳城东去的一条主干道。此路向西，道侧汉魏墓葬较多，或表明它可能与汉晋文献中提到的尸乡、尸乡亭有所关联。

铲探发现的古夯土建筑遗迹，位于首阳山电厂拟选厂址东界以西100多米处，压在汉代层下，宽20米左右，呈直线形由310公路北侧向北延伸，方向7度。当卡探其长度时，在0至150米的范围内，我们发现一个值得注意的苗头，探孔中带出的细碎陶片皆早于汉代。这对把握夯土建筑遗迹的时代非常重要。于是，我们当即提出要求，此后凡探铲到此层，由探孔中带出的陶片，无论大小全部捡出，并马上到附近水井清洗，由我当场辨认后集中保存。卡探显示，这一夯土建筑遗迹向北延伸至400多米长时，折而向东，直到拟选厂址东界尚未出现残断或再度转折迹象。这一全貌呈"厂"形的夯土建筑遗迹，就是日后查明之偃师商城的西北角。

由于注意了出土陶片，所以当城墙长度卡探出200—300米时，我们开始预感到，它可能是一座早期城址的一部分；待将西城墙北端卡死并发现其有向东转折的迹象后，这种认识已经变得异常鲜明而肯定。但这只是我队内部的看法，探工们并不知悉，故由此而产生了一段极富戏剧性的插曲。当西城墙北端的西、北两面被卡死后，我们要求卡探工人在其东侧拉排布孔，意欲卡探北城墙时，探工组长等二人却不愿意继续往东，并极有兴致向我提出，要到西城墙正北一处地势稍高的地方卡探，给我找出个大墓来。我拗他不过，且知墙东方向已有人打到夯土，压在心头一块石头落了地，也乐意轻松一下，便由他去了，结果自然是徒劳而回。当他返回时，北城墙也已探出上百米。他的朋友中有人就此与其开逗，在铲探工地上引起一阵舒心的欢笑。

首阳山电厂拟选厂址铲探工作在此欢乐气氛中宣告结束，时为1983年3月21日。

卡探城墙时，免不了时而出现布孔范围过宽现象，致使有些探孔打在城内地层土上。由这些探孔得知，城内地层堆积较厚，时代且与城墙一致，表明其内涵较为丰富。

3月22日，我们将铲探结果口头通告电厂筹备处。23日着手编制首阳山电厂拟选厂址区地下文物勘察报告，初步把新发现的古城判为商周城址，以为它具有较高学术价值。3月25日报告编制完毕，由杜玉生携报告及铲探中收集的陶片标本，回京向考古研究所和我队所在之第三研究室领导汇报，再由考古研究所通报国家文物局。

这一发现，得到上级领导的高度重视。4月中旬，我们接到国家文物局和考古研究所联合发出的文件，要求进一步扩大勘察区域，查明该城的全部范围、形制、时代和性质。这是一项更为艰巨的任务。这项任务之所以艰巨，原因之一，是时值小麦抽穗、灌浆期，扩大到电厂拟选厂址区以外铲探，必须把因铲探对小麦造成的损害控制到最低限度，这就大大束缚了我们的手脚；原因之二，是学术方面的要求更高，要在当时的条件下、在短时间内达到上级提出的学术目标，谈何容易。尤其是对于我们这支长期以汉魏遗址为考察对象的队伍来说，难度之大，更是不言而喻。即使如此，为了考古和文物保护事业的长远利益，为了早日解决国家重点建设工程首阳山电厂的选址问题，我们还是愿意克服一切困难，为圆满完成任务做出自己最大的努力。值此关键时刻，首阳山电厂筹备处表现出对文物保护事业和国家基本建设的高度责任感和高风格，他们如实地将后一阶段的勘察看作厂址区地下文物勘察工作的继续，毅然承担了厂址以外地区勘察的费用。有关各生产大队也在群众工作、劳力等方面给予我们以有力支持。

后一阶段的勘察，包括两个方面的工作。一是继续以铲探方法查明该城址的整体范围和形制；二是选择适当位置布探方发掘，取得地层和出土实物资料，进一步明确该城址的时代。综合分析上述两项资料，始可推断该城址的性质。

后一阶段勘察于 4 月 22 日正式开始实施。为适应勘察工作的需要，我队人员相应分为铲探和发掘两组，在统一领导下，各司其职。

杜玉生和技工陈华州负责铲探。为兼顾文物勘察和农业生产，我们在工作中明确了两点：一是组织一支短小精悍、纪律严明的探工队伍；二是采取一套灵活适用的工作方法，充分利用田埂、路边、田间小道和小型灌溉渠道等无麦苗或麦苗较稀处布孔，对铲探发现的各种建筑遗迹，一般仅作条件允许的卡探，不要求一一细卡。靠这种方法取得的勘察结果，虽然从严格的科学意义上看只是粗线条的，但它基本符合工作任务的要求，而且保住了当年小麦的丰收前景。铲探工作进行得相当顺利，至 5 月 11 日已经探明了除南城墙以外的东、西、北三面城墙，从而弄清了它的整体形制和范围。可以理直气壮地说，这是一座保存颇为完好的城址，整体略呈长方形，唯其东南部因受城外大面积水域的限制，东城墙南段先急剧折向西南，然后转向南去。城址范围：南北两端可以临洛河北堤之塔庄村和偃师化肥厂为标志，东到偃师氧气厂，西至杏园村位于 310 公路南侧的变电站，南北长 1700 余米，东西宽 740 米（南部）—1215 米（北部），全城面积约 190 万平方米。在城内发现大面积夯土建筑基址四处，有三处坐落于城区南部，其中位置居中的一号基址面积尤大，长、宽分别为 200、185 米，当为宫殿遗址。这使人们相信，南部应是该城的重心区域。在城区北部和中部还各发现道路一条。城北部的一条作南北向，沿着它的走向，在北城墙上找到城门基址一处。城中部的一条作东西走向，原欲沿着它的走向寻找东、西城墙上的城门址，因遇农田灌溉而未果。仅此已初步显示出这座城址的基本布局，铲探工作就此结束。接着，约请考古所冯承泽完成该城的五千分之一实测图。

发掘工作由我、肖淮雁和技工张德清负责，同时在西、北两面城墙上各开探沟一条。北城墙上的探沟开在电厂拟选厂址的最东部，南北长24米，东西宽5米；西城墙上的探沟位置，没有选在电厂拟选厂址内，而是根据勘察工作需要并征得电厂筹备处同意，开在310公路南侧约80米处，东西长32米，南北宽4米。两探沟的发掘分别于5月15日前后结束，并由冯承泽在前述城址实测图上补绘出它们的坑位图。在二十多天的发掘中，即查明了城墙顶部及两侧的地层叠压关系，又对残存城墙本身作了解剖，为判断城墙的年代及建造方法提供了有力证据。根据发掘资料，我们对该城的年代及其沿革做出了如下的表述：该城始建年代的最后确定虽然有待于南部城区的全面考察和发掘，但我们有理由断定，商文化的二里岗期当是该城历史上的兴盛时期之一；在与二里岗上层相当的某段时间里，城墙曾作过"修补"；该城废弃的年代，大约相当于二里岗上层晚期或者更迟一些的时期。因此，可以说它是商代前期的城址。

综合铲探、发掘两方面的资料，我们认为，该城绝非商代的一般聚落，也非当时的方国小城，而应是一代王都，并且不排除它是汤都西亳的可能性。这一考古发现不仅具有极高的学术价值，从开展深入考察和城址保护的角度看，其前景也是十分可喜的。

我们的考察结果，很快得到上级领导的认可，并以此为依据，妥善处理了城址保护和首阳山电厂的选址问题。消息传出，首先在学术界引起轰动，在正式考察报告发表前后的短时间内，即有多篇探讨文章见诸报纸、杂志，还盛传其为世界多少大发现之一。对于它究竟是不是世界多少大发现之一，我们没有多少兴趣；而足以使我们从内心感到最大欣慰的是，通过我们自己的努力，总算为我国的文物考古事业和国民经济建设做了一件有益的事。

1997年5月

（原刊于《河南文史资料》1998年第二辑）

对勘察汉魏洛阳故城的片段回忆

　　洛阳素有"九朝古都"之称，而在此九朝之中的东汉、曹魏、西晋、北魏四朝，城址并不在隋、唐东都以降诸城所在的今洛阳市区，而是位于其东十余千米今洛阳市郊区和偃师市、孟津县的交界处。该古城背倚北邙山，面临伊、洛河，山川形势颇为秀美壮丽。假如有幸漫游其地，所到之处满眼都是文物古迹：历经千百年风雨侵蚀的夯土城墙，现仍断断续续傲然屹立于天地之间；经过无数次沧桑变幻侥幸残留下来的高大建筑台基，今犹倔强地突兀于地面。残砖断瓦，俯拾皆是；旧碑古雕，随处可见。文人骚客身临此境，自然会勾起对铜驼暮雨、马寺钟声等诗一般胜景的无限遐想；常人游历于此，也免不了为种种令人神往的美妙传说所吸引。这些传说，除今洛河为李密饮马河、邙山某处为李密饮酒台、演马场等与李密有关外，尚有佛、道二教焚经台、张仪苏秦冢、朝王殿、木塔寺等。若是当地老年人讲起有关加拿大人怀履光盗掘东周大墓或者汉魏石经、晋辟雍碑出土的故事，那更是如数家珍，绘声绘色，极富感染力。

　　透过形形色色的传说故事和见闻，虽然不难捕捉到这座古城的某些影子，但要通过科学手段查明它的全部历史、形制、布局以及各类富有时代特征的重要建筑遗迹，却是一项十分艰巨的工程，不是一两代人所能办到的。且不说新中国成立以前就有人为此做出了什么样的努力，仅自新中国成立到现在，从已故北京大学阎文儒教授率先调查此城，至 1962 年中国科学院考古研究所（1977 年后属中国社会科学院）组建洛阳工作队（1982 年后为洛阳汉魏城工作队）专司此城的考古勘察，业已度过了 43 个年头，先后有三代人为这项工程付出了自己的心血。迄今为止，虽然通过对各代城墙、城门、城周水道遗址、城内主干道路及部分宫殿、礼制建筑、学校、寺院、商市等建筑遗址的勘探和重点发掘，取得了关于此城历史沿革和建筑布局的基本认识，但相对于全面勘察应该实现的最终目标来说，充其量也只能说是万里长征刚刚走完了第一步。今后的路还很长很长，后来者恐怕还得一代接一代地继续走下去。

　　我自 1972 年以队员身份投入此项勘察，到 1982 年至 1992 年出任洛阳汉魏城工作队队长，在这一城址上做田野工作将近二十年，相继发掘了辟雍、灵台、太学、永宁寺西门、东城墙建春门、北城墙马面等大型建筑遗址和北魏洛阳大市等手工业遗址，解剖了北魏洛阳内城（即汉晋洛阳城）城墙，勘探并试掘了北魏洛阳外郭城和北魏宫城太极殿，调查（或勘探）了部分谷水（阳渠）水道、洛河故道，清理了以汉洛阳城西东汉大型墓园为代表的一大批汉代墓葬。

我深深体会到，这近二十年的勘察收获，桩桩件件无不饱含着我和同事们所经历的种种苦辣酸甜。为了保持考古界先辈们留下的考古工作者从不言苦的优良传统，今仍甘愿将苦涩埋在心底，仅写一些令人感到欣慰、愉快的片段，兼而记叙点滴遗憾。

考古发掘为遗址正名

1972 年秋，中国科学院考古研究所重新恢复田野工作。我因家在河南省偃师县，被调入洛阳工作队参加所谓"太学"遗址的发掘。

此"太学"遗址系 1963 年勘探时发现，位于偃师县佃庄乡东大郊村北第六村民组地内，地当汉晋洛阳城南开阳门外御道东。它规模巨大，布局严整：遗址为每边长约 170 米的正方形，周围未设完整的围墙，而于四面各筑一门；遗址中心为一方形殿基，边长约 45 米。我们仅选择中心殿基及南、北门址作全面揭露，发掘面积已超过 13 市亩。那时，我们这些被视为"臭老九"的知识分子久为"文化大革命"困扰，心情极度压抑，一旦有业务可做，长期郁积于体内的能量便一下子迸发出来，偌大面积的发掘任务仅用了五十天左右即宣告完成。

由于各种原因造成了对遗址的破坏，我们实施发掘时，遗址区的地面已较当地老人记忆中的高度低了一米多，因而清理出来的建筑基址虽规模依旧，但台基表面的种种建筑遗迹多已一无所存。就其基本形制考察，显然与史籍关于太学的记载不符，这就不能不使人对它的性质产生怀疑。联系到清理遗址时，在中心殿基北侧发现的南北向走车大道和殿基南端发现的青石碑座，我们进一步意识到它可能是汉、晋辟雍遗址。

关于汉、晋时期的辟雍，《水经·谷水注》中有"考古有三雍之文，今灵台、太学，并无辟雍处"一语，似乎时人对辟雍之所在印象已不那么鲜明。然而与《水经注》作者郦道元生活在同一历史时期的杨衒之，在其所著《洛阳伽蓝记》一书的"城南大统寺"条中说："灵台东辟雍，是魏武所立者。至我正光中，造明堂于辟雍之西南。"可见他对汉晋辟雍之所在还是清楚的。考诸《后汉书》《东汉会要》和陆机《洛阳记》，为魏、晋两代沿用的东汉辟雍与灵台、明堂同是东汉光武帝建武中元元年（公元 56 年）建成，明帝永平二年（公元 59 年）三月始率群臣养三老、五更于辟雍，初行大射礼。辟雍的地望在灵台、明堂之东，此与《洛阳伽蓝记》所记正同。1963 年全面勘探汉、魏洛阳城时，在城南发现呈东西向一字排开的大型建筑遗址三处，此遗址处于最东部，其西二遗址建筑布局特征独具，无疑是灵台、明堂。依上述诸文献所载灵台、明堂、辟雍三者的相对位置，说此"太学"应为辟雍至少不是毫无根据。况且，此遗址上有走车大道由北向南直通中心殿基，与《后汉书集解·光武帝纪》注引《汉官仪》所谓"车驾临辟雍，从北门入"的实际需要颇为一致，这使我们对此遗址即辟雍的认识更加有了信心，唯觉证据仍嫌不足。

最后，我们还是通过遗址中心殿基南端发现的青石碑座找到了辟雍碑这一最有力的证据。辟雍碑全名"大晋龙兴皇帝三临辟雍皇太子又再莅之盛德隆熙之颂"，1931年农历三月出土。据郭玉堂《洛阳出土石刻时地记》载系于"洛阳东南大郊村北一里许黄瑞云墓房掘得之"。以之询问东大郊村老年村民李进财等，谓我们所发掘遗址处，旧为黄秋家祖坟。民国年间，黄家打墓埋人，挖到石碑一通，出土时碑头朝南，大字面向上，小字面向下，无座。当时即砍伐大树以树干做滚木，动员全村人力、牲畜将石碑运回村里。这就是今仍保存在东大郊村的西晋辟雍碑。由此看来，这通无座辟雍碑和发掘出土的青石碑座有可能是同一通石碑的两个组成部分。为弄明这一点，我们特意实测了碑身和碑座的各部尺寸。结果证明，碑身下端的榫部与碑座上刻出的榫槽大小正相吻合，二者插合以后，全碑浑然一体。

上述种种证据告诉我们，勘探至发掘之初所认为的这处"太学"遗址，确为汉、晋辟雍。至于太学之所在，当另行寻觅。

探觅太学和石经

太学是汉魏洛阳城知名度最高的大型建筑之一，东汉以后的历代文献多有记载。它始建于东汉光武帝建武二十七年（公元51年），位于开阳门外御道东。此后的曹魏、西晋、北魏诸代相沿使用同一校址，唯其规模大小、诸生多少随时势而有差异。东汉时期的太学规模最大，也最为兴盛，校内既有长十丈、广一丈的讲堂，又有为数众多的诸生房舍。史载：东汉顺帝永建六年（公元131年），因年久毁坏，诏令缮治，即营造诸生房舍二百四十房，千八百五十室。诸生人数最多时，达到三万余人。灵帝熹平四年（公元175年）又曾诏诸儒正定五经文字，刊于石碑，立于太学前（一说立于讲堂）。这些刊刻五经文字的石碑，即为今人所称道的汉熹平石经，也是太学遗址最有历史价值和文物价值的遗物。

太学在哪里？当地人说就在辟雍遗址东面的太学村一带，至于具体的位置他们并不清楚。我们以为，太学和辟雍同在开阳门外御道东，而且有记载称皇帝亲行养老礼，先一日即以安车蒲轮将荣膺三老五更的官员接到太学沐浴更衣，然后才去辟雍，足见太学距辟雍不远，当地人所传太学之大致地望当属可信。然而要确定太学遗址的具体所在，则必须循着以下两条线索，开展大量的实地勘探和发掘工作：其一，该处应有适合用作诸生房舍之数量较大但规格不一定很高的房屋建筑基址；其二，该处具有关于熹平石经的信息。依照这种认识，我们一开始便将勘探重点选在太学村西北地区，因为1963年勘探时就曾在此处发现过适合用作诸生房舍的长条形房屋建筑基础，靠近村子处又曾是1949年以前当地人"刨字"（即挖掘石经残块）的重点区域。

据说，当年刨字风之起，肇始于石经残石偶然出土后古董商闻讯赶来收购。那时，古董商出价甚高：每块残石仅存1字者给银圆1块；每块残石存5字左右者每字给银圆5块；若是每块残石能存20或者更多一些的字，那就不再是每字5块银圆了，就得按石另行论价，有时可以得到整麻袋的银圆。在金钱的引诱下，来此刨字的农民越来越多，很快便煽起一股势头强劲的刨字风。每逢冬春，农闲地空，人们便蜂拥而至，其情景犹如今日红薯收获之后拾红薯者一群群拥入田中挖取遗薯，见瓦片层就挖，以期有所得。白天挖到有字残石并不取出，自己做好标记即行回填，待到夜深人静时方才拿回家中。有的石块较大，不便携带搬运，需设法予以妥善保存，以致有就近沉入自家地内水井中者。刨字颇有风险，最怕走漏风声。若是消息传扬出去，远近的土匪便会闻风而至，不但必将蒙受严重经济损失，而且可能招致倾家荡产之祸，甚至危及生命。为严守秘密，凡在野地刨到有字残石而当场被人看到者，其所获就得两人对半分成。

在刨字风席卷太学遗址的年月里，石经残石出土甚多，大多通过古董商之手流散外地。幸有前辈学者经过艰苦努力，多方收集拓本，始有《汉石经集存》等有关著录问世。由是可知，当年此地所出者多为熹平石经残石。刨字风给遗址造成的危害极其惨重。据勘探，该处耕土层下，大大小小的刨字坑比比皆是，密度最大的地方坑坑相连，其间已难找到宽逾一尺（1尺约为0.33米，后同）的原生地层土。在这种情况下，我们对探寻树石经碑故址已经不抱什么希望了，只想能有那么一天侥幸在遗址某处遇到一两块零星散落的石经残石，而将注意力集中在勘察诸生房舍及校院的围墙上。

开展此项勘察，我们采取了铲探与发掘相结合的方法，二者相互穿插进行。1973年春，我队在洛河南堤以北铲探并发掘了一座长条形建筑基址，东西长约60米，南北宽约4米，以之做诸生房舍看来较为合适。在地面清理和夯土墙基解剖中又发现，此层房舍之下还叠压着两层以上大约属于同一类型的建筑。它们或为东西长的长条形，或为南北长的长条形，方向与上层房舍有同有异，上下位置也不完全对应，显然属于多次建筑的遗迹。此后，随着勘探范围扩大，我们形成了这样一种印象：虽各处均有一些建筑夯土发现，但仍以这座房舍附近区域建筑遗迹最为密集。

同年秋，队长派我和冯承泽、冯普仁在河堤以南建筑密集区勘察。我们先在该区最东部开了一条东西长60米、南北宽4米的长探沟，并将其分为六个探方认真做了发掘，清理出多处道路及房屋建筑遗迹，还发现单独存在的南北向墙基数条。其中一条夯土墙基宽达 2.9 米，很有一点原曾用作围墙的意味。随后的解剖工作表明，其时代约与堤北发掘的上层房舍同时，从而引起我们的注意，当即以此夯土墙基为线索进行追踪卡探。从 12 月 11 日到 16 日，我们探出了一个由夯土墙围成的长方形院落，其南北长约 220 米，东西宽约 150 米，洛河南堤正从其中部穿过。院落南端紧连刨字坑密集区，院落之内建筑遗址密布，除本年度发掘清理的各建筑遗迹包含其中外，又在院中偏南部近西院墙处开展重点试探，发现此处每隔 5 米即有一座类似在堤北发掘所见的那种房舍建筑。这个院落就是我们日后公布于世的魏、晋以降太学遗址，也是东汉太学的重要组成部分。

魏、晋以降太学遗址查明后，1974 年至 1975 年春，我们又在遗址范围内做了一些勘探和发掘工作，并着手发掘灵台。1975 年 6 月间，灵台发掘结束，全队奉召回所（北京）。我因另有任务，在所里一待就是五年，直至 1980 年春才又回到洛阳。

我是 1980 年 4 月 15 日回到洛阳工作站的。与队长许景元一见面，他便告诉我一个喜讯，说是我队技工陈华州在太学遗址铲探，于 4 月 14 日在太学村村民陈福利住宅北侧探到一处瓦砾堆积，且于堆积之表层瓦片中获得 7 块石经残石，其中 3 块有字，要求以我为主前往发掘清理。

清理工作于 4 月 16 日开始，22 日结束，发掘面积 38.5 平方米，清出一批汉石经残石。同年秋，我和肖淮雁、陈华州又在石经残石出土处北侧发掘一座北魏房舍，在房基垫土层中又有一批汉石经残石出土。两次共得汉石经残石 151 块。这些残石大小各不相同，字数多少不等，每石字数最多者 20 字，最少者仅存一笔或数笔，其内容涉及《仪礼》《春秋》《诗经》《论语》以及《仪礼》《诗经》的校记等。这是我队勘察太学遗址以来的又一重要收获，且因其为唯一一批经科学发掘出土的标本，在汉石经发现史上具有划时代意义。从发掘取得的地层资料分析，这些汉石经残石是被当成普通石块与残砖碎瓦一起垫于地面上坑洼处的，石经残石出土地并非汉石经碑当初所在的位置，但因有大量无字经碑碎块伴出，可以想象经碑原位置当在距此不远处。

灵台遗址的遗憾

灵台建于东汉光武帝建武中元元年（公元 56 年），魏、晋相沿使用，北魏时废弃。其遗址位于平昌门外御道西，即今偃师市佃庄乡大郊寨村东侧。遗址范围长、宽各约 220 米，东、西、南三面尚存墙基遗迹。遗址中心为一方形夯土台基，底部长、宽各约 50 米；地面以上部分已非原状，残高 8 米余。1974 年至 1975 年，队长许景元主持对此台基进行了发掘，得知台基四面均有就台基夯土切出的上、下两层平台，平台上皆有建筑遗迹：下层平台上原环筑回廊，每面正中建造坡道（或踏道），借以登临上层平台；上层平台上每面各有建筑物五间，地面铺长方砖，壁面依所在方位敷以相应的粉彩。最使人感兴趣的是，在西面上层平台的后边还辟有内室。内室进深2米，以土墙与外室分开。夯土台基的中心部分因已残损，现存高度应比原高为低，据《水经·谷水注》载，原高可达六丈，合今13—14米。其顶部系置放仪器、观测天象之所，应如文献所载是"上平无屋"的形制。

灵台遗址是迄今我国发现的最早一座古代国家天文观测台遗迹，距今已有一千九百多年的历史。它的存在，不仅为今人和后人提供了一个借以了解当时天文台建筑形制的宝贵标本，而且还为东汉大天文学家张衡留下了一座昭示其伟大业绩的无字丰碑。因为张衡一生中曾两次共二十多年担任太史令一职，而灵台正是太史令的下属机构，他的各项重大科研实践当同灵台有着密切的关系。

灵台遗址的发掘，实际上是一项抢救工程。虽然过去了整整22年，但埋在我们心中的遗憾和惋惜却至今难以抹去。1949年以前遗址中心的夯土台基（即古天象观测台址）就已遭受严重摧残：台基表面有战争中挖成的一个个掩体工事；台基内部有从西南方向挖向台基中心并呈十字形扩展的深洞，洞之高、宽皆逾2米，洞内潮湿黑暗，长年栖息着成百上千只蝙蝠。1949年以来遗址遭受的种种破坏，也达到了令人触目惊心的地步：台基西侧成了"大跃进"时期烧木炭的窑址，东侧被用作取土沤粪的场所。南侧在70年代初的保存状况要比东、西两侧好得多。1972年秋我刚到洛阳队时，台基南缘至少比1974年发掘时靠南近十米，其南壁陡直，中间有一条宽约0.7米的方形竖槽，我曾和老许站在竖槽中避雨。待到发掘之时，这部分夯土已被生产队挖掉，利用新拓的地面盖起一座面阔三间的场屋。

发掘结果表明：整个中心台基，除北面的建筑遗迹保存较为完整外，东、西、南三面不但下层平台尺土无存，上层平台的五间建筑物也仅残存部分后壁，室内地面至多能在后壁墙根处残留些许，其建筑全貌根本无法搞清楚。本文在前面对灵台中心台基整体建筑形制所做的描述，只是依据台基北面的建筑遗迹所做出的大致复原，不当或失误之处在所难免。因为这种因遗址被破坏而造成的缺陷是无法弥补的。

随着发掘工作的进行，我们逐渐认识到，灵台作为古天象观测场所，其巨大的历史价值和文物价值主要是通过遗址本身来体现。因此，妥善保护这些残留下来的建筑遗迹尤其显得重要。在1975年6月间发掘结束后，我们立即采取了条件允许的临时性保护措施，希图在实施永久性保护之前遗址安然无恙，为子孙后代保住这份珍贵文化遗产。我们冒着40℃的高温到河滩拉砂铺盖地面；拆掉附近一处废旧炕烟房运来土坯，在侥幸保存下来的土壁前另筑同样高的土坯墙一堵，并于上部缝隙处填塞麦草、蒙上塑料布；再把清理于台基周围的碎土重新倒回台上，对所有建筑遗迹全面予以覆盖；且请人经常巡视，发现覆盖层受损随时填平。然而，我们的这种临时性保护办法，哪能禁得起这许多年的风吹雨打和各种因素的无情侵害。如今，台基上发掘后生长出来的树苗已长成参天大树，但永久性的保护却由于种种原因迟迟未能实施。每想及此，总觉得灵台遗址前景堪虞。

小题目也能做出大文章

1982 年至 1983 年，我们相继完成与首阳山电厂选址有关的大规模配合基建任务后，1984 年春重新回到汉魏洛阳故城，继续对该城址进行考古勘察。鉴于连年勘察发掘，大家比较辛苦，遂决定先做点工作范围较小的小题目。比如：试掘北魏宫城太极殿殿址，为日后正式发掘做些前期准备；在北城墙上发掘一座马面，弄清其形制及建筑年代；在现存东、西、北三面城墙上各开一两条解剖沟，以解决城墙的结构及建筑技术问题。

开工前夕，副队长杜玉生突患急性黄疸性肝炎住院，队中缺了一员大将。幸有新人钱国祥加入，工作仍可顺利开展。

3 月 16 日，太极殿试掘全面开工，同时在殿址四面开了四条探沟。至 22 日，试掘全部结束，得知殿基表面虽无建筑遗迹残存，但四个侧面保存状况尚可，具有大规模发掘的价值。

3 月 21 日至 23 日，北城墙马面发掘和诸城墙解剖工作先后开始。4 月 9 日，北城墙马面发掘结束。发掘结果表明：该城马面出现较早，始建于魏、晋时期；北魏都洛修葺城墙时对魏、晋马面旧基诸立面做了修整和增筑，使之成为北魏城墙外侧的附属建筑。

太极殿试掘和马面发掘都达到了我们的预期目的，大家皆大欢喜。然而更为令人兴奋的是，在率先开工的两条城墙解剖沟中发现了有关该城历史沿革的重要信息。

这次解剖城墙是在坚持不损害地面上古城墙的前提下进行的，解剖沟皆选在地上已无墙体残留的位置。先行开工的两条解剖沟，T1 下在北城墙由东向西至孟津县金村村北转而向南后的城墙残断处；T2 处于东城墙由北向南至偃师市寺里碑村西残断后现已成为麦田的地方。在这两条解剖沟内，城墙根保存较厚，可达 2—3 米。剖开残存的城墙根发现，这两处城墙都不是一次筑成，而是一次次利用前代城墙旧基经过修整、增筑，从而形成符合各时代要求的新墙体。因此，解剖沟中历代城墙夯土皆有残留，这无疑是绝好的关于该城历史沿革的原始记录。在解剖沟中还发现：北城墙上的 T1，时代最早的城墙夯土为东周所筑；位于东城墙上的 T2，时代最早的城墙夯土更可能早到西周中晚期。这些发现，使我们意外地抓到了查明该城址全部沿革史的契机。

接着，我们又在西城墙中段陇海铁路北侧和西城墙最南端、东城墙之龙虎滩村

（属偃师）北各开解剖沟一条。至 5 月 1 日，这三条沟的发掘全部结束。结果表明，这三条沟依清理出的现象可分为两类：一类，即西城墙中段陇海铁路北侧的解剖沟，情况与东城墙 T2 相似，时代最早的城墙夯土为西周所筑；另一类，即其余两条解剖沟，它们与前一类沟的最大区别是，所见诸城墙夯土中修筑时间最早者皆属秦、汉时期。

综合这五条解剖沟的资料，我们得到这样一个初步印象：汉、魏洛阳城的全部历史，应该包括西周、东周、秦、汉、魏、晋、北魏诸代，直至唐初始全部废弃；秦、汉以后相沿使用同一城址，而西周城和东周城作为汉、魏城址的前身，其规模俱小于汉、魏城。西周城址之所在，约当汉、魏城址的中部；东周城址除沿用西周城址外，还向北扩，达到汉、魏城址的北城墙处；汉、魏城址的最南部则是秦、汉之初新扩出去的。这意味着城墙解剖已经取得可喜收获，但还没有达到足以做出明确判断的程度，工作仍需继续进行下去。

遗憾的是，就在这年的 5 月中旬，我因患脑血栓住进了医院。消息传到北京，杜玉生毅然决定中断病后的休养、恢复，下半年来洛组织实施后一阶段的勘察工作。同年秋，我队又在东、西两面城墙上有计划地开挖解剖沟七条，进一步丰富了有关实物资料，使我们在上半年形成的初步印象变得更加充实、清晰，依据实物资料对汉、魏洛阳城城址的历史沿革做出明确判断，条件基本成熟。我们可以比较有把握地说出自西周至北魏历代城址的范围和形制，对汉代以前诸代城址由小变大、最终达到汉代城址规模的时间，也能通过和有关文献记载相互印证而说得比较确切、具体。

当然，这还不是汉、魏洛阳城址历史沿革的全部内容，仅就城址的范围、形制来说，也需等到 1985 年北魏洛阳外郭城勘探清楚之后才算圆满结束。但这一年的实地考察，从城墙解剖这样的小题目入手，最后却做出了阐明汉、魏洛阳城址上下千余年历史沿革的大文章，我们还是感到十分庆幸和满意的。

1997 年 6 月

（原刊于《河南文史资料》1999 年第四辑）

洛阳汉魏故城北垣一号马面的发掘

中国社会科学院考古研究所汉魏故城工作队

　　1962 年我队对洛阳汉魏故城进行初步勘察，在该城西垣北段、北垣东段及金墉城外侧均发现有马面（原报告称"墙垛"）遗址[①]。为进一步弄清该城马面的建筑年代及历史沿革，1984 年春我们发掘了北城垣一号马面（图一）。

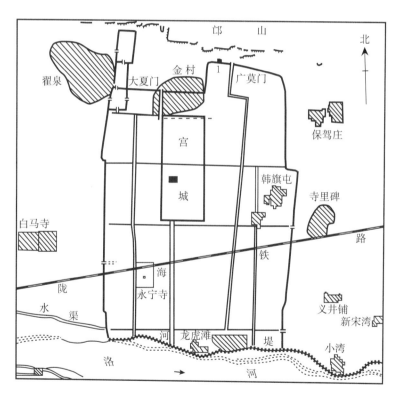

图一　一号马面位置图

（录自《考古》1973：4《汉魏洛阳城初步勘查》一文，略有删节，缩成 5/8）

1. 一号马面

　　北垣一号马面，位于洛阳汉魏故城内金村的东北，地当北魏广莫门西侧约 170 米处。这里，城外地面比城内高多得，地面上看不到任何马面遗迹，而是一片平坦的耕地。发掘工作于 3 月 21 日开始，4 月 9 日结束，历时二十天。通过发掘，取得了有关马面建筑的较完整资料，达到了预期的目的。

兹将发掘情况报道如下。

一 地层堆积

在马面遗迹正上方，除耕土外，无任何时代的地层堆积，而在马面遗迹之东、西、北三面古代文化堆积层相当厚，一般都在 3.5 米以上，按时代可划分为五层。

第一层：耕土层，厚约 0.25—0.3 米。

第二层：沉积土层。土质细腻松软，土色黄褐，厚 1.1—1.3 米。包含遗物不多，有明清瓷片、清代铜币"顺治通宝"等。

第三层：北魏层。土质细密，呈泛红的黄褐色。马面东、西两侧此层堆积较薄，北侧甚厚，可达 1.2 米。内含砖瓦等建筑材料残块较多，计有绳纹筒瓦板瓦、篮纹板瓦、青灰色素面砖瓦、黑色光面板瓦，"五铢""货泉"等铜钱以及铜镞、铁镞等。

第四层：魏晋层。呈灰褐色。主要分布在马面东、西两侧，紧靠城垣处。此层厚达 1.8 米以上。内含大量瓦片，有的相当完整。此层瓦片，有筒瓦、板瓦两种，表面皆饰绳纹，里面或为布纹，或无布纹而显手捏痕迹。还出有不少残圆瓦当和半瓦当，均饰卷云纹。

第五层：汉代层。呈红褐色，土质较硬，分布在马面东、西两侧，其下叠压一段黄褐色夯土，该层厚约 0.55 米。内含砖瓦极少，出有残铁器一件。

二 马面遗迹

马面依城垣而建，平面略呈方形。通体夯筑，现存夯土总厚度为 4.4 米，由基础部分和地上部分两部分构成（图二）。

基础部分 系就原地层土挖出方形基槽，然后，逐层填土夯筑而成。基槽打破地层堆积之第五、四两层，即汉代层和魏晋层，及第五层下叠压之黄褐色夯土。基槽口大底小，口部东西宽度，南北两端稍有差别，南端宽 15.8 米，北端宽 14.4 米；南北长 12.4 米，夯土厚 2.3 米。

地上部分 系由基础部分之东、北、西三面分别向内收缩 0.6—1.3 米，然后逐层版筑而成，现存残高 2.1 米。东、西两侧壁面保存较好，壁陡直而上部略向内收；北壁破坏较甚，现存高度低于东、西两侧且无明显的陡壁存在，差不多成了个不大平整的斜坡。现存马面顶面，东西宽 12.9 米，南北长 11.7 米。其南半部较平整，北半部倾斜且边缘参差不齐；东北、西北二角残损，呈不规则的漫圆形。马面周壁未见包砌砖

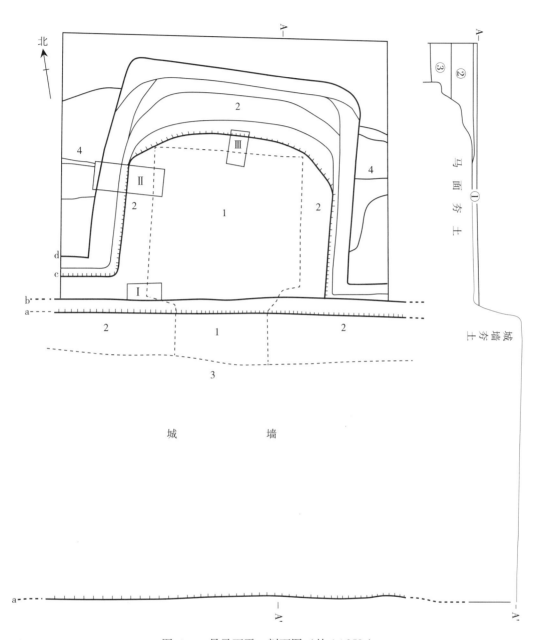

图二 一号马面平、剖面图（约 1/250）

Ⅰ—Ⅲ探沟　a. 现存城垣夯土顶面边缘线　b. 现存城垣夯土底部边缘线　c. 现存马面顶部边缘线　d. 马面底部
基槽线　1. 红色夯土　2. 灰褐色夯土　3. 灰黄色夯土　4. 黄褐色夯土　①耕土层　②沉积土层　③北魏文化层

石的痕迹。这马面的地上部分各立面，皆为地层堆积之第三层即北魏层所叠压。

　　值得注意的是，现存马面并非由同一种夯土组成。从现存马面顶部观察，其中心部分的夯土，无论质地、颜色都与周围的夯土判然有别。中心部分夯土，土质纯净，呈红褐色，而其周围的夯土，土质较杂，呈灰褐色。进一步的考察表明，其中心部分的红褐色夯土，整体呈凸字形。包在马面内的部分，东西长9米，南北宽8.5米；其向南凸出的部分，伸入现存城垣遗基内，在城垣北侧立面上尚能看到它的遗迹。据实测，这个凸出部分东西长约5.55米，伸进城垣以内约4米。伸进城垣之红褐色夯土保存的高度，从城垣北侧立面看，要高于现存马面顶面约2米。

为彻底查明这一现象，我们铲探了这段城垣遗基，发现现存城垣遗基也非同一种夯土构成，其北半部，宽约4米，城垣夯土呈灰褐色，将伸进城垣的红褐色夯土覆于其下，而与马面周边之灰褐色夯土相连接。其南半部，城垣夯土呈灰黄色，内杂瓦片较灰褐色夯土为少。

上述现象表明，现存马面所见之两种质地、颜色的夯土，应是不同时期筑成的马面遗迹：中心部分的红褐色马面遗迹，原附着于现存城垣南半部之灰黄色夯筑墙体上；而外围部分之灰褐色马面遗迹，则附着于现存城垣北半部之灰褐色版筑墙体上。

据我们在洛阳汉魏故城东、西、北三面城垣上打探沟了解，现存城垣残基皆包含不同时期的城垣遗迹，而且无例外的都是居外侧的城垣夯土较居内侧者时代为晚，一号马面处的城垣遗基所含两种城垣夯土之时代早晚关系，也应同其他各处情况一致，即灰褐色城垣夯土晚于灰黄色城垣夯土。加之，灰褐色城垣夯土覆盖于红褐色马面遗迹之上，而与灰褐色马面遗迹相连，所以，我们初步推断，灰褐色马面遗迹晚于红褐色马面遗迹。

为取得关于两种马面遗迹相互关系的更为丰富的资料，我们在两种夯土交界处选择不同位置开了三条解剖沟，有以下发现。（图三）

1. 红褐色夯土，从上到下土质纯净，硬度次于灰褐色夯土。夯层厚度约0.05—0.1米，夯层表面较为平整，圆形夯窝，夯窝直径0.05米左右。夯土总厚度（马面部分）亦为4.4米。内含瓦片甚少，仅见布纹里的绳纹瓦残片数块。灰褐色夯土，从上到下土质较杂，硬度大于红褐色夯土。夯层厚0.1—0.25米，夯层表面亦较平整。夯窝也为圆形，但稍大，直径0.055米左右。夯土内包含瓦片较多，除出布纹里绳纹瓦外，还出有黑色光面板瓦残块。

2. 从解剖沟立面看，灰褐色夯土叠压红褐色夯土。在两种夯土连

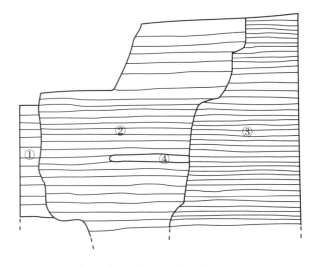

图三　沟Ⅱ北壁剖面图（约1/40）
①黄褐夯土　②灰褐夯土　③红褐夯土　④夹棍痕

接处，红褐色夯土或被修成斜直面，或被加工作台阶状。后一种作法显然比前一种作法更优越，它可以确保两种夯土结合牢固，避免外侧夯土滑坡而产生局部下沉。

总之，三条探沟的现象同样证明，现存马面由两个时期的马面遗存所构成，红褐色夯土应是早期马面的遗迹，而灰褐色夯土，则是后日以早期马面遗迹为基础扩建马面时新夯打起来的。

三　汉代夯土遗存

前述第五层下所压黄褐色夯土，在晚期马面之东西两侧均有发现，原应是同一块夯土。这块夯土不甚坚硬，夯层厚约0.10—0.15米，夯土总厚度约1.6米左右，夯土内出有布纹里绳纹瓦片等遗物。这块夯土现存部分之顶面，基本上与马面基槽上口等高，也即与马面周围之地平面高度相同。它的南北两侧皆呈斜坡状，分别为地层堆积之三、四和第五层打破或叠压；从解剖沟的情况看，马面之早、晚两期遗迹均打破此段夯土。由地层及出土物可以确定，它是早于马面的汉代建筑遗迹。

四　地层中出土的遗物

除各层所出大量砖瓦残块外，第三层堆积中还出一些残小件铜器、铁器、铜钱等。

铜镞　2件，均呈三棱锥形。一件叶宽1厘米、残长3.2厘米（图四，5）；另一件，叶宽0.7厘米、镞长3.2厘米，后部带铁铤，铤残长6厘米（图四，1）。

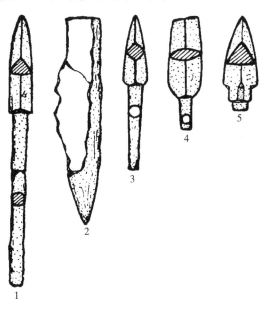

图四　出土遗物（2为2/5，余4/5）

1、5. 铜镞　3、4. 铁镞　2. 铁镈

铁镞 2件。一件呈四棱锥形，镞长2.3厘米，叶宽0.6厘米，后部带铁铤，铤残长3厘米（图四，3）；另一件呈长三角形，尖部已残，中部起脊，镞残长2.7厘米，叶宽1.1厘米，后部也带一段铁铤，残长1.1厘米（图四，4）。

铁镦 1件，已残破。全长14厘米，筒口部直径约3厘米（图四，2）。

铜钱 5枚，内有"货泉"2枚，"五铢"1枚，另2枚字迹不清。

五 结 语

如前所述，这次发掘的马面遗址，包含了汉以后两个时期的建筑遗存。这两个时期的建筑遗存，分别建于何时呢？

由灰褐色夯土构成的晚期马面遗址，基槽打破地层堆积之魏晋层（第四层）而为北魏层（第三层）所叠压，夯土内除出土布纹里绳纹瓦片以外，还出有典型的北魏遗物——黑色光面板瓦残块，由此可以断定，它应是北魏都洛时期所筑。

由红褐色夯土构成的早期马面遗基，打破汉代建筑遗址（黄褐色夯土）而为城垣及马面之北魏时期夯土所叠压；马面夯土内仅出土布纹里绳纹瓦片，未见北魏遗物。这种瓦片绳纹较粗，排列不均匀或有分组现象，与洛阳汉魏故城辟雍遗址所出魏晋瓦片绳纹风格相同，应为魏晋遗物。这些表明，早期马面遗基当为魏晋时期所筑。

由上述现象，我们得出的总的看法是：这座马面始建于魏晋，逮至北魏都洛，大约已有较严重的损坏，故而在北魏营建洛阳的工程中，于加宽城垣的同时，又以修削过的魏晋马面为核心，重新建筑了马面，新建马面较之魏晋旧物更为高大、雄伟。

应该指出，魏晋、北魏修筑洛阳城垣及马面一事，史籍皆无记载。因此，这次发掘不仅为解决该城马面的建筑年代及历史沿革提供了确凿证据，而且对了解三国以来洛阳城的营缮活动也有一定的价值。

1973年我队关于洛阳汉魏故城初步勘察的报道中曾经提到：1962年当地挖退水渠时，在洛阳汉魏故城西垣北魏承明门北侧的一座马面基部，发现包砌绳纹小方砖十一层，砌砖由下往上逐层内收，鉴定砌砖认为，此系北魏修葺的遗迹[②]。这一推断，在今天看来仍然是可以成立的。这里，需要进一步提出的是，从发掘情况看，这种用小砖修葺马面的时间，应较北魏版筑马面的时间为晚。

众所周知，马面是我国古代城市的主要防御设施之一。从现有考古及文物资料知道，北宋、辽、金及其以后的城址，已经比较普遍地使用了马面，南宋平江府图还刻划了当时马面的建筑形象。汉唐城址使用马面者，所见尚不多，新疆吐鲁番高昌故城[③]、内蒙古察右中旗园子山古城[④]、陕西横山县统万古城[⑤]、吉林集安县高句丽国内城[⑥]等是迄今所知仅有的实例。这些实例中，高昌故城系唐代西州治所，城之马面被认为是唐或唐以后的建筑遗迹；园子山古城，调查者推断可能是一唐代城址，其上限也可能早到北朝晚期；统万古城原系十六国时期夏赫连勃勃的都城，后为北魏、唐宋所沿用。以上城址尚未进行正式发掘，马面的具体建筑年代尚不能准确判定。集安高句丽国内城，是上述诸城址中唯一经过发掘的遗址，据报道，其马面以石件构筑，与石砌城垣连为一体，建造时间约在公元初年高句丽迁都国内城之后。此外，在敦煌莫高窟北朝壁画如 257 窟须摩提女故事画及 249 窟阿修罗故事画中也保存有马面的形象资料⑦。看来，这些马面实物，除高句丽国内城外，无一例在建筑年代上早于洛阳汉魏故城。

据调查，在内蒙古、甘肃境内秦汉长城遗迹内外，分布着大量的障城遗址。这是一种军事性质的方形小城堡，每边长一般不超过 100—200 米。它们都具有比较完备的防御系统，其中，像内蒙古境内的乌力吉高勒障城、青库伦障城⑧、阿尔乎热障城、哈隆格乃谷口石城（汉鸡鹿塞故址）⑨，以及甘肃北部的汉甲渠候官遗址⑩等已筑有与后世马面、瓮门相类似的设施。它们的时代显然比洛阳汉魏城为早，但两者的性质、地位却明显不同。

先秦时期的城址，尚未见到建造马面的实例。这一时期的城市防御设施中有无马面？史籍中找不到明确的答案。但在近年的研究中人们开始注意到《墨子》有关城守诸篇的如下两段文字。其一，"子墨子曰：问云梯之守邪？云梯者重器也，其动移甚难，守为行城，杂楼相见（间），以环其中，以适广陕（狭）为度，环中藉幕，毋广其处。行城之法，高城二十尺，上加堞，广十尺，左右出巨（距）各二十尺……以鼓发之，夹而射之……"（《备梯》）其二，"子墨子曰：子问羊黔之守邪？羊黔者将之拙者也，足以劳卒，不足以害城。守为台城，以临羊黔，左右出距，各二十尺，行城三十尺，强弩射之，技机击之，奇器□之，然则羊黔之攻败矣。"（《备高临》）研究者以为，行城之"行"，应读如"杭"。行城即附城而筑、雁列成行并高出城墙之马面。马面形如台，故亦可叫作台城。"出距"即马面出城的距离。"杂楼相见（间）"，即马面上复建以"楼"（即射孔）。并由此推断，似乎战国时已有了马面的修建⑪。

综上所述，洛阳汉魏故城建造马面的时间，不仅在内地历代都城中是最早的，而且在我国内地已知古城址中也是较早的实例。

马面究竟出现于何时？应该是古代城市考古工作中需要解决的问题。根据目前的考古资料虽难做出准确无误的论断，但我们认为，马面作为古代城市的主要防御设施之一，无疑应是历史上阶级矛盾、民族矛盾急剧发展的产物，它的最早出现很可能是在阶级矛盾、民族矛盾尖锐、复杂的边境地区，只是当它被实践一再证明确是一项有效的防御设施时，才会在政治、军事形势需要的情况下运用到内地的都城建设上去。因此，马面在一些地方城市或边境城堡上的出现，自然是洛阳汉魏故城建造马面以前很久的事了。据报道，1974 年在内蒙古赤峰曾经发掘过一处属于夏家店下层文化的居住遗址，它坐落在西山根村旁西路嘎河边的岩石山岗上，有两个相连接的石块垒砌的大围墙，每个围墙内约有三十余大小不同的房址[12]，或可称其为石砌"山城"。耐人寻味的是，二城墙各有若干段筑成向外凸出的半圆形，外形颇似后世的马面。这种现象使我们强烈地感到，马面的起源是如何的久远啊！

执笔者：段鹏琦　杜玉生　肖淮雁　钱国祥

（原刊于《考古》1986 年 8 期）

注　释

① ② 中国科学院考古研究所洛阳工作队：《汉魏洛阳城初步勘查》，《考古》1973 年 4 期。

③ 阎文儒：《吐鲁番的高昌故城》，《文物》1962 年 7、8 期。

④ 张郁：《内蒙古察右中旗园子山唐代古城》，《考古》1962 年 11 期。

⑤ 陕北文物调查征集组：《统万城遗址调查》，《文物参考资料》1957 年 10 期。

⑥ 集安县文物保管所：《集安高句丽国内城址的调查和试掘》，《文物》1984 年 1 期。

⑦ ⑪ 敦煌文物研究所考古组：《敦煌莫高窟北朝壁画中的建筑》，《考古》1976 年 2 期。

⑧ 盖山林、陆思贤：《内蒙古境内战国秦汉长城遗迹》，《中国考古学会第一次年会论文集（1979）》文物出版社，1980 年。

⑨ 内蒙古大学蒙古史研究室唐晓峰：《内蒙古西北部秦汉长城调查记》，《文物》1977 年 5 期。
侯仁之、俞伟超：《乌兰布和沙漠的考古发现和地理环境的变迁》，《考古》1973 年 2 期。

⑩ 甘肃居延考古队：《居延汉代遗址的发掘和新出土的简册文物》，《文物》1978 年 1 期。

⑫ 中国社会科学院考古研究所编著：《新中国的考古发现和研究》，文物出版社，1984 年，342—343 页。

汉魏洛阳故城太学遗址新出土的汉石经残石

中国社会科学院考古研究所洛阳工作队

　　河南省偃师县佃庄公社东大郊大队太学村，地当汉魏洛阳故城开阳门外御道东，是汉魏时期太学所在地[①]。1973 年以来，经多次考古调查和发掘，终于在该村西北约 35 米处，找到了魏晋以降的太学旧址（图一）。1980 年 4 月，在太学村围墙北边探到数处瓦砾堆积。为了解地下情况，我们选择中段的一处瓦砾堆积，开了一米见方的探坑进行发掘。挖至 80 厘米时，于瓦砾层中发现 7 块石经残石，其中 3 块有字。随后扩大发掘范围，发掘面积共约 38.5 平方米，清理瓦砾堆积两处，出土石经残石六百余块（图二），是太学遗址发掘的重要收获之一。

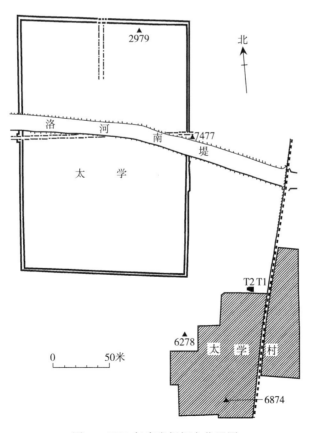

图一　1980 年春发掘探方位置图

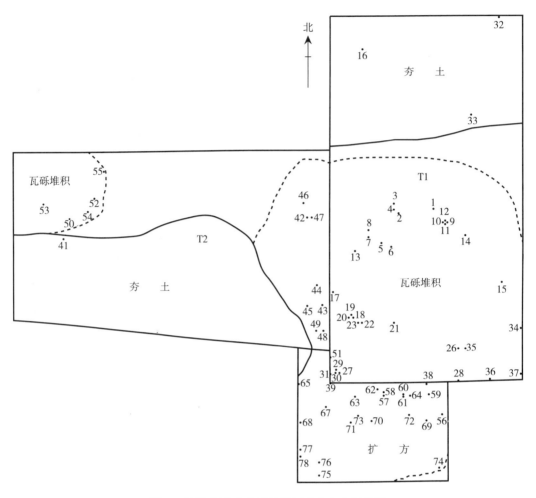

图二　1980 年春太学遗址汉石经出土位置简图

(24、25、66、79—97 号石经残石，除 79 号外均因残破过甚，个体小、多无整字，具体坐标未在图中标出。
据记录，25 号石出于 T1 第二层，24、66、80—97 号石出于 T1 第三层，79 号石出于 T2 第三层)

一　地层堆积

地层堆积可分为四层（图三）。

第一层：耕土层。包括现代垫土层在内，厚约 40—50 厘米。

第二层：红褐色土层，厚 15—30 厘米，土质较硬。出土物有残素面方砖、残长方砖、篮纹绳纹板瓦碎片、陶瓮残片及"五铢"钱（图四）、铁钉等。有少量石经残石。

第三层：瓦砾堆积层，由碎砖瓦及石经残石构成。厚 10—20 厘米不等，出土物除与第二层同者外，还有少许盆、瓮等陶器残片及垂帐纹残石、"五铢"钱。

该瓦砾堆积层中的瓦片和陶器片，碎小而少棱角；堆放有较明显的层次；砖瓦间所夹地层土，硬度甚大，似为夯打所致；T1 南部之瓦砾堆积，表层高度与其北侧之夯土接近，面上并有路土残迹。这表明，瓦砾堆积层的砖瓦、碎石（包括残石经），原是用以垫地的，为使地基坚实，填方时采取了逐层铺平、夯打的作法。

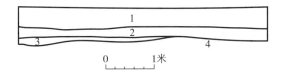

图三　1980 年春 T1 西壁剖面图

第二、三两层所出砖瓦种类略同，其形成年代理应接近，大约属于同一历史时期的前后两次堆积。所出绳纹板瓦、绳纹筒瓦系汉晋辟雍遗址习见之物；另有数量甚多的篮纹板瓦，则为辟雍遗址所无，足见其时代较辟雍遗址为晚。但由于第二、三层中未见花头板瓦、莲花

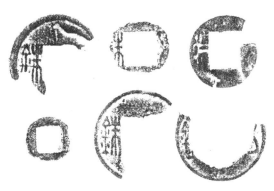

图四　"五铢"钱拓本

瓦当，兽头瓦当等北魏迁洛后出现之典型遗物，说明其时代的下限不会晚至北魏都洛时期。因此，第二、三层堆积的年代，约当西晋末至北魏前期。

第四层：夯土层。所有夯土，只发掘到夯土面，夯土呈黄褐色或红褐色，未作解剖。据铲探，夯土厚度不一，最厚可达 2 米。所出遗物不多，只在夯土表层捡得绳纹瓦片数块。因出土物太少，夯土形成年代不明。

二　汉石经有字残石

这次发掘所出石经残石 661 块，内有字残石 96 块，占残石总数的 14.5%。其余 565 块无字，其中的 87 块，为经碑的边、角残块，分别保存了经碑的一至四个面，也有一定的资料价值。限于篇幅，这里着重介绍有字残石，其他残石，不作专门叙述。

96 块有字残石，6 块出自第二层，余皆出于第三层。残石之最大者，长、宽（指石之竖、横最大径）各 17 厘米；最小者，长 4.2、宽 1 厘米。有 3 块（8002、8003、8021 号）保留经碑之阳阴两面，另 93 块，仅存经碑之一面。从三块保留经碑阳阴两面的残石得知，不同经碑的厚度或略有出入。该三石皆为《仪礼》，8002、8003 号石厚度相同，为 16.3 厘米，8021 号石稍厚，为 16.5 厘米。绝大多数有字残石石面保存较好，字迹清晰，个别腐蚀较甚，文字不易辨识。

这些残石，有些可以相互粘对。如 8009 号石可与 8071 号石粘对；8025 号石可与

图五　石经残石

8002①、8003①②.《仪礼·聘礼》　8009、8071.《仪礼·特牲》　8011.《仪礼·燕礼》
8012.《仪礼·公食》　8017.《仪礼·士丧》　8018、8027、8033.《仪礼·既夕》
8022.《仪礼·士虞》　8084.《仪礼·有司彻》

8065 号石粘对（图五、六）。有些虽不能直接粘对，但从内容看，它们在经碑中原是
彼此邻接的。如 8002①号石与 8061 号石左右相邻；8018 号石与 8082 号石上下连接。
有的残石，还可与以前出土之残石缀合。如 8027 号石可与《汉石经集存》所载之三九
九号残石连缀；8017 号石可与 1974 年当地社员刘松照发现之《仪礼·士丧》残石及
《汉石经集存》所载之二九五号残石缀合。

　　各残石所存字数多少不等，保存最多者，如 8003 号石，阳阴两面共 26 字；一般保
存数字或十数字；有些只存一笔或数笔。皆隶书。共存 366 字，其中字体完整及字体

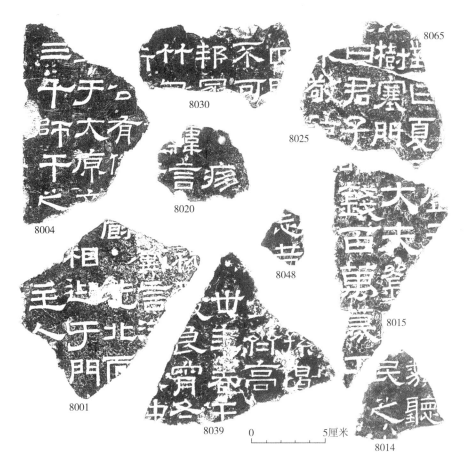

图六　石经残石

8004.《鲁诗·南有嘉鱼》　　8014.《鲁诗·生民》　　8030.《鲁诗·鸿雁》　　8048.《鲁诗·
节彼南山》　　8039.《春秋·襄公》　　8025、8065.《论语·八佾》　　8001.《仪礼》校记
8020.《鲁诗》校记　8015. 赞碑

虽不完整但可确切辨识者约 293 字。初步查对，残石所载内容，包括《仪礼》《春秋》
《鲁诗》《论语》以及《仪礼》校记、《鲁诗》校记、太学赞碑等，而以《仪礼》占绝
大多数。所见各经篇目是：《仪礼》之《昏礼》《士丧》《既夕》《士虞》《特牲》《少
牢》《有司彻》《燕礼》《大射》《聘礼》《公食》《丧服》；《鲁诗》之《南有嘉鱼》
《节彼南山》《生民》《鸿雁》《谷风》；《春秋》之《襄公》；《论语》之《八佾》。详
见表一。

　　各石所存经文，字体大小相若，广约 2.1—2.4、高约 1.4—1.9 厘米。唯赞碑字体
稍大，广 2.5—3、高 1.7—2.6 厘米。与残字在字体大小上所表现的统一倾向相反，它
们在艺术风格上都存在明显差异，这种差异且同所书经目之不同有密切关系，应系由
多位书法家分别担任不同经目的书丹工作所致。

表一　1980年春太学遗址出土汉石经有字残石简表

编号	出土层位	经目篇次	残存文字	备注
8001	T1③	仪礼·校记	祝|戴言|爵·先北面|相迎于门|主人	
8002①	T1③	仪礼·聘礼	堂上|牢米百|揖	其左邻8061
8002②	T1③	仪礼·士虞	猶|辭	
8003①	T1③	仪礼·士虞	于中鼎升腊左胖|外北面佐食无事则|乡□降阶	
8003②	T1③	仪礼·聘礼	立大夫|之聘亨问大	
8004	T1③	鲁诗·南有嘉鱼	公有|于大原文|三千师干之	
8006	T1③	仪礼·聘礼	三|帷少|面跄	
8007	T1③		丁|（空行）|刻	
8008	T1③		曰|足	
8009	T1③	仪礼·特牲	在西壁|卒執|墉下南|正脊	接于8071之下
8010	T1③	仪礼·昏礼	北|赞	
8011	T1③	仪礼·燕礼	与大夫|升歌鹿|君与射则为|燕腾爵曰臣	
8012	T1③	仪礼·公食	字|（空行）|宾朝服	
8013	T1③		爵	
8014	T1③	鲁诗·生民	类听|民之	
8015	T1③	赞碑	大夫刘|钱百万募工	
8016	T1②		二|不	
8017	T1③	仪礼·士丧	止于庙|升公卿	可与社员发现之士丧残石及《集存》三九五号石缀合
8018	T1③	仪礼·既夕	摄服其它皆|于下室·莅|入升|东北	其下邻8082
8019	T1③	鲁诗·谷风	母|罪|采	
8020	T1③	鲁诗·校记	·疼|韩言	
8021①	T1③	仪礼·有司彻	受|西	
8021②	T1③	仪礼·大射	命|公	
8022	T1③	仪礼·士虞	食北|如初尸|如初降	
8023	T1③	仪礼	受归	
8024	T1③	仪礼	北面|设	
8025	T1②	论语·八佾	曰夏|塞门|君子|不敬临	接在8065下

续表

编号	出土层位	经目篇次	残存文字	备注
8027	T1③	仪礼·既夕	命｜前辂北	可与《集存》三九九号石缀合
8028	T1③		举	
8029	T1③	鲁诗·节彼南山	司徒	
8030	T1③	鲁诗·鸿雁	四｜不可｜邦家｜竹包｜斯	
8031	T1③	仪礼·大射	自｜北面	
8033	T1②	仪礼·既夕	既｜既	
8034	T1③	鲁诗·校记	言｜漏	
8035	T1③		攅	
8036	T1③	鲁诗·校记	言婚	
8037	T1③	仪礼·大射	在｜祭	其左接8079
8038	T1③	仪礼·少牢	末盐	
8039	T1③	春秋·襄公	孙偈｜盈齐高｜·卅年春王｜杀良宵冬｜仲	
8041	T2②		年	
8043	T2③	仪礼·丧服	嫁从｜继	
8044	T2③		于	
8045	T2③	仪礼·聘礼	獻再拜｜右房立｜大	
8046	T2③	仪礼·校记	戴言｜爵	
8047	T2③		先	
8048	T2③	鲁诗·节彼南山	念昔	
8049	T2③	鲁诗·节彼南山	大戾｜茂尔恶	
8050	T2③		坐	
8051	T2③		彌使	
8053	T2③		冬	
8055	T2③	仪礼·士丧	命｜之西	
8056	扩③		西	
8058	扩③		无	
8059	扩③	仪礼·有司彻	以授	
8061	扩③	仪礼·聘礼	夫｜宾当｜辭	其右邻8002①
8062	扩③		之	

续表

编号	出土层位	经目篇次	残存文字	备注
8063	扩③		于	
8065	扩③	论语·八佾	对｜君树｜曰	接于 8025 之上
8066	扩③	仪礼·大射	以｜以	
8067	扩③		仇	
8068	扩③	仪礼·士丧	之门｜阶丈夫	
8069	扩③	仪礼·有司彻	次宾	
8071	扩③	仪礼·特牲	壶于禁｜馆爨在｜授尸	接于 8009 之上
8072	扩③		迎	
8074	扩③	仪礼	如｜如	
8075	扩③	鲁诗·节彼南山	之柢	
8076	扩③		觯	
8077	扩③	仪礼·公食	羹定	
8079	扩③	仪礼·大射	设于｜其｜于	其右接 8037
8081	扩③	仪礼·大射	皆｜羞	
8082	扩③	仪礼·既夕	如｜冢	其上邻 8018
8083	T1③		初	
8084	T1③	仪礼·有司彻	司受	
8086	T1③		言	
8088	T1③		祭	
8090	T1③		饮	
8094	T1③	鲁诗	夭	字体较小

注：残石之文字残且不可识者，此表未录。

有字残石中，有22石为经碑边部残块。其中，左、右边部残块15石，各保留了经碑的一边；上边部残块5石，有2石保留了碑的顶端；下边部残块2石，下端面均已不存。（详见表二）从这些残石可以看出：

第一，经碑不同侧面的加工工艺有所不同。碑顶端和左右旁面的多数，表面平整但不磨光，面上布满了排列均匀的浅细錾痕。少数左右旁面，石面与经碑阴阳面相同。人眼看不到的碑顶和不外露的左右旁面较粗糙；人眼可以经常看到的经碑暴露于外的左右旁面则较精细。看来，经碑周边的不同处理，是适应石经经碑"骈罗相接"的排列方式的。

表二　1980 年春太学遗址出土有字残石经碑边部残块情况一览表

编号	在碑中部位	边宽（厘米）	保留侧面状况	所属经目
8004	左边	1.2	平面	鲁诗·南有嘉鱼
8012	左边	1.2	平面	仪礼·公食
8026	左边	1.0	平面	
8057	左边	1.1	磨光	
8068	左边	1.0	平面	仪礼·士丧
8077	左边	1.2	残	仪礼·公食
8094	左边	1.7	磨光	
8096	左边	1.2	平面	
8010	上边	10	平面	仪礼·昏礼
8033	上边	残		仪礼·既夕
8037—8079	上边	10	平面	仪礼·大射
8081	上边	残		仪礼·大射
8097	上边	残		
8002①	右边	1.0	平面	仪礼·聘礼
8009—8071	右边	1.7	平面	仪礼·特性
8018	右边	1.0	平面	仪礼·既夕
8019	右边	残	平面	鲁诗·谷风
8029	右边	1.7	平面	鲁诗·节彼南山
8036	右边	1.5	磨光	鲁诗·校记
8064	右边	1.0	磨光	
8063	下边	残		
8074	下边	10.6（残）		

第二，不同经碑的周边的宽度大体一致。据表二统计，左、右边部的宽度都在 1 至 1.7 厘米之间。碑顶部宽度较大，2 例均为 10 厘米。下端宽度从 8074 号石字下空白推断，约 10.6 厘米以上。另据对两块无字残石测量得知，经碑插入碑座的部分，高度超过 9.5 厘米。

此外，在四块有字残石（8002、8011、8021、8084 号）上，发现有人为破坏痕迹。8002 号石的上断面、8021 号石的下断面、8011 号石的右断面，皆为铁錾截出之斜面，面上残留有粗深錾痕，錾痕损坏了碑文。8084 号石的右边缘，呈较规则的圆弧形，边缘内侧有一条与之平行的阴刻弧线，石右侧之断面上也留下了排列较为整齐但甚粗糙的深錾痕（见图五）。证明破坏者并非胡乱敲砸，而是将旧石经当作普通石材，有计划地进行錾凿切割，改作他用时遗留下来的。

三　几点看法

据记载，残石经之出土始于唐代[②]。此后，还有两次大量出土的时期，一次在宋初嘉祐年间[③]；一次在20世纪20—30年代[④]。除此而外，便数这次发掘，出土石经残石数量最大，内容也最为丰富，而且是科学发掘资料。

这次发掘所获六百余块汉石经残石，集中出之于瓦砾堆积。另据了解，20世纪20—30年代，当地老乡在太学遗址"刨字"，掘得之大量有字、无字石经残石，绝大部分也系瓦片坑所出。可见，在太学一带，残石经与瓦砾伴存是一种普遍现象。

由清理瓦砾堆积知道，这些石经残石是同碎砖瓦一起用来垫地的，在它们中间，至少有相当一部分，显然是碑石被有计划地錾凿切割、改作他用时遗弃的渣石。地层堆积还进一步证明，无论是以残石经垫地或改作他用，都是发生在北魏都洛以前的事。

根据史籍记载，自汉末以来，汉石经屡遭破坏。永嘉之后，汉石经之崩坏者已逾大半[⑤]。经十六国时期战乱的摧残，至北魏迁洛之前，魏三字石经虽"宛然犹在"[⑥]，汉石经恐已残毁殆尽了。正值此时，冯熙与常伯夫相继为洛州刺史，竟公然毁取石经"以建浮图精舍"，其"所存者，委于榛莽，道俗随意取之"。此事，《魏书》中的《崔光传》《外戚冯熙传》及《资治通鉴·梁纪四》都有记载[⑦]。史籍文字所强调的虽是"宛然犹在"的魏三字石经，但汉石经之残存者，当也不免于难。鉴于这段史实在时间和情节上，与发掘资料所揭示的那场浩劫十分吻合，是否可以认为，它即是那场浩劫的记录呢？

其次，关于汉石经经碑骈罗相接的排列方式，古文献中有所记载，近代学者曾对此作过考证[⑧]。这次发掘出土的石经残石，在这方面又提供了一些新的物证。

关于经碑之宽度、高度，古文献也有记载[⑨]。所记尺寸经常被人引用，至于其是否完全合乎实际，似乎并未引起注意。为了弄清这一问题，我们整理发掘资料时注意搜集了与此有关的各项数字，如字体大小、经碑厚度、经碑诸边部宽度等。具体情况已在前面说明。经碑周边宽度的数字，多系从《仪礼》碑残石测得，属其他经者只有《鲁诗》碑之左边部（8004号石）。为验证这些数字是否符合《仪礼》之外各经的实际，我们查阅了《汉石经集存》，就其中编者指明文为首行、末行的残石以及编者虽未指明但可确定为碑之诸边部者，做了个简单统计，发现该书所载残石（包括《尚书》《周易》《仪礼》《鲁诗》《春秋》《公羊传》《论语》），属碑左、右边部者，边宽皆在1至1.5厘米之间；属碑顶部者，边宽多在9.5至10厘米之间，与我们根据发掘资料测得的数字相符。属碑下端者，共见三例，一为二〇号石（《鲁诗》），碑座以上部分宽 11 厘米；一为三六八号石（《公羊传》），碑座以上部分宽 11—12 厘米；另一例三〇九号石（《春秋》），碑座以上部分同插入碑座部分界限不清。据此，则经碑下端的完整宽度约为 11—12 厘米。这个数字，不但与根据发掘资料测得之数字毫无矛盾，而且弥补了后者的不足。

《汉石经集存》中，另有两块碑上边部残石（一九二、一九三号），边宽分别为 11.8 和 11 厘米，比一般经碑上边部的宽度为大。查残石内容，均为《鲁诗》校记，说明校记碑上边宽或与一般经碑有所不同。

这套数字，无疑为复原汉石经经碑所必需。

然而，据有左、右边部残石出土的一些经碑来看，各碑原载文字的行数颇不一致，碑与碑之间是有相差数行的。且据早年流散村内之石经碑座统计（其中可能有魏石经碑座混入），碑槽长度有多种数据[10]。由此可以推断，汉石经经碑宽度，很可能是宽窄不一的。文献中碑广四尺的记载看来并不完全符合实际。

第三，张国淦著《汉石经碑图》（以下简称《碑图》）是迄今为止我国学者复原汉石经的唯一专著，据之与这次出土之有字残石对照，发现其中有不少与实物相左处。除经文中个别文字彼此不同外，还有以下四类：

第一类，残石文字的横向对应关系与《碑图》不同。此类例子甚多，如 8002①、8003、8006、8009、8011、8017、8018、8025、8027、8037—8079、8039、8061、8071 等等均是（图五、六）。其篇目包括《仪礼》中的《士虞》《士丧》《既夕》《特牲》《聘礼》《燕礼》《大射》；《鲁诗》中的《南有嘉鱼》；《春秋》中的《襄公》；《论语》中的《八佾》。残石文字与《碑图》相异之状，可于第二类举例中见之。

第二类，残石经所见一碑之首尾与《碑图》不同。此类共三例：8002①，8071—8009、8033 号石。8002①，为《仪礼·聘礼》残石，原居经碑右边部，其右行"堂上"二字，应是经碑首行之残字，而在《碑图》中被列于七十七面（《仪礼》第十碑阴面）之十一行。8071—8009，为《仪礼·特牲》残石，原居经碑右边部，其右行"壶于禁"三字，系经碑首行残字，而在《碑图》中，被列于六十四面（《仪礼》第八碑阳面）之十行（图七、八）。8033 号残石，为《仪礼·既夕》篇篇首，石面二"既"字并列，一为篇题，一为经文首行首字。在《碑图》中，篇题被置于六十面（《仪礼》第四碑阳面）末行，经文首行被置于六十一面（《仪礼》第五碑阳面）首行。

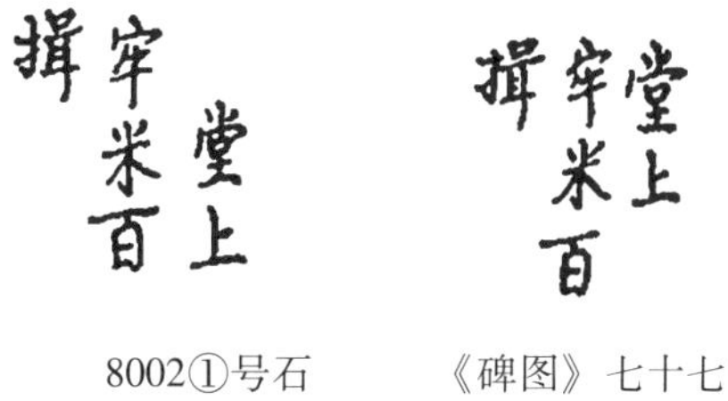

第三类，同一残石之阴阳两面文字，《碑图》将其分置于不同经碑。此类共三例：8002②和 8002①本为一石之阳阴两面，在

8002①号石

《碑图》七十七面
十一—十三行

图七

《碑图》中，8002②之残文（《士虞》）置于
六十二面，即《仪礼》第六碑阳面，而8002
①之残文（《聘礼》）却被置于七十七面，即
《仪礼》第十碑阴面；8003①和8003②本为
一石之阳阴两面，在《碑图》中，8003①之
残文（《士虞》）置于六十二面，即《仪礼》
第六碑阳面，而8003②之残文（《聘礼》）却
被置于七十七面，即《仪礼》第十碑阴面；
8021①和8021②本为一石之阳阴两面，在
《碑图》中，8021①之残文（《有司彻》）置
于六十六面，即《仪礼》第十碑阳面，而
8021②之残文（《大射》），却被置于七十三
面，即《仪礼》第十四碑阴面。

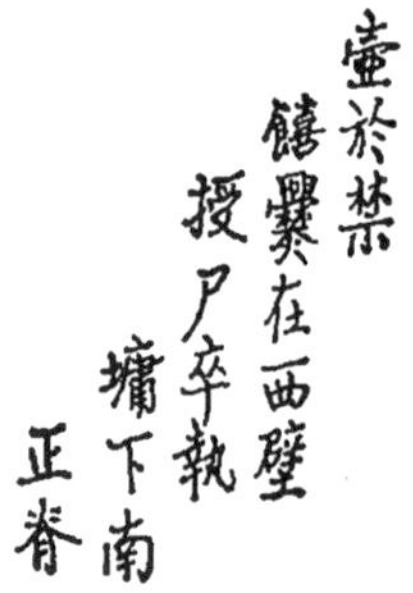

壹於禁
饎爨在西壁
授尸卒執
墉下南
正脊

8071和8009号石

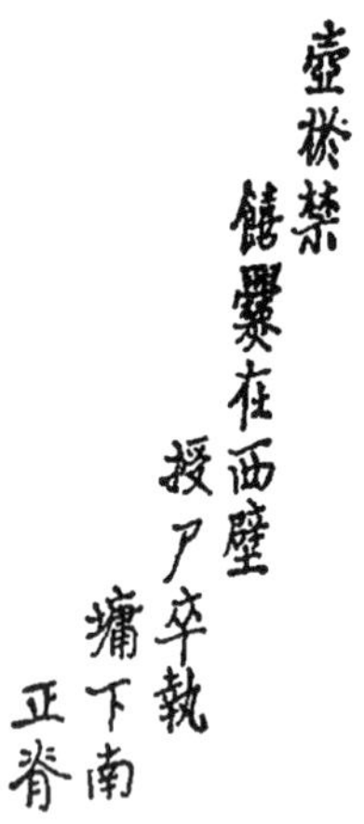

壹祣禁
饎爨在西壁
授尸卒執
墉下南
正脊

《碑图》六十四面
十一—十四行

图八

第四类，出土残石中有《仪礼·丧服》
残石一（即8043号石），存两行共三字：右行"嫁从"；左行"继"。在《碑图》中，
这相邻的两行残字，分列于八十二面的十二行和二十行，其间是大段"传"文。可见，
汉石经《仪礼》所据经本《丧服》篇是无传文的，与《碑图》所据之今本《仪礼》
不同。

残石经与《碑图》间上述四类相左的实例，除第四类外，在《汉石经集存》中具
可找到。属第一类者为数甚多，恕不详计。属第二类者四例，一例为《鲁诗》，三例为
《仪礼》。属第三类者四例，《鲁诗》《仪礼》各二例。

残石经和《碑图》相左处的出现，说明《碑图》对诸经的复原不同程度地存在失
实。由所列资料来看，其中尤以《仪礼》最为突出。据我们根据上述资料所做的初步
研究，可以肯定，《碑图》对《仪礼》碑数和每碑行数的复原都是不恰当的。造成这
种结果的根本原因，一方面是由于所据经本本身的缺陷，另一方面是由于在缺乏实证
的情况下，复原工作中产生了重大技术性失误。因此，在重新考虑《仪礼》的复原问
题时，必须从这两方面做出更大的努力。

执笔者：段鹏琦

（原刊于《考古》1982年4期）

注　释

①《后汉书·蔡邕传》注引《洛阳记》："太学在洛城南开阳门外。"《洛阳伽蓝记》卷三"报德
　寺"条："开阳门御道东有汉国子学堂。"

② 《尚书故实》云，东都顷年创防秋馆穿掘多得蔡邕鸿都学所书石经，洛中人家往往有之。又，《广川书跋》云，赵绰白唐造防秋馆时穿地多得石经，故洛中人士逮今有之。

③ 《广川书跋》云，国初开地唐御史府得石经十余石。又云，洛阳昔得石经尚书段残盘庚洪范无逸多方多士，总二百三十六字。又云，石经今废不存。或自河南御史台发地得之，盖论语第一篇并第十四篇为一碑，亡其半矣，其可识者字二百七十；又自第十八篇至第二十篇为一碑，破阙残余得五分之一，其存字为三百五十七。又，《画墁录》云，嘉祐末得石经二段于洛阳城，乃蔡邕隶书论语。又见《隶释》《隶续》。

④ 据太学村一带老年社员讲，1922 年冬当地老乡挖药材，偶于野地得魏三体石经一大块，获利甚巨。消息传开，"刨字风"席卷而起。每值农隙，人们便从四面八方会集太学遗址，挖坑寻找经石。这种情况一直延续到 20 世纪 30 年代初。所得残石多已卖出，流散各地。出土残石究有多少，无从详知，仅为各家收藏者数已相当可观。详见《汉石经集存》等专著。

⑤ 参见《后汉书·蔡邕传》注引《洛阳记》及《太平御览》五百八十九引《西征记》文。

⑥⑦ 《魏书·崔光传》，光表云"寻石经之作，起自炎刘……昔来虽屡经戎乱，犹未大崩侵如。闻往昔刺史临州，多构阁寺，道俗诸用，稍有发掘，基蹠泥灰，或出于此"。又，同书外戚传冯熙传云："洛阳虽经破坏，而旧三字石经宛然犹在，至熙与常伯夫相继为州，废毁分用，大至颓落。又，《资治通鉴》梁纪四云："初洛阳有汉所立三字石经，虽屡经丧乱而初无损失，及魏冯熙常伯夫相继为洛州刺史，毁取以建浮图精舍，遂大致颓落，所存者委千榛莽，道俗随意取之。"

⑧ 见《汉石经集存》概述、《汉熹平石经残字集录》序。

⑨ 《后汉书·儒林传》序注引杨龙骧《洛阳记》朱超石与兄书云，石经文都似，碑高一丈许，广四尺，骈罗相接。

⑩ 见《考古学报》1981 年 2 期《新出熹平石经〈尚书〉残石考略》一文附"石经碑座登记表"。

汉魏洛阳城北魏建春门遗址的发掘

中国社会科学院考古研究所洛阳汉魏故城工作队

20 世纪 60 年代初，我队全面勘察汉魏洛阳故城，在其东城垣探出城门三座，最北一座门址（Ⅷ号门），位于东城垣北段向东转折处，地当今洛阳市偃师县韩旗屯村的东北。根据杨衒之《洛阳伽蓝记》关于洛阳城"东面有三门：北头第一门曰建春门，汉曰上东门……魏晋曰建春门，高祖因而不改"的记载，推断此即汉上东门、魏晋以至北魏建春门的遗址[①]。1985 年冬，我队对这一门址进行了正式发掘。此次发掘，当年10 月底开始，12 月初结束，历时一个多月，揭露面积 800 平方米（图一）。现将发掘情况及主要收获报道如下。

一 地层堆积

汉魏洛阳故城废弃千余年来，受邙山水土流失的影响，城东地面逐年升高，今建春门遗址一带，城外地面高出城内约半米左右。由于城门处低洼，每当夏秋多雨时节，这里便成了天然水口，常有雨水及山洪经此灌入城内，造成对遗址的严重破坏。

从发掘情况看，此处地层堆积基本可分为三层。

第一层：为现代农耕土及近现代扰乱层，此层厚约 0.3—0.4 米。

第二层：为唐宋及其以后的淤土层和堆积层。此层土色浅黄，土质较细，也较纯净。在遗址的不同部位，此层堆积的软硬度判然有别，厚度大相径庭。遗址中部，淤土普遍厚达 1—1.5 米，最厚处可达 3 米以上，破坏了所有古代文化层，并深入生土之中。此淤土层，又明显分作若干层，说明其为历代淤积而成。

这层堆积，除包含破碎砖瓦外，还出有一些碎小的青瓷、白瓷、褐釉及黑白釉瓷片，多属唐宋至明清时期遗物。此层堆积底部，发现褐釉小陶壶 1 只、铜钱 2 枚，同为汉魏遗物，可能是从下层堆积冲刷出来的。

第三层：北魏堆积层。此层依部位不同又可分为 A、B 二小层。

A 层 仅见于遗址南北两端，叠压在门道路土之上，边缘部分间或存在局部覆盖 B 层堆积的现象。其厚薄不匀，最薄处 0.05—0.1 米，最厚处 0.6 米，一般厚约 0.4—

0.5 米。由脏灰土和黄土掺杂而成，内含大量砖瓦残块及白灰墙皮、红烧土、木炭等。木炭多呈长条状。白灰墙皮多大块，通常厚约1—1.5厘米，一面平整光滑，有些且带人工涂绘的红色线条。

此层所出遗物，以北魏时期的青灰色素面磨光板瓦、筒瓦为大宗。此外，还出有莲花纹瓦当、铁质门钉和门钉帽等。堆积中出土的3枚铜钱，一枚为"剪轮五铢"，另两枚锈蚀过甚，钱文不可辨认。

从遗物看，此层的时代应比北魏稍晚，当系城门毁废后所形成。

B层　同样只见于遗址两端，直接叠压在城门车道路土两侧的柱础石坑上或堆于坑内。土色红黄，土质较软，内杂大量红烧土块、白灰墙皮、长条木炭以及青石片、屑碎石渣等。此层堆积厚度不一，一般为0.15—0.45米。

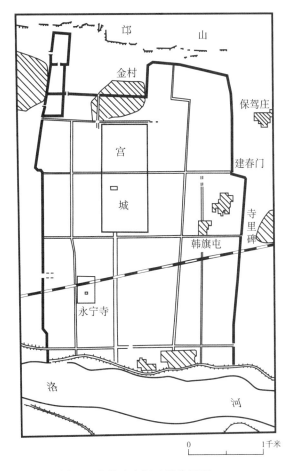

图一　北魏建春门遗址位置图

从地层看，这层堆积应是城门毁废之时或毁弃不久形成。

二　城门建筑遗迹

城门建筑遗址，掩盖于第三层堆积之下，清理结果表明，虽遭严重破坏，但城门遗基的整体面貌及城门建筑的基本结构，仍然大体清楚，一些建筑细部结构也约略可知。

城门基址，整体略呈长方形，南北长30、东西宽（进深）约12.5米。门之南北两侧，横截城墙夯土以为壁，其间布置两道东西向夯土隔墙，构成一门三洞的形制。各门洞内本皆有大道穿过，然因后世流水冲刷，中门洞内道路已荡然无存。门道方向，均与城墙垂直，为东偏南5度。至今尚存之南北二门洞，结构基本一致：门洞正中为车道；车道两侧，依门洞壁设础石以立柱；城门安装在门洞中部稍偏东处。显然，这

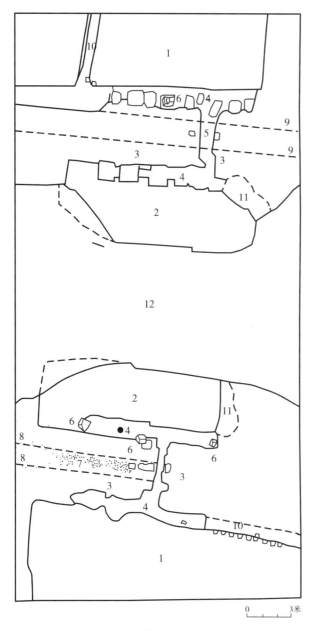

图二　北魏建春门遗址平面图

1. 城墙遗迹　2. 夯土隔墙　3. 门道路土面　4. 柱础石坑
5. 门槛石坑　6. 柱础石　7. 砖石铺地　8. 车辙痕　9. 暗沟沟壁
10. 砖基沟　11. 扰乱坑　12. 淤土

座城门的门洞，采用了靠夯土墙及排叉柱支撑的大过梁式建筑形式（图二、三、四）。

城门遗址各个部分的现状如下。

南北二门洞，各宽约 6 米。从门洞中穿过的车道，宽约 4 米，路土厚 0.2—0.3 米，呈灰褐色，路土上留有车辙残痕。南门洞西段路土，车辙清晰，辙间距约 1.25—1.4 米；两辙之间路面铺碎砖石，已清理部分，东西长 4—5 米，南北宽约 1 米。路土下为高质量夯土，土质纯净，呈红褐色，厚度均在 1 米以上。车道两侧，倚门洞侧壁，各有条长方形沟漕，长约 9.5 米，宽不到 1 米，槽壁可见方形坑坑壁残痕，槽内并残留少量翻动过的础石。迹象表明，这几条长方形沟槽，系挖取排叉柱础石时掘成，沟壁残存之长方坑坑壁及沟内础石才是与排叉柱相关的遗存。南北二门洞，北门洞南侧排叉柱柱础槽保存痕迹最多，由残迹知，此侧原有础槽八，现存六个。槽口基本为方形，边长通常在 0.8 至 1.3 米之间，槽深约 0.4—0.5 米，槽间距一般为 0.3—0.5 米。南北二门洞仅存已翻动排叉柱柱础石四块，北门洞北侧一块，南门洞北侧三块。北门洞的一块，位置接近门槛石，形状比较规整，长约 0.72、宽约 0.77、厚约 0.47 米，上面平整，正中有一直径 11.5、深 5.5 厘米的圆形柱窝，侧面刻出一条浅槽，槽宽 24、深约 5 厘米。南门洞的三块中，接近门

图三 南门洞遗迹（西—东）

图四 北门洞遗迹（西—东）

槛石位置的一块，形状也较规整，长约 0.77、宽约 0.68、厚约 0.33 米，石面正中同样有一个直径 11.5、深约 6 厘米的圆形柱窝。另两块分置门洞东西两端，形状不大规整，形体也稍小：居东端者，长 0.45、宽 0.39、厚 0.31 米；在西端者，长 0.64、宽 0.5（残）、厚 0.21 米。两门洞内的门槛石、门砧石皆已无存，唯留掘取石件造成的沟槽。由沟槽现状知，两门洞门槛石皆长 3 米，门砧石长约 0.5—0.6、宽约 0.9—1 米。在门槛石外侧路面正中，都埋有一块 0.35—0.45 米见方的不规整青石，大约用于加固门槛石，增加它的牢度。

在二门洞路面上都曾发现大片白灰墙皮，北门洞路土中，还清理出"永安五铢"铜钱 1 枚。

中门洞保存极差，车道及排叉柱遗迹，尽毁无遗，门洞两侧之夯土隔墙似也有所损坏。现存夯土隔墙顶面已与门洞内路土面的高度接近，二隔墙的南北宽度皆为 4—5 米，隔墙之间的距离为 8 米。如考虑到隔墙靠中门洞一侧边缘有所损坏这一因素，参照南北二门洞的现状，似乎可以推断，中门洞的规模约同南北二门洞相同或稍大。

三　北魏以前的有关建筑遗迹

清理这一城门遗址时，还发现了一些与此城门密切相关的建筑遗迹，其时代，大都早于北魏时期。

1. 从城门北侧的城墙头（即城墙夯土横断面）上，可以明显看出，这里的夯土城墙，由筑成时间或早或晚的四块夯土组成。由叠压关系知道，居当心的夯土时间较早，包在外面的夯土，则是后来加固城垣而夯筑起来的。惜未找到足资证明的实物，尚不能确切判断它们各自所属的时代。

2. 在城门南侧城墙头（即南门洞南壁）之东段、城门北侧城墙头（即北门洞北壁）之西段和西侧，沿城墙基部，各发现一条残砖基沟，沟宽 0.7—1 米，沟内砖基已被扰乱，青砖保留原放样式者寥寥无几。然值得注意的是，靠城垣一侧的沟壁上（也即城垣侧壁上），尚存一层层排列有序、上下层之间错落分布的小方洞，差不多上下每隔 20 厘米有小方洞一排，排内洞间距约 30 厘米。小方洞多为口大内小，口部通常为 25—30 厘米见方，深约 15 厘米。这些小方洞的用途何在呢？在城门南侧城垣基部的砖基沟内我们看到，一块长 38、宽 19、厚 9 厘米的长方砖平铺于沟底，而其一端恰好插进城垣上的小方洞内（图五），它有力地证明，城门两侧的城墙头，原先曾包砌青砖，城墙夯土上的小方洞，正是为了使包砖与墙体夯土结合牢固而凿成的，所谓砖基沟，事实上只是城墙包砖的基槽。

3. 清理城门北门洞时，我们发现车道路土的北半有下陷迹象。经钻探得知，在厚约25—30厘米的路土下，埋着一条宽约1.8米的暗沟。暗沟挖在路土下红褐色夯土和生土中，沟底铺石，石面低于门洞车道路土约2.8米，沟内填满碎砖瓦及脏土，接近石面处，土质湿软且普遍存在一层含石子细砂，与习见之水沟底部砂石沉积层相似。为进一步查明情况，我们在暗沟上开挖探沟一条，得知暗沟内砂石层以上约有三层堆积。

图五　南门洞外包砖残迹

第一层：北魏时期的门洞底部夯土。此层夯土呈黄色，土质纯净且较坚硬，厚约14—20厘米。

第二层：黄褐色堆积土。此层系暗沟内填土，质较净，但不甚硬，厚约16厘米。

第三层：黄褐色脏土。此层亦为沟内填土，厚约2.4米。内含大量碎砖及石渣片，并有少量绳纹瓦片。这些绳纹瓦片均属汉魏时期。

从北魏路土及路基夯土叠压暗沟或沟内填土的情况看，这条暗沟的修建和废弃无疑都在北魏以前。

四　出土遗物

该城门遗址，除北魏素面磨光板瓦、筒瓦及莲花纹瓦当外，出土遗物不多，只有褐釉小陶壶1件、铜钱6枚和一些残门钉。

褐釉小陶壶　通高8厘米。褐釉，红陶胎，直领，圆鼓腹，平底。

铜钱　计有"五铢"钱2枚，"剪轮五铢"1枚，"永安五铢"1枚，另2枚钱文锈蚀不清。"永安五铢"，钱文篆体，制作精致。直径2.4厘米（图六）。据《魏书》记载，是钱始铸于孝庄帝时期。

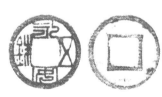

图六　铜钱拓本（4/5）

残门钉　铁质。圆帽，方铤，残长5—10厘米。

五　结　语

对汉魏洛阳故城诸城门的发掘，这是第一次。通过这次发掘，取得了不少科学资料，从而使我们对该城城门的建筑形制，历史沿革以及城内交通状况，有了较为明确的认识。

（一）关于城门遗址的时代

如前所述，我队20世纪60年代初勘察该城时，业已根据钻探资料，推断此门址为北魏建春门的遗迹，这次发掘则以地层叠压关系和出土的"永安五铢"实物证实，那时的推断是完全正确的。

那么，是否确如《洛阳伽蓝记》所记，魏晋建春门和东汉上东门也在这里呢？我们认为，它们皆在这里。其根据是：

1. 从前述城门两侧城墙头的包砖看，既有汉代的所谓"城砖"，也有魏晋时期的长方砖（现存唯一仍插入夯土城墙内的长方砖即魏晋实物），但未见北魏砖。况且，在地层关系上，南门洞南侧的砖基沟，又局部被门洞内的车道路土所叠压。这无疑表明，在城门两侧包砌青砖系魏晋人之所为。

2. 北门洞路土下的暗沟，原系排水设施，北魏时既已填塞废弃，其使用年代肯定在北魏之前，而暗沟内填土的上、下层之间，无论在土质或颜色方面均有明显差别，上层填土色黄褐而纯净，下层填土质脏且含大量砖、瓦、石片，砖、瓦片皆为汉魏遗物，使人感到，此沟很可能是汉代所筑，最晚沿用到魏晋。西安汉长安城的发掘[2]告诉我们，汉代修建城门，常将排水道设在城门洞下。援此例则可进而认为，汉魏晋时即已使用这一门洞。

上述事实，不但说明东汉、魏、晋、北魏四代一直沿用此门，证明《洛阳伽蓝记》的记载信而有征，而且以形象资料表明，魏晋时期即已为城门两侧夯土城垣包砌青砖；北魏时期城内排水抑或另选他道，已不从城门洞下通过了。这一发现，对研究古代城市建筑史当有一定资料价值。

（二）关于城门的建筑形制

我国建筑史上，汉唐时期城门洞的作法，皆以大过梁式结构为主要特征，此已为汉、唐长安的发掘资料所证实。汉魏洛阳城在时间上恰居汉、唐长安城之间，城门洞的作法，同样采用以夯土墙和排叉柱承重的大过梁式结构，是符合古代建筑发展规律的。这里需要补充说明的，是关于城门洞内部的修饰。遗址内所见大片的白灰墙皮，显然是从门洞侧壁或顶部塌落下来的。它表明，当年对门洞的修饰十分讲究，不仅在壁表精心粉饰白灰膏，而且还在白灰墙皮上加施红彩绘成的简单线条图案，呈现出古朴典雅的建筑风貌。

至于城门洞以上建筑的状貌，依照《洛阳伽蓝记》原序记载，应为门楼两重，去地百尺。

按《洛阳伽蓝记》原序的说法，北魏洛阳城门是"一门有三道，所谓九轨"。以之对照遗址现状考察，"一门有三道"固然属实，而"所谓九轨"一语，却有些费解，不易准确把握其确切含义。一般认为，轨即轮迹，俗谓车辙。在城门遗址上，三个门洞仅各有车辙一对，整座城门共三对，显与所谓"九轨"一语不符。然若从城门的设计规模着眼，即使中门洞的车道宽度也和南北门洞一样为 4 米，而每对车辙的辙间距平均以 1.3 米计，那么，每个门洞都是可以并行三辆车的。如此，则三个门洞的设计通行量，就完全够得上"九轨"了。"所谓九轨"是否就是从这个角度立言的呢？

《太平御览》卷一百九十五引晋陆机《洛阳记》云，洛阳"宫门及城中大道，皆分作三。中央御道，两边筑土墙，高四尺余，外分之。唯公卿尚书章服道从中道，凡人皆从左右，左入右出。夹道种榆槐树。此三道四通五达也"。这种道路制度，大约同汉长安城的制度③是一脉相承的。依此，则城门遗址之中门洞，应是中央御道经行处，而南北二门洞的车道，当为凡人进出洛阳城的道路。

（三）关于城门的废弃

根据地层叠压关系及路土内所出"永安五铢"不难断定，城门毁废的相对时间应在北魏之末或稍晚。若从门洞内诸建筑石件遭掘且经火焚等迹象看，此城门的最终毁废，很可能与大规模拆取石木建筑构件并尽烧其残破建筑的人为事件有关。

依文献记载，北魏末年，统治阶级内部矛盾达到白热化，战乱连年不休，洛阳屡遭兵燹，一代帝都被弄得破败不堪。天平元年（公元 534 年），东魏迁邺。次年，东魏使尚书右仆射高隆之发十万夫辙洛阳宫殿，将建筑材料运往邺城使用④。孝静帝元象元年（公元 538 年）七月，东魏侯景、高敖曹等围魏独孤信于金墉，景悉烧洛阳内外官寺、民居，存者什二三⑤。同年八月，东魏太师高欢自晋阳将七千骑向洛，围攻金墉，魏洛阳留守长孙子彦弃城走，焚城中室屋俱尽，欢毁金墉而还⑥。经此劫难，至孝静帝武定年间杨衒之故都重游，所看到的洛阳，已是"城郭崩毁，宫室倾覆，寺观灰烬，庙塔丘墟，墙被蒿艾，巷罗荆棘。野兽穴于荒阶，山鸟巢于庭树。游儿牧竖，踯躅于九逵；农夫耕老，艺黍于双阙"的凄凉景象⑦。

对照这些记载，我们进一步认为，此城门之最终毁废，当与东魏迁邺后数年内对故都洛阳的残酷浩劫有直接关联。

执笔者：段鹏琦　杜玉生　肖淮雁　钱国祥

（原刊于《考古》1988 年 9 期）

注　释

① 中国科学院考古研究所洛阳工作队：《汉魏洛阳城初步勘查》，《考古》1973 年 4 期。

② 王仲殊：《汉代考古学概说》，中华书局，1984 年。

③ 王仲殊：《汉长安城考古工作的初步收获》，《考古通讯》1957 年 5 期；《汉长安城考古工作收获续记——宣平城门的发掘》，《考古通讯》1958 年 4 期。

④《资治通鉴·梁武帝大同元年》卷一百五十七。

⑤⑥《资治通鉴·梁武帝大同四年》卷一百五十八。

⑦《洛阳伽蓝记》原序。

汉魏洛阳城西东汉墓园遗址

中国社会科学院考古研究所洛阳汉魏城队

  1985 年春，我队在河南省洛阳市东郊白马寺镇配合基建工程，于铁道部十五工程局电务处院内发现古代建筑遗址一处，面积 5000 余平方米。1987 年 8—9 月进行全面清理，确认其为东汉时期的建筑遗迹，具有较高学术价值。因受考察范围的局限，尚难弄清建筑的整体面貌和性质。同年 10 月下旬，国家文物局组织的全国文物检查团到洛，亲临现场视察，对这一发现给予充分肯定，并支持我队扩大范围考察，以解决上述关键性问题。经报请国家文物局批准，于同年 11—12 月，越出电务处大院对遗址进行全面铲探，且选择已揭露部分以西区域，开展大规模发掘，面积达 8000 余平方米，从而查明，此遗址实为一较大型墓园，墓园主人墓就在遗址的西部。1988 年 3 月下旬至 4 月底发掘了这座墓葬。兹将考察结果报告如下。

一 地层堆积

  墓园遗址位于白马寺镇规划范围的最西部，地当汉洛阳城西垣以西约 2500 米处（图一）。今郑（郑州）洛（洛阳）公路由东北向西南从遗址中部穿过，将遗址分作南北二部。公路及其以南部分和公路以北部分之西端，或破坏较甚、或多为现代建筑所压，没有发掘。发掘部分皆在公路以北，总面积 13000 余平方米，约为遗址面积的二分之一。

  发掘区内，大部分建筑遗迹距地表较浅，耕土下即见；个别地方建筑遗迹表面地层堆积较厚，约 30—50 厘米。地层堆积最厚处，是墓园主人墓以西、以北的空旷区，可达 1 米以上。从总体看，墓园遗址的地层堆积大致可分三层。

  第一层：耕土层，厚 30—45 厘米。

  第二层：北魏层，一般厚 10—40 厘米，最厚处可达 1 米。土色灰褐或深灰，内含较多的北魏素面板瓦筒瓦、莲花纹瓦当、绳纹砖、兽面砖和北方青瓷残片，还有汉魏时期的绳纹板瓦筒瓦、卷云纹瓦当，也曾零散出土一些汉至北魏时期的铜钱，包括"五铢""剪轮五铢""太和五铢""永安五铢"等。

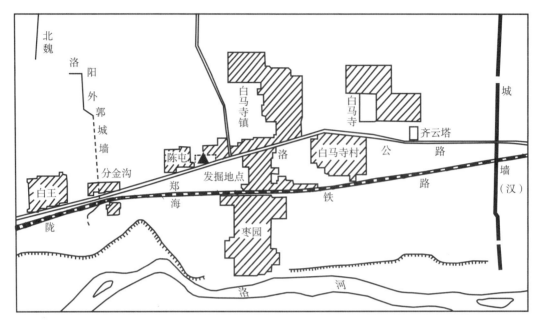

图一　墓园遗址位置示意图

第三层：汉魏层。主要分布在建筑群之大型殿基周围较低凹处，一般厚30—50厘米。内杂红烧土块，土色灰而发红。出土大量汉魏时期的素面长方砖、绳纹板瓦筒瓦、卷云纹瓦当、石建筑构件残块、草拌泥墙皮和房顶泥背残块，还有铁钉、铁镢及"五铢""大泉五十""货泉"等铜质货币。

墓园诸遗迹直接叠压在第三层或第二层下。

二　墓园形制、布局及各部结构

由大面积铲探、发掘得知，墓园遗址整体呈长方形，东西约190、南北约135米，总面积约25650平方米。发掘部分，东西长168、南北宽30.6（东端）—98.5（西端）米。（图二）

墓园四周有夯筑土垣，土垣转角处增设附属建筑。墓园以内分为东西两部分。西部安排墓园主人的坟墓；东部布置以大型殿基为主体的墓侧建筑群。（图三）

（一）墓园周垣及附属建筑

据铲探，墓园南北二垣各长约190、东西二垣各长约135米。这次仅清理出东垣30.6、北垣168米。二垣相交而成的墓园东北角，基本成直角。依南北向土垣测量，方向为8度。

图二　东汉墓园遗址墓侧建筑群（全景）

东垣及北垣东西两端保存较差，仅余夯筑墙基。北垣中部保存稍好，尚可看到大体连续的一段段墙体，残高5—20厘米。从遗迹看，东垣及北垣东段墙基稍窄，宽度为2.5—3.5米；北垣西段墙基稍宽，宽度为3.4—4米。墙体宽度一般为1.2—1.3米。诸垣夯土，土质纯净，内含料姜，硬度较大。

在东、北二垣上，共发现建筑遗迹两处：一在墓园东北角，一在墓园北垣西段。

1. 墓园东北角建筑遗迹

墓园东北角，墙基稍宽于其他部分，其上发现夹墙体布置的柱础石8对：东垣4对，北垣亦4对。其中7块础石已失，仅见柱础槽或破坏坑，据此得以了解各础石的大体位置。础石大小一般为55厘米×58厘米左右。8对础石的相对位置及排列情况分别是：

东垣南数第一对，北距墓园东北角11米，二础石东西并列；第二对，南距第一对约3.4米，础石无存，唯见大破坏坑一；第三对，南距第二对约3.3米，二础石稍稍南北相错，东侧础石已失；第四对，位于墓园转角处稍偏西，南距第三对约2.8米，二础石明显南北相错，亦失东侧一石。

北垣东数第一对，东距墓园东北角5.6米，二础石稍稍东西相错；第二对，东距第一对约3.3米，础石已失，唯见南北二破坏坑；第三对，东距第二对约3.1米，二础石南北并列；第四对，东距第三对约2.8米，二础石南北并列，北侧础石已失。（图四）

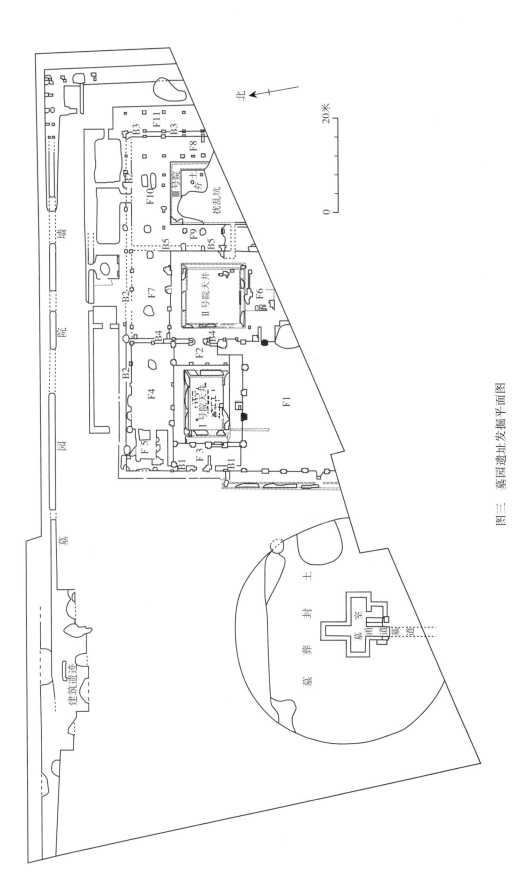

北

20米

0

B3 F11 B3

F8

Ⅲ号院

夯土

F10

扰乱坑

B5 F9 B5

F7

Ⅱ号院天井

F6

F2

F4

B2 B4

F5

Ⅰ号院天井

F1

F3

B1 B1

墙

院

园

墓

建筑遗迹

墓葬

封土

墓室

墓道

墓甬道

图三 墓园遗址发掘平面图

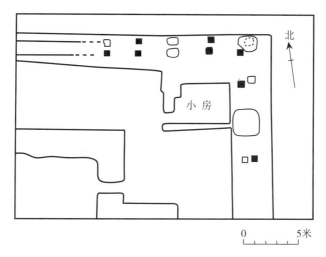

图四　墓园东北角建筑遗址平面图

　　墓园东北角墙基上的八对柱础石，夹墙体而置，每对础石间的垂直距离（中—中）仅0.6—1米，既不能用以修建廊道，更不会借以建造角楼，其主要用途仅在于加固墙体。此段墙体之所以特意采取措施予以加固，大约是因其高且承重的缘故。如参考当地东汉墓所出建筑模型加以推测，那么转角部分围墙有可能高于其他地段墙体，且以短椽、青瓦筑造两面坡顶。

　　墓园东北角内侧，有小房一座。它以墓园东、北二垣为东、北壁，另筑夯土墙为西壁和南壁，平面略呈长方形。西墙宽1—1.2、南墙宽0.4—0.6米。室内面积，长5、宽3.4—3.6米。西墙南端有一缺口，宽0.8米，附近发现过石质门臼，应即门道之所在。

　　在墓园西北角铲探时，曾发现与东北角相似的现象，那里可能也有类似的建筑。墓园东南角和西南角，因保存太差无法详细探查，估计与东北、西北二角作法基本一致。

　　墓园四角这类附属建筑，都应属于墓园的防卫性设施。

　　2. 墓园北垣西段建筑遗迹

　　北垣西段南对墓园主人坟墓处，由北垣墙基向南凸出一块夯土，整体作凸字形。其北侧宽大部分，长35、宽3—3.5米；向南凸出部分，长17、宽2.2—2.5米。这块夯土与墓园北垣夯土质量相同，但两者之间有明显的分界，或表明两者在施工顺序上有先有后。凸字形夯土中部偏北，残存一长3.1、宽0.5、深0.75米的土沟。沟内先填含瓦片杂土，厚度约为沟深的一半；其上叠置青石块两层。土沟西段青石块已失，东段青石块尚存。青石块上侧立青石条，石条上面与沟沿平。青石条仅存最东端一块。土沟外西南、东南二角上，各有30厘米见方的浅槽一个。西南角浅槽内，平铺长方小

图五　墓园北垣西段建筑遗迹上的土沟（北—南）

砖两块，二砖拼作方形；东南角浅槽或亦铺砖，砖已无存（见图三、五）。在凸字形夯土周围，曾出土一些绳纹板瓦和卷云纹瓦当残块。

从残存迹象看，凸字形夯土显然是与当时墓园制度密切相关的特定建筑之基础部分，因保存遗迹太少，对建筑的性质尚难做出明确判断。不知是否为墓园北侧的门址。

（二）墓侧建筑群

以大型殿基为主体的墓侧建筑群，位于墓园东部。其分布范围：东西长 90 米；因其南部为公路所压，宽度不可确知，由已清理遗迹推测，至少也在 70 米以上。

大型殿基 F1，居于建筑群最西部，西对墓园主人墓。建筑群的基本布局是：由大型殿基西北角向北筑夯土院墙一道，此墙在距墓园北垣 13.6 米处折而向东，再由距墓园东垣 10.8 米处转而向南，构成建筑群的总院墙。发掘区内，院墙西墙（B1）长 26.4、北墙（B2）长 83、东墙（B3）长 19 米，墙体宽 1 米。西墙和北墙外皆有砖铺散水，西墙外散水宽 2、北墙外散水宽 1.6 米。散水砖铺作人字纹。东墙外附建面东房舍一座。北墙外也有附属建筑。在此院墙围成的长方形区域内，复筑南北向夯土墙两道（B4、B5），墙体宽亦为 1 米，将院内地面分成东西毗连的三重院落（Ⅰ—Ⅲ号院落），并利用这些墙壁在各个院落内建造殿堂廊舍（见图二、三）。

1. Ⅰ号院落

居建筑群最西部，实际上仅是 Ⅰ 号院落的北半。由大型殿基 F1 及其以北的 B1、B2、B4 三道墙壁围成，南北残长 49、东西宽 28 米。院内现有建筑基址 5 座：大型殿基 F1 居南，F4 和 F5 居北，东西两侧为 F2 和 F3。诸建筑间的方形空间，当为天井（图六、七、八）。

（1）大型殿基 F1

南临郑洛公路，清理部分只是原殿基的北半部。东西宽 28、南北残长 12.5（东部）—22（西部）、残高 0.6 米（由殿基周围散水砖面起算）。各种迹象表明，此殿基面东，整体作南北长的长方形。

图六　东汉墓园遗址Ⅰ号院落全景（由北向南摄）

图七　东汉墓园遗址Ⅰ号院落全景（由东向西摄）

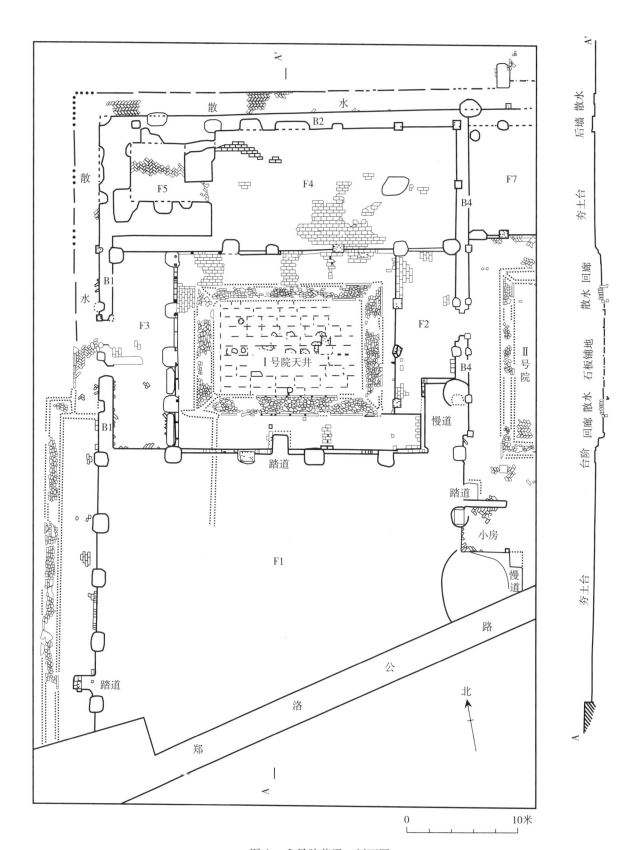

图八　Ⅰ号院落平、剖面图

殿基表面无建筑遗迹可寻，但殿基之东、西、北三个侧面，尚有登道、柱础石（或柱础槽）和附建小房幸存。柱础槽皆呈长方形，多为挖取础石者破坏，因此以下凡述及柱础槽，仅记尚存柱础石者之大小，其他从略。

殿基侧面共清理柱础槽11个。东侧2个。第一个位于殿基东北角，础石已失。第二个北距第一个4.5米（中—中），础石犹存。其柱础槽长1.3、宽1米；础石长1、宽0.7、厚0.12米。由第二个向南4.5米，为一破坏坑，估计此处原应有柱础槽存在。西侧五个。柱础槽之大小与东侧者相若，础石均已不存；槽间距也是4.5米。北侧6个（处殿基两角者与东西两侧共用），槽间距5.7米；唯东数第四个保存柱础石。此柱础槽长1.3、宽1.2米；础石长1.1、宽0.95、厚0.15米。诸础石面均较相邻散水砖底略低。

殿基侧面共清出5处登道遗迹，皆以夯土为体。东侧2处。一处北距殿基东北角约2米，仅存夯土基础。其南侧紧贴殿基东侧小房北壁，东、北二侧底部尚存栽包边青石条的土沟，东西长1.3、南北宽1.7米。夯土表面未见踏步痕迹，从其长度看，应为踏道（图九）。另一处，北距殿基东北角约7.6米，大部分在探方外，所清理者仅是登道的北部。已揭露部分东西长4.8、南北宽4米余。此登道规模颇大，从长度推测，或为慢道。西侧1处，此道为踏道，北距殿基西北角约16米。东西长1.6、南北宽1米。尚存阶石两级，每级宽0.28—0.3、高0.22米。其南侧还保存支撑阶石的侧立青石一块（图一〇）。北侧2处。一处位于殿基东北角，东依院落东墙，向北延伸至东廊F2内。南北长5.5、东西宽3.5米。其西侧包青石条，北端栽青石条拦边。西侧所包青石条尚存一块，整体呈长方形，侧立，下部植于夯土内。外侧面平整，加工精细。石条上薄下厚，中部刻出一个与条石上面平行的窄条状平台。值得重视的是，此石条保持原状，石面南高北低，倾斜度为15度，为复原登道和殿基高度提供了一项可靠的实物依据（图一一、一二）。从其位置及倾斜度看，此道为慢道，殿基原高至少高出现存殿基将近1米。北侧的另一处登道，位于东数第三、第四柱础槽之间，南北长1.5、东西宽1.55米。东、西、北三面原包砌青石条。今西侧尚存青石条一块，其他二面石条无存，但可看到栽石条之浅土沟，沟宽约12厘米。从其长度看，此道应为踏道（图一三）。

殿基各侧壁，原均包砌青石板，而今于西、北二侧面犹可找到它们的遗迹。在北侧，沿夯土台基基部，清理出栽石板和小石柱的小土沟一条，沟宽25厘米，深约5—10厘米。沟内残存小方形础石6块，础石长、宽均为35厘米，还发现贴附于夯土台基侧壁的石板残块3块。在西侧，夯土台基基部清理出一条同样宽窄的小土沟，沟内残存小方形础石3块。更为可喜的是，在北数第三、第四柱础槽之间，发现一段保存较好的石板和石柱，它们显示了当初以石板包砌台基的基本作法（图一四、一五）。从遗

图九　F1 东侧壁

图一○　F1 西侧踏道

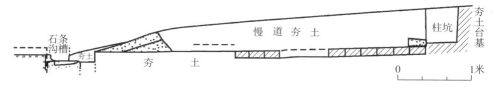

图一一　I 号院落 F1 东北角慢道立面图

图一二　F1 北侧慢道拦边石及 F2 前檐柱础石

图一三　F1 北侧踏道

迹看，包砌台基所用石板，皆呈长方形，四边切割整齐，外侧面加工仔细；所用小石柱，皆作方柱体，外露面同样经细致加工。小石柱左右二侧面的大部分被平铲去 2—3 厘米，形成外露面大于柱体的形制。当包砌夯土台基时，先将预制小石柱大面朝外立于土沟内的小方形础石上，然后于柱间立石板，并将石板两端嵌入小石柱侧面，再以杂土填平土沟，使石板石柱稳固。

在殿基北侧和西侧，均有宽 2.4 米的砖铺散水。北侧散水长 18.4、西侧散水长（已清理部分）22 米。皆用长方形大砖顺置错缝平铺。砖铺散水外侧紧连一条河卵石

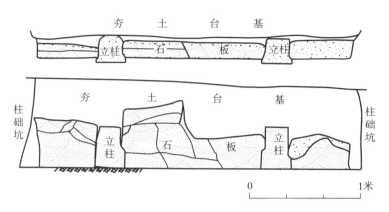

图一四　Ⅰ号院落 F1 夯土台两侧包边石构件平（上）、立（下）面局部图

图一五　F1 西侧包砌台基石板及石柱

带。河卵石带宽 1 米，内侧高而外侧低，两侧立青石条拦边，中间栽河卵石。

在殿基东侧二登道间，以殿基侧壁为后壁附建小房一所。北壁紧贴踏道，夯筑，长 3.3、宽 0.5、残高 0.6 米，壁面残存墙皮，墙皮表面涂作青白色。南壁以慢道北沿为基，墙体不存，但在距后壁 3.3 米处，清出长 40、宽 35 厘米的小方形柱础石一。东壁无存，由北壁长度及南壁东端之础石看，应在距后壁约 3.3 米处。室内以长方形小砖铺地，铺成人字纹。以此知，此小房面东，室内面积约为东西长 3.3、南北宽 3.2 米。

（2）F4 和 F5

它们同建于院落北端一座夯土台基上。台基长 28.4、宽 10.5、高（由散水砖面起算）约 0.35 米，高于 F2、F3 台基面约 0.14 米。台基前（南）沿以长方形大砖包砌。在距院落东墙约 7 米处，前沿下平放长方形条石一块，残长 43、宽 30、厚 22 厘米，或用作登台基踏步（图一六）。

图一六 F4、F5 台基前沿下之踏步残石

　　F5 建于台基西端，呈方形。西壁和北壁利用加宽了的院落西、北二墙，另筑南壁和东壁。四壁均为夯筑土壁，保存较差，仅余墙基。西壁宽 2.4、北壁宽 2.2、南壁宽 2.5、东壁宽 2.4 米。门道开在东壁中部偏南，宽约 1.5 米。此建筑东西、南北各 9 米，共占地 81 平方米，但因四壁太厚，室内面积显得甚小，东西 4.2、南北 4.3 米，总共才十多平方米。门道及室内南半部以长方形小砖铺地，铺作人字纹。室内北部无铺砖痕迹，却垫有大量石渣。从位置及建筑结构看，F5 或为角楼遗迹。若然，室内北部铺石渣处应是楼梯的位置。四壁残基上曾发现多处扰乱坑，不能肯定其中是否有被破坏的柱础槽。

　　这一台基上，F5 以东长约 18、宽约 9 米的范围内，同样分布着一些柱础槽和础石，地面以长方形大砖平铺。因保存状况不佳，柱础槽（石）的分布又较复杂，难以分辨其为一个还是多个建筑的遗迹。为报道材料方便，姑且统称之为 F4。

　　F4 前檐（即台基前沿）未见墙壁痕迹，仅清出柱础槽 5 个。槽间距有所不同，自东至西依次为 4.3、4.7、4.8、3.5 米。东数第三个柱础石尚存，石长 0.8、宽 0.6、高 0.45 米，属本遗址柱础石中规格最大的一类。F4 后壁东段，清出柱础槽 3 个，位置与前檐东段的三个柱础槽前后对应。最东两个柱础石尚存，石之大小分别为 70 厘米 ×75 厘米和 60×60 厘米。在东数第一、第二柱位的前后檐柱之间，还分别发现一块柱础石（规格同上）和一个破坏坑，从位置看，后者原也可能置础石。照这样看，F4 东段的建筑结构似乎已比较清楚，但西段的情况则不然。在后壁西段，只清出 2 个破坏坑，且与前檐西段二柱础槽不相对应，不一定是柱础槽破坏后的遗迹，此外别无柱础槽发现，实难据以对 F4 西段的建筑结构做出明确判断。

在 F4、F5 所在的台基前沿中部（即邻天井段），于包边砖层内，发现小型柱洞 12 个。柱洞大多呈圆形，直径 10 厘米左右；个别柱洞作方形。柱洞深 10 余厘米至 30、40 厘米不等，底部多垫整块或半块长方形小砖。在两个方形柱洞中，发现木炭灰，据以知此二柱为方柱，横断面尺寸约 15×20 厘米。它们或为木栏杆的遗迹。

台基前沿下，也有砖铺散水。散水东西与天井等长，为 16.3 米，南北宽 2.21 米，以长方形大砖顺置错缝平铺。

（3）F2 和 F3

F2 建在院落东侧一个长方形台基上。台基依院落东墙（B4）中段，夯土筑成。南接 F1 散水，北连 F4 台基前沿。其西、南二侧包砌长方形大砖。南北长 12、东西宽 4.8、高 0.22 米。F2 为一面西廊房，面阔三间，进深一间。前檐清理出柱础槽 4 个，槽间距 4 米。南部三槽内础石仍存（南数第二石被翻动）。诸石皆作方形，石面平整、光滑，上面略高于铺地砖面。南数第一、第三石之大小，分别为 68 厘米×64 厘米×30 厘米和 76 厘米×68 厘米×30 厘米，其西侧面下部平铲去数厘米，使上部形成一条横向凸棱。铲去部分恰与包边砖等高，凸棱正好叠压在包边砖上。诸础石南北两侧，各刻一方形凹槽，大小均为 7×7×5 厘米，表明前檐柱间原装有木地栿（见图一二）。F2 后壁即院落东墙 B4，残高 0.25 米。清出夹墙体而置的柱础槽 4 对，有的槽内尚存础石，它们分别与前檐柱础槽（石）相对应。F2 南端破坏较甚，有无墙壁不清，北端显然是未筑墙壁的。F2 室内地面同样以长方形大砖错缝平铺。

F2 作为廊房，一方面可由 F1 东北角慢道通往院落南部，同时，还可通过建于其当心间后壁上的脚门，进入Ⅱ号院落（见图八）。

脚门结构简单。系就夯土壁开一缺口，于缺口两侧夹墙各立二柱，以墙和木柱为支撑结顶。今门道南北两侧不仅有柱础槽可寻，而且南壁外侧还有方形础石残存，石上并留有木炭痕迹。据测量，门道宽 1.8—1.9、进深 1 米；础石 30 厘米×30 厘米；木柱横截面约 25 厘米见方。

在 F2 前檐包砖处，同样发现小柱洞。从南到北共 6 个，洞皆圆形，直径亦 10 厘米左右。

前檐下也有砖铺散水，长 14.5、宽 0.7 米。其用砖及铺法同 F4。

F3 建在院落西侧一长方形夯土台基上。台基长 14.5、宽 5、高 0.22 米。南接 F1，北连 F4、F5 台基。东侧以长方形大砖包砌。F3 为面东廊房，面阔四间，进深一间。其后壁即院落西墙 B1 中段，残高 0.32—0.45 米。外侧有柱础槽 5 个，槽间距 4 米，最北一槽内尚存方形础石。前檐处，与后檐柱础槽相对应，也有柱础槽 5 个，唯础石无一幸存。前檐之南数第一至第三柱间残存夯土墙基。在南数第三柱位之前后檐柱间曾筑土坯墙一堵，将 F3 隔为南北二室。此墙残长 2.2、宽 0.6、高 0.5 米。室内地面皆铺砖。南室以长方形小砖铺作人字纹，北室用长方形大砖顺置错缝平铺。

台基东侧包砖处，共发现圆形小柱洞 12 个，洞直径 9—16 厘米，间距 1.4 米左右（图一七）。

F3 后壁中部，即南数第三、第四柱础槽间，辟有一个脚门，可通墓园主人墓。结构同 F2 脚门，但保存状况要好得多（图一八）。门道宽 1.8、进深 1 米。门道南北壁各有一对柱础槽，且门道西端之南北二槽内础石犹存，石长、宽各约 35 厘米，面上并遗留木炭灰。据测量，此二柱为方柱，横截面约 20×20 厘米。在门道南北两壁中部，还各有一个小长方坑，坑内有木炭，应是安装木门框的地方。

F3 台基前沿下，有与 F2 相同的砖铺散水，长 14.5、宽 1.2 米。

图一七　F3 台基前沿下小柱洞

（4）天井

坐落于 F1、F2、F3 和 F4、F5 之间，整体近方形。南北 14.6、东西 16.3（北部）—18.4（南部）米。从外到内由三部分组成：最外围是四面建筑的砖铺散水；其次是河卵石带。东西两边的河卵石带长 10 米，南北两边的河卵石带长 15 米，带宽 1.25—1.43 米。河卵石带外侧高而内侧低。天井中心是一个东西长 11.5、南北宽 7.1 米的长方形区域，地面全部以长方形青石板铺砌。石板绝大部分不存，仅余一些碎块，石板面低于河卵石带约 4.5 厘米。从地面残存弥合石板夹缝的白灰痕迹，可知石板皆东西向成行放置。自南至北共铺石板十行。每行石板的宽度相近，大致在 0.65—0.76 米之间。石板长度多数为 1.1—1.8 米，也有短至 0.8 或长至 2 米以上的。石板经仔细加工，上面大、下面小，四面边缘整齐，故而对合严密，石板间很难看到灰线（见图八、一九）。

2. Ⅱ号院落

位于Ⅰ号院落东侧，仅清理了它的北半部，南北残长 36、东西宽 20 米。由 B4、B2、B5 三道墙壁围成。保存状况较Ⅰ号院落差。其基本布局是：天井居于中心部位。

图一八　F3 后壁脚门遗迹（东—西）

图一九　I 号院落天井遗迹（北—南）

天井南侧是以石铺地面为中心的方形建筑 F6；天井北侧有较大型殿堂 F7（图二〇）。

（1）F6

地当 I 号院落 F1 东面慢道延长线北侧。西邻 F1 东侧小房，北邻 II 号院落天井。东侧保存甚差，边界欠明，姑以最东一个柱础石为标志点。依此测量，长约 12.6、宽约 6 米。

在这一建筑范围内，未见墙壁痕迹，柱础石也仅清出 3 个，它们排在距天井南侧

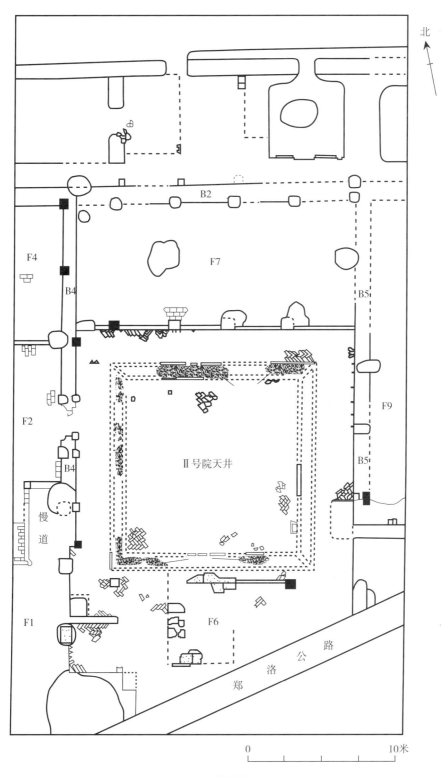

图二〇 Ⅱ号院落平面图

河卵石带约 1 米的东西一线上。居东二石相距 4 米，而最西一石与东数第二石却相距 8 米。我们注意到，后二石间有破坏坑一个，此坑适距二石各约 4 米，推测此处原应有柱础石。如此，则这东西一线上共有础石 4 个，础间距皆为 4 米。此建筑南部破坏较甚，没有留下与北部相对应的柱础石残迹，但我们知道北部的一排柱础石较铺地石板北缘偏南近 1 米。若据此予以复原，那么在距铺地石板南缘近 1 米处，可能另有一排柱础石。若然，南北两排础石间距也是 4 米。可见这是一座东西三间、南北一间的建筑。

现存三个柱础石的规格如下。东西两个分别为 74 厘米 ×65 厘米 ×10 厘米和 70 厘米 ×55 厘米 ×10 厘米，都是加工粗糙的方形青石。唯东数第二个形制特殊，其下部为 76 厘米 ×70 厘米的方形基座，上部略作覆盆式，覆盆底部直径约 63 厘米（图二一）。覆盆顶面中

图二一　F6 北侧东数第二个柱础石

部为一圆形糙面，糙面直径 27.5 厘米，当是立木柱处，木柱直径应与糙面相似。东数第一、第二柱础石间的地面上，曾清出东西向小沟槽一条，内有木炭灰，沟两端柱础石的相应部位，凿有方形凹槽，表明这两柱间曾安装木地栿。

据地面残存遗迹，东数第二、第三个柱础石间地面上，自南至北皆铺青石板。青石板作长方形。一般宽 0.7 米，长 1.3 至 1.5 米不等，厚 10 厘米上下。东西向成行放置，自南至北共有 8 行。石板间以白灰膏弥缝。石板区南沿，侧立青石条拦边。拦边石条的部位，适当 F1 东侧慢道北沿以北。东数第一、第二柱间和东数第三、第四柱间，不铺石板，而改用长方形小砖，砖皆铺成人字纹。

（2）F7

建于院落北端的长方形夯土台基上。台基长 20、宽 9.8、高 0.34—0.44 米。台基前沿包砌长方形大砖。距台基西头约 4 米处，依包边砖顺置长方形青石条一块，残长 80、宽 30、厚 22 厘米，作为登临台基的踏步（图二二）。

F7 面南，东、西、北三面以院落之东、西、北墙为壁。前檐处未见墙壁痕迹，仅清出柱础槽四个，西部二槽内础石犹存，大小与 I 号院落 F4 前檐大础石相似，分别为 80 厘米 ×70 厘米 ×46 厘米和 75 厘米 ×75 厘米 ×46 厘米（图二三），槽间距均为 4 米。

图二二　F7 台基前沿下踏步残石

图二三　F7 台基前沿大柱础石

东数第一个柱础槽距东壁 4 米，东数第四个柱础槽距西壁 3 米，但东、西二壁的相应位置上皆无柱础槽存在。其后檐共发现夹壁而置的柱础槽五对，仅壁外最西段尚存方形础石二。这五对柱础槽，最东一对居东壁内侧，其余四对分别与前檐四柱础槽对应。由柱础槽分布状况，可知 F7 面阔五间，除最西一间开间只有 3 米外，其他各间约为 4 米。各间进深颇大，可达 8.5 米。不过，由于东壁中部内侧和与东数第四柱对应处破坏坑的存在使我们联想到，其前后檐柱之间也许还布置有木柱。F7 室内地面，同样以

图二四　Ⅱ号院落天井遗迹（北—南）

长方形大砖顺置错缝平铺。室内西北角并有埋入地下的陶瓮一只。瓮上部残损，唯腹部以下尚埋在地下，腹径约 60、残高 20 厘米。

台基前沿包砖处，共发现圆形小柱洞 15 个。直径 10、深 10—12 厘米，间距 0.6—1.6 米。洞底皆垫砖。

（3）天井

呈长方形，东西 18.8、南北 16 米。同Ⅰ号院落天井一样从外到内由三部分组成。最外围是沿院落东、西壁和 F7 台基前沿建造的砖铺散水。沿东壁散水宽 2.6、沿西壁散水宽 2.23 米，F7 台基前散水宽 2.38 米，皆以长方形小砖铺作人字纹。其次是河卵石带。四边的河卵石带皆长 13.8、宽 1.04 米。天井中心，为一方形铺砖区。此区东西、南北各长 11.7 米。区内地面以长方形小砖铺成人字纹。在此区东南部，紧靠东侧河卵石带，清理出一个平面作"〔"形的石构槽形设施，长 46、宽 50（东端）—78（西端）、深 5—6 厘米（图二四）。或以为用以倾倒污水，但东侧并不与沟槽相通，排水不便。究竟何用？尚无合理的解释。

3. Ⅲ号院落

位于Ⅱ号院落东侧。仅清理了院落北半的大部分，东西 24.5、南北（残）28 米。由 B5、B2、B3 三道墙壁围成。其基本布局是：院落中心为一块夯土，夯土之东、西、北三面各建房舍一座，即 F8、F9、F10（图二五）。

（1）院落中心夯土

位于清理部分南部居中。其南侧为北魏大坑破坏，仅东北部夯土尚存。夯土东西

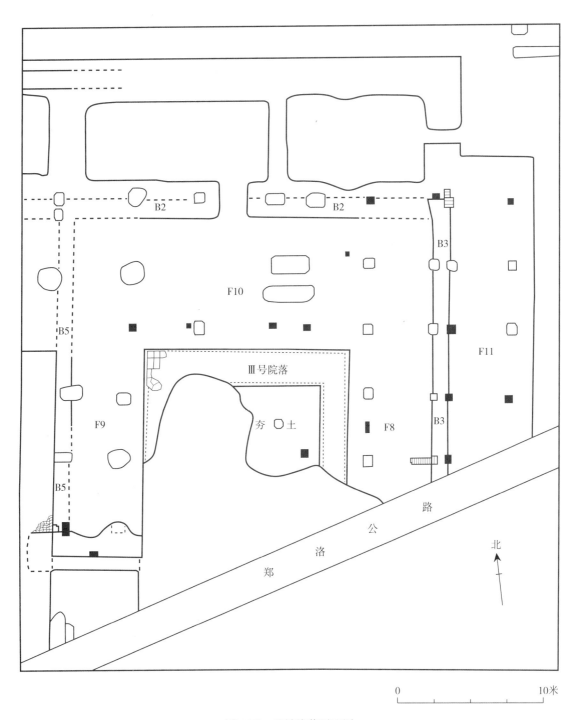

图二五　Ⅲ号院落平面图

残长 6 米，北残宽亦 6 米，东北角为方转角，角部北沿残留拦边青石条一块。由此推测，此夯土整体当作方形或长方形。现存夯土的东部偏南，清出方形柱础石一块，大小 60 × 50 ×12 厘米。夯土中部埋大陶瓮一只，瓮口与夯土面平，口径 45 厘米。这些迹象表明，此中心夯土应是一座建筑的遗存。

围绕这座建筑的东、北、西三面，有一周宽约1.5—2、深0.1—0.15米的槽状低平地带。槽之左右两侧可见栽植拦边石的小沟，个别拦边石犹存。在北侧槽状低平地带西端，尚存一片较为平整的铺石地面。铺地石形状各异，大小一般为30—80厘米见方，厚12厘米左右。石面未作细致加工，但求略平而已。中心夯土周围槽状低平地带或许全部以此类石块平铺。

（2）F8、F9和F10

它们同居于环绕中心夯土东、西、北三面的"冂"形夯土台基上。台基残高10—15厘米，前沿即中心夯土周围槽形低平地带的拦边石。台基面有所损坏，未见铺砖痕迹。这三座建筑原来可能是互相连通的一个整体，然鉴于北侧建筑进深较大，与东西两侧建筑有显著区别，为叙述方便，拟按照柱础槽（石）的分布情况，姑以F8、F9、F10三个单位分别予以介绍。

F8位于中心夯土东侧，台基残长（南北）20、宽5.6米。前檐柱建在距台基前沿1.6米处，后壁利用院落东墙B3，北壁即院落北墙B2，墙上建壁柱。前檐共清出柱础槽5个，最北一个尚存础石。后壁也有五个与前檐相对应的柱础槽，最南两个和最北一个尚存础石。础石之大小，一般40—50厘米见方。据此知，F8之已清理部分，共有房舍四间半，每间面阔4、进深4.5米。南数第二间尚存砖砌前檐墙和隔断墙各一段，二墙均存侧立丁砖一层，前檐墙存砖8块，隔断墙存砖5块。

F9位于中心夯土西侧。台基长（南北）14.5、宽6米。前檐残存有拦边青石条。南端清出小土沟一条，宽约40厘米，沟内曾清出多块被翻动的条石及石块，南端或许也是以青石条拦边的。前檐柱建在距台基前沿2米处，后壁利用院落西墙B5，墙上建壁柱。前檐共有柱础槽4个，最北一个存础石，石之大小为60×55厘米。后壁发现柱础槽3处，分别与前檐的南部三个柱础槽对应。最南端一处，并置柱础石二，其大小分别为40和50厘米见方。在与前檐南数第四个柱础槽相对应的后壁上，未见壁柱痕迹。看来，F9共有房舍三间，每间面阔4米，进深亦4米。

F10位于中心夯土北侧，面南，东连F8，西倚院落西墙B5。东西20、南北10米。前檐柱建在距台基前沿1.8米处，后壁即院落北墙B2，墙外侧建壁柱。前檐共有柱础槽4个，其中三个尚存础石，东数第三个柱础槽被破坏，础石不存（破坏坑西现存小方石一块，不知与原建筑有何关系）。这四个柱础槽（石），东数第一个距F8前檐柱4米，最西一个距西壁亦4米，但它们彼此间的距离却大小不一，自东至西依次为2米、5米、4.5米。后壁上也有柱础槽4个，位置分别与前檐柱础槽对应。诸础石之大小与F8础石相近或稍大。依此分析，F10若与F8相连，则有房舍五间，每间面阔2至5米不等，进深皆7米。

4. 院外东侧附属建筑 F11（见图二五）

F11 附建于Ⅲ号院落东侧，坐西面东，与Ⅲ号院落 F8 共用一道后壁 B3。F11 也是建在一个长方形夯土台基上，台基残长（南北）20、宽 5.6、高约 0.15 米。地面残损，未见铺砖痕迹。前檐柱距台基前沿 1.4 米，共清出柱础槽四个，两个槽内尚存础石。后壁上共清出柱础槽五个，北部四个与前檐柱础槽对应，除南数第四个础石无存外，其余各槽内础石犹在。诸柱础槽，左右相距 4 米，前后相距 4.2 米。础石之大小，与 F8 诸础石略同。遗迹表明，F11 面阔至少为五间，每间面阔 4 米，进深 4.2 米。

5. 院外北侧附属建筑（见图三）

在Ⅰ—Ⅲ号院落北侧、距三院落北墙 B2 约 7.3 米，复筑院墙一道。此墙东西走向。西端至 F5 东侧南折，至Ⅰ号院落北墙 B2 外 2 米处中断，与 B2 间形成一个缺口。因此处为破坏坑，又未清出与门道相关的遗迹，不能肯定其是否为门道。东端，在与Ⅲ号院落东墙 B3 对应处南折，径与 B3 连接。在南折后这段墙基上也有一处缺口，同样无根据判定其是否为门道。这道"┍┑"形围墙，夯筑而成，全长约 80 米，墙宽 1 米。保存较好的地段，墙体两侧尚残存白灰墙皮。与Ⅱ号院落相对的一段，墙体残高 10 厘米，近墙根处，白灰墙皮上还涂了一条宽 4 厘米的红彩。

这道围墙内，零星发现一些建筑遗迹。它们集中分布在Ⅱ号院落 F7 以北、东西长约 17 米的范围内。其最西部，是一条南北向夯土，南北 5.8、东西 1.1 米，夯土中段有一缺口，宽 1.7—1.8 米。此夯土东侧，又有东西宽约 4 米的一片方形夯土，夯土上残存砖铺地面两片。这里，应有一座小型建筑。再往东约 5 米，靠近Ⅱ号院落北墙 B2，还残存一排栽植于地下的长方形大砖。这排大砖何用？现已很难明白。

（三）墓园主人墓

位于墓园西半部中间偏东处，东对墓侧建筑群大型殿基 F1，封土东侧距殿基仅 6 米。

1. 墓葬在历史上的遭遇

该墓地上原有高大封土。封土经历代损坏，至建国初期尚高数米。其顶部稍尖，俗称尖冢。20 世纪 70 年代中期，附近农民取土，始将高出今地面部分毁去，仅余地面以下的封土基部。发掘前，此处地面较周围稍稍隆起。

发掘表明，此墓历史上多次被盗，其中规模较大的约有三次。第一次大约发生在东汉以后、十六国以前的某个时期。这次盗掘可能是以大揭顶方式从封土中心进入墓室，墓顶被毁，大部分铺地砖被拆，贵重文物洗劫一空，随葬陶器化为瓦砾，棺木、人骨踪迹皆无。应是一次公开而有组织的大规模盗墓行动。第二次盗掘发生在十六国时期。盗墓者由侧面钻过封土，凿壁进入横前室及耳室，耳室北壁上盗洞犹存。第三次盗掘的主要对象似乎是后室，在后室上方发现盗洞痕迹。从扰乱土中出土瓷器看，这次盗掘大约发生在宋金时期。

历次盗掘对墓葬破坏之惨，就是在自古盗墓成风的洛阳地区也是极其少见的。

2. 发掘墓葬所得有关实物资料

（1）封土形制及其变迁

封土采黄土夯筑而成。平面呈圆形，直径 48 米。现存高度 1 米。夯层厚 10—15 厘米。

北魏时期曾对封土做过一番加工改造。于其四边增筑夯土，使之成方形，借以作为一座大型建筑的基础。在方形基础的东北角和西北角，清理出北魏前期砖瓦窑两座，还有北魏后期的柱础石、成行排列的牙子砖等建筑遗迹。

（2）墓葬形制及各部砌筑方法

此墓由墓道、甬道、横前室、耳室、后室五部分组成，是一座有横前室的多室砖券墓（图二六、二七）。

墓道朝南，方向 191°。土圹，斜坡底，宽约 2 米，公路以北段长 10 米，再南为公路所压，总长无由确知。仅发掘了接甬道的一段，长约 2 米。

甬道南连墓道，北接横前室。后室更在横前室北。后室与墓道、甬道处于同一条南北线上，它们与横前室在平面上形成十字形布局。耳室位于甬道以东、横前室南侧，门道开在横前室南壁。这几部分，系在按总体设计挖成的土圹中用青砖砌成，白灰勾缝。形制规整，壁面整齐，灰缝一般不到 1 厘米。砌壁皆用长方形大砖，规格 46 厘米 × 23 厘米 × 11 厘米。壁厚 93—94 厘米。其砌作方法基本一致。从内侧看，绝大部分壁面，均采取一层侧立丁砖加两层顺置平砖为一组、组组相叠的方法砌成，只在个别地方偶尔出现与此稍有不同的特殊作法。从残壁顶面看到，凡侧立丁砖层，一般置首尾相接的丁砖两排；凡顺置平砖层，通常是两侧各为一列顺置平砖，中间夹一排平置丁砖。当然，个别地方也曾出现以扇面砖充当长方砖使用的现象。墓顶无存，但从残存迹象看，墓室各部皆为并列券顶。券顶用扇面砖，砖长 46、大端宽 33、小端宽 26、厚 11 厘米。据墓壁残存白灰痕迹和券脚测量，各部墓顶筑券两层，总厚度约 92 厘米。墓室各部地面作法也很一致：先将土圹底面修成中间高、两侧低的形状，夯打坚实，并在夯土面上铺白灰膏，再按一纵一横的顺序叠置侧立砖三层，总厚度可达 70 厘米。最上层铺地砖为墓壁所压，可见是先铺地面砖而后修筑墓壁的。

甬道北口、后室和耳室门口，皆以长方形青石砌壁。甬道北口左右二侧壁各用六块青石叠砌，耳室门口东侧壁用 5 块青石叠砌，后室门口东西二侧壁各用 12 块青石叠砌。所有长方形石块，均未仔细研磨，表面多存细錾痕。石之诸侧面长度不一，大面一般长 71—76 厘米，最长者可达 80—90 厘米；小面一般长 62 厘米。石块厚度一般为

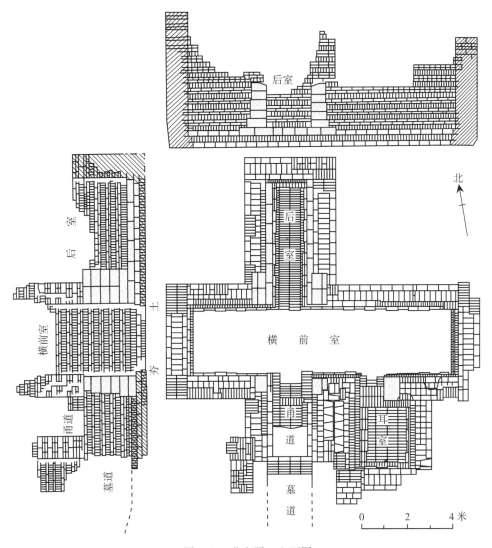

图二六　墓室平、立面图

36 厘米左右，个别为 46 厘米。砌在最上层的长方形石块，上面均凿为向门内侧倾斜的斜面，用作顶券的券脚。

（3）墓室各部现状及残存随葬器物

甬道　平面呈长方形，长 3.6、宽 1.92 米。东西壁现存高度（从铺地砖表起算，下同）约 1.9 米。保存最高的西壁南端，券脚及压券砖犹存，总高 3.9 米。依西壁测量，券脚高出铺地砖 1.95 米。甬道铺地砖，北段地面局部遭破坏，南段保存完好。尚存部分表面，残留一些值得注意的遗迹：在铺地砖上，沿甬道两侧壁基部砌顺置平放之单砖一层，向南至甬道尽头折而相连，形成以砖为边框的方形浅池。池内先铺一层厚约 3 厘米的木炭，再抹一层厚约 2.5 厘米的白灰膏（图二八）。白灰膏上遍布席纹印

图二七　墓室全景（南—北）

图二八　甬道底部

痕，当初或曾铺席。席纹上残存朽木质条块，且隐现横向条状压印，印宽 2—3 厘米，间距 18 厘米。席上也许还曾铺设列木或木框架。甬道内堆积已经翻动。从中清出少量陶模型残片，还有小铜铃和铜钱。

　　横前室　平面作东西长的长方形，长 11.7、宽 3 米。四壁保存高度不一。其中保存最高的是东、西壁和南、北壁的西端，壁顶分别高出铺地砖 3.9 和 4.8 米，券脚残迹犹存。依西壁测量，券脚距铺地砖约 3.5 米。铺地砖被揭。从四壁残存迹象分析，以南壁之耳室门道石壁东侧为界，横前室可分为东、西二部。西部长 8.7、东部长 3 米。西部的铺地砖上，沿周壁又加铺顺置平放的长方形单砖一周，且填土中碎白灰皮和木炭甚多，估计其地面的作法或与甬道有某些相似。东部铺地砖仍为三层。东、南、北三壁局部残存白灰皮，并加绘红色边框，框线一般宽 4 厘米，而在壁面转角处可达 8 厘米，框内未绘壁画。南、北两壁券脚下，各作出三段向室内凸出的砖砌凸棱，这种作法为西部所无。据上所述，横前室之东、西二部有可能各为一室。在接近东、西二部分界处，曾清出砖门臼和铜泡钉，说不定东室原装有木门。横前室内堆积已经扰乱。甬道口以西，几乎没有什么文物，甬道口以东，出土陶容器及陶模型器碎片较多，还出有小铜铺首、薄铜扣片、铜钱等。

耳室　门道宽 0.95、进深 0.85 米。室内平面略呈长方形，南北 2.9、东西 2.4 米。四壁残存高度不等，南壁残高 3.7 米，东、西壁残高略与券脚齐。依西壁测量，券脚距铺地砖约 1.5 米。顶券在南壁上留下清晰的白灰印痕，据以知，券顶的室内高度为 2.6 米。铺地砖被揭，但门道及西壁基部尚残留少许。门道及室内四壁，壁面也曾涂抹白灰，并加绘红色边框，框内同样未绘壁画。室内堆积已扰乱，但在下部约半米厚的堆积中，各种器物片和陶动物俑碎块占了相当大的比例。其中包括陶壶、陶瓮、陶罐、陶碗、陶奁、陶鸡、陶狗和其他模型碎片，还有铺首、漆器残片、铜钱等。

后室　平面呈长方形，南北 5.4、东西 1.91—2.04 米。其东、西、北三壁的做法与其他各室稍有不同：在砖壁基部加砌长方形青石块一周，青石内侧凸出于砖壁里皮 0.3 米，形成一个"┌┐"形石圹。圹内东西宽 1.4 米。鉴于石圹内侧粘附较厚白灰，室内又清出大量木炭，推测其地面作法也可能与甬道相似。后室诸壁现存高度，从石圹面起算，一般为 1.6 米，而保存最好的东北角，高达 4 米。室内堆积也已扰乱，清出文物甚少，较重要者有黑色玉片和方柱形铜棒等。

三　出土遗物

由两大部分组成。一部分是各类建筑材料及残建筑构件，主要出自墓侧建筑区。另一部分是各种质料的器物和铜质货币，大多为墓内随葬品，少量出自墓侧建筑区。

（一）墓侧建筑区出土遗物

1. 各类建筑材料

（1）墙皮

遗址出土墙皮残块，可分为三类：一类以草拌泥为地，上涂白灰，白灰层极薄，厚 0.2—0.3 厘米，此类数量最多；另一类，更在白灰层上加绘红色线条；第三类，在草拌泥墙皮上平涂一层青白颜色。后二类数量甚少。

由观察墙壁面得知，当时对各类建筑壁面的基本加工方法是：先在坑凹处贴补瓦片使之粗平，然后抹一层厚1—2厘米的草拌泥，草拌泥压实抹平后，再涂白灰。何处绘制粗体红线或敷彩，则视建筑装饰的需要而定。

（2）泥背

遗址出土泥背残块，皆草拌泥质，基本属同一种类型。一般厚3厘米左右，上面甚平，朝下一面显现清晰的竹竿印痕。印痕宽2—4.5厘米。这表明，建筑顶部木椽上，曾平铺较宽竹片一层（图二九）。

图二九　泥背

（3）砖瓦

遗址内出土砖瓦甚多，时代各异，这里仅记述与建筑约略同时的汉魏砖、瓦件。

汉魏砖件有青灰色素面长方砖、"X"纹方砖、扇面砖3种。

素面长方砖　各建筑普遍使用。有3种规格：一种长46、宽22、厚9厘米，用以包砌建筑台基、铺砌散水和室内地面，我们描述建筑结构时称其为长方形大砖。另一种长32、宽16、厚5.5厘米，用以铺砌散水和小型建筑室内地面，我们在描述建筑结构时称其为长方形小砖。第三种长46、宽10、厚9厘米，这是一种特制砖，数量不多，专门用来填补以长方形大砖砌壁或铺地时留下的狭小空隙。

"X"纹方砖　通常用以铺地。曾见于汉魏洛阳城灵台、辟雍等遗址。这里仅散见一些残块。据保存完整的一边测量，此类砖长、宽各约42.5、厚4厘米。

扇面砖　用以筑券。此类砖大量出土于墓葬，墓侧建筑群仅地层堆积中偶有所见。其规格已于墓园主人墓葬部分叙及。

汉魏瓦件有绳纹板瓦、绳纹筒瓦和卷云纹瓦当3种。

绳纹板瓦　所出均残块，无一可复原。

绳纹筒瓦　所出多残块，完整者仅1件。长43.5、筒径14.5、厚1.5厘米。另有一件已残，残长35、筒径13.5、厚1.5厘米。瓦当不粘于瓦头而粘在瓦尾上。

卷云纹瓦当　共28件。皆作圆形，以云纹为主体纹饰。依纹饰结构的细部变化可分为四式。

Ⅰ式：8件。瓦当中心为素面圆泡。圆泡以外部分，以双棱线均分为4区，每区饰几何形云纹一朵。有两种规格。一种直径14.2厘米，共7件，前述完整筒瓦即用此种瓦当（图三〇，1；图三一）。另一种直径17厘米，仅1件。

Ⅱ式：8件。纹饰的基本构图同Ⅰ式，而在每朵云纹内侧上下各加饰花蕾状泥点一个。前述残筒瓦即用此种瓦当，直径14.2厘米（图三〇，2）。

Ⅲ式：6件。纹饰的基本构图与Ⅰ式略同，但各区分界线由三条棱线组成。使人感兴趣的是，瓦当中心的圆泡上模印兽头一个。从这种构图新颖的图案中，我们似乎看到了北魏及其以后各代兽面纹瓦当主体纹饰的雏形（图三〇，3；图三二）。

图三〇　墓园建筑遗址出土瓦当拓本
1. Ⅰ式　2. Ⅱ式　3. Ⅲ式　4. Ⅳ式

Ⅳ式：6件。纹饰的基本构图仍以四朵云纹为主体，但在整个云纹区外围增饰一周锯齿纹，瓦当中心圆泡上模印一组凸起的四叶纹（图三〇，4；图三三）。从汉魏洛阳城历年发掘的情况看，此类瓦当出现的时间可能是曹魏都洛时期。

2. 残建筑构件

残建筑构件皆为石质，除散见于各建筑遗址的柱础石、铺地石板外，主要是出于大型殿基 F1 周围的栏杆石件和包砌台基石件。

（1）包砌台基石件

长方形石板　皆残块，长宽多不详。F1 台基西壁尚存一块较完整者，长 1.26、残宽 0.6、厚 0.14 米。制作规整，朝外一面磨光。此类石板较铺地石板稍厚，选材也与后者不同，系特意选取夹杂红色石髓的青石加工而成。

异形石柱　2 件，均残块。取材与长方形石板同，见于 F1 台基西侧。柱体横截面略呈 T 形，边长分别为 24 和 27 厘米，大面朝外且磨光。石柱残高 40 厘米。

（2）栏杆石件

蜀柱残件　2 件。取材同包砌殿基之长方形石板。整体作方柱状，横截面略呈长方形，唯其背面边线稍向内弧曲。一件残高 17 厘米，正面宽 16.8、侧面宽 10 厘米。正面及左、右二侧面磨光，背面满是斜向錾痕。由二侧面向柱心各凿圆窝一个，直径 7、深 2.7—3 厘米，用以插装寻杖。与二侧双窝上沿等高处，由正面平铲柱体，形成一条深 2.3 厘米的凹槽（?），因由此往上部分残损，不知柱顶是何形状（图三四、三五）。

寻杖残件　近百件，取材同蜀柱。整体作圆柱状，通体磨光，两端平齐，有细錾痕。直径一般为 7、少数为 7.5 厘米。一件残长 15.5、直径 7 厘米，一端平齐；一件残长 13.5、直径 7.5 厘米，两端均残。

栏心雕饰残件　11 件。取材同蜀柱，皆作几何形。各石残存多少不一，但石之宽、厚大体一致，皆为 6.5—7 厘米，而且四面磨光，唯诸石尚存之下平部分，如"⊥"形石之横石，规格较小，高 4、厚 6.5 厘米，且最下部

图三一　Ⅰ式瓦当

图三二　Ⅲ式瓦当

图三三　Ⅳ式瓦当

3—4厘米高石面粗糙，有明显錾痕，应是插
入地栿中的。如果根据它们的现状加以想象复
原，似可构成汉代建筑模型上常见的勾连纹
（图三五，1—4、6）。

　　另有24块残石件，取材同蜀柱，大小不
同，现状各异，大部分难以窥知原貌。其中一
件残长、宽皆为18、残厚10厘米。此石外侧
保存原状，为一10厘米宽的坡面，石面磨光；
内侧已残，仅存一个残宽5厘米的平面，石面
布满錾痕。后者低于前者3厘米，二者之间有
一条宽3厘米的凸棱，凸棱诸面磨光。此类残
石件共5块，应是地栿外侧之残块，有錾痕之

图三四　石蜀柱及寻杖残体

低平面，或即安装栏心雕饰之凹槽底部（图三五，7）。看来，这24块残石中，至少有
相当一部分属于石栏地栿的孑遗。

　　3. 神道石柱残块

　　共35块，大都出于大型殿基F1西、北二侧。形状不规则，大小各异，其中最大
者仅长35、宽17厘米。它们的共同特点是，表面有一定弧度，且有直剀隐陷弧形纹，
单位纹宽4厘米（图三六）。依此推测，原物应为圆柱体，风格颇似南朝陵墓神道柱。
所以，我们暂称这些石块为神道石柱残块。

　　4. 其他文物

　　为数不少。这里择要予以记述。记述以第三层出土文物为主，兼及出自第二层的

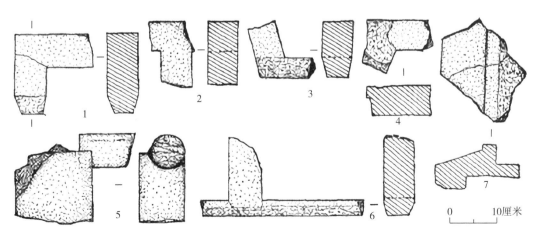

图三五　墓园建筑遗址 I 号院 F1 出土石构件
1—4、6. 栏心雕饰残件　5. 蜀柱及寻杖残件　7. 石栏地栿残件

个别文物。凡属第二层出土者，将在文中注明。

铁钉　数十枚，分三式。

Ⅰ式：小帽钉。方柱体，截面边长 0.8—0.9 厘米。钉冒中心隆起近似圆饼，直径不到 2 厘米。87BDMY：9，残长 21 厘米（图三七，2）。

Ⅱ式：大帽钉。形制略同Ⅰ式，但规格较大，钉体截面边长 0.8—1 厘米，帽径 4.3 厘米。87BDMY：1，残长 21.5 厘米（图三七，1）。

Ⅲ式：1 件（87BDMY：2），大泡钉。亦为方柱体，截面边长不到 1 厘米，残甚。泡作半球形，直径 8、高约 3 厘米（图三七，7）。

图三六　神道石柱残块

它们无疑都是建筑用钉，其中大泡钉或可具体指为门钉。

铁镞　3 件。分二式。

Ⅰ式：2 件。镞身呈四棱尖锥状，横截面略作菱形。铤亦铁质，作方柱形。87BDMY：18，镞身长 3.5、铤残长 6 厘米。87BDMY：22，镞身长 2.5、铤残长 1.8 厘米（图三七，3、5）。

Ⅱ式：1 件（87BDMY：19）。镞身呈扁平三角形，长 5.5 厘米，后端平齐，宽 1.9 厘米。铤亦铁质，扁方柱体，外附朽木痕迹，残长 3.2 厘米（图三七，4）。

方形玉片　2 件。墨玉质，长方形，四角各一小圆孔。正面研磨光亮。87BDMY：20，长 5.3、宽 2.8、厚 0.5 厘米（图三七，13）。87BDMY：23，长 4、宽 2.3—2.4、厚 0.5 厘米（图三七，10）。

石棒形器　1 件（87BDMY：7）。青灰色石灰岩制成。整体作长方柱形，上端粗而下端细，距顶端 3 厘米穿一小圆孔。通体磨光。全长 18 厘米。出自第二层（图三七，8）。

铜饰　1 件。呈柿蒂形，中心有一方孔。表面鎏金。长宽各约 7 厘米。

铜管　1 件（87BDMY：11）。长 2 厘米，一端粗一端细，截面呈椭圆形，管径 0.7—0.9 厘米（图三七，6）。

石门臼　1 件。为一立方体，以青石制成。长、宽各 12.5、高 9.5 厘米。上面有一圆窝，直径 11 厘米。

铜钱　6 枚。其中"五铢"4 枚，"剪轮五铢"及"大泉五十"各 1 枚。

（二）墓葬出土遗物

因多次被盗，随葬品所剩无几且多破碎。今所采集到者，仅有陶、铜、铁、玉质

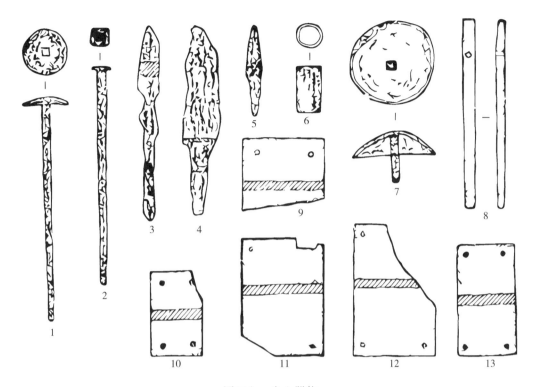

图三七　出土器物

1. Ⅱ式铁钉（87BDMY：1）　2. Ⅰ式铁钉（87BDMY：9）　3、5. Ⅰ式铁镞（87BDMY：18、22）
4. Ⅱ式铁镞（87BDMY：19）　6. 铜管（87BDMY：11）　7. Ⅲ式铁钉（87BDMY：2）　8. 石棒形器
（87BDMY：7）　9—13. 玉片（87BDMS：62、87BDMY：23、87BDMS：6、87BDMS：7、87BDMY：20）
（1、2、7、8为1/4，余为1/2）

残器近30种。

1. 陶器

俱为残片。绝大部分为泥质灰陶，极少数为泥质红陶。能拼对者不多，能复原者更是凤毛麟角。这里，只能根据对陶片的分析，约略列举其器类及个体数字。

鼓腹平底罐，25件。八棱圈足壶，4件（图三八，6）。三足圆陶奁，10件。平底圆陶奁，4件。甑，1件（图三八，1）。碗，8件。方案，4件（图三八，7）。圆案，14件（图三八，2）。圆形器盖，2件。鸭，2件。鸡，2件。狗，1件。猪，1件。螭首器柄，3件。另有盆、盒、耳杯、猪圈、铺首衔环等器物及附件残片。

2. 铜器

多为器物附件，少数为小件器物。

铺首　5件。分二式。

Ⅰ式：4件。88BDMS：41、51，完整，鎏金；88BDMS：31、52，不鎏金，勾鼻残。分别出于横前室东部及耳室。88BDMS：41，宽5.3、高5厘米。整体如猛兽面孔，

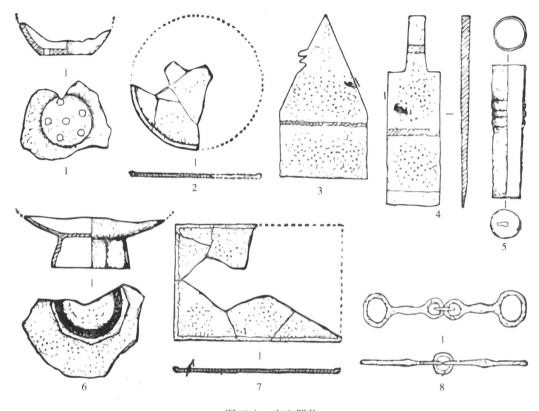

图三八　出土器物

1. 陶甗（88BDMS）　2. 陶圆案（88BDMS）　3. 铜圭形器（88BDMS：14）　4. 铜凿（88BDMS：46）
5. 铜筒形器（88BDMS：15）　6. 陶壶（88BDMS）　7. 陶方案（88BDMS）　8. 铜衔（88BDMS：47）
（1、6为1/8，2为1/12，7为1/16，余为1/2）

各部刻划甚细，须眉根根可数，由口下伸出一钩形鼻。兽面背后有一略作梯形的板钮。钮末端一圆孔（图三九，1）。

Ⅱ式：1件（88BDMS：3）。出自甬道。不鎏金。宽4.3、高3.8厘米。亦作兽面形，但刻划简略，由鼻部伸出一长钩形鼻。背部也有一板钮。钩形鼻及板钮末端皆有一圆孔（图三九，2）。

铃　4件。分二式。

Ⅰ式：3件。鎏金。其中二件残。皆出于甬道。铃体侧视作横长方形，口呈菱形，长圆形板钮，钮上一圆孔。无铃锤。88BDMS：12，体宽2.8、高1.7、钮高0.9厘米（图三九，7）。

Ⅱ式：1件（88BDMS：11）。不鎏金。出于甬道。形制同Ⅰ式而体形更小。体宽2.2、高1.2、钮高0.8厘米（图三九，6）。

环　1件（88BDMS：16）。出于甬道。鎏金，已脱落。直径3.1厘米，环体截面略

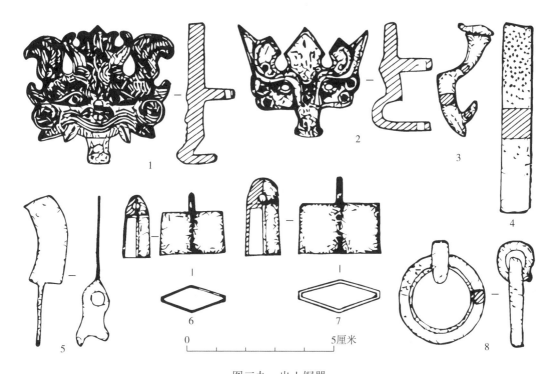

图三九 出土铜器

1. Ⅰ式铺首 (88BDMS：41) 2. Ⅱ式铺首 (88BDMS：3) 3. 盖弓帽 (88BDMS：32)
4. 方棒形器 (88BDMS：38) 5. 镰 (88BDMS：24) 6. Ⅱ式铃 (88BDMS：11)
7. Ⅰ式铃 (88BDMS：12) 8. 环 (88BDMS：16)

作圆形。环上套一扁体铜鼻，鼻已残 (图三九，8)。

凿 1件 (88BDMS：46)。出于耳室。鎏金。体呈竖长方形，长6.4、宽2.5、厚0.2—0.3厘米。平刃，刃末刻一条阴线。窄条形柄，长2.7厘米 (图三八，4)。

方棒形器 1件 (88BDMS：38)。出于后室。小方柱状，两端皆残，残长6.5厘米。棒四面均有加工痕迹，或为锯痕 (图三九，4)。

泡钉 5件。分别出于横前室东部和耳室。皆作圆顶窄沿帽形。泡内铸出一个扁圆体细钉。88BDMS：53，直径3.8、高1.6厘米。各泡钉内均附着漆皮，说明其为漆器附件。

圭形器 1件 (88BDMS：14)。出于甬道。器表呈白色，氧化层发黑，硬度大，似为合金制成。全器作圭形，尖部左侧刻二齿。表面加工光滑，背面粗糙。全长7.8、宽4.2、厚0.15厘米 (图三八，3)。

筒形器 1件 (88BDMS：15)。出于甬道。全器呈圆管状，细的一端封口。近粗端，器表有三匝平行凸棱。器长6.3、直径1.4 (细端) —1.6 (粗端) 厘米 (图三八，5)。

盖弓帽　2件，均残。明器。出于横前室东部。体作小圆筒形，一侧置倒钩，末端向倒钩一侧弯曲，并做出柿蒂花饰。88BDMS：32，仅存一半，残长3.8厘米（图三九，3）。

衔　1件（88BDMS：47）。明器。出于耳室。由一个小铜环连结两个"8"字形小铜铸件构成，全长7.9厘米（图三八，8）。

镳　1件（88BDMS：24）。明器。铸件，残半。由一个"8"字形薄铜片和一弯刀形铜片构成。残长5厘米（图三九，5）。

扣饰　原为漆器口部铜扣。所见皆残片，原器形不详。出于横前室东部。由薄铜片制成，呈折边长条形，中部往往存在小钉孔。一种较窄，仅0.6厘米；一种较宽，为2—2.3厘米。

3. 铁器

盉　1件（88BDMS：61）。出于墓内填土。已残，所剩不到原器的二分之一。据残块复原，原器应作凹字形。

此外，墓内还出有铁刀、铁钉残段。

4. 玉器

仅有玉片1种。共5件，多数已残。均出于后室底部。皆作规整的长方形，唯一端微窄，四角各钻一孔。正面磨制光滑，背面较粗糙。87BDMS：6，墨玉，长5.6、宽4、厚0.4厘米。一角残，一长边中部多钻一孔（图三七，11）。88BDMS：7，墨玉，长6.2、宽4、厚0.4厘米。一角残（图三七，12）。87BDMS：19，墨玉，残半，宽3.9、厚0.4厘米。88BDMS：62，墨玉杂有绿色纹理，残半，宽3.9、厚0.4厘米（图三七，9）。另有一块，亦墨玉，仅剩一角。

5. 货币

共23枚。有"五铢"和"小泉直一"两种。

"五铢"　22枚。可分三式。

Ⅰ式：88BDMS：65，径2.6厘米（图四〇，1）。五字上下两横不平行；中间两笔弯曲交叉，其上段左右两笔不对称。铢字金字旁略低于朱字；金字的四点较长，朱字上下两折笔皆为圆转角，朱字头稍向左倾。

Ⅱ式：88BDMS：40，径2.6厘米。五字上下两横平行；中间弯曲交叉的两笔同上下两横几乎是垂直相交。铢字金字旁与朱字等高；金字的四点也较长，朱字上下二折笔皆圆转角

图四〇　"五铢"钱拓本（4/5）
1. Ⅰ式（88BDMS：65）　2. Ⅱ式（88BDMS：40）
3. Ⅲ式（88BDMS：66）

（图四〇，2）。

Ⅲ式：88BDMS：66，径2.5厘米。五字上下
两横平行；中间笔弯曲交叉，但曲度不同。铢字金
字旁与朱字等高；金字的四点更长，朱字上面一折
笔方转角，下面一折笔圆转角。此式钱文，较前二
式显得纤细、局促（图四〇，3）。

"小泉直一" 1枚（88BDMS：36）。径1.5
厘米。

6. 铭文砖 1块。出于后室门外。砖青灰色，
长33、宽18厘米。砖表以白粉浆书写铭文两行。
因颜色脱落字迹漫漶，多数不可识读。其文曰
"□□三年六月五｜官□□□□"（图四一）。

图四一 铭文砖残块

四 结 语

东汉二百年间，厚葬之风炽盛，到东汉中晚期，愈演愈烈。不仅埋葬帝后、诸王、
列侯要按制度修筑墓冢陵园，就是具有二千石官秩的地方豪右，也要广辟茔域，建造
高冢大坟、石室祠堂、石阙、石柱、石兽以至池沼、石楼。此类事例，记载甚多，仅
见于《水经注》之较著名者，即有平狄将军扶沟侯朱鲔墓[①]、日南太守胡著墓[②]、司隶
校尉鲁峻墓[③]、荆州刺史李刚墓[④]、弘农太守张伯雅墓[⑤]等。然伴随岁月的流逝，昔日
的帝后陵墓以及遍布各地的诸王列侯、地方豪右墓葬俱已沦毁殆尽，而今能见者，唯
有孤立于旷野的累累土冢和个别石祠、石阙。1949年以后，除帝陵外，各地发掘东汉
墓葬甚众，其中包含不少王侯墓，迄无一处清理出封土以外与墓葬相关的地面建筑遗
迹。实物资料的这一缺陷，给全面深入地研究东汉陵墓制度造成严重困难。汉魏洛阳
城西首次发现东汉墓园遗址，实是我国汉代考古的可喜收获之一，对东汉陵墓制度研
究自然具有十分重要的学术意义。这里，拟就与墓园遗址相关的几个主要问题，简述
我们的初步看法。

（一）关于墓园的建造年代

此东汉墓园遗址，布局协调，在建筑上无疑是一个结构完整的统一体。墓园内的
墓葬和建筑群理应建成于同一时期。鉴于目前我们对东汉建筑及各类建筑构件的认识
尚比较笼统，纪年铭文砖上文字又未能完全识读，因此，若要更具体地判断墓园的建
造年代，仍需依赖对墓葬形制和出土物的分析。

墓园主人墓，是一座典型的具横前室之多室砖券墓。这种墓葬形制，在洛阳地区盛行于东汉中、晚期。墓内出土的"五铢"钱，也是东汉中晚期流行的货币。随葬陶器中，有鸡、鸭、狗、猪和猪圈，属于《洛阳烧沟汉墓》按陶器性质划分的第四组，而出土第四组陶器的墓葬，在报告中被划归为年代相当于章帝及其以后的第五期和第六期。墓葬形制、货币、陶器所显示的这种时间上的一致性，说明将墓葬年代判为东汉中晚期是可信的。从《洛阳烧沟汉墓》看，八棱甚至更多棱圈足壶，极富时代特征，仅仅出现于第六期墓葬。而在墓园主人墓所出陶器残片中，已分辨出 4 个个体的这种陶壶。据此似可进而推断，此墓的年代，大致应相当于洛阳烧沟汉墓之第六期，约当桓帝至献帝时期，其绝对年代大约为公元 147—160 年。墓葬年代如此，整个墓园的年代也应基本如是。

（二）关于墓园的整体布局

依靠钻探及发掘资料，我们对这座东汉晚期墓园的布局、结构已经有了初步的了解。然受遗址保存现状和揭露面积的局限，对其中一些较重要方面尚不十分清楚。这里，拟以现有实物资料为线索，对有关遗迹加以系统梳理，并做出必要的探讨、复原，以求更加清晰地勾画出墓园的总体形象。

现已查明，墓园整体呈长方形，东西 190、南北 135 米，四周有夯筑土垣。周垣四隅，垣体增高并附建房舍类设施。墓园之内，分为东、西二区。西区修造墓园主人墓，东区营建墓侧建筑群。

西区颇空旷，似乎只有墓园主人墓。墓南向，砖筑。墓室南北长 12、东西宽 11.7 米。封土夯筑，平面呈圆形，直径 48 米。据测量，封土北距墓园北垣 40、南距墓园南垣 47 米，基本处于墓园南北二垣间的中部，但它西距墓园西垣 33.5 米，东距墓侧建筑群大型殿基 F1 仅 6 米，明显偏离西区的南北中轴线。这一安排，充分体现了墓葬同建筑群之间的内在联系。

墓侧建筑群面东，由东、西毗连的三进院落组成。大型殿基 F1 是其中最主要的建筑，可惜可发掘面积只是原建筑面积的一半，难以窥其全貌。但种种迹象表明，此建筑群有可能是以通过 F1 西侧踏道和东侧慢道的一条东西线为中轴而对称布置的。如按这一推断加以复原，整个建筑群南北宽（北部以三进院落的北墙 B2 为界）约为 71 米。现知已清理建筑距墓园北垣约 17 米，那么，建筑群与墓园南垣的距离应为 47 米，与墓葬封土同墓园南垣的距离相同。说明建筑群的南界与墓葬封土南缘处于同一条东西线上，而不比封土更向南凸出。可见墓侧建筑群不在墓园东区居中部位，而是偏居墓园的东北部。

墓园遗址上见到的大型陵墓石刻残件，只有出于大型殿基 F1 西、北二侧的神道石柱残块一种。或许石柱原来就建于殿基附近。

遗憾的是，在钻探和发掘中没有发现墓园的主要门址，墓园之内，墓葬和建筑群的方向又很不一致，故而目前尚难对墓园的朝向做出明确的判断。

（三）关于墓侧建筑群

由三进院落组成的墓侧建筑群，规模恢宏，结构谨严，殿堂、廊房、天井错落分布其间，具有独特的建筑风格。对建筑群的主体建筑大型殿基 F1，因条件限制，我们仅清理出大约一半。为了解其全貌，我们试以复原建筑群所采用的东西轴线为中轴，对它做一大致的复原。从而得知，其殿基东西 28、南北约 31.5 米，进深五间，面阔七间，原高（参照清理殿基北侧慢道所得数据复原）当为 2 米左右。殿基四面皆设登道：南、北两面有慢道、踏道各一；西面仅中部有一踏道；东面或有二慢道二踏道。殿基周围（含登道）包砌青石，因石髓外露，石表呈现天然成趣的红色花纹。殿基表面虽无建筑遗迹可寻，但由出土文物知，周边曾安装青石栏杆。由此可以推断，其上原应建有面阔五间、进深三间的殿堂，环绕殿堂有一间宽的廊道。

（四）关于墓园主人

墓园主人是什么样的人？遗址本身没有提供直接证据，但可从中找到某些有用的线索。

俞伟超先生在论及汉代诸侯王与列侯墓葬形制时曾经指出："大约安帝以后，诸侯王与列侯都实行前、中、后三室之制。墓皆砖券。前室象征前庭，中室即明堂，后室即后寝。"由于大土地所有制的膨胀，"这时，许多二千石官秩的地方豪右，也普遍使用这种三室之制"⑥。此墓园主人墓，墓室规模超过《洛阳烧沟汉墓》所载之所有大墓，墓葬形制又与被认为是张伯雅墓的河南密县打虎亭汉墓⑦多所相似，或者正可视为规模较大的前、中、后三室砖券墓。况且墓内所出玉片，很可能就是通常只有列侯以上人物才能使用的玉衣残片。这说明墓园主人的身份至低应为二千石官秩的地方豪右。

前述张伯雅等人，皆为具有太守以上官职的地方豪右。其冢墓前、后所置石阙、石柱、石碑、石兽以至石室祠堂，皆属墓园遗迹。这一点由《水经注》对张伯雅墓的描述已经看得很清楚。这些墓园的主要特点之一，是将诸石刻及石室祠堂等与死者墓葬纵向排列于同一条轴线上，石室祠堂往往建于冢前，广为二⑧至三间⑨。以之与此墓园相比，显然是截然不同的两种布局。这可能意味着，此墓园的主人同张伯雅等不属于同一类人物。

此墓园内以大型殿基 F1 为主体建筑的墓侧建筑群，在结构上同西汉宣帝杜陵陵园东南的五号遗址颇多相似，而五号遗址被认为是杜陵便殿的遗迹，具有保存皇帝生前用器衣物、举行某些祭祀活动等功能⑩。此墓园将建筑群置于墓冢东侧，其主体建筑 F1 且以青石为重要建筑材料，这种布局和建筑特点，又与文献记载中的东汉诸陵有些雷同⑪。这样说，是否意味着此墓或为东汉帝陵呢？回答是否定的。因为：1. 东汉中晚期帝陵皆以行马代替陵垣，与此墓园四周修建高大土垣不符；2. 东汉中晚期帝陵规模甚大，即使其中最小的殇帝康陵，山陵周长也有二百零八步⑫，远非此墓冢可比；3. 文献所载东汉诸帝陵位置⑬，无一与此墓地望相符。由此三者，再加上建筑群不在墓园之外而置于墓园之内冢侧这一因素，可能暗示着墓园主人的身份应低于皇帝。这位身份特殊的墓园主人，有无可能是地位不同于臣民的皇室成员呢？这一问题的提出，使我们联想到汉魏洛阳城西的皇女台。对此台，《洛阳伽蓝记》《水经注》、（元）《河南志》均有记载，但对其地望和历史的具体描述却迥然不同。《洛阳伽蓝记》卷四云："出西阳门外四里御道南有洛阳大市。市南有皇女台。汉大将军梁冀所造。犹高五丈余。"《水经·谷水注》疑当时尚存于西明门外之土台为汉平乐观，并说"又言皇女稚殇，埋于台侧，故复名之曰皇女台"。二书作者皆北魏人，记述有关皇女台的人、事、地物差别竟如此之大，不能不使人怀疑北魏时期的人们对皇女台是否真正有所了解。也许（元）《河南志》的作者觉察到这一点，故而在写皇女台时，兼采二家言重新撰写出一段文字，以求有所弥补。文云："（西阳）门外四里御道南洛阳大市，周八里。市东南有皇女台。或云，汉时皇殇女，埋于台侧，故以名。"殊不知，这段文字非但不能消除原有的疑问，反而更加明白地道出，所谓皇女台实际是根据传闻而随手记录下来的。果如此，则台址所在及台侧是否埋葬皇女，便不是非查清不可的问题了，应该引起重视的倒是汉皇女埋于城西的说法，何以流传如此之广、影响如此之大？究其根源，恐怕是事出有因吧！基于以上认识，我们推想汉皇之早殇稚女同此东汉墓园可能存在有某种联系。

执笔者：段鹏琦　杜玉生　肖淮雁　钱国样
（原刊于《考古学报》1993 年 3 期）

注　释

①③④⑨《水经注·济水》。

②《水经注·比水》。

⑤《水经注·洧水》云："茔域四周，垒石为垣，阿隅相降，列于绥水之阴。庚门表二石阙，夹对石兽。于阙下冢前有石庙，列植三碑……碑侧树两石人，有数石柱及诸石兽矣。旧引绥水南入茔域而为池沼。沼在丑地，皆蟾蜍吐水，石隍承溜。池之南，又建石楼。石庙前又翼列

诸兽。"

⑥ 俞伟超：《汉代诸侯王与列侯墓葬的形制分析——兼论"周制""汉制"与"晋制"的三阶段性》，《中国考古学会第一次年会论文集（1979）》，文物出版社，1980 年。

⑦ 安金槐、王与刚：《密县打虎亭汉代画象石墓和壁画墓》，《文物》1972 年 10 期。

⑧ 罗哲文：《孝堂山郭氏墓石祠》，《文物》1961 年 4、5 期；《孝堂山郭氏墓石祠补正》，《文物》1962 年 10 期。

⑩ 中国社会科学院考古研究所杜陵工作队：《1982—1983 年西汉杜陵的考古工作收获》，《考古》1984 年 10 期。

⑪⑫⑬《东汉会要·凶礼》。

西晋帝陵勘察记

中国社会科学院考古研究所洛阳汉魏故城工作队

我国古文献对历代封建帝王陵墓的记载，以有关西晋诸帝陵者最为简略。除宣帝（司马懿）高原陵外，其他四陵，即景帝（师）峻平陵、文帝（昭）崇阳陵、武帝（炎）峻阳陵、惠帝（衷）太阳陵，一般皆只录陵名而不及其方位、地望，加之当初筑陵"不坟不树"[1]，年代既远，世人便罕有知其处者，因此之故，西晋帝陵遂成了当今考古学上一个难解之谜。

1917年和1930年，晋中书侍郎荀岳墓志、晋武帝贵人左棻墓志相继出土，为确定崇阳、峻阳二陵的地望提供了重要依据。但由于当时对其出土地点缺乏确切了解，有关记述失误，以致当人们从这两方墓志出发考证崇阳、峻阳二陵的位置时，得出了"二者一在南蔡庄村，一在南蔡庄北地，相距不过五里，这已经为晋陵的南北线勾出了一个简单的轮廓了"这一包含严重错误的结论[2]。

1982年秋，应国家基本建设和文物保护工作的需要，我队遵照上级指示，集中时间和人力，对西晋帝陵进行实地勘察。勘察工作于1982年10月中旬开始，1983年1月中旬告一段落。在这三个月里，先后做了三件事：1. 地面调查和访问；2. 铲探峻阳陵墓地和枕头山墓地；3. 发掘枕头山墓地之4号、5号墓，为解开晋陵之谜打开了希望之路。兹将工作情况及主要收获择要介绍如下。

一　地面调查和访问

根据已经掌握的资料，我们选择峻阳陵和崇阳陵为这次勘察的重点，地面调查和访问的重点区域放在南蔡庄及其以东的邙山南麓。

探索峻阳陵的契机是左棻墓志。该墓志云：左棻字兰芝，晋武帝贵人，葬峻阳陵西徼道内[3]。郭玉堂《洛阳出土石刻时地记》载，此志"民国十九年阴历十二月偃师城西十五里蔡庄村鲍姓在地中掘出"。依此，只要调查清楚鲍姓地的准确位置，那么峻阳陵之所在便可确定。调查之前，我们曾就左棻墓志的出土地点访问过南蔡庄村民，这次我们带着同一问题又前后访问十余人，他们皆指现南蔡庄大队养鸡场食堂北侧断崖处为墓志出土地。老乡说，这一带俗称"峻陵儿地"，由养鸡场食堂向北的小道，即是旧时翻越邙山的道路，当年郭玉堂访得左棻墓志后，曾复制志石一方，雇人立于出土地，受雇者没有按其要求办，而将复制品立在高于原出土地点二三层断崖的翻山小道旁。此石新中国成立前夕尚在，今不知何去。我们几次实地调查，在"峻陵儿地"的层层断崖上，发现多处暴露的夯土，夯层有厚有薄，各处不一。它们都可能是墓道填土。土音"峻陵儿"应是"峻陵"的儿化音，而"峻陵"实即"峻阳陵"一名的简略。在以后的铲探中，我们正是在这里探出一个大型古墓群——峻阳陵墓地（图一）。

　　荀岳墓志之于崇阳陵，作用近乎左棻墓志之于峻阳陵。该墓志云：荀岳以元康五年七月八日卒，时年五十，"圣诏嘉悼，愍其省约，特赐墓田一顷，钱十五万，以供丧事"，"安措于河南洛阳县之东，陪附晋文帝陵道之右，其年十月廿二日葬"[④]。《九钟精舍金石跋尾乙编》载，此志"丁巳年于偃师县西十五里蔡小庄出土"。《洛阳出土石刻时地记》称："民国七年阴历六月洛阳故城东十里蔡庄人掘井得之。"据此，荀岳墓志也是南蔡庄左近所出。以前我们访问该村，有人指村西南角一家门前的草棚下为墓志出土处。如此说来，文帝陵应在蔡庄村或其以北，确乎可能与其子武帝峻阳陵在一条南北线上了。对这一可能性，我们虽不敢断然否定，然总觉得父子二陵如此布置，于情理殊不相宜，不敢全信。果不其然，这次调查开始不久，我们即在南蔡庄村以东

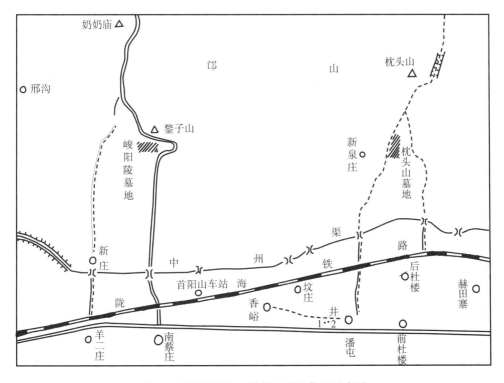

图一　峻阳陵墓地、枕头山墓地位置示意图

之坟庄、潘屯一带访到了有关荀岳墓志的新线索。

1982 年 10 月 16 日，我们在潘屯村北向社员潘通询问当地有什么古迹，他说潘屯村西出过荀岳墓志，是坟庄人刘德发打井掘得，并向我们指示了出土地点。我们顺着这一线索查询，先后走访了潘、刘两家亲属和当年在井下见过志石的老人张海超（音）以及两村老年社员十余人。从中了解到，民国初年，坟庄人刘德发在村东自家地里挖井，挖至 6—7 米深时发现墓志。志石出土后，潘屯村的私塾先生潘某，首先打了拓片，在其影响下，村民们竞相摩拓。墓志出土的消息，很快传到偃师大绅士南蔡庄人鲍奇灿耳里，被他设法霸了去。后鲍家遭土匪抢劫，志石便不知流落何处。出荀岳墓志的水井，当时即填平，经刘德发亲属现场指点，知其位置在潘屯、坟庄之间旧东西向小关道南侧地内。坟庄一队社员张海超说起当年他在井下看到的情况是：墓志所在处为一方形坑，坑底约 3 米 × 3 米，地面铺砖，坑之三面有砖砌墙壁，墙高 1 米左右，另一面为土壁，志石立放，面对土壁。此人不识字，不清志文内容，但所述志石形状、质料、大小，与荀岳墓志实物一致，所指井的位置，也与刘德发亲属所说相符。这说明，荀岳墓志出土前仍是墓中物，没有移动位置。经查访，墓志出土地点左近共有三个早已回填的土井。我们探到了其中的两口，即 1 号井和 2 号井（见图一）。它们东西相距数米，口径各约 1 米，探至距地表 5 米处见水。第三口井据说在 1、2 号井以南 20 余米处，我们没有找到它的具体位置。通过这些工作，虽然没能从铲探方面得到墓志出土地即荀岳墓的可靠证据，但据以判断荀岳墓志出于这一有限范围内，大概没什么问题。

基于以上材料，我们认为《九钟精舍金石跋尾乙编》及《洛阳出土石刻时地记》关于荀岳墓志出土地点的记载是靠不住的。1982 年年底，我们又看到 1981 年版新书《增补校碑随笔》（清方若著，今人王壮弘增补），王氏增补晋碑中有中书侍郎荀岳墓志，其云此志系"一九一七年河南偃师汶庄（即坟庄）乡人掘井得之"，这与我们调查所得事实符合，更证实了前述二书的错误。

荀岳墓志出土地点既明，那么晋文帝崇阳陵的方位便可大体判定：它与南蔡庄无任何关系，而应在潘屯及其东邻杜楼村以北。通过对这一带进行地面调查，并根据前杜楼大队十二队社员庞青川提供的线索，我们终于在潘屯、杜楼二村以北的枕头山前找到一处大型墓地——枕头山墓地（见图一）。

二 峻阳陵墓地、枕头山墓地的铲探

峻阳陵墓地和枕头山墓地的铲探工作，于 1982 年 11 月初开始，13 日枕头山墓地铲探结束，27 日峻阳陵墓地的铲探也告完毕。

峻阳陵墓地　位于南蔡庄村北2.5千米的山坡上，背靠海拔252.8米高的鏊子山，面对低平、开阔的伊洛平原；巍峨伏牛瞻于前，邙山主脉障其后，地理形势蔚为壮观。鏊子山山顶平坦，东西长约200米，由南望去，兀立如屏。鏊子山两端，各有一独立山头，它们分别向南伸出一条较为平缓的山梁，对墓地形成三面环抱之势，实为一处"风水宝地"。

墓地原为一片自北而南的斜坡地，现已辟为层层梯田。靠墓地南界，有南蔡庄大队的东风蓄水池和养鸡场。在这里，共探出古墓31座，除八座（M24—M31）汉、唐墓外，其余23座（M1—M23）分布集中，自成一区，显然是一个按照一定规划形成的墓地。我们所说的峻阳陵墓地实即指此。这23座墓一律坐北面南，墓道方向167—172度。它们形制统一，都是具有既长且宽之斜坡底墓道的土洞墓。墓地内墓葬的布局，主次分明，排列有序，透露出死者生前相互间的尊卑关系（图二）。

M1，位于墓地最东部，位置稍偏前，居于尊位，同临近墓葬相距大约40米。它在所有墓葬中规模最大，墓道长36、宽10.5米；墓室长5.5、宽3、高2米。墓主无疑是全墓地生前地位最高者。

另外22座墓葬（M2—M23）分布在墓地西部，它们从养鸡场食堂以北的第一层梯田往北，逐层向上，分作四排：第一排，2座（M22、M23）；第二排，6座（M16—M21）；第三排，4座（M12—M15）；第四排，10座（M2—M11）。前排各墓间隔较大，如第一排墓间距为26米。后排各墓间隔较小，如第四排墓间距小者才2—3米。这些墓葬的规模都小于1号墓，墓道一般长17—22、宽6—8米，墓室一般长4.5—6.5、宽2.5—3、高1.5—2米（诸墓各部详细尺寸见表一），其规格显然较1号墓为低，墓主身份自然也应较1号墓为卑。从墓葬排列情况看，墓主生前的地位也有差异，似乎居前排者位高，居后排者稍次。

铲探证明，调查所见暴露断崖上的夯土确实都是墓道填土。它们中夯层较薄者，每层厚5—6厘米；夯层较厚者，每层厚约13厘米。这种差别，同墓主的身份地位及埋葬时间或有直接关系。从已暴露的墓道断面得知，该墓地墓葬的墓道，都是口部最宽，由口部往下逐层内收，侧壁上留下一层层生土台。

我们从墓地边缘向四周普探，左、右两侧直探到东、西山梁上，往南也探到了墓地以南第三层台地边，没有发现任何陵垣痕迹，这既可能是陵垣早已尽毁无遗，更可能是当初就未筑陵垣，而以自然山峰、山梁代之。

枕头山墓地　在后杜楼村北1.5千米一座无名山丘的南坡。山丘海拔233.3米，顶隆圆如盖，老乡称其为鳖盖地（图三）。东隔小东沟、大东沟与杨岭坡（山梁名）、唐山相望；西隔下洞沟和200余米高的无名山梁直对；其背后跨过一带低地，即是拔地而起的平顶山峰枕头山，海拔290.4米；其前面，地势逐级下降，与低平、富庶的伊洛

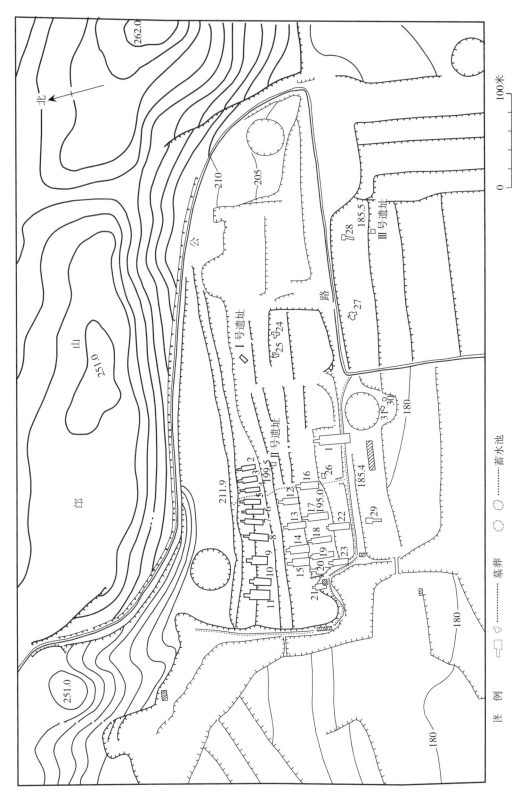

图二 峻阳陵墓地地形图

图 例　□ 宀 墓葬　○ ○ ○ 蓄水池

表一　峻阳陵墓地墓葬各部尺寸明细表

单位：米

墓号	墓道			墓室			备注
	长	宽	深	长	宽	高	
峻 M1	36	10.5	9.5	5.5	3	2	墓室中部有盗洞
峻 M2	19	5.8	7	5	3	1.7	墓室底部铺砖；中部有盗洞
峻 M3	19	5.8	7	5	3	1.7	墓室底部铺砖
峻 M4	19	5.8	7	4.5	3	1.7	墓室底部铺砖；有盗洞
峻 M5	17	5	7.8	6.8	2.4	1.85	墓室底部铺砖；东南部有盗洞
峻 M6	19.2	6.5	8.2	4.3	2.3	2.05	
峻 M7	19	5.4	8.55	4.2	1.8	1.6	墓室底部铺砖
峻 M8	23	8.1	11	5.8	2.4	1.8	墓室底部铺砖
峻 M9	18	9.3	11.6	6.3	3.4	2.55	墓室西南部有盗洞
峻 M10	18	7.3	11	4.8	3.2	1.5	墓室底部铺砖；东南部有盗洞
峻 M11	22.4	9	11	6.5	2.5	2.5	墓室底部铺砖；中部有盗洞
峻 M12	18.4	6.6	7.55	5.9	3	1.85	墓室底部铺砖
峻 M13	20.4	7.2	8.75	5.9	2.5	1.92	墓室底部铺砖；中部偏南有盗洞
峻 M14	22	7.8	9	6	2.5	1.7	墓室底部铺砖
峻 M15	19	8.2	10.4	6.75	2.9	2.3	墓室底部铺砖；西北部有盗洞
峻 M16	19	6	?	5.5	3	2	墓室底部铺砖
峻 M17	23.5	6	8.3	6	2.8	1.7	墓室底部铺砖；南部有盗洞
峻 M18	23	6.2	7.6	3.8	2.8	1.8	墓室中部偏东有盗洞
峻 M19	24	6	7.3	3.6	2.4	1.7	墓室底部铺砖；西南部有盗洞
峻 M20	17	7	8.3	4.7	3.2	2	墓室底部铺砖；西北部有盗洞
峻 M21	12.6	5.9	8.7	5	3	3?	墓室底部铺砖；中部有盗洞
峻 M22	23	7	11.7	4.2	2.6	2	墓室底部铺砖；西南部有盗洞
峻 M23	16.4	5.8	11.4	5	3	2.4	墓室东南部有盗洞

平原衔接，视野极其开阔。由枕头山顶俯瞰墓地，恰似在簸箕当心横身而卧的灵龟。

墓地原为自北向南倾斜的缓坡，现已辟为梯田。这里，共探出古墓 5 座（M1—M5），墓皆坐北面南，墓道方向 167—172 度。墓地内，墓葬的形制、布局，都与峻阳陵墓地一致（图四）。

M1，是枕头山五墓中规模最大、规格最高者，墓道长 46、宽 11 米，墓室长 4.5、宽 3.7、高 2.5 米。它位于墓地东部，位置稍偏前，占据尊位，与其余四墓相距约 50

图三　枕头山墓地外景

米，墓主应是全墓地地位最尊者。

　　M2—M5，规模比 1 号墓小，一般墓道长 18—24、宽 6—7 米，墓室长 4.5—5、宽 3—3.8、高 2—2.5 米（诸墓各部详细尺寸见表二）。它们分布于墓地西部，分作前后两排，每排各二墓，前排 M4、M5，后排 M2、M3，墓主地位应次于 1 号墓。

表二　枕头山墓地墓葬各部尺寸明细表

单位：米

墓号	墓道			墓室			备注
	长	宽	深	长	宽	高	
枕 M1	46	11	11	4.5	3.7	2.5	墓室底部铺砖；西南部有盗洞
枕 M2	18	6.5	5.8	5.5	3.8	1.5	墓室中部有盗洞
枕 M3	22	5.3	7	4.5	3.5	3	墓室底部铺砖；墓室前部探到石质物或为石门
枕 M4 *	24	6	7.5	5	3	2.5	墓室底部铺砖；前部有盗洞，墓室前部探到石质物或为石门
枕 M5 *	22	7	10	5	3.8	2	墓室底部铺砖；中部有盗洞

　　* 经发掘，M4 和 M5 均由墓道、甬道、墓室三部分组成，各部实际尺寸是：M4，墓道长 26.3、宽 6.3、深 7.8 米（自原地表起算），甬道长 2.6、宽 2.5、高 2.8 米，墓室长 4.7、宽 1.9、高 1.9 米，方向南偏西 8°；M5，墓道长 24.5、宽 7.3、深 9.5 米（自原地表起算），甬道长 2.7、宽 2.2、高 4.2（破坏后数字）米，墓室长 4.3、宽 1.8、高 1.6 米，方向南偏西 10°。

　　墓地周围，残存有陵垣及建筑遗迹。

　　陵垣仅存东、北、西三面，且被梯田断崖切割成互不连接的若干小段；南垣未见

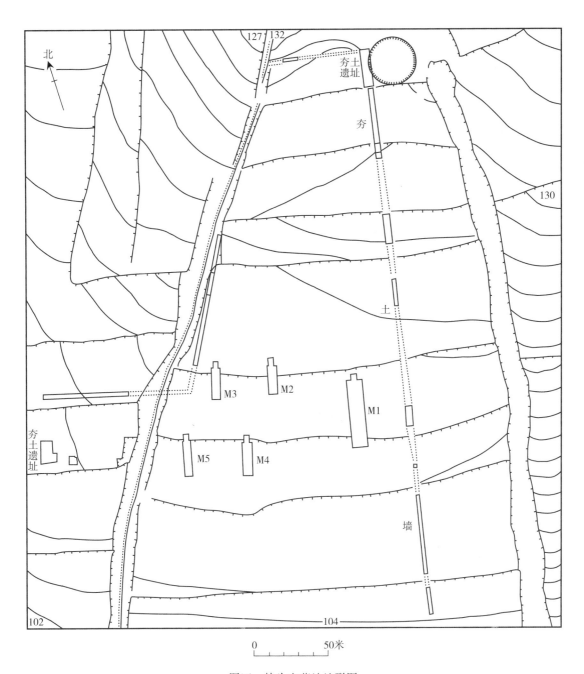

图四　枕头山墓地地形图

任何痕迹，或许是在修梯田时被彻底挖掉了。东垣现存八段：自南至北第一段，长19、
宽3米；第二段，长54、宽3—3.5米；第三段，长2、宽2米；第四段，长14、宽5
米；第五段，长19、宽2.5—3米；第六段，长20、宽5.5米；第七段，长4.5、宽
5.5米；第八段，长40、宽5.5—6米。全长（包括最北端夯土台基和各段间已毁部
分）约384米。北垣残存二段：自东至西第一段，长2米；第二段，长10米，宽皆

2—2.5 米。如以北垣同西垣假想的交点为北垣西端，北垣总长 80 米左右。西垣残存三段：自北至南第一段南北向，长 48、宽 2—2.5 米；第二段南北向，长 18、宽 2—2.5 米；第三段东西向，位于 M3 之西，应是西垣由此折转向西的部分，此段长 57、宽 2.5 米。由西、北二垣假想交点起至西垣第三段之西端，总长度约为 330 米。现残存的这些陵垣夯土，一般都很薄，厚度只有 20—30 厘米，个别部分稍厚（见图四）。

这三面陵垣围成一个北窄南宽的梯形，其南端的宽度，如以现东、西二垣间最大距离计，约为 250 米。

建筑遗迹共探出两处，皆与陵垣有密切关系。一处位于墓地东北角、东陵垣的尽北端。这是一座长方形夯土台基，南北长 26、东西宽 9.5 米，夯土总厚度 1.5 米。另一处，位于第三段西垣之南侧，由三块夯土基址组成：自东至西第一块，作"」"形，南北长 20、东西宽 9 米；第二块，近方形，东西、南北各约 5 米；第三块，作"⌐"形，南北长 15、东西宽 11 米。三块夯土都很薄，残存厚度与陵垣相近，为 30 厘米。从其位置看，这两处建筑遗迹应与陵区守卫有直接关系。

在第二处建筑遗迹以南约 15 米的现代路沟西侧，还发现一段长约 35 米的古代路土，它是否即当初通向墓地的道路呢？

三 枕头山墓地 4 号、5 号墓的发掘

铲探结束后，为准确了解峻阳陵墓地和枕头山墓地的时代和性质，我们于 1982 年 12 月中至 1983 年 1 月中，发掘了枕头山墓地规模较小的两座墓 M4 和 M5。

这两座墓，历史上几次被盗，骨架零乱，随葬品散失殆尽，幸存的几件器物也已破碎不堪。据铲探资料，在峻阳陵墓地和枕头山墓地，没有盗洞的墓葬极少，所以，很难从中取得一些墓葬的完整资料。

（一） M4

是两座墓中保存较好的。它是一座具有长墓道的土洞墓，由墓道、甬道、墓室三部分构成（图五，上）。

墓道 上口作长方形，南北长 26.3、东西宽 6.3 米。由墓道口向下，每下深 1 米左右，两侧壁各留一个 40 厘米宽的生土台，最下一层生土台高于墓道底 2.8 米。墓道总深度，自原地表起算为 7.8 米。从上到下两侧壁各留生土台五层，至墓底，墓道宽度缩为 2.1 米。墓道底总体作斜坡状，坡面上挖有脚凹和横向小槽。其南端中部与当时的地面略平，越向北则越深，至甬道前约 4 米处，变作平底，这部分地面上有一层厚约 5 厘米的草木灰。墓道内填土夯打坚实（图六）。

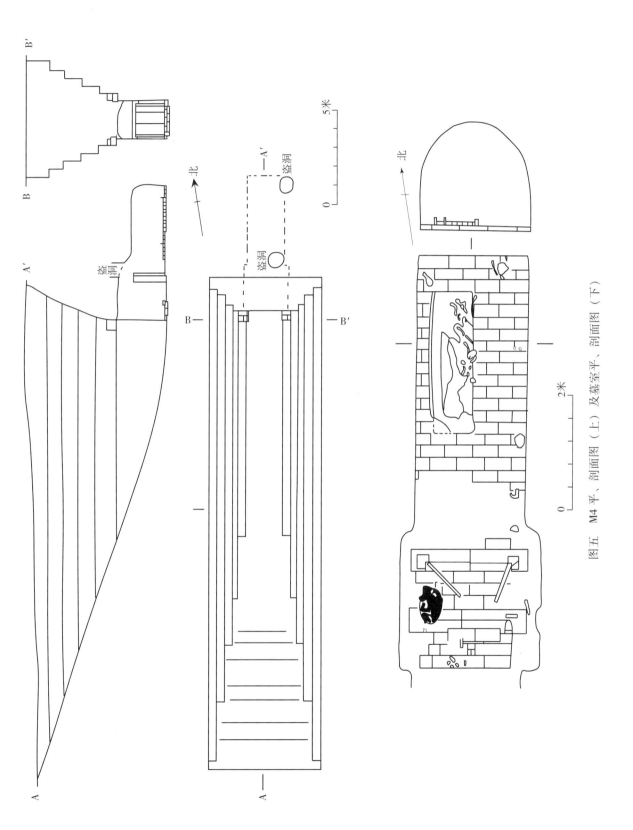

图五 M4 平、剖面图（上）及墓室平、剖面图（下）

图六　M4 墓道全景

甬道　指墓道北端至墓门前的一段。是为一拱形顶土洞，南北长2.6、东西宽2.5、高2.8米，底部铺素面砖。在距墓门约1米处，铺地砖间嵌有青石门槛一条，此门槛由两块青石构成，长2.1、宽0.4米。在甬道口前面两侧，各有拱券形砖垛残基立于最底一层生土台上。甬道内发现3具未经扰乱的动物骨骼：正对墓门放猪骨1具；墓门西侧置狗骨1具；墓门东侧是1条牛大腿骨。它们显然是有意识埋进墓内的，应与封墓前祭奠仪式有关（图五，下）。

墓门　建于甬道北端。由青石质门上额、门槛、立颊和门扇构成，宽2.1、高2米，其中石门扇高1.8米，宽0.75米。两扇石门接合严密，门轴部分厚，"门口"部分薄，两扇门的"门口"都做成斜面。墓门的所有构件，制作工整，各外露面都经过仔细加工，但既无纹饰，也未磨光，纤细整齐的錾痕清晰可见。

墓室　系就原生土挖成的拱形顶土洞，周壁未作任何粉饰，南北长4.7、东西宽1.9、高1.9米，地面铺青砖。室内葬1人，骨殖零乱，性别不明，葬具为漆棺，沿西壁竖放。棺长约2.5、宽约0.8米。残存随葬品十件，计有涂朱陶盘、涂朱陶碗、灰陶碗、长方形石板、涂彩蚌片、残铜扣等。涂朱陶盘和陶碗，制作工艺精良，器壁薄而光滑，呈淡青灰色。

陶盘　3件。器形、大小相同。敞口，浅腹，斜壁但中部稍向内弧，平底。器底内、外表面各有一条凸棱，沿内表面之凸棱外侧涂朱一周。盘口径25.5、底径18.9、高3厘米（图七，4；图八，1）

陶碗　3件。敞口，弧壁，深腹，平底，尖唇，唇部外侧有一条凸棱，器壁内侧及

唇部外侧涂朱。口径 16.8、底径
9.6、高 6 厘米（图七，1；图八，
2）。

灰陶碗　2 件。器形近似于涂
朱陶碗，但器壁较厚，唇亦稍圆，
器壁内侧饰刻划篦纹数周，制作工
艺远较涂朱陶碗粗糙。两件灰陶碗
大小如一，口径 16.5、底径 9、高 6
厘米。

石板　1 件。呈长方形，一端
稍宽。长 16.5、宽 10.8—11、厚
0.9 厘米。石质细坚，色灰黑，石
面平整，或为研磨用具（图八，
3）。

铜扣　1 件。原施于圆形漆器
口部，横截面呈"┒"形，出土时
尚残留有漆皮。红铜质，残长 22 厘米（图八，6）。

涂彩蚌片　1 件。系一完整蚌壳破碎后的残余部分，表面有红彩。

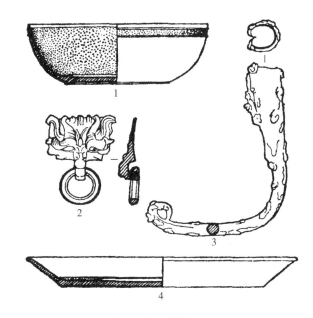

图七　出土器物

1. 涂朱陶碗（M4）　2. 镀金铜铺首（M5）　3. 铁钩形器
（M5）　4. 涂朱陶盘（M4）　（2 为 4/5，余为 1/4；
图中散点表示涂朱部分）

（二）M5

形制同 M4，其破坏程度比 M4 更甚，墓门已毁，石构件多不知何去，墓中仅余已
翻动的石门槛一块。此墓同 M4 一样，以漆棺为葬具，沿墓室西壁竖放，棺长不详（破
坏），宽约 0.74 米。墓内残存骨殖甚少，仅知其为单人葬。残存随葬品，计有涂朱陶
盘 1 件、涂朱陶碗 1 件、残灰陶罐 3 件、灰陶碗 1 件，以及铁钩形器、镀金铜铺首、铜
搭扣、串珠、散珠、桃形金叶等。

涂朱陶盘、涂朱陶碗、灰陶碗的器形、大小均与 M4 所出同类器物相同。灰陶罐仅
存底部。

铁钩形器　1 件。一端为筒，另一端末尾卷作圆圈状。全器长约 27 厘米，当是悬
挂丧物之竿杖上的构件（图七，3；图八，7）。

镀金铜铺首　3 件。原为漆器饰件，制作精细，兽头眉目清晰，衔一小圆环。三件
铺首器形、大小无差异，器高 2.95、宽 2.2 厘米（图七，2；图八，5）。

铜搭扣　1 件。残存部分为其末端，呈桃形，中心部位有一圆形孔。红铜质。器残
长 3.7、宽 4.2 厘米（图八，4）。

图八　出土器物

1. 涂朱陶盘（M4）　2. 涂朱陶碗（M4）　3. 石板（M4）　4. 铜搭扣（M5）
5. 镀金铜铺首（M5）　6. 铜扣（M4）　7. 铁钩形器（M5）

串珠　1 串。出土时仍串在一起，有珠九颗。珠呈银白色，大如绿豆。

散珠　4 颗。其质料、颜色、大小与串珠同。

桃形金叶　1 片。薄如纸，大小如杏仁，钝端有一细孔。它和串珠、散珠都可能是死者衣冠上的饰物。

图九　M5 墓室铺地砖（1/4）

此外，应该提到的是，M4、M5之墓室铺地砖及墓道夯土所出多块半截砖，与汉绳纹砖不同，表面饰弧线状绳纹（图九）。这种砖曾见于著录。从所录具西晋年号砖文知道，它们皆为晋砖，这对判断墓葬的时代是一个有力的佐证。

四　结　语

基于调查、铲探和发掘资料，结合文献记载，我们对西晋帝陵及本次勘察提出如下看法。

1. 这次勘察的主要收获之一，是查明了荀岳墓志的出土地，纠正了以往有关记载的错误，为考察晋文帝崇阳陵提供了可靠依据。

2. 这次勘察的另一主要收获，是发现并铲探了峻阳陵墓地和枕头山墓地。这两个大型墓地，东西相距3千米，具有同样的布局、同样的墓葬形制，又同处于邙山之阳，高程相近（两墓地都在黄海高程系180—200米的等高线上），墓葬方向基本一致，墓葬大小相差无几。可见，它们是同一时代、同一级别的两个关系密切的墓地。从枕头山墓地4、5号墓墓道夯土中发现的晋砖、墓室出土的饰物金叶、串珠和其他器物看，这些墓葬无疑都是晋墓，而且墓主可能是贵族。

3. 我们初步认为，峻阳陵墓地就是晋武帝之峻阳陵，理由如下。

（1）此地的地理条件适合建造帝王陵墓。老乡称其地为"峻陵儿"，很可能是峻阳陵简化后的儿化音，恰巧峻阳陵墓地又是一座大型晋代墓地，尤其是晋武帝贵人左棻墓志即出于此，老乡所指志石出土地点适在墓地西部边缘，与志文所载"葬峻阳陵西徼道内"相符。

（2）左棻墓既是峻阳陵墓地西部墓群中的一个成员，那么墓群的其他二十一座墓有可能都是后妃之类后宫女性墓，东部的1号墓则是武帝墓，这与史书晋武帝多内宠的记载也是吻合的。

（3）《晋书·羊祜传》：羊祜卒，"从弟琇等述祜素志，求葬于先人墓次，帝（武帝）不许，赐去城十里外近陵葬地一顷，谥曰成，祜丧既引，帝于大司马门南临送"。文中所说的陵，虽未点明就是峻阳陵，但羊祜生前既为武帝所赏识，死后又不许其归葬先茔，且特意赐予他近陵葬地，颇有让羊祜陪陵的意思。陪哪个皇帝陵？自然只能是武帝的峻阳陵。照这样理解，那么，从"去城十里外近陵葬地"一语可知，峻阳陵距晋洛阳城大约十里上下，而峻阳陵墓地去晋洛阳城的距离恰合此数。

4. 枕头山墓地很可能是文帝崇阳陵。我们所以做出这一推测，理由很简单：首先，峻阳陵墓地既是峻阳陵，那么，毋庸置疑，与其处于同一时代、同一级别的枕头山墓地，也应当属于帝陵一级；其次，在地理位置上，枕头山墓地在东，峻阳陵墓地在西，与郭缘生《述征记》所记崇阳陵、峻阳陵的相对位置（下详）合契；最后，也是最值得重视的一点是，如以枕头山墓地的墓葬方向估计其"陵道"的方位，则应在墓地与杜楼村相对应的南北线上，这样，荀岳墓志出土地潘屯村西，便恰在"陵道之右"，与墓志所云相符。

5.《文选》卷三八傅季友《为宋公至洛阳谒五陵表》注引郭缘生《述征记》，是一段关于晋五陵相对位置的有用资料，其云："北邙东则乾脯山，山西南晋文帝崇阳陵，陵西武帝峻阳陵。邙之东北宣帝高原陵、景帝峻平陵。邙之南，则惠帝陵也。"它比较清楚地表明，晋五陵分别位于东西相连的北邙和乾脯二山两侧。山之阳，自东至西为文帝崇阳陵、武帝峻阳陵、惠帝太阳陵；山之阴，为宣帝高原陵、景帝峻平陵。以往由于既不知道其所谓北邙、乾脯各指哪个山头而言，又不能确定五陵中任何一个陵的位置，所以，记载虽较具体，却无助于解决实际问题。而今不同了，我们通过勘察已经初步推定了峻阳陵和崇阳陵之所在，又在对峻阳陵墓地、枕头山墓地的铲探、发掘中，加深了对晋代陵墓制度的理解，这为进一步勘察西晋的其他几座帝陵，奠定了较好的基础。鉴于这一点，我们认为，继续考察晋陵困难固然很多，但是只要坚持努力，认真对待，彻底解开晋陵之谜不是没有希望的。

执笔者：段鹏琦　杜玉生　肖淮雁
（原刊于《考古》1984 年 12 期）

注　释

① 《晋书·礼中》：（嘉平三年）"六月帝（司马懿）寝疾……秋八月戊寅崩于京师。……先是予作终制，首阳山为土藏，不坟不树。……一如遗命"；《宋书·礼二》："晋宣帝豫自于首阳山为土藏，不坟不树。作顾命终制，敛以时服，不设明器。文、景皆谨奉成命，无所加焉"；"景帝崩，丧事制度，又依宣帝故事"。

② 蒋若是：《从"荀岳""左棻"两墓志中得到的晋陵线索和其他》，《文物》1961 年 10 期。

③ 左棻墓志拓片见《汉魏南北朝墓志集释》。

④ 荀岳墓志拓片见《汉魏南北朝墓志集释》。

初释西晋帝陵之谜

对古都洛阳历代帝陵，正史记载均较简略，而其中尤为甚者，当属魏晋诸陵。西晋一代号称五陵，即武帝司马炎峻阳陵、惠帝司马衷太阳陵，以及晋受魏禅、司马炎称帝后追封的宣帝司马懿高原陵、景帝司马师峻平陵和文帝司马昭崇阳陵。这五陵中，除宣帝高原陵尚可凭借《晋书》之《礼志》和《宣帝纪》所载司马懿"预作终制"文，知其于"首阳山为土藏"外，其余诸陵，则仅见陵名而不闻其方位和地望。加之当初筑陵"不坟不树"，年代既远，世人便罕有知其处者。因此之故，西晋帝陵遂成为当今考古学上一大难解之谜。为解开这一难解之谜，人们曾经做过多方努力，直到20世纪80年代初期，才取得了突破性的收获。

一　有关西晋帝陵的初期探索

此指20世纪80年代以前前人所做的工作。

清乾隆年间，洛阳知县龚崧林编修洛阳县志，首次触及西晋帝陵的地望问题。其时，他曾用大量篇幅"考证"洛阳历代帝陵，于他代帝陵枉费笔墨甚多，并妄指邙山某冢为其陵以示郑重，唯独于西晋帝陵无话可说。除误以青台冢（即北魏元怿墓）为宣帝高原陵外，其余诸陵，只能注以"今失考"或索性从略。

1917年和1930年，与西晋帝陵密切相关的荀岳墓志和左棻墓志因墓被掘而面世，理所当然地引起时人的热切关注。墓志拓片广为流传，墓志录文及有关出土时间、地点的查访记录，也被有识之士收入著录。

据墓志，荀岳乃晋中书侍郎，晋元康五年（公元295年）七月八日卒。其先世葬于颍川颍阴县之北，因当年七月十二日大雨过常，旧墓下湿，崩坏者多，无法归葬。"圣诏嘉悼，愍其省约，特赐墓田一顷，钱十五万，以供丧事，是以别安措于河南洛阳县之东，陪附晋文帝陵道之右。"左棻，字兰芝，乃左思之妹，晋武帝贵人。"永康元年（公元300年）三月十八日薨，四月二十五日葬峻阳陵西徼道内。"显然，二志无疑为探索崇阳、峻阳二陵具体地望的珍贵实物，关键是它们的出土地点必须查访清楚。

关于荀岳墓志的出土地点，郭玉堂《洛阳出土石刻时地记》称，系"民国七年阴历六月洛阳故城（按：即汉魏洛阳故城）东十里蔡庄人掘井得之"。《九钟精舍金石跋尾乙编》说是"丁巳年于偃师县西十五里蔡小庄出土"。考之地望，此所谓蔡庄、蔡小庄，实指同一地，即今南蔡庄村。关于左棻墓志，《洛阳出土石刻时地记》云，系"民国十九年阴历十二月偃师城西十五里蔡庄村鲍姓在地中掘出。地在洛阳故城东十里"。当时，许同莘、郭玉堂等还曾复制志石一方立于原出土地点附近。对此，《洛阳出土石刻时地记》有如下记述："志石大如寻常，用砖，表里刻字。重七斤十二两。……民国二十七年，无锡许同莘橅原志于石，属玉堂（原误作唐）立之墓墟，系以铭云，中华民国十九年冬偃师蔡庄民掘地得古冢，有石刻长尺有二，赓平之视其文，晋左贵人之墓地。后八年有过而吊者，哀岸谷之变迁，惧壤土之灭没，橅刻于石，加封树焉，并集泰冲句为铭……末署郭翰臣（玉堂）监立，而不自具名也。"郭玉堂先生 1957 年病逝，已故考古学家蒋若是先生曾于 1956 年 11 月 13 日专为此志造访郭先生。郭先生补充说，志石出于南蔡庄北地四五里鏊子山，后模刻立石处，在原志石出土地以西三四丈，并非左棻墓原处，其西隔沟并有崔莺莺墓。看来，有关左棻墓志出土地点的记述，似较荀岳墓志更具体，也更接近实际。

蒋若是先生根据此二墓志和有关文献资料，于 1961 年在《文物》杂志上发表《从"荀岳""左棻"两墓志中得到的晋陵线索和其他》一文，表明了他对西晋帝陵的认识，并在附图中标明二墓志出土地点及文帝崇阳陵和武帝峻阳陵之所在。他认为，二墓志同出于南蔡庄，"这是一个很有意思的线索。左棻墓志出土上距荀岳墓志出土十二年，二者一在南蔡庄村，一在南蔡庄北地，相距不过五里，这已经为晋陵的南北线勾出一个简单的轮廓"。文章在援引《晋书·宣帝纪》关于司马懿死葬的一段记载后进一步指出："从这里可以看出两个问题，一是说宣帝死前就在首阳山营墓，死后也就葬在首阳山。首阳山在今洛阳故城东十里，恰巧和南蔡庄在南北一条线上。二是说晋宣帝在首阳山造墓'为土藏，不坟不树'。死前并作顾命三篇，使后辈要'一如遗命'。可见晋陵是不起坟冢，不植树木，只作一个地下土藏，作为死者的葬身之地。"最后，蒋先生发出由衷地慨叹，以为"由于当时的'不坟不树'和严守秘密，使西晋帝陵，成为近代的考古之谜，现在从这两方墓志的出土上，总算找到了初步的答案"。

蒋先生找到的"初步答案"，涉及西晋帝陵制度及其具体地望，称得上是一次解开晋陵之谜的有益尝试。其突出贡献在于，除肯定晋陵制度中不坟不树的特点外，初步判明了武帝峻阳陵的位置，第一次使世人形成了关于西晋帝陵区地望的强烈印象。然而，细读全文，使人觉得蒋先生找到的"初步答案"，尤其是它的核心——由二墓志出土地点构成的晋陵之南北线，似乎不那么可信。因为著录关于荀岳墓志出土地点的记述看起来远不如左棻墓志足资凭信，而且依此得出的结论，也有将父子二人的陵墓倒置之憾，以亲缘关系论，这是违背情理的。因此，我们以为，对这一"初步答案"仍有进一步探究的必要。

二 晋陵探索获得突破性进展

1982 年秋，为适应国家基本建设和文物保护工作需要，国家文物局要求中国社会科学院考古研究所洛阳汉魏城队尽快查明西晋帝陵区的大致范围，以合理解决国家重点工程项目首阳山电厂的选址问题。当时，该队由我和杜玉生、肖淮雁、朱延平以及技工陈华州、张德清组成，国家文物局还派王军同志随队参加部分工作。我和杜玉生任正、副队长。

接受任务后，我们即以高度的责任感，集中人力和时间开展实地考察。考察工作于同年 10 月中旬开始，次年 1 月中旬结束，历时三个月，先后做了三件事：1. 地面调查和访问；2. 铲探峻阳陵墓地和枕头山墓地；3. 发掘枕头山墓地 4 号、5 号墓。其考察结果，应该说是令人满意的。

1. 地面调查和访问

这项工作实际上是沿着蒋若是先生文章的路子继续往前走，当年 10 月 15 日考古队在杜楼村小学安排好住处即行开始，与筹备在杜楼、潘屯、坟庄、香峪一带开展考古铲探诸有关事宜同时进行。我们之所以准备在此铲探，是因为按照国家文物局书面通知，电厂拟选厂址在此。事后才弄明白，电厂拟选厂址在杜楼村以东今厂址处而非此地。是为由于具体工作中出现的一点小误会，引出的一段有趣插曲。但从一定程度上说，正因有了这段插曲，才使这次西晋帝陵考察工作，进行得如同下面所说的那般顺利。

为调查核实左棻墓志的出土地点，我们前后曾访问过十余位南蔡庄村民，他们皆指原南蔡庄大队养鸡场食堂北侧断崖处为墓志出土地。并称其处俗呼"峻陵儿地"，由养鸡场食堂向北的小道，即是旧时翻越邙山的道路。当年郭玉堂访得左棻墓志后，曾复制志石一方，雇人立于出土地，然受雇者没有按其要求办，而将复制品立在高于出土地点二、三层断崖的翻山小道旁。此石新中国成立前夕尚在，今不知何去。养鸡场管理人员老鲍确认，该处旧为其自家土地，幼时曾在地中见过多处盗墓留下的遗迹。养鸡场背后的山头正名鳌子山。而且养鸡场北侧断崖上暴露的墓道夯土断面也不在少数。我是偃师人，熟知家乡方言，以为土话"峻陵儿"应即"峻陵"的儿化音，而"峻陵"当是"峻阳陵"一词的略称。这一切使我们相信，著录关于左棻墓志的记述和蒋先生所标峻阳陵所在位置，很可能都是正确的。

对荀岳墓志出土地点的调查访问，开始时间实际早于左棻墓志，而且是一接触到潘屯村民便得到了出乎预料的信息。那是10月16日的下午,杜玉生等去有关各村联系铲探事宜,朱延平等前往杜楼窑场清理推土中暴露出来的小墓,我一人到杜楼村西察看即将铲探的工作场地。刚出村,即遇上潘屯村民潘通、潘石头在路边放羊。闲谈中,我问他们当地有什么古迹,他们反问:你要什么古迹,墓志要不要? 我说:当然要。是谁的墓志? 潘通答:荀岳墓志。我好生奇怪,就说:荀岳墓志不是出在南蔡庄吗? 怎么会在你们这里。他们斩钉截铁地说:荀岳墓志哪里出在南蔡庄,是出在我们这里!接着便向我介绍了墓志最初发现及以后多次易手的事实梗概:民国初年,坟庄人刘德发在村东自家地里打井,挖到6—7米深时发现墓志。志石出土后,潘屯村私塾先生潘某首先打了拓片。在其影响下,村民们竞相摩拓。"文化大革命"前很多家仍有拓片保存,"文化大革命"中才被当作"四旧"烧掉。荀岳墓志出土的消息,很快传到大绅士南蔡庄人鲍奇灿耳朵里,被他设法霸了去。鲍家后遭邙山上土匪抢劫,志石便不知流落何处。他们还顺手向我指示了志石出土地点,并说当年在井下亲见志石的人中,健在者尚有坟庄张海超(音)老人。他们热情地表示,回去再访一下,看村里还有没有侥幸保留下来的拓片。当晚我将这一消息通告全队,大家不胜欢喜。次日中午,我和肖淮雁再访潘通、潘石头,得知村内原存拓片已了无孑遗。一阵惋惜之后,二位亲领我们到村西,察看位于潘屯至坟庄间旧东西向小官道南侧的墓志出土地。在此后的调查中,我们前后访问过两村的十余位老人,其所说与潘通等的介绍基本相符;已故刘德发的老伴特地为我们指点了她家土地及水井的位置,其所指也与潘通等所指地点无大差距;据老人们回忆,此处旧有水井三口,三者相距甚近,荀岳墓志所从出之水井,只是其中之一,因其打在古墓上,被视为不吉,未打成即遭废弃。11月2日晚上,我和肖淮雁、朱延平、陈华州四人再次造访坟庄,终于见到了张海超(音)老人。老人那年74岁,讲起一二十岁时在刘德发家井下看到的情况依然描述清晰。非亲历不能如此。据他说,墓志所在处为一方形坑。坑底约3米见方,地面铺砖;坑之三面有砖砌墙壁,墙高1米左右,另一面为土壁,志石面对土壁立置。老人不识字,说不清志文内容,但所述志石形状、质料、大小,皆与荀岳墓志实物一致,所指井的位置,也与潘通、刘德发亲属指示的地点无异。据此可以判定,老人当年亲眼所见者,确为荀岳墓志,而且墓志仍为墓中物,没有移动位置,说明墓志所在处,正是荀岳墓。我们在铲探时,特意注意了这一地点。虽因地下水位升高没有探到墓室,但发现了三口井中的两口。二者口径各1米余,东西相距数米。据说第三口井在此二井以南20余米处,我们没能找到它的具体位置。我们也曾到南蔡庄调查,被访诸人没人能够说出荀岳墓志的来历;蒙村民指示,知旧说荀岳墓志出土地,在南蔡庄西南隅一家门前的垃圾坑处。查该处土质,其处至多原为一方窖穴,绝非晋墓。由此可见,前述荀岳墓志原出潘屯村西一说,确乎信而不虚。

用上述调查材料检验前人著录，我们认为，《九钟精舍金石跋尾乙编》的记述，无疑是错误的。至于《洛阳出土石刻时地记》的记述，或许是由于潘屯、坟庄旧属南蔡庄行政辖区而致误。1982 年底，我们高兴地看到 1981 年版新书《增补校碑随笔》（清方若著，今人王壮弘增补），王氏增补晋碑中有中书侍郎荀岳墓志，说此志系"一九一七年河南偃师汶庄（按，即坟庄）乡人掘井得之"。此记合乎实际。

更为令人惊喜的是，在杜楼至香峪间"首阳山电厂拟选厂区"的铲探工作大规模展开后，本地村民充当普探工者不断增多。10 月 22 日上午来自前杜楼大队十二队的普探工庞青川向我们提供线索，说是枕头山前七队红薯地内曾翻出大片非常结实的夯土。鉴于其地望恰在荀岳墓志出土地以北，当即引起我们注意。我和杜玉生随他登山察看，确认其可能为大墓，遂决定立即调集力量前往铲探，并因此发现了枕头山墓地。

2. 峻阳陵墓地、枕头山墓地的铲探与发掘

峻阳陵墓地和枕头山墓地同居邙山之阳，东西相距 3 千米，所处高程相近，都在黄海高程系 180—200 米的等高线上。纵观当地的地理条件，无不适合建造帝王陵墓。峻阳陵墓地，位于南蔡庄村北 2.5 千米的山坡上，背靠海拔 252.8 米高的鳌子山，面对低平、开阔的伊洛平原；巍巍伏牛瞻于前，邙山主脉障其后，地理形势蔚为壮观。鳌子山山顶平坦，东西长约 200 米，由南望去，兀立如屏。鳌子山两端，各有一独立山头，它们分别向南伸出一条较为平缓的山梁，对墓地形成三面环抱之势。枕头山墓地，坐落于后杜楼村北 1.5 千米一座无名山丘的南坡。山丘海拔 233.3 米，丘顶隆圆如盖，当地呼其为鳌盖地。其东，隔小东沟、大东沟与杨岭坡（山梁名）、唐山相望；其西，隔下洞沟和 200 余米高的无名山梁直对；由其背后跨过一带状低地，即是拔地而起的平顶山峰枕头山，海拔 290.4 米；由墓地向南，地势逐级下降，并与低平、富庶的伊洛平原衔接，视野极为开阔。从枕头山顶俯瞰墓地，恰似一只在簸箕当心横身而卧的灵龟。从堪舆学的观点看，两处实堪称风水宝地。不仅如此，实地铲探和发掘还进一步表明，二墓地无疑都是级别很高的大型晋代墓地。

对枕头山墓地和峻阳陵墓地的考古铲探，同始于 1982 年 11 月初，分别于同月 13 日和 27 日结束。在峻阳陵墓地共探出晋墓 23 座，分布集中，自成一区，显然是统属于一个按照一定规划形成的墓地。这 23 座墓一律坐北面南，墓道方向 167—172 度。它们形制统一，都是具有既长且宽之斜坡墓道的土洞墓。墓地内墓葬的布局，主次分明，排列有序：M1，位于墓地最东部，位置稍偏前，居于尊位，同邻近墓葬相距大约 40 米。它在所有墓葬中规模最大，墓道长约 36、宽 10.5 米；墓室长 5.5、宽 3 米。墓主应是全墓地死者中生前地位最高者。另外 22 座墓，分布在墓地西部。它们从养鸡场食堂以北的第一层梯田往北，逐层向上，分作四排布置：第一排 2 座、第二排 6 座、第

三排 4 座、第四排 10 座。前排各墓间距较大，后排各墓间距较小，差别十分明显。这些墓葬的规模都小于 1 号墓，由排列情况看，在它们内部，墓主生前的地位也有差异，似乎居前排者地位高，居后排者稍次。在枕头山墓地，共探出墓葬 5 座。墓地内，墓葬的方向、形制、布局，都与峻阳陵墓地有着惊人的相似。这五座墓中，M1 规模最大，墓道长 46、宽 11 米，墓室长 4.5、宽 3.7 米。也处于墓地最东部稍偏前的位置，与其余四墓的最短距离约为 50 米。墓主同样是全墓地地位最尊者。另外四墓，规模小于 M1，分布于墓地西部，分作前后两排，每排各 2 墓。枕头山墓地与峻阳陵墓地的唯一不同处，是在墓地周围，铲探发现残存的陵垣及建筑遗迹。

1982 年 12 月中至 1983 年 1 月中发掘的枕头山墓地 4 号、5 号墓，居于墓地西部前排。墓葬被盗严重，尤其是 5 号墓，连墓室壁及墓门都未能完整保存。由 4 号墓知道，该墓由墓道、甬道、墓室三部分构成。墓道上口长 26.3、宽 6.3 米，两侧壁随着深度的增加而作台阶状内收，待至墓底，墓道宽度已缩至 2.1 米。甬道大致呈方形，南北长 2.6 米，底铺素面砖。甬道北端建石制墓门，门南 1 米处，铺地砖间嵌石质门槛一条。甬道内发现未经扰乱的动物骨骼 3 具（猪、狗骨各 1 具、牛大腿骨 1 条），它们应是牺牲品的遗骨，当与封墓前的祭奠仪式有关。墓室系就生土挖成的拱形顶土洞，周壁未作任何粉饰。南北长 4.7、东西宽 1.9、高 1.9 米，地面铺砖。二墓墓室内零乱的遗迹、遗物显示，墓中仅葬 1 人，葬具为漆棺。随葬品主要为陶器，另有附鎏金饰件漆器、串珠、桃形小金叶以及化妆用具等，等级还是比较高的。

值得注意的是，无论在铲探或发掘中，墓上均未发现封土遗迹。

3. 关于西晋五陵整体布局的推断

根据对左棻墓志出土地点再次调查和实地铲探，我们觉得蒋若是先生的看法是对的，即峻阳陵墓地就是武帝峻阳陵。铲探将近结束时，南蔡庄村老人中，甚至有指墓地西部诸墓之第二排最西边一墓为左棻墓志出土处者，可见这一判断应该能够成立。峻阳陵墓地既为武帝峻阳陵，那么，同峻阳陵墓地在时代、形制、布局诸方面如出一辙的枕头山墓地，同样应当属于帝陵一级。鉴于荀岳墓志出土地点恰在枕头山墓地 M1 墓道延长线的右侧，与墓志"陪附晋文帝陵道之右"一语契合，足证枕头山墓地当为文帝崇阳陵。按照这种判断，二墓地的 M1，则分别为晋武帝墓和文帝墓。

关于西晋五陵的相对位置，《文选》卷三八傅季友《为宋公至洛阳谒五陵表》注引郭缘生《述征记》文曰："北邙东则乾脯山，山西南晋文帝崇阳陵，陵西武帝峻阳陵。邙之东北宣帝高原陵、景帝峻平陵。邙之南，则惠帝陵地。"据此虽不敢确指晋人所谓北邙、乾脯究为哪个山头，但因有崇阳陵、峻阳陵二坐标可供参照，便可推知：惠帝太阳陵，应在峻阳陵以西邙山南坡某地，而宣帝高原陵和景帝峻平陵，则应在文帝崇阳陵、武帝峻阳陵以北、邙山顶部之高平地区。这一推测,与相关诸陵的陵号也无任何矛盾之处。有了这点认识,对西晋陵区便可做出约略的估计,今后无论是从事文物保护或是探索高原、峻平、太阳三陵之所在,都将从中得到裨益。

当然,上述调查、铲探和发掘资料,对于研究西晋帝陵制度,更具有无可替代的学术价值。

（原刊于《洛阳文史资料》第十八集《文化与考古》,1997 年）

北魏宣武帝景陵发掘报告

中国社会科学院考古研究所洛阳汉魏城队

洛阳古墓博物馆

　　河南省洛阳市北郊邙山乡冢头村东有一巨大土冢，清洛阳知县龚崧林曾于冢前竖碑，妄指其为汉冲帝怀陵。新中国成立以来，考古学者多方考证，断然否定龚氏的无稽之谈，正确判定其为北魏宣武帝景陵[①]（图一、二）。1961年被定为市级文物保护单位。1984年筹建洛阳古墓博物馆，馆址即选定于大冢东侧。博物馆之第一期工程于1987年竣工并向游人开放，保护此陵随即成为该馆的重要任务之一。

　　为做好陵墓保护工作，遵照国家文物局指示，洛阳古墓博物馆于1990年6月开展了对此帝陵的考古勘察，以便有关专家据以做出论证，提出更有针对性的保护措施。勘察中发现，除接近墓冢顶部的竖井式盗洞封填不实、雨季时常向墓内灌水外，冢前还有一个沿墓道向墓室延伸的古盗洞。此盗洞的大部分至今仍为空穴，仅口部被少量松土虚掩，随时都有发生洞口暴露、墓室再次被盗的危险（图三），而且，因盗洞空穴窄而长，又为横穴，封填不易，消除这一危险因素实属困难。有鉴于此，为有效地保护陵墓，也为适应洛阳古墓博物馆今后发展的要求，特报经国家文物局批准，由中国

图一　墓冢外景

社会科学院考古研究所汉魏洛阳城队和洛阳古墓博物馆联合进行抢救性发掘。

在洛阳市委、市政府的大力支持下，发掘工作于 1991 年 6 月 1 日正式开始，同年 8 月 16 日基本结束。发掘中，我们本着兼顾科学研究、文物保护两者利益的原则，毅然排除了通常采用的大揭顶方式，而改由墓冢之下掘开墓道，循序进入墓室，既取得了完整的墓葬资料，又保存了墓冢原貌，给日后修复陵墓打下了良好基础。陵墓的修复工作已于 1992 年 4 月完成并开始接待社会各界观众，正在发挥着宣传文物保护、促进学术研究的积极作用。

参加此项发掘工作的有中国社会科学院考古研究所汉魏洛阳城队段鹏琦、肖淮雁、钱国祥和洛阳古墓博物馆方孝廉、李聚宝、徐婵菲等，有关的测量、摄影、录像、绘图工作，分别由两单位的郭义孚、刘建国、冯承泽、付斌、韩悦、黄大路、彭湛、钱国祥、徐婵菲、罗微同志担任，洛阳古墓博物馆的其他同志也为发掘工作做出了不少贡献。

在本报告的资料整理和编写过程中，还得到洛阳古墓博物馆现任馆长余扶危同志的热情帮助和支持。

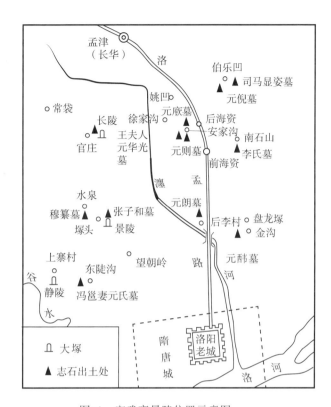

图二　宣武帝景陵位置示意图

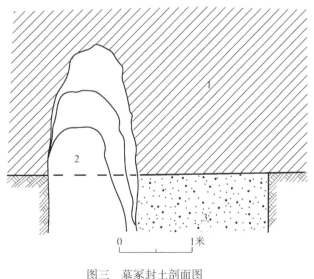

图三　墓冢封土剖面图
1. 墓冢夯土　2. 盗洞　3. 墓道填土

一 陵区地貌及地面建筑保存情况

北魏宣武帝景陵坐落于邙山顶上,北距孝文帝长陵约 5 千米。此处地势高旷,地表为深厚黄土,海拔 250 米。墓冢(即封土,下同)的东、西、北三面平坦开阔,唯东、北二侧间有矮坎浅堑,墓冢以南由北而南地势逐渐降低,直达富庶的涧(谷)水两岸。由此放眼南望,气势雄浑,风光秀丽,不啻为遥瞰洛阳城的一个上好去处。史载武德四年(公元 621 年)二月,唐军与王世充大战洛阳,李世民陈军北邙,登魏宣武陵以观察驻守于洛阳西苑的王世充军,即是这一地理形势的生动写照[②]。

据铲探、测量,宣武帝景陵的墓冢平面略呈圆形,直径 105—110 米,四周稍有残损,现存高度 24 米,平顶(图四)。墓冢采黄土夯筑而成,夯层厚度一般为 10—15 厘米,也有厚达 20 厘米以上者。夯土质量较好,土质纯净,但硬度显然随处而异,其中夯打最坚实者,当数墓冢的周边部分。陵墓的墓道及墓室全部覆盖在这一高大墓冢之下。

宣武帝景陵陵园,文献失载,而今地面上除墓冢之外也无任何遗迹残存。1990 年洛阳古墓博物馆实地勘察时,曾在墓冢四面进行过较大范围的调查性铲探,迄未发现陵垣及其他建筑遗迹,故而,景陵陵园的大小、布局等至今仍是一个有待解决的问题。然值得高兴的是,在 1991 年发掘结束、整修陵墓时,在北距墓冢约 10 米处的墓道延长线西侧,发现俯卧于地的石刻武士像一躯。其头部残失,颈部以下基本完好,残高(连座)2.89 米,身穿广袖袍服,双手平举胸前挂剑(图五),形象一如"静陵"前方所发现者[③]。从遗迹看,其倒伏处即是其当初置放的位置。这一发现,无疑为了解北魏帝陵石刻增添了重要实物资料。

墓冢南侧,早年当地村民曾建砖瓦窑场,因长年取土,其地已挖成大坑,古地层不复存在,这又为探查墓前建筑造成了困难。

现已发现的两处盗洞,沿墓道进入墓室者,约为宋元时期盗掘景陵的遗迹;居冢顶者,据当地村民回忆,系 1941 年盗掘者挖成。二盗洞均对墓冢、墓葬有严重破坏,墓葬被破坏情况,拟在叙述墓葬形制、结构时附带予以说明。

二 墓葬形制及其结构

宣武帝陵墓的地下建筑,虽曾遭受至少两次盗掘,但墓葬形制与结构依然基本完整。

从总体看,它是一座坐北面南的砖室墓,全长 54.8 米,由墓道、前甬道、后甬道、墓室四部分组成,平面略呈甲字形。方向约 177 度(见图四、图六)。

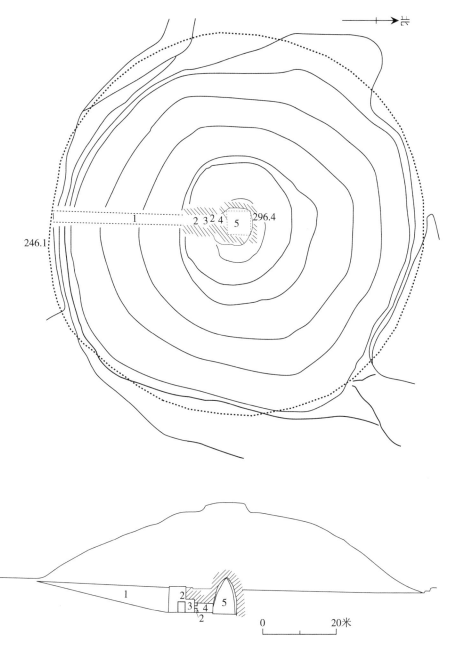

图四　墓冢及墓葬平、剖面图（虚线圆圈以内为墓冢夯土实测范围）
1. 墓道　2. 封门墙　3. 前甬道　4. 后甬道　5. 墓室

（一）墓道

系由原地面直接下挖而成，全部为墓冢所覆盖，南起墓冢南缘，北接前甬道，其水平长度为40.6米。墓道上口平面呈长方形，宽2.85米，底部呈斜坡状，宽2.7—

图五　景陵冢前石人

2.8 米，坡度 11 度，北端最深处上距原地面 6.35 米。因壁面处理办法不同，整个墓道又可区分为土壁墓道和砖壁墓道两部分。

1. 土壁墓道

是为墓道南段，长 36.1 米，其东西二壁及底面皆为生土面。东西二侧壁壁面整齐，但不完全垂直，表面保留排列有序的长条形工具痕迹，各宽 5—7 厘米。墓道二侧壁顶部及其相邻地面经过修整，并用草拌泥将表面抹平，壁面抹泥部分高 10—20 厘米，且打磨光滑。墓道底部生土面上，铺有很薄一层细黄土，质地颇坚实。墓道以水平方向逐层垫土、夯实的方法回填。土内杂有料姜、砖渣、陶片、瓷片，上部呈黄褐色，下部呈深褐色，夯打坚实程度较墓冢周边稍次，夯层也不甚鲜明，夯层厚度一般为 10—15 厘米。

2. 砖壁墓道

是为墓道北段，长 4.5 米，此段底面及东西两壁皆以青条砖铺砌。东、西二砖壁厚度均为 2 米，表皮与土壁墓道壁面取齐。壁面平整陡直，唯中腰略向内凸。壁顶超出墓道土壁 0.45 米，总高度达 6.8 米。砖壁之南端收分明显而且参差不齐，应是为保证砖壁稳固并与土壁牢固结合而特意采取的措施。东、西砖壁的基槽系就墓道底部生土挖出（因未解剖，深度不详），槽内以丁砖叠砌以为墙基。槽口以上砖壁的砌筑方法是：自地平至 3.15 米高处，以二层平置顺砖上压一层侧立丁砖为一组、组组相叠砌成；3.15 米以上，则是杂置平置顺砖和丁砖于同一层、层层相因砌就。墓道底部的砖铺地面略呈水平状，唯中部稍稍隆起，其北部为第一道封门墙所压。其基本做法是，先在基道底部铺一层细砂，而后铺砖：沿东、西两壁各铺南北向平置顺砖三行，两者之间的部分则以平砖砌成南北向人字纹。

由墓道内残留痕迹知，冢前古盗洞先是沿墓道西壁向前，前进 16 米后折向墓道东壁，然后毁坏封门墙进入甬道和墓室；1941 年新挖的竖井式盗洞，于砖壁墓道以南直下，并与古盗洞汇合，沿同样的路线进入墓室。我们发掘墓道时，第一道封门墙之前的砖壁墓道内，已满是扰乱土，堆积厚度 4 米左右，很难分清这一惨状系哪一次盗掘所造成。

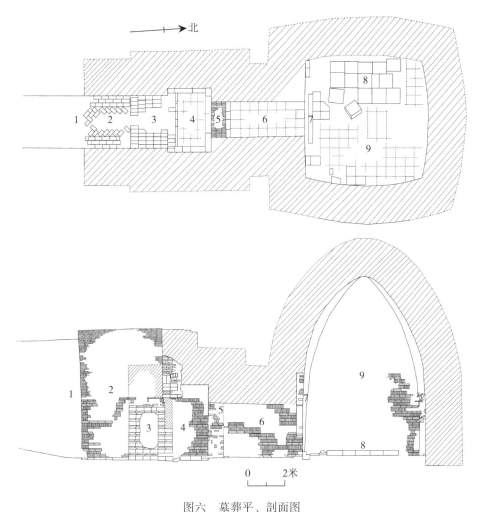

图六　墓葬平、剖面图

1. 土壁墓道　2. 砖壁墓道　3. 第一道封门砖墙　4. 前甬道　5. 第二道封门砖墙　6. 后甬道　7. 墓门
8. 棺床　9. 墓室

（二）第一道封门墙

位于砖壁墓道北部并伸入前甬道内 40 厘米。这道封门墙东西宽 2.8、南北厚 2.44
米，现存高度 2.85—2.9 米，从砖壁墓道东西两壁残存痕迹看，原高应在 4.95 至 5 米
之间。其基本砌法是：以一层侧立丁砖上压二层平置丁砖为一组、组组相叠砌成；每
层有侧立丁砖或平置丁砖六排（东西向），而最北一排，恰在前甬道之内。这道又高又
厚的砖墙，将前甬道口严密地封堵起来，但它并没有挡住盗墓者。清理发现，封门墙
的顶部已被大面积拆毁，其东端下部还被挖出一个几乎一人高的大洞，这两处破坏口
都成了盗墓者进出墓室的门径（见图六、图七）。

（三）前甬道

南接砖壁墓道而较墓道为宽，平面呈横长方形，东西 3.38—3.4、南北 2.35—2.4 米，拱券顶，券高 3.78 米。除底部满铺青石板外，全部为砖结构。惜券顶南半为盗墓者破坏，坍塌严重；底部绝大部分石板被揭，仅四周残留少量条块，但各部的构筑方法还是清楚的。

1. 东、西两壁及券顶

东西两壁厚度，因未作解剖，不可确知，估计与墓道砖壁一致。两壁的砌法是：以一层侧立丁砖上压两层平置丁砖和顺砖相杂的砖层为一组、组组叠砌，砌至 1.9 米高后起券。从残存顶券看，前甬道顶为四券二覆，即在第一、二层券砖上各置覆砖一层，第三、四层券砖上没有覆砖。券顶之上又有压券砖，在甬道券顶前脸上方更有压券墙（图八）。

2. 压券墙

此墙兼作墓道北壁，亦为砖砌，与墓道同宽，顶与墓道砖壁平齐。顶部墙厚约 1.2 米，平铺丁砖三排。由顶部向下，逐层加厚，但前脸保持平整垂直。清理前，压券墙下部已有大面积塌落。

3. 地面铺石

从地面残迹观察，在铺石板之前，先垫一层细砂；石板之间则以白灰膏弥缝。其地面现状是：中心稍高且平，四周各作斜坡状。四周铺地石板形制略小，多作长方形，宽约 30—33、长 35—40、厚约 8 厘米，石面皆向外倾斜。中心部分铺地石板形制略大，多呈方形，一般长、宽各 50、厚约 8 厘米。白灰残痕显示，中心部分自南而北共铺石板四排，每排各 6 块。所有铺地石板，表面皆经磨光，平整而光滑，背面则很粗糙。

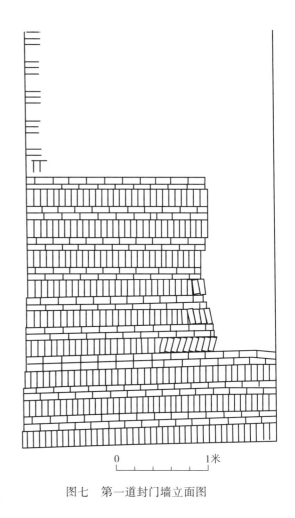

0   1米

图七　第一道封门墙立面图

图八　甬道

(四) 后甬道

位于墓葬的中轴线上，是连结前甬道和墓室的通道，平面呈纵长方形，拱券顶。长 5.12、宽 1.94、券高 2.64（南部）—2.80（北部）米。两侧壁及顶部砖砌，地面铺石板，石板残留无几。

1. 东西两壁及券顶

东西两壁，壁面基本平直，唯中腰略向内凸。砌筑方法与前甬道各壁相近，系以一层侧立丁砖上压二层平置顺砖为一组、组组相叠砌成，砌至 1.64 米高后起券。券顶共五券三覆，即第一至第三层券上各有一覆，第四、五层券上五覆。第一层券（含覆）的券脚落在东西两壁的一层侧立砖上；第二、第三层券（含覆）的券脚比第一层券脚高出整整 41 厘米，落在由前述侧立丁砖层往上的第二层平置顺砖层上。第四、第五层券曲度较缓，其券脚高出第三层券的券脚 1.2 米（图九）。

后甬道内，淤土和乱砖层相间的堆积，厚达 1.9 米。从剖面看，自下而上 0—0.7

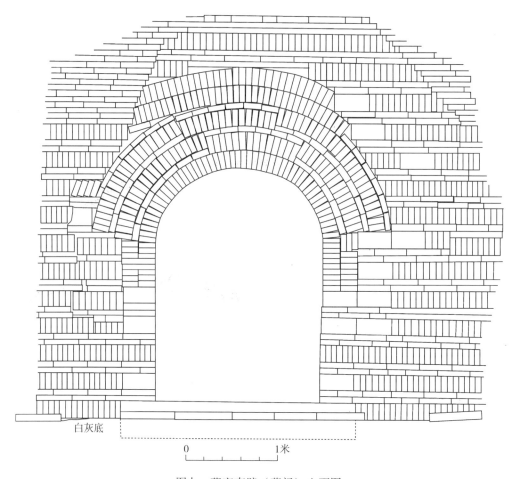

图九　墓室南壁（墓门）立面图

米为乱砖层；其上为厚约0.4米的淤土及乱砖层；再上一层厚约0.45米，以乱砖为主要成分；最表层厚约40厘米，几乎全是淤土。这多层堆积的形成，正是该墓被盗历史的忠实记录。

此外，在后甬道近顶部的东西两壁上，各有一道硬物损伤壁面形成的条状浅沟，二者约略等高，各宽数厘米至十数厘米；后甬道北端原装有石门，今石门倒塌，构件多已残断，甬道顶部因而受到大面积破坏。这些都应是盗墓行为所致，甬道壁面的条状浅沟，更可视为盗墓者将大件物品拖往墓外的见证。

2. 地面铺石

后甬道地面，中间高平，两侧呈内高外低的斜坡状。从残迹看，地面上自南至北共铺青石板十排，每排4块，现仅南、北两端分别有8块和1块石板残存。石板作方形或长方形，边长46—50、厚8厘米。石板加工情况和铺砌方法与前甬道地面铺石相同（见图六）。

　　3. 第二道封门墙

　　位于后甬道南端，砖筑。墙宽 1.94、厚 0.78 米，上部为盗墓者破坏，残高 1.2 米，其前脸与前甬道北壁壁面平齐。砖筑方法与第一道封门墙同，但因墙体较薄，每层只有侧立丁砖或平置丁砖两排（见图六）。

　　（五）石门

　　安装在后甬道北端，或者说是嵌于墓室南壁中部，由门楣、门额、立颊、门下坎、门扇等青石构件组成。经盗掘者破坏，除门下坎保持原位外，其他石件俱已残断塌落、胡乱堆放在墓室南部地面上（图一〇）。

　　1. 门下坎

　　此石件呈长条形，长 2.75、宽 0.42、厚 0.4 米，置于后甬道北口外，紧贴墓室南壁。此石之上面东西向一分为二，呈阶梯状，南半高（厚）而北半低（薄），高差 11 厘米。南半为门槛，宽 20.5 厘米，高出后甬道地平 12 厘米，东西两端凿有长方形的立颊榫眼，长 20、宽 10、深 15 厘米，间距（中—中）1.87 米。北半，石面与墓室地平同高，宽 21.5 厘米，两端各有一个高约 2 厘米的近方形台面，台心各凿一圆形门轴窝，直径 16、深 2.5 厘米，间距（中—中）1.86 米。立颊榫眼与门轴窝基本上南北对应（图一一）。下坎石面打磨平整光滑，无纹饰（图一〇，2）。

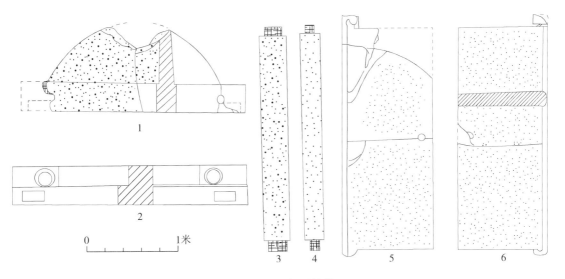

图一〇　墓门石构件
1. 门楣与门额　2. 门下坎　3、4. 立颊　5、6. 门扇

图一一　石门门坎石

2. 立颊

共 2 件。一件完整，另一件残略断，皆作长方柱形，表面平整光滑，素无纹饰，原上下两端各有一个长方形榫头。依完整的一件测量，全长 2.2、宽 0.29、厚 0.21 米；上下榫头各宽 18、厚 9.5、高 9 厘米。立颊榫头之大小、形状均与下坎和门楣石上的榫眼吻合（图一〇，3、4）。

3. 门楣与门额

系用一块大石板加工而成，上部为门额，下部为门楣。门额半圆形，直径（亦即半圆形的直边）1.9 米；门楣作长方条状，其长大于门额直径，其东端残毁，如依西段复原，全长应为 2.45 米。在这一石件的正面，门楣高出门额 1 厘米，而在石件背面，二者之间看不出任何界限。大约是为了减轻门额的重量和便于嵌入墓壁，还特意把门额石做得上薄下厚，并将其圆弧形边沿铲为斜面。在门楣石的下面，东西两端也各有一个插立颊榫头的长方形榫眼。东端榫眼残毁；西端榫眼尚存但有所残损，残长 23、宽 10.5、深 11.5 厘米。在二榫眼内侧，还各有一个贯通门楣前脸和背面的圆形穿孔，孔径 6 厘米，孔中有铁锈痕迹，间距（中—中）1.82 米，与门下坎两端之门轴窝的间距相似，据以推测，此二孔可能主要用于安装控制石门上门轴的铁质套环，如铁质套环柄部细长如钉，可以钉入墓壁，还能起到使嵌于墓壁的门楣石附着牢固的作用（图一〇，1）。

4. 门扇

共 2 件，均已断为两截。据复原，门扇高 2.36、宽 1 米。二门扇均为内侧薄而外

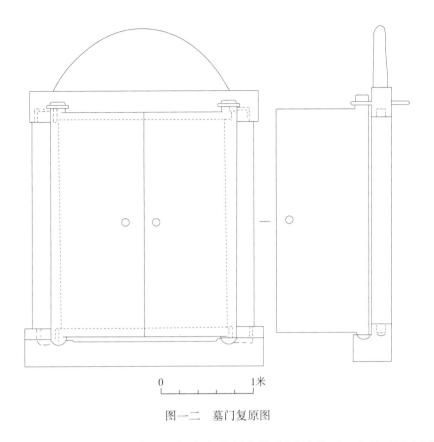

0   1米

图一二　墓门复原图

侧厚，厚度分别为 12 和 16 厘米。二门扇之外侧背做成圆弧形面，上下两端有圆柱形门轴，上门轴直径 15、高 13 厘米，安装时将插入石门楣上的铁质套环内，下门轴直径 15、高仅 4 厘米，底部略作漫圆形，安装时当插入门下坎之门轴窝内。二石门扇中段之近内侧边沿处，各有一未穿透的圆孔，孔径 4.5、深 8 厘米，应是安装铺首的位置。门扇表面同样素平光滑而无纹饰（图一○，5、6；图一二）。

（六）墓室

位于后甬道之北，亦以青条砖筑砌。墓室平面近方形，四壁中部稍向外弧，以相对两壁中部的最大距离计，南北 6.73、东西 6.92 米，面积约 46 平方米。墓顶作四角攒尖式，高 9.36 米。整个墓室结构严密，十分坚固，除因盗墓者破坏使南壁石门附近壁面坍塌、东壁中部留下一 3.2 米见方且洞穿墓壁的残破口外，其他壁面完好无损。墓室底部铺地石板被揭取殆尽，室内堆满厚约 1.9 米的扰乱土和淤土，晚期盗墓者还在北壁前面的堆积土中，挖了一个 2—2.5 米见方、深至生土以下的大坑（见图六）。

1. 墓室砌筑方法

从墓室东壁残破口及北壁前面盗坑断面看，砖筑墓室是在比其面积稍大的土圹中修建起来的（修建前、后甬道大约也是采用同样的方法）。修建墓室时，先就墓室底部生土挖出四壁基槽，槽宽 2.7、深约 0.48 米，砌好墙基，然后向上砌壁。地平以上墓壁的砌法是：由 0 至 3.3 米高，壁面平整，基本垂直，以二层平置丁砖或顺砖上压一层侧立丁砖为一组、组组相叠砌成；每层并列丁砖五排。壁厚 2.09 米。墓壁和土圹壁间尚有数十厘米的孔隙，用乱砖和杂土填实。四壁自 3.3 米往上，逐渐向内呈弧线形收缩，最终形成四角攒尖顶，四角可见明显的角线。顶部砖的砌法与四壁不同，全部以平置丁砖或顺砖逐层错缝上砌，迄无一个侧立丁砖层。方形顶心，用两块条砖封死（图一三）。

2. 室内布局

从墓室内残存状况看出，墓室可分作东西两半：东半摆放随葬品，西半为石棺床占据。可见，墓室西部即宣武帝灵柩所在处。

石棺床作南北长的长方形，长 3.86、宽 2.2、高 0.16 米（自铺地石板面起算），用十五块方形石块拼砌而成（一块被盗）。南距墓壁 1.32 米，北距墓壁 1.38 米，西距墓壁 0.42 米。棺床石面平整，四边整齐，四角原应有帐构石质插座各一，惜其中的三个已被盗去，仅存的一个也离开原位，移置于棺床东南角外侧地面上。棺床诸石也和墓内其他石件一样无任何纹饰。其铺砌方法是：先在大致平整的墓底生土上垫一层细砂，然后将 15 块特制的方形石块自东至西分三行、每行五块放置，并使石块对合严密，石面平整，四边整齐（图一四）。棺床所用石块大小稍有不同：东数第一、第二行的 10 块，平面略呈正方形，边长 75—78 厘米；最西一行的五块，平面均作长方形，长 76—78、宽 62 厘米。所有石块的厚度皆在 26 至 29 厘米之间。

除灵柩、帐构之外，棺床上曾否摆放过其他随葬器物？目前尚为一个难以做出明确回答的问题。然我们在清理石棺床时注意到一个现象：石棺床表面虽平整但并不光滑，有的地方甚至出现雨打沙滩般的小坑，似因石面被某种物质腐蚀所致。可是，在棺床西南角，却有一片石面，表面依然光滑，颇有一点因为他物覆盖而使其免遭腐蚀的意味。我们以为在研究前述问题时，这一现象或有一些参考价值。

室内铺地石板，也同前、后甬道一样残存甚少，唯沿墓壁放置的数块而已（图一五）。从地面残存细砂及白灰痕迹看，铺地石板同样是南北成行、东西成排的，但由于墓室内先已铺砌石棺床，四壁走向有弧度，故石板规格无法强求一致。据观察，棺床以东地面，自南至北共排石板九排，每排十二块，石板规格一般为 50 厘米见方，厚7—10 厘米，而在棺床与南、西、北三壁的孔隙处，石板规格便有较大差异，但其总体布置仍能与棺床以东地面保持一致。

以上是对宣武陵墓葬形制、结构的全面介绍。在结束这段介绍文字时，我们觉得有必要对与墓葬建筑特点有关的几个问题特别提出来予以补充说明。

其一，该墓用砖与普通北魏墓不同。它所用砖是一种特制的长方形青砖，制作规

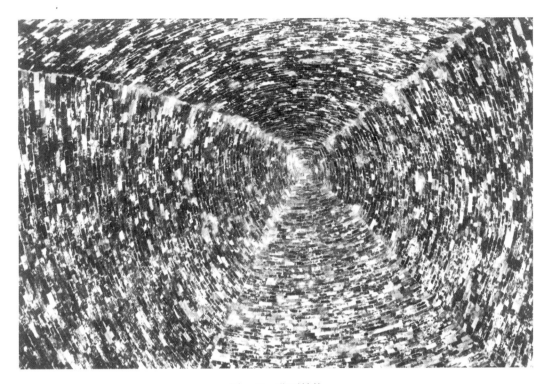

图一三　墓顶结构

图一四　石棺床

图一五　墓室铺地石板

整，坚实细密而少杂质，内呈纯正鲜亮的青灰色，因入窑前砖坯诸侧面经过研磨，故而成品砖表皮较为平滑且有黑色光亮。砖之二大面，一面为素糙面，一面饰绳纹。规格可分为 38 厘米 × 18 厘米 × 6 厘米和 37 厘米 × 18 厘米 × 6 厘米两种。这种砖主要用于砌筑墓壁及墓顶，铺地及封门墙用砖与普通北魏墓砖雷同。

其二，砌筑墓壁及墓顶，皆以含砂细黄泥为主要黏合料，仅在缝口挂少许白灰膏形成细白灰线。

其三，在所有墓壁、墓顶表层砖的外露面上，全都涂了一层均匀、黝黑、光亮的颜色，从色调上强调了这一特定建筑的性格特征。

三　出土随葬器物

该墓因盗掘严重，全部出土器物中有确切位置者，仅有清理墓道回填夯土发现的一件铁锤。至于墓内随葬器物，绝大部分被盗掘者窃去，未窃去者，或已移动位置（如前述幸存之帐构插座），或已破碎，碎片混杂于前、后甬道及墓室的扰乱堆积之中。

经整理粘对，共得完整及可复原器物 45 件，分属青瓷器、釉陶器、陶器、石器、铁器等五类。

此外，清理中还发现盗掘者带入墓内的晚期器物 9 件，拟在本节末尾附带予以交代。

1. 青瓷器

共 12 件。多数胎壁稍厚，胎色灰白，用料较纯净，含杂质少，烧成温度高，质地坚硬。器表施釉均匀，釉层较厚，多呈豆青色或青绿色，釉面莹润而有光泽，玻璃质感较强，有细碎冰裂纹开片。绝大多数器物，器表素无纹饰，仅个别器物饰弦纹。

龙柄盘口壶　1 件（91jLM：6）。器形瘦长，盘状口，高束颈，圆肩，斜腹，近底部器壁外撇，平底。肩上有相对的两对桥形系，两对桥形系之间，一侧为高出壶口的双龙柄，龙口衔着盘沿，另一侧残破，有无鸡首不明。器外满釉，器内仅颈部施釉，底露胎。釉呈豆青色，釉厚处稍泛绿。器高 43、口径 13、肩宽 21.8、底径 14 厘米（图一六，1；图一七，3）。

龙柄鸡首壶　2 件。均残，分别保留器物的上部和下部大半段。对比残器知道，二器器形及大小几乎完全相同，当为一对器物，可以互相参照复原。其器形特征是通体瘦长，盘状口，高束颈，溜肩，斜腹，近底部器壁外撇，平底。肩上有相对的两对桥形系，两对桥形系之间，一侧为高出壶口的龙柄，龙口衔着盘沿，另一侧为一鸡首。器表施满釉，器内仅颈部施釉，底露胎。釉呈豆青色。91jLM：7，腹下部残，残高 28.5、口径 8.9、肩宽 15 厘米（图一六，2）；91jLM：8，口及颈部残，残高 18.5、肩宽 15.3、底径 10.6 厘米。据复原，二器通高约为 36 厘米。

四系盘口壶　6 件。均残，无一件可全部复原。此种器皆盘状口，粗束颈，溜肩圆鼓腹，近底部器壁外撇，平底。肩上有四个两两对称的桥形系，颈部大都有两道凸弦纹。器外施釉至腹部以下但不及底，器内仅颈部施釉，底露胎。釉呈豆青色或青绿色。91jLM：1，仅底部残缺，残高 28、口径 13.8、腹径 20.6 厘米（图一六，3）；91jLM：14，颈部以下可以复原，残高 18.5、腹径 21.5、底径 12.3 厘米。

唾盂　2 件。均残，不能复原。91jLM：35，仅存颈、肩部，细束颈，广肩，扁腹，釉呈青绿色，残高 3.5、颈径 3.7、肩宽 13.8 厘米（图一六，5）；91jLM：34，仅存腹部和底部，腹也较扁，圈足，釉亦青绿色。残高 4、腹径 13.4、底径 7.7 厘米（图一六，7）。从这两件标本看，此类器施釉情况有所不同：器外施釉均不及圈足，而器内则有施满釉（91jLM：34）和仅颈部施釉（91jLM：35）的区别。

钵　1 件（91jLM：3）。敛口，圆弧腹，圜底。器内施满釉，器表施釉不及底，底露胎。釉呈豆青色而微泛黄。器表口部饰凹弦纹两道，腹部还有两道平行的刻划纹。通高 11、口径 18.2、腹径 20.8 厘米（图一六，4；图一七，1）。

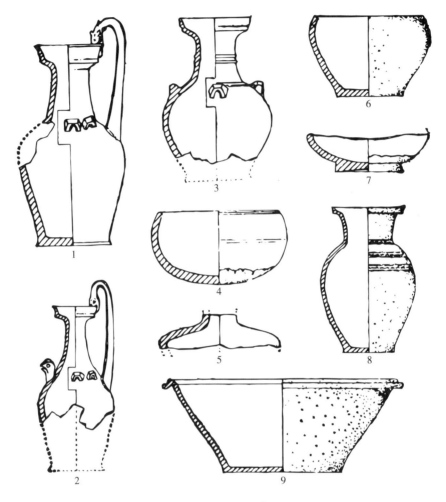

图一六　出土器物

1. 龙柄盘口瓷壶（91jLM：6）　2. 龙柄鸡首瓷壶（91jLM：7）　3. 四系盘口瓷壶（91jLM：1）

4. 瓷钵（91jLM：3）　5、7. 瓷唾盂（91jLM：35、34）　6. 陶钵（91jLM：13）

8. 陶罐（91jLM：2）　9. 陶盆（91jLM：30）　（4. 约1/7，7.1/5，余约1/8）

2. 釉陶器

碗　1件（91jLM：18）。直口，尖唇，深腹，腹壁下部弧收，实足，足底内凹。碗心有三个支钉痕。红陶胎，内外皆施釉，器表上半部为青绿色釉，下半部为酱褐色釉，足露胎，器内满施青绿色釉，釉色晶莹光亮，有细碎冰裂纹开片。器高7.8、口径11.2、足径4.5厘米（图一八，6；图一七，2）。

3. 陶器

共20件。均为泥质灰陶，个别器物色浅而略泛黄，器表大多素无纹饰。

罐　1件（91jLM：2）。敞口，折沿，高领，溜肩，鼓腹，平底。颈部至肩部饰有三匝平行的由弦纹和云纹组成的带状装饰。器高27.5、口径13.8、腹径18.1、底径

9.6 厘米（图一六，8）。

盆 1 件（91jLM：30）。大敞口，折沿，沿面有凹槽一周，腹壁斜直，平底。器高 18、口径 45、底径 23.5 厘米（图一六，9）。

钵 1 件（91jLM：13）。敛口，深腹，平底。器高 15.3、口径 21、底径 12.6 厘米（图一六，6）。

杯 1 件（91jLM：16）。直口，斜直腹，平底。器高 7.1、口径 14.1、底径 9.5 厘米（图一八，7）。

碗 4 件。分三式。

Ⅰ式：1 件（91jLM：15）。口微敛，方唇，浅腹，平底。器高 6.3、口径 17.5、底径 10.9 厘米（图一八，1）。

Ⅱ式：2 件。敞口，圆唇，腹壁弧曲，腹较浅，实足，足底内凹。91jLM：4，器高 8.1、口径 15.3、足径 6.4 厘米（图一八，2）；91jLM：5，器高 7.5、口径 14.2、足径 5.2 厘米。

Ⅲ式：1 件（91jLM：17）。敞口，尖唇，腹壁上部较直，下部急转内收，腹较深，实足，足底内凹。器高 7、口径 12.5、足径 5.3 厘米（图一八，5）。

盏托 4 件。整体作圆盘形，盘面中心陡然起棱、加厚，盘心做出一浅杯状托，借以容纳盏足，盘底附圈足。91jLM：25，器高 2.6、盘径 16、足径 8.8 厘米（图一八，3；图一九，2）；91jLM：26，器高 2.6、盘径 15.3、足径 9.1 厘米。

小圆盒 1 件（91jLM：22）。是为盒底。圆唇，直壁，子口，大平底。器高 4.1、口径 13.1 厘米（图一八，8；图一九，1）。

大圆盒 2 件。均已残，可大体复原，也是盒之底部。口略敞，有子口，壁斜直，大平底。91jLM：29，高 4.6、口径约 27 厘米（图一八，9）。

1. 青瓷钵（91jLM：3）

2. 釉陶碗（91jLM：18）

3. 龙柄青瓷盘口壶（91jLM：6）

图一七 出土器物

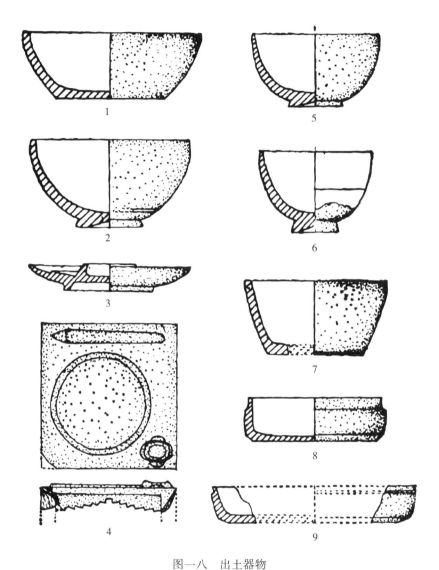

图一八　出土器物

1、2、5. Ⅰ—Ⅲ式陶碗（91jLM∶15、4、17）　3. 陶盏托（91jLM∶25）　4. 方形四足陶砚（91jLM∶9）
6. 釉陶碗（91jLM∶18）　7. 陶杯（91jLM∶16）　8. 小圆陶盒（91jLM∶22）　9. 大圆陶盒（91jLM∶29）
（4、9. 约1/6，余约1/4）

　　方形四足砚　4件。形制、大小相同。砚面皆方形，中心为一圆形浅墨池，墨池之一侧（确切说是在砚面之一角）做出一耳杯形水池，而在与水池相对之墨池的另一侧，刻一毛笔状凹槽。砚面之下，四角各有一足，足已残，足间有花牙装饰。陶砚均无使用痕迹，当为模型器。91jLM∶9，长、宽约18、残高2.7厘米（图一八，4；图一九，3）。

　　动物模型残块　1件（91jLM∶32）。残长16.1、残高12.3厘米，似为猪、狗之类动物模型的颈至腹部残片。

除上述可复原器物外，从剩余陶片尚可辨认出，其中可能还有以下器物：大圆盒 2 件、盏托 2 至 3 件、双耳罐 2 件、小口高领罐和圆案各 1 件。

4. 石器

共 2 件。皆青石制品。

石灯残件 1 件（91jLM：33）。此件系石灯灯碗及灯柱残块。灯碗，呈半球形，方唇，口径约 19.6 厘米，灯柱约为八棱体。器表光滑，素无纹饰（图二〇，3）。

帐构插座 1 件（91jLM：39）。完整，通高 18 厘米。下部呈方形，边长 29 厘米，上部作覆盆状，直径 20.8 厘米。中心有一圆形竖孔，孔径 4.5 厘米。器表光滑，素无纹饰。为适合实际需要，裁去石座之一角，形成一个 12 厘米见方的缺口（图二〇，1）。

5. 铁器

共 10 件。

锤 1 件（91jLM：31）。出于墓道夯土中。整体略作鼓形，两个端面呈圆形而中部稍稍隆起。锤长 10.5、中腰直径 7.3、锤面直径 5 厘米。中腰横

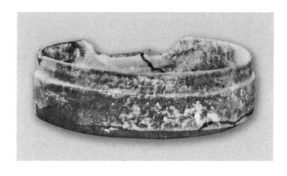

1. 陶圆盒（91jLM：22）

2. 陶盏托（91jLM：25）

3. 方形四足陶砚（91jLM：9）

图一九 出土器物

穿一圆孔，孔径 4.5 厘米，用以装柄（图二〇，2）。

镞 7 件。均锈蚀较甚，形制基本相同。镞体作四棱锥形，铤呈细圆柱形。91jLM：42，残长 7.6 厘米；91jLM：46，残长 4.7 厘米（图二〇，4、5）。

另有铁钉和不明用途的铁质附件各 1 件。

6. 晚期遗物

共 9 件。分别出于盗洞及扰乱土中。

白瓷盏 1 件（91jLM：19）。敞口，沿略外卷，弧壁，圈足。器胎白色，内外皆施白釉，盏心可见四个支钉痕，内壁下部饰凹弦纹一周。器高 4.9、口径 10.7 厘米（图二一，1）。

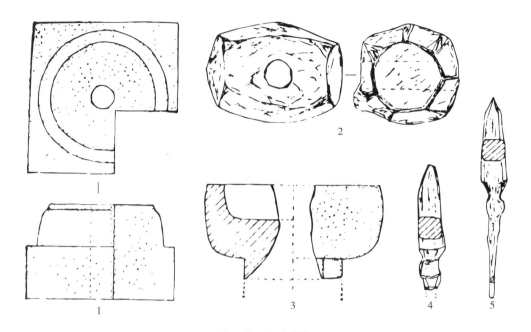

图二〇 出土器物

1. 石帐构插座（91jLM：39） 2. 铁锤（91jLM：31） 3. 石灯残件（91jLM：33）

4、5. 铁镞（91jLM：42、46） （1. 约1/8，2.3/10，3.1/5，4、5.3/5）

白瓷碗 1件（91jLM：20）。大敞口，圆唇，斜壁，圈足。器胎白色，施白釉，器内满釉，器外半釉。器高2.9、口径9.5厘米（图二一，2）。

白瓷盘 2件。皆大敞口，圆唇，腹极浅，圈足。盘心残留五个支钉痕，围绕支钉痕有两圈凹弦纹。器胎白色，内外皆施白釉，圈足露胎。91jLM：23，器高4、口径17.7厘米（图二一，3）。

黑瓷盂形器 1件（91jLM：21）。此器圆肩，直腹，底附浅圈足，口部残损，肩部

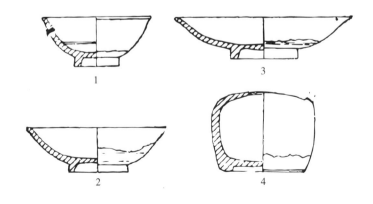

图二一 出土瓷器

1. 盏（91jLM：19） 2. 碗（91jLM：20） 3. 盘（91jLM：23） 4. 盂形器（91jLM：21）

（1、3. 约1/4，2、4. 约1/3）

还有一疤状残痕（此部原貌不明）。器胎白色，器外施黑釉，釉色晶莹有光泽，近底部器壁和器底露胎。器残高 5.2、现存口部直径 1.4、底径 5.5 厘米（图二一，4）。

此外，还有残铜镜 1 件，"圣宋元宝" 1 枚、"光绪元宝" 2 枚。

上述晚期器物，瓷器多为宋元遗物，残铜镜的年代可能晚到明清时期。它们和出土铜钱一样，都是判断墓葬被盗时间的物证。

四　结　语

由于历史文献有关北魏帝陵的记载过于简略，不但盛乐、平城时期的"金陵"至今仍是个谜，就连都洛时期孝文帝亲自选定的"园陵之所"也成了长期含混不清、悬而未决的疑难问题。1958 年，河南省文化局文物工作队根据《洛阳出土石刻时地记》所记"魏文昭皇太后山陵志铭"出土情况提供的线索，进行实地调查，判定官庄村东之大、小冢即孝文帝长陵和文昭皇后陵[④]，才使北魏都洛时期的"园陵之所"得以初步确定。进入 20 世纪 70 年代以后，对北魏帝后陵墓的考古调查和研究取得长足发展，清理了平城时期建于大同方山的文明太后永固陵和孝文帝预营之寿宫"万年堂"[⑤]；调查都洛时期的北魏陵墓，肯定或基本肯定了宣武帝景陵、孝明帝定陵、孝庄帝静陵的具体所在，并就北魏陵墓制度进行了一些较深入的理论性探讨[⑥]，从而将北魏陵墓的考古学研究推向一个新的阶段。在这种形势下，北魏宣武帝景陵的勘探与发掘，对促进有关学术研究向更深层次发展，自然具有重要意义。

学者们对北魏宣武帝景陵位置的考定，主要得力于冢头村周围地域以往所出与景陵有关的墓志。这类墓志共 14 方，其中北魏墓志 2 方，唐、宋墓志各 1 方。北魏墓志所记死者，绝大部分为皇室成员，其入葬时间为正光二年（公元 521 年）至天平二年（公元 535 年），上距宣武帝入葬（公元 515 年）才 6 至 20 年，其时，对宣武帝陵之所在无疑是非常清楚的。12 方北魏墓志都明确记述了墓葬同景陵的相对位置，如出于姚凹、徐家沟、安驾沟、后李以及盘龙冢西南的元倪墓志、元仙墓志、元华光墓志、元则墓志、元朗墓志、元㦲墓志、元暐墓志、元玶墓志，分别称其墓在"景陵之东""景陵东山"或"景陵东岗"；而出于东陡沟西的冯邕妻元氏墓志，则称其墓在"景陵之南岗"；穆纂墓志出于水泉村，称其墓在"景陵之右"，此所谓"景陵之右"，实为"景陵之西"的同义语。它们以各自的出土地为坐标点，从东、西、南三个方向表明了景陵的具体位置，而在标志东、西、南三个方位的诸地点中，相距最近的后李、水泉、东陡沟三个村子，彼此间的距离均不超过 5 千米。在此范围不大的区域内，还曾出土过宋张子和墓志，志称张葬于"河南县宣武村"（此村名正与宣武帝谥号同）。据知，此志出土地点，南距冢头村东墓冢仅约半华里。学者们根据这些证据做出冢头村东墓冢即宣武帝景陵的判断，应该说没有什么可以怀疑的。这次考古勘探和发掘，没有发现直接说明其为景陵的实物，是非常遗憾的，但其墓葬形制和结构，显然有别于其他北魏墓葬而与文明太后永固陵、孝文帝寿宫"万年堂"相同，则进一步证明了前述判断的正确性和科学性。

这次发掘的宣武帝景陵与大同方山文明太后永固陵、孝文帝寿宫"万年堂"是仅有的 3 座业经清理、发掘的北魏帝后陵墓，俱已遭受严重盗掘，迄无一座能够提供比较完备的北魏陵墓资料，实可惋惜。即使如此，还是可以利用现有实物资料，从中找出一些对研究北魏陵墓制度有用的东西。

为此，我们试从墓葬形制、结构及残存随葬器物方面将三座陵墓加以对比，发现它们之间存在不少共同点。比如：1. 三墓均为砖石结构，建筑材料皆以特制优质青砖为主；2. 三墓皆由墓道、前甬道（或称前室）、后甬道（或称甬道）、墓室四部分组成，各部的形制、结构基本一致；3. 墓壁皆无壁画；4. 虽因被盗无法确切知道随葬品的品种和数量，然由残存器物推测，恐怕主要还是陶、瓷、铜、铁质器物和小件装饰品；5. 整个墓葬弥漫着雄浑、壮观、俭朴、庄严的气氛。这些共同点，表现了自太和初年至延昌四年（公元 515 年）这三十余年间帝后墓葬的一般特征和格调。

对比中还发现，文明太后永固陵和宣武帝景陵之墓冢、墓室的规模非常接近，永固陵墓冢呈方形，边长 117—124 米，景陵墓冢作圆形，直径 105—110 米；永固陵墓室长、宽分别为 6.4 和 6.83 米，景陵墓室长、宽分别为 6.73 和 6.9 米。而以孝文帝寿宫"万年堂"与前二墓相比，"万年堂"的墓冢、墓室都显然要小。其墓冢为圆形、方基座，基座边长 60 米，墓室长、宽分别为 5.68 和 5.69 米。以理度之，这种情况的出现，都应该有所依据。我们认为，这依据就是文明太后同孝文帝之间特殊的长幼亲情关系和太和十四年（公元 490 年）孝文帝关于帝后陵墓的诏书。

太和之初，孝文帝在修建文明太后永固陵的同时，为显示孝道，又在祖母陵墓后方为自己营造寿宫，其寿宫制度小于祖母陵墓于长幼亲情关系完全是合情合理的，即使用太和十四年诏书所拟定的陵墓制度衡量，同样也是合乎法度的。太和十四年诏书有云："又山陵之节，亦有成命，内则方丈，外裁掩坎，脱于孝子之心有所不尽者，室中可二丈，坎不得过三十余步。今以山陵万世所仰，后广为六十步。"[⑦]以永固陵、"万年堂"墓冢和墓室的实际规模同诏书有关规定相对照，永固陵墓冢和墓冢的规模，基本与诏书所谓"室中可二丈"、墓冢"后广为六十步"的标准相适应；"万年堂"墓冢和墓室的规模，虽逊于永固陵一等，但也大体与诏书"室中可二丈，坎不得过三十余步"的要求相符。

由此又不难看出，孝文帝在新的历史条件下修改祖宗传下来的陵墓制度以适合当今政治上的需要，是把宣扬国威和弘扬孝道这两项意旨给予了充分考虑的。永固陵始建于太和五年（公元 481 年），太和八年（公元 484 年）竣工，可见，太和十四年诏书有关陵墓制度的精神，自太和初年即已形成或基本形成。

宣武帝景陵墓冢和墓室的规模与文明太后永固陵非常接近，说明宣武帝时期帝后陵墓的修建依然是遵循太和十四年诏书规定的制度行事的。同时我们也注意到，从文明太后永固陵到宣武帝景陵，北魏帝后陵墓的实际状况确实发生了一些较为重要的变化。比如，墓冢由方形演变为圆形；由只在墓门雕刻武士像或在墓内随葬武士雕像演变为在墓冢前方树立大型武士石雕像等。这些变化或者反映了，伴随北魏迁都洛阳、其陵墓制度受到中原传统文化更为深刻的影响。

总之，孝文帝太和十四年诏书是研究北魏陵墓制度的一项重要文献，继清理大同方山文明太后永固陵、孝文帝"万年堂"之后，又发掘了洛阳邙山宣武帝景陵，从而积累了一批宝贵实物资料，这就使我们有可能在文献资料和实物资料结合的基础上，对北魏陵墓制度开展进一步研究，以期对其发展演变有一个基本的了解。

在对宣武帝景陵的发掘中，出土随葬器物数量不多且多已残破，但其中有些器物，如方形四足陶砚和龙柄盘口壶、龙柄鸡首壶、四系盘口壶、钵、唾盂等青瓷器，仍不失为一批颇有价值的历史文物，尤其是这些具有浓厚南方青瓷风格的青瓷器，对研究南北朝时期的南北方关系，更有多方面的意义。

执笔者：李聚宝　方孝廉　钱国祥　段鹏琦

（原刊于《考古》1994 年 9 期）

注　释

① ⑥ 宿白：《北魏洛阳城和北邙陵墓——鲜卑遗迹辑录之三》；洛阳博物馆黄明兰：《洛阳北魏景陵位置的确定和静陵位置的推测》。俱见《文物》1978 年 7 期。

② 《资治通鉴》卷一百八十八唐纪四。

③ 见①黄明兰文。

④ 河南省文化局文物工作队：《洛阳北魏长陵遗址调查》，《考古》1966 年 3 期。

⑤ 大同市博物馆、山西省文物工作委员会：《大同方山北魏永固陵》，《文物》1978 年 7 期。

⑦ 《魏书·皇后列传》。

河南巩县宋陵采石场调查记

中国社会科学院考古研究所洛阳汉魏故城考古队

偃师县文物管理委员会

　　闻名中外的河南巩县宋陵，是宋太祖之父赵弘殷及北宋徽、钦二帝以外七代帝、后的陵墓。这座大型帝陵，历经沧桑，至八九百年后的今天，陵台犹高数丈，陵垣依稀可辨，陵前列石基本完备，气势颇为壮观，到宋陵参观的国内外游客，无不为陵前巨大石刻所吸引。面对雕刻精美的望柱、石狮、瑞禽、瑞兽以及造型高大浑厚的人物造像，人们自然会联想到这样一个问题：这成千上万吨优质石料是从哪里来的，采石工匠们的劳动又是怎样一番情景呢？

　　我们作为文物、考古工作者，和游人一样极其关心这一问题，而探寻答案的迫切心情则较游人更甚。

　　清乾隆年间《偃师县志》及《偃师金石遗文补录》载有宋陵采石、运石碑记六块，它们是：乾兴元年（公元1022年）永定陵（真宗陵）修奉采石记；元丰八年（公元1085年）粟子山运石题名碑（为修建神宗永裕陵运石）；元祐八年（公元1093年）宣仁圣烈皇后（英宗高皇后）山陵采石之记；元符三年（公元1100年）永泰陵（哲宗陵）采石记；建中靖国元年（公元1101年）宋二陵（神宗钦圣宪肃皇后和钦慈皇后陵）采石之碑；政和三年（公元1113年）崇恩园陵（哲宗昭怀刘皇后园陵）采石记。这些碑记，原立于距宋陵20余千米的缑氏永庆寺，今所见唯二碑：一为宣仁圣烈皇后山陵采石之记，存偃师县文管会；另一为永泰陵采石记，存缑氏小学。现存碑记直接表明，北宋真宗以后诸陵所用石料系采自粟子岭（亦称粟子山）。但《宣仁圣烈皇后山陵采石之记》有云："本朝列圣及母后登遐，例遣官采石于（粟子）山下崇奉陵寝，自乾兴元年以来始有碑刻可考。"据此则知，北宋皇陵所有陵墓使用的石材无不由粟子岭采取。至于粟子岭的地望及地理特征，《永定陵修奉采石记》有所描述，其云："缑氏县（今属偃师）南有粟子岭者，盖少室之西山、万安之东岭也。多产巨石，岩棱温润，罕与为比"。《宣仁圣烈皇后山陵采石之记》又指出："缑氏镇之西南二十余里有山岭最高，形如委粟，俗号粟子岭。"此所谓少室、万安皆山名，少室系指嵩山西侧主峰少室山，万安则是偃师县西南水泉口西祖师庙山的古名，两者东西相距30余千米。按照这些记述，粟子岭当从少室山与祖师庙山之间、尤其是缑氏镇西南十余千米的地段求之，这为探寻宋陵采石场提供了重要依据。

近年，因工作关系，我们到偃师县南部山区进行考古调查，工作中特别注意查访粟子岭及宋陵采石场的踪迹。粟子岭一名，约早已失传，这一带居民对其十分陌生。然综观缑氏镇西南十余千米处的山川形势，确有一座山峰与碑记所记粟子岭无异。此山名牛心山，它拔地而起，孤峰特立，耸峙于群岭众壑之间，犹如鹤立鸡群，显得格外挺拔高峻，远望如一大圆锥体立于地，酷肖粟堆之状。我们在此间访问，遇到一位熟知家乡山水的本地石工，他将我们带进一条长达数千米的山谷，这山谷在牛心山东，出产优质青石，谷底有泉，两岸山崖上到处是采石造成的断层及形状、大小各不相同的采石坑，在山谷深处，还发现了与宋陵采石有关的题记。显然，这里正是人们期望找到的宋陵采石场所在地。

这宋陵采石场，地处偃师县南部山区青萝山前之南横岭南麓，距宋陵直线距离约25千米。今天，欲往采石场，可由偃师南部之大口镇出发，沿公路南行，过焦村煤矿（或马村）后，转向东南，翻越一道山梁，迤逦向前，穿过翟湾，至白瑶，即抵采石场所在山谷口。我们去采石场调查走的就是这条路（图一）。

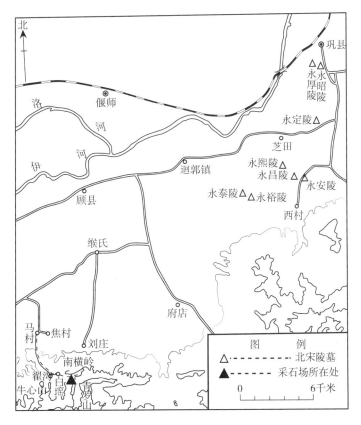

图一　宋陵采石场位置示意图

采石场山谷，谷口较为开阔。谷底之山泉、溪流，逢天旱即干涸。循溪而上，东南行约里余，北侧山崖上可以看到几处高仅二三十厘米的浅造像龛，造像面目模糊或损毁，多无题记，似为近代人所为。更前行，溪谷变窄，大小河光石及采石废料充满其间，大者大于卧牛，小者不及鸡卵；两侧谷壁陡峭，层岩裸露，岩面或似阶梯，或作横向凹槽，随处可见人工开凿痕迹。再前行一里许，溪边有弃

图二　采石场内弃置的柱础

置柱础石二，皆为半成品，由跗、础部两分构成，跗作方形，础似圆柱。一柱础跗部埋于土中，础外露，直径约75厘米；另一柱础置乱石间，跗每边长75、础直径约65、通高约60厘米（图二）。由此往前不远，来到一处群山环绕的所在，其北面山势较缓，即所谓南横岭；其东南山峰巍峨峭立，那就是青萝山。采石场山谷继续向前延伸，几成东西向，正穿行于青萝山和南横岭之间，谷两侧是长数里的大型采石场地：斜坡状谷壁上布满了昔日采石留下的采石面和采石坑，时而可见为切割岩层而凿出的錾窝以及錾刻竖线。采石面既长且宽，采石坑有大有小。有一大采石坑长10余米，宽约三四米，深2米余（图三，右）。谷底满是带錾痕的废石料，有一长方形石料的一端，錾刻出眼鼻的轮廓线，似欲作虎类石兽；另一大型长方形石料，长、宽分别在2米和4米以上，其表面正处于修整中，大约有一半已经剥去表层，形成平整的石面。从岩石断面看，这里的青石，为石灰岩，色青黑而润泽，质纯净坚实而细腻，既可作大型雕刻，又宜于制作细部花纹，完全符合雕造陵墓石刻的要求。沿山谷南侧，有古车道一条，不少地段车轨痕迹相当明显。车轮经过处，凸出石棱均经錾凿加工。据测量，轨间距约1.2米，它应是当年运石使用的道路。由群山环抱处向西南，有人工开凿的豁口一处。豁口南北长约十余米，宽约二三米，两侧凿为直壁，高约七八米。豁口底部南段高北段低断然分作两级，高差约2米。南段底面略平，与另一条山谷相通；北段底面呈斜坡状，与采石场山谷相连。北段南端有一清水潭，潭周围山崖石缝间断断续续有空山水渗出，跌入潭中。潭水时有外溢，形成涓涓细流，淙淙流进采石场山谷。水潭之东、南、西三面山崖上，镌刻着与宋陵采石有关的题记（图三，左）。

宋人题记共6处，均系先在山崖上修整出一个长方形平面，然后书丹、镌刻而成。兹从南壁起将六处题记依次抄录于下：

第一处，尺寸35厘米×20厘米。大部分石面无文字，仅最左边有字一行，刻"石

图三　采石场导泉处外景（左）、采石场内采石坑（右）

匠亻"三字。

第二处，面积 55 厘米×30 厘米。共五行，行七字，绝大多数字迹不清。文曰：

开封□师□任□」□□□□□□」□□□□□□」后旨□□□□」三月初□

第三处，面积 100×65 厘米。共九行，行各六字，绝大部分字迹清晰，是六处题记中保存最好的一处（图四、五）。文曰：

曾孝□」麦文□奉陵被」旨提举采石与」僚属孙熙谢□」□宗师黄□□」导泉于此元符」三年二月十九」日

第四处，面积 80 厘米×40 厘米。共十行，行各六字，字迹多漫漶不清。文曰：

崇宁□年二月」七□」圣□□□太后」园□□□□高」伟□□□□□」记□□□□□」□□□□□□」奏□□□□□僚属□□□□」□□□□□□」

第五处，尺寸 52×38 厘米。共六行，行各四字，字迹多漫漶不清。文曰：

大僕□□」北同□□」□茂□□」□西□□」□□□□」□□□□

第六处，尺寸 26 厘米×30 厘米。共五行，行约八字，字迹漫漶不清，可识者只四、五字：

□行天圣□□□□」□□□□□□□□」□□□□□□□□谒」□□信

图四　采石场导泉处题记之三

图五　采石场导泉处题记之三拓本

□□□□□」□□侍□□□□□

此外，第一处题记左上方，尚有一小块崖面经过修整，上刻一"贾"字。

从第二至第六处题记残存文字看，这些题记绝非一般游人随意留题，而是为官者特意题刻，且很可能全部与修建宋陵有密切关系。其中保留年号者三处，所书年号分别为仁宗之头一个年号"天圣"、哲宗之最后一个年号"元符"、徽宗之第二个年号"崇宁"，其时间范围，大体同前引碑记一致。第二、六两处残存文字太少，究与何陵有关不可考知。这里仅就第三、四、五处题记略做一点分析。

第三处题记系为哲宗永泰陵采石时所刻，与县志等所录永泰陵采石记所记同为一事。《永泰陵采石记》云："大行哲宗皇帝以今年正月十二日己卯奄弃万国，朝廷循故事遣官采石修奉陵寝，孝广被诏同文思使罗允和、宫苑副使带御器械麦文炳实董其事，凡辟文武官朝请郎孙熙以次及部役等二十有六员，以二月十日丁未开山，至五月十一日丁丑毕功。"落款"元符三年五月十二日朝奉大夫、都水使者、都大提举采石曾孝广谨记""宫苑付使、带御器械、同都大提举采石麦文炳立石"。以之印证题记，则知题记开首之"曾孝□""麦文□"二人，即曾孝广和麦文炳。曾孝广《宋史》有传；麦文炳，据前引碑记，还曾参与神宗钦圣宪肃皇后和钦慈皇后山陵园陵采石，衔为如京使、带御器械、勾当翰林司提点万寿观公事、同都大提举采石。从时间上看，永泰陵采石记建于采石工程毕功之日，题记刻于导泉工程竣工之后。

导泉事，《永泰陵采石记》曾特意述及，其云：采石之役，"聚者既众，不患食不足，常患水不给。山之东南，旧有碾子一泉，方春日用且乏，乃并西于桃花谷天井泉，至谷口凡四里，续大竹二百二十有四，引水日二千余缶，于是水给而无渴饮之患"。观采石场山谷形势，顺谷底由东南向西北流、直通谷口之溪的源头，约即碾子泉所在地，而题记所在之豁口，应是导桃花谷天井泉入采石场山谷处。然考之永定陵修奉采石记等碑记，采石场山谷原无井泉，用水是个大问题。为永定陵采石时，始有泉水从地下涌出，方才缓和了这一燃眉之急。采石官员以为得神明阴助，深为感动，特为报请朝廷并修葺了此山久已无人问津、栋宇摧坏的庙宇。至为英宗宣仁圣烈皇后采石时，已采用"架竹引泉"的办法解决水源问题。大约是用水问题始终未能彻底解决，所以这次为永泰陵采石，才有此凿山开豁口导天井泉入谷之举。

第四处题记，残存字数有限，内容不可全知，但从残存文字"崇宁□年二月""太后园□"及官员姓名"高伟"来看，显然同修建某太后陵墓有关。

按照宋代制度，皇帝或皇后一旦去世，朝廷便即选派山陵使，采石修墓，并在七个月内下葬。查《宋史》本纪及后妃传，只有神宗妃朱氏死于崇宁年间。徽宗纪称："崇宁元年二月丙戌朔以圣瑞皇太妃疾虑囚……辛丑，圣瑞皇太妃薨，追尊为皇太后。……夏四月己亥，上皇太后谥曰钦成。……五月……戊寅葬钦成皇后于永裕陵。"题记中的年号、月份与本纪符合，"□年"之"□"字，也许正是"元"字剥落了。此外，题记中的官员高伟，应即建中靖国元年宋二陵采石之碑所记的西京左藏库副使、提点孳生马监高伟，曾参与为神宗钦圣宪肃皇后、钦慈皇后山陵园陵采石。同一人连续两年参与采石工程完全是可能的。据此，我们以为第四处题记或系为神宗钦成皇后修建园陵采石时所刻。

第五处题记，可识残字更少，能确切辨认者，只有"大僕""北同""茂""酉"数字。《宋史》卷一九记载徽宗，崇宁元年"十二月……辛酉赠哲宗子邓王茂为皇太子，谥献愍"。对此人，同书卷二百四十六"献愍太子茂"条云："献愍太子茂，昭怀刘皇后为贤妃时所生，帝未有子而中宫虚位，后因是得立，然才三月而夭，追封越王（与前引文封邓王异），谥献冲。崇宁元年，改谥献愍。"这两段文字和题记中都有"茂""酉"二字，它使我们想到，难道第五处题记与为此夭折幼儿采石筑墓有关吗？

为修陵采石，是一种限期甚严的繁重劳役，采石量大，用工也多。据前引诸采石碑记记载，修永定陵采石二万七千四百五十三段，用兵士、工匠三万一千六百人（工匠四千六百人）；修永裕陵采石二万二千三百余段；修永泰陵采石二万七千六百余段，用兵士、工匠九千七百四十四人，并募近县伕五百人。修英宗高皇后陵采巨细石一万余段，用兵士、工匠五千余人（工匠二千九百七十四人）；修神宗钦圣宪肃皇后及钦慈皇后二陵采石二万七千一百余段，用兵士、工匠九千六百余人，其石之大者，长22尺（1尺约为0.33米，后同），广逾寻。采石工程通常在四十至六十天内完工。采石工匠来自京师及远近各路，他们既要"梯霞躡云，沿（即沿）崖抱栈"（《永定陵修奉采记》语）以攻采，又要同民夫一起牵挽巨石，工作危险而劳累。劳役期间，上有官吏严督，旁有陪役兵士，戒备十分森严。工匠们能住上在采石场临时搭起的所谓向阳"密室"（《宣仁圣烈皇后山陵采石记》语）已属特别优待，缺水少医更难免饥饿。在这种情况下，染病以至死亡者必然不少，对此，连为封建统治者歌功颂德的永泰陵采石记也不得不有所供认，据称，此次服役的九千七百多名兵匠中，染病者就有一千七百余人，其中不可治而死者占百分之二。这虽然是大大缩小了的数字，但从其字里行间还是可以看到一些采石工匠的悲惨遭遇。永泰陵采石记还供认，以往为采石而死难者，俱被草草埋于山中，此次采石工程结束时，具具尸骸早已不复完掩，暴露于荒山野谷。调查中，我们在导泉豁口南偏东的山崖上，发现横向、敞口浅石龛一个，龛高于崖前地面约数十米，其大小、形制略如木棺，龛外正上方崖面被修整出一个高约20、长约30厘米的平面，上刻文字，今存一"柳"字；龛外左上方有一段刻铭："通利军井彦、李道、李元（？）"。《宋史·地理志二》"河北路·西路澶州条"载："澶州，平川军节度，本通利军。端拱元年（公元988年）以滑州黎阳县为军。天圣元年（公元1023年）改通利为安利。"据此知，井彦等应是天圣元年以前由黄河以北来此服役者。如考虑到石龛的形制，那么几乎可以肯定地说，这石龛当是天圣以前"埋葬"死难者的处所之一。

大约由于死人太多，给封建官吏们造成了心理上的巨大压力，每逢阴雨，他们便感到满山冤鬼哭泣，为之不寒而栗。为求得自身的解脱，官吏们曾在采石场设下水陆道场为死者超度，永泰陵采石记即载有其事。然而，这种自欺欺人的行为决然抹杀不了血淋淋的阶级压迫、阶级剥削事实。采石工匠们以逃跑的方式进行反抗，碑记称，为永泰陵采石才逃跑五十人，其实恐远不止此数。

采石场，这一历史上曾经长期翻腾着阶级斗争风云的山谷，如今虽已是风和日丽，静谧地躺卧在大地母亲的怀抱里，但每当人们看到宋陵石刻的时候，必然会联想到山谷崖壁上的凿痕、水潭边的题记，勾起对往昔历史的回忆。它将使人们更深刻地理解，那些曾被最高封建统治者据为陵前威仪的石刻艺术品，正是千千万万古代工匠的血汗凝结而成的！

执笔者：段鹏琦　杜玉生　肖淮雁

（原刊于《考古》1984年11期）

河南巩县宋陵采石场题记补遗

　　河南巩县宋陵采石场山谷左壁，与右壁元符三年导泉题记[①]相对处，一巨石倚谷壁耸立，其朝谷口的一面，有一片石面较为平整，距地面高 2 米余，上刻宋人题记一则，文字或有残缺、剥落，但约略可识，题记共五行，文曰："南京」雄武」第四都」李千」孔□。"（图一）

　　南京，系北宋诸京之一，旧为应天府。《宋史》卷八十五《地理志一》对其建置、沿革有详细记载，其云："应天府，河南郡，归德军节度，本唐宋州。至道中为京东路。景德三年，升为应天府，大中祥符七年建为南京。熙宁七年分属西路……县六：宁陵、宋城、谷熟、下邑、虞城、楚立。"

　　雄武，属北宋禁兵。依《宋史·兵志》，禁兵为天子卫兵，由殿前、侍卫二司总之[②]。殿前、侍卫二司所辖禁兵皆有骑兵、步军二类，雄武即侍卫司辖下步军之一种。《宋史》卷一百八十七《兵志一》、卷一百八十八《兵志二》建隆以来之制及熙宁以后之制侍卫司所辖步军均有雄武。建隆以来之制"雄武条"注云："并雄武弩手、床子弩雄武、拣中雄武、飞山雄武、栋中归明雄武，总指挥三十四。京师十三，太原、尉氏、南京、郑、汝、宁陵各二，咸平、东明、雍丘、襄邑、许、曹、广济、谷熟、长葛各一。"熙宁以后之制"雄武条"注，前半文字与建隆以来之制注文小异，如将"总指挥三十四"写作"总三十四"、将"京师"写作"京"并以"许"为"颖昌"，但含义实同，而后半文字则为建隆以来之制注文所无，它记述熙宁以后雄武的合并废置情况云："熙宁五年，废拣中雄武。闰七月，并床子弩雄武，飞山雄武各五为二。六年废雄武。中兴后加'平海'字。"

　　《宋史》卷一百八十七《兵

图一　宋陵采石场题记（1/5）

志一》有云："乾德二年……九月上御讲武殿阅诸道兵，得万余人，以骑兵为骁雄、步军为雄武，并隶侍卫司。"据此知，雄武虽列于建隆以来之制，而其创建时间，则可能是乾德二年。

如此，则北宋时期步军雄武存在的时间应在太祖乾德二年至神宗熙宁六年。

关于侍卫司职官的设置，《宋史·兵志》熙宁以后之制记述较详，见《宋史》卷一百八十八《兵志二》"侍卫司"条，其云："侍卫司并侍卫亲军马步军都指挥使、副都指挥使、都虞侯各一人。马军都指挥使、副都指挥使、都虞侯各一人，步军亦如之。自马步军都虞侯以上，其员全阙，即马军、步军都指挥使等各兼领其务。马步军有龙卫、神卫左右四厢都指挥使，龙卫、神卫左右厢各有都指挥使，每军有都指挥使、都虞侯，每指挥有指挥使、副指挥使，余如殿前司之制。"但自指挥使、副指挥使以上诸官没有与题记合者。查同书卷一百八十七《兵志一》"禁军将校"条"每指挥有指挥使、副指挥使"以下，有"每都有军使（步军谓之都头），副兵马使（步军为之副都头），十将、将、虞侯、承局、押官"。此中，每都有军使的都或即题记"第四都"的都。依此，则题记中之"第四都"应即南京雄武属下第四都，题记中的"李千、孔□"或为该都都头的名字。

北宋帝、后陵墓采石碑记，具列有使用工匠、兵士的数字[3]，这则题记的发现，不仅证实碑记所载史实有所本，而且还为禁军参与采石工程提供了实物证据。题记本身还是关于宋代禁军建制的有用资料。

题记刻成的准确时间，因无直接证据，不宜随意猜度。然据《宋史·地理志》"大中祥符七年，建应天府为南京"及上引同书兵志二熙宁以后之制雄武注"（熙宁）六年废雄武"推断，题记应刻于真宗大中祥符七年至神宗熙宁六年，即公元1014—1073年的近六十年间。换言之，南京雄武兵士与役的采石工程，应同为在此期间去世的某一帝、后（譬如真宗、仁宗、英宗及有关皇后）修筑陵墓有密切关系。

（原刊于《考古》1986 年 6 期）

注　释

① ③《河南巩县宋陵采石场调查记》，《考古》1984 年 11 期。

②《宋史》卷一百八十七《兵志一》。

研究论文

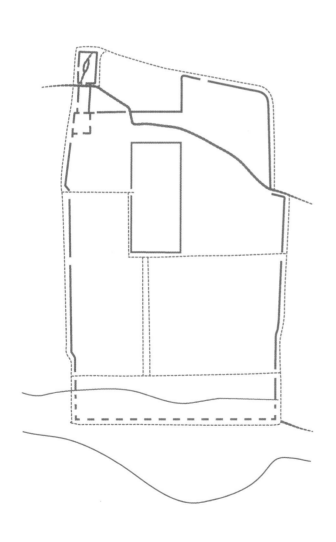

汉魏洛阳城的几个问题

汉魏洛阳城是我国著名的历史古都，它创建于周而废于唐初，自公元初年至公元6世纪东汉、曹魏、西晋、北魏四代相继以其为国都，前后累计共三百余年。

在该城长达一千五百年以上的漫长历史上，历代王朝相沿使用同一城址，迭经破坏、修复和扩建，城市布局随之发生了巨大变化。这些变化，有的固然属于特定历史条件下产生的特殊变化，但更多的则是表现了我国古代城市发展演变的一般规律，具有一定的典型意义。这里，仅就与该城布局演变关系较大的南北宫制兴衰、金墉城性质演变、外郭城兴建三个问题，谈一些不成熟的看法。

一 南北宫制兴衰

在我国古代都城中，帝宫之设以南北二宫对峙为式者，唯有汉魏洛阳一都，这是人所共知的事实。

征诸史籍，这南北二宫对峙的局面并不与该城的全部历史相始终，而只存在于它的前期。后魏都洛之时，南宫业已废弃，南北宫制已经成为历史的过去。这也是人所共知的事实，无须赘述。

我们讨论的重点，是南北宫制出现和衰落的具体时间问题。

关于南北宫对峙局面的出现，《括地志》洛州洛阳县引顾野王《舆地志》云"秦时已有南北宫"，可见，南、北宫均应建于秦或秦以前。我们以为建于秦以前的可能性更大。

据《尚书》记载，西周成王之世，周、召二公卜宅洛汭，始营成周。史学界及考古学界一般认为成周即汉魏洛阳的前身，城内有太庙也有王宫①。按照《周礼·考工记》"匠人营国前朝后市"的理论，成周城的王宫应在城之南部。《考工记》说法的可靠性如何？如从近年发现的偃师商城看②，恐怕不能说没有任何事实根据。这样，我们以为成周王宫，可能就是汉魏洛阳南宫的前身。

北宫出现的时间应较晚，或同成周城后日的扩建有关。查诸文献，自西周之世至西汉立国，该城有两次工程规模较大的扩建：一是，东周时期周敬王避王子朝乱，由王城徙居成周，以其狭小不受王都，晋率诸侯之徒毁狄泉而大之。二是，秦有天下，再扩而大之以封相国吕不韦。这两次大型土木工程中都有可能筑造新宫而形成二宫南北对峙的布局，惜史书无征，无以做出准确判断。然值得注意的是，《春秋》昭二十三年有"天王居于狄泉"的记载。周王既居狄泉，说明狄泉并非只是成周城北之附郭水域，而应有离宫一类建筑。敬王时因成周小不受王都而将狄泉扩进城里去，依当时情势是舍不得将原有建筑毁去的。所谓毁狄泉，恐只是填塞一些水域而已。狄泉被扩进城区，离宫一类建筑，自然可能成为新王宫的基础。如果这一推测不误，那么很可能东周末年南北二宫对峙业已成为事实。

南北宫制的废止，同南宫的衰落有密切关系。为探讨这一问题，须从探讨南宫的位置及其盛衰史迹做起。

关于汉南宫的位置，文献缺乏明确记载。据《古今注》平城门注引蔡邕语："平城门，正阳之门也，与宫连，郊祀，法驾所从出，门之最尊者。"又，元《河南志·后汉城阙宫殿古迹》平门注引《汉官秩》云："平城门为宫门，不置候。"（《册府元龟》引作"平城门为官〔宫〕门，不置候，置屯司马"。）《后汉书·灵帝纪》且有"南宫平城门"连读之句，可以认为汉南宫当于东汉洛阳城区南部、平城门北求之。《汉官典职》云，南北"两宫相去七里"，如此，则南宫应在城之最南端依傍平城门处。然东汉洛阳南北仅九里，照这样安排，南北二宫必然甚小，决不能容纳文献所载宫内众多的殿、阁、堂、阁，可见其于事实非宜。近年，王仲殊同志著文提出，此七里（1 里为500 米，后同）系一里之讹，并以汉中东门与雍门之间城区中部为南宫所在地[③]，这种看法或与事实相近。《后汉书·百官志》："宫掖门，每门司马一人，比千石。本注曰，南宫南屯司马，主平城门北宫门；苍龙司马，主东门；玄武司马，主玄武门；北屯司马，主北门。"[④]由此知，平城门距宫门尚有一段距离。另据中国社会科学院考古研究所洛阳汉魏故城工作队 1984 年对该城城墙所做的解剖，该城从周到汉的一次次扩建，是以今城址中部为基础先后向北、向南扩大规模的[⑤]。这些，无疑都是有助于王同志看法的证据。

东汉南宫，颇为宏伟壮丽，仅元《河南志》所列重要殿堂即有 20 余处，此外还有重重宫门以及不少宫、观、堂、阁、台、阁等等。据《后汉书》等记载，自公元 25 年光武帝幸却非殿定都洛阳，朝廷之重大礼仪，往往于南宫举行，其地位远远高于北宫，终东汉之世而不衰。

逮至初平元年，董卓胁迫献帝迁都长安，"焚洛阳宫庙及人家"，二百年繁华帝都，一朝化为灰烬，赫赫南宫，从此一蹶不振。据《后汉书·献帝纪》，建安元年（公元196 年）秋七月车驾由长安至洛阳，皇帝竟无处栖身，不得不"幸故中常侍赵忠宅"。

接着，由张杨嘻修洛宫，皇帝始得于"八月辛丑幸南宫杨安殿"。这次修洛宫规模小的可怜，也许只有为表彰张杨嘻修宫功而以杨名殿的这座杨安殿，故而《献帝纪》下云："是时宫室烧尽，百官披荆棘依墙壁间。"《后汉书》这段文字，活生生再现了洛阳宫室遭焚后的惨淡局面。

自此次献帝幸南宫之后，皇室播迁，移都许昌，南宫之名，也随之在文献中消失。《三国志·魏书》及《晋书》凡讲到洛阳之魏晋宫室，皆不分南、北，统以"洛阳宫"称之。这是一个十分重要的变化，它是否说明，魏受汉禅后，曹氏即放弃劫余之南宫，而重点以汉北宫为基础再建宫室呢？事关南宫兴衰，不可不稍事考据。

为此，不妨把《三国志·魏书》《晋书》等所载魏晋修建宫室事例逐一摘出，并试做一些简单分析。

所见曹魏修宫室事五例：

1. 建安二十五年正月，魏武在洛阳起建始殿。（《搜神记》卷六）

2. 黄初元年十二月初营洛阳宫。（《三国志·魏书》）

3. 黄初二年，是岁筑陵云台。（同上）

4. 青龙三年，是时大治洛阳宫，起昭阳、太极殿，筑总章观。（同上）

5. 青龙三年秋七月，洛阳崇华殿灾……命有司复崇华，改名九龙殿。（同上）

《晋书》及其他有关西晋的文献中，除改营太庙、新作三城门外，无一处提及修建宫室。

上述录文表明，曹魏之世，自文帝黄初元年至明帝青龙三年近十年内，曾大兴土木"初营洛阳宫""大治洛阳宫"，而西晋一代，或由于受魏之禅，未遭战火之苦，宫室多仍曹魏之旧，于洛阳宫室却无大的建树，说明魏晋洛阳宫的规模实确立于曹魏初期。它提醒我们，欲求汉末以后南宫的命运如何？应该格外注意曹魏文、明二帝在位时期，特别要把黄初至青龙年间所建宫殿的方位辨别清楚。

1. 建始殿。《三国志·魏书》："黄初元年十二月……戊午幸洛阳。"裴注云："诸书记，是时帝居北宫，以建始殿朝群臣，门曰承明。"依此，知该殿在汉北宫无疑。

2. 文帝黄初元年"初营洛阳宫"，所营宫殿《魏书》阙录，无从考据。

3. 陵云台。史籍所见关于洛阳城内陵云台的记载不少，其中讲到为魏文帝所筑者共二处。其一，见元《河南志·魏城阙宫殿古迹》。其云，"陵云台，文帝黄初二年筑，在宣阳门内，韦诞题名榜"，并引杨龙骧《洛阳记》曰："高二十丈（按，《艺文类聚》《太平御览》皆引作二十三丈），登之见孟津。"其二，见《洛阳伽蓝记》"瑶光寺条"。其云："千秋门内道北有西游园，园中有陵云台，即是魏文帝所筑者。"一个魏文帝同时筑两个名字相同的陵云台，一般来说是不大可能的。哪个陵云台确为魏陵云台呢？我们以为是后者。有记载为证。一是《水经·谷水注》引《洛阳记》曰："陵云台西有金市，金市，北对洛阳垒者也。"依此，台在市东汉北宫处。二是《三国志·魏书》曹玄传注引《世语》载，舍人王羕白大将军请以命请（李）丰，曰："丰若无备，情屈势迫，必来。……若知谋泄，以众挟轮，长戟自卫，径入云龙门，挟天子登凌云台，台上有三千人杖，鸣鼓会众，如此，羕所不及也。"云龙门系北宫东门之一，径入此门可登陵云台，可见魏陵云台在汉北宫旧地。《水经注》《魏书》虽分别以金市、云龙门与陵云台相系，然究其方位，皆与《洛阳伽蓝记》所载相近，是以知《洛阳伽蓝记》以汉北宫故地之陵云台为曹氏所筑，无误。既如此，元《河南志》关于宣阳门内陵云台的记载，则很可能是志之作者辑录材料时疏忽，误将他代或他一建筑当作魏氏陵云台纳入是书。

4. 崇华殿，后改名九龙殿。《三国志·魏书·明帝纪》裴松之注引《魏略》云："（青龙三年）通引谷水过九龙殿前。"《水经·谷水注》云，"渠水又东历故金市南，直千秋门右，又枝流入石逗，伏流注灵芝九龙池。"《洛阳伽蓝记》云，"（九龙）殿前九龙吐水成一海"。从九龙殿前有水来看，北魏之九龙殿可能系沿用曹魏九龙殿旧基筑成，并袭用曹魏殿名。依此，则曹魏之九龙殿（也即崇华殿）应在汉北宫范围内。

5. 太极、昭阳殿及总章观。《三国志·魏书》裴注、《水经·谷水注》皆以为太极、昭阳诸殿，系明帝时因汉南宫崇德殿址修建。然细玩有关记载，觉裴注等所谓因汉南宫崇殿址云云似不无可疑之处：其一，查元《河南志·后汉城阙宫殿古迹》，东汉崇德殿有二，一在南宫章台门内，为宫之正殿；一在北宫正殿德阳殿东。其二，《三国志·魏书·高堂隆传》云，"景初元年……帝愈增崇宫殿，雕饰观阁……"，"起景阳山于芳林之园，建昭阳殿于太极之北；铸作黄龙、凤凰奇伟之兽，饰金镛、陵云台、陵霄阙"。此中所举建筑，凡知其位置者皆在城之北部，太极及其以北的昭阳殿似也不应例外。如此，裴注等所谓"南宫崇德殿"是否系"北宫崇德殿"之讹呢？我们以为，即使裴注等记载属实，也不能据以得出曹魏全面恢复汉南宫的结论。理由是，太极殿系魏宫正殿，如在南宫，南宫地位远高于北宫，何以当时文献只字未提南宫呢？

以上考据，虽不能确证曹魏所筑宫殿无一不在汉北宫范围内，但至少可以说明曹魏实无全面恢复汉南宫的迹象，而是以汉北宫区为基础营建皇宫的。

《三国志·魏书·曹爽传》有这样一段记载：正始十年正月，爽从车驾朝高平陵，宣王部勒兵马出屯洛水浮桥，并奏爽罪，爽得宣王奏窘迫不知所为。大司农沛国桓范闻兵起，矫诏"开平昌门……略将门候南奔爽"。同传注引《魏略》云，范"至平昌门，城门已闭。门候司藩，故范举吏也……乃开之"。由此知魏正始时平昌门已置门候，与汉于此门置屯司马者不同。既置门候，足见此门已不再兼作宫门，表现了当时南宫严重衰落的情势。

我们说曹魏以汉北宫为重点营建皇宫，并不意味着魏宫全部因袭汉北宫旧域；相反，我们认为魏在汉北宫基础上营建新宫，在某些部分扩大或者缩小其范围、甚至改变整个宫城的形制是完全可能的。

总之，我们的看法是，汉魏洛阳城南宫，在曹魏都洛时期，即使不一定全部废弃，也已经大大衰落，至少不能同以前一样以与北宫抗衡的地位发挥作用了。从这个意义上可以说，曹魏都洛时期南北宫对峙的情况实质上业已结束。

二 金墉城性质的演变

金墉城，位于汉魏洛阳城西北隅，背倚邙山，面对伊洛，地势高亢，颇有虎踞龙盘之势。据考古勘察，其整体作长方形，由三座南北毗连的小城构成。城南北长1048米，东西宽255米。城墙版筑，厚12—13米。墙外侧建有马面。谷水自西来直泻城下，然后分流，环绕城之西、北、东三面。城内探到建筑遗址20余处，还有一些水池、道路遗迹[6]。从防卫角度看，真可谓有金汤之固。

关于金墉城的历史，文献记载甚明，治古代城市发展史者也公认不疑：它始建于曹魏，后为西晋、北魏所沿用。北魏孝文帝迁洛之初，曾大施修茸。隋朝末年，群雄逐鹿，李密据此以争天下，民间至今犹称汉魏洛阳为李密城。唐贞观年间城废。

这里，我们要指出的是，像汉魏洛阳这样置金墉城于大城西北隅，在历代封建都城中是少见的，应该说这也是汉魏洛阳城市布局的特点之一。

乍看起来，金墉城的出现似乎是一种偶然现象，但只要将上下各代都城布局稍加分析便会发现，它实在是我国封建都城发展序列中必然出现的事物。

曹魏邺城，修建年代比洛阳金墉城稍早。从文献看，它整体作长方形，一条东西大道将城区分为南北二部。北部居中为宫殿区，其西有禁苑，即所谓铜雀园，又称西园。园之西，以城垣为基筑建三台，中曰铜雀，南曰金虎，北曰冰井。台与台、台与法殿，皆以复楼阁道相连。城南部为里坊区。

据记载，铜雀、金虎二台建于建安年间，冰井台也曹操所建。台高分别为十丈或八丈，其上各有房舍百余间（见《三国志·魏书》及《水经·浊漳水注》）。今到漳河北岸邺城遗址，仍可看到巨大的铜雀台、金虎台台基，以及散布于台址周围的精美石雕和砖瓦堆积，使人油然想起当年三台"巍然崇举，其高若山"的景观。

据建安十七年（公元212年）曹操率子丕、植登雀，丕、植尊操命所作赋来看，登三台既可寓目壮丽山河，又可饱览西园春色，宫阙城郭，尽收眼底，不啻为皇室"嬉游""娱情"的理想场所，这应是曹氏于邺城筑三台的用意之一。另据《水经·浊漳水注》引《春秋古地》，冰井台上有冰室，"室有数井，井深十五丈，藏冰及石墨焉……又有粟窖及盐，以备不虞"。可见曹氏所筑三台还是"备不虞"的防卫重地。同书还载，"昔严子才（作乱）与其属攻腋门，（王）修闻变……便将官属步至宫门，太祖在雀望见之"。魏武此次登雀，或正是为避乱而去。两者相较，恐怕"备不虞"才是曹氏着力经营三台的主要目的。

援邺城例来看洛阳，我们便会发现曹氏筑金墉同在邺城筑三台有许多类同之处。

《水经·谷水注》金墉城注："魏文帝起层楼于东北隅"，注引《洛阳地图》曰："金墉城内有百尺楼"；《太平御览》引《洛阳地记》又曰："洛阳城内西北角有金墉城，东北角有楼高百尺，魏文帝造也。"它们共同说明一个事实：金墉城在洛阳城西北隅，其东北角有一座多层高大建筑百尺楼。有人以为，"城为明帝所筑，则层楼不应云文帝起，盖亦明帝之衍文。"（赵一清《水经注校释》语）其实非也。我们认为，文帝迁洛，居洛阳北宫，首先于大城西北隅高地上建百尺层楼，正是直接继承了邺城三台的作法。新都因循旧都，顺理成章，天然合理。而明帝筑金墉大约即是围绕百尺楼，并进一步扩大地域而城之。将我们的看法概括起来就是：洛阳金墉城之营建，系先有魏文帝所造百尺楼，然后于明帝时复经通盘规划修筑城池。前者显然停留在对邺城的因袭阶段，后者则较邺城大大前进了一步。

作为曹氏经营金墉城的两项主要工程——修建城池和百尺楼，主要目的自然也是"备不虞"。城池用于防卫，人所共知，自不必说。即使百尺层楼的防卫作用也是显而易见的。关于魏文帝百尺楼的建筑特点，《水经·谷水注》引《晋宫阁名》曰："金墉有崇天堂即此。地上架木为榭，故曰楼矣。"此种层楼式高大建筑模型，东汉晚期墓出土甚多，墓葬壁画中也时有所见，有的还和大型宅院结合为一体，其中架木为榭者占相当大的比例。它们或建于平地，或造于池中，少数楼上塑歌舞俑，更多的则是描绘主人端坐上层楼内，家奴负粮攀梯而上；层层楼上悬挂武器或者塑出武士持弓守卫形象。有的楼下还有骑马者巡逻。这些无疑都是东汉以至魏初百尺楼一类建筑用于防卫的绝好证明。

据记载，魏明帝在修建金墉城前后，还修建了芳林园，重建了大夏门。芳林园位于广莫门和大夏门之间，山林池馆充斥其间，俨然是魏宫北面的天然屏障。大夏门门楼三重，"去地百尺"，远比其他城门高大。据考古工作者实地勘察，入大夏门之大道，并不直抵洛阳城南垣，而中止于宫城西北隅⑦，显然此门此途之设，非为方便全城，而主要服务于皇宫。依赖芳林园可以荫蔽地来往于皇宫、大夏门、金墉城三者之间；凭藉大夏门，既有利于窥察城内外动静，又便于皇宫同城外宣武观及黄河渡口的交通。洛阳之有芳林园、大夏门，犹如邺城之有铜雀园和厩门，它们与金墉城一起构成了魏宫的严密防卫体系。

此外，曹魏金墉城还带有某些如同离宫那样的性质。《三国志·魏书·陈群传》载，皇女淑夭亡，明帝欲移住许昌，陈群以为不可，上疏曰："臣以为……若必当移避，缮治金墉城西宫及孟津别宫，皆可权时分止。"帝不听。即其证据。

值得注意的是，自魏末以降，金墉城这后一方面作用随着时间的推移而日渐明显地增长。

《读史方舆纪要》汇集有关材料，于河南府洛阳县下记述魏末至西晋时事云："（魏齐王芳）嘉平六年，司马师废其主芳，迁于金墉；延熙二年，魏主禅位于晋，出舍金墉城。晋杨后及愍怀太子至贾后之废，皆徙金墉。永康二年，赵王伦篡位，迁惠帝自华林西门出居金墉城，改曰永昌宫。其后每有废置，辄于金墉城内。"金墉这一原以防卫为主要目的建造的城池，转而成了容纳废帝废后的宫，并有了正式的宫名。

北魏孝文帝迁洛之初，对金墉城进行空前规模的修建。《水经·谷水注》描述这次营建曰："皇居创徙，宫极未就，止跸于此。构霄榭于故台，所谓台以停停也。南曰乾光门，夹建两观，观下列朱桁于堑以为御道。东曰含春门，北有趋门。城上西面列观，五十步一睥睨。屋台置一钟以和漏鼓。西北连庑函荫，墉比广榭。炎夏之日，高祖常以避暑，为绿水池一所……"这时的金墉完全是以当今万岁别宫的资格出现，文献中也直呼其为金墉宫，《魏书·高祖纪》"太和十九年八月金墉宫成，甲子，引群臣历宴殿堂"，便是证明。据《汉魏南北朝墓志集释》所载墓志，北魏诸帝之妃嫔夫人如文成帝夫人于仙姬、献文帝成嫔、宣武帝第一贵嫔夫人司马显姿、贵华夫人王普贤都曾居金墉，从她们死后得以分别葬于"山陵之域"、葬于西陵（即长陵）或"陪葬景陵"来看，其身份绝非居金墉之西晋废帝废后可比拟。上列史实说明，较之永昌宫，北魏金墉宫建筑级别显然大有提高，其在实际生活中的作用也远在前者之上。

总之，汉魏洛阳金墉城之设置虽系受了邺城的影响，但它不像邺城三台那样仅是宫殿区的一个附属部分，而是自成一体的城池。金墉城自曹魏初建，至北魏大规模经营，地位逐步上升，以至于成了仅次于皇宫的重要离宫。这种历史现象对后世的都市布局有何影响？应是我国古代城市发展史应该回答的问题之一。

三　汉魏洛阳外郭的兴建

征诸文献，自汉至晋洛阳城外已有居民区和市场，而且居民区不断扩大，有的地方晋时即已有东西并列四排以上的里坊。然尽管城外人口日益增多，市场渐趋繁荣，但古人记述当时洛阳的范围，总以南北九里、东西六里称之，不把城外部分计入都市以内，显然，汉晋时期洛阳尚未营建外郭城垣。

北魏移都洛阳后，洛阳城的规模成倍增大。《洛阳伽蓝记》明确记载："京师东西二十里，南北十五里。"如加上洛河以南之四夷馆、四夷里，南北亦为二十里，成为我国古代都城中规模最大的都市之一。

北魏对洛阳的大规模营建活动发生在宣武帝统治时期，《魏书》有其记述。该书《广阳王嘉传》云："嘉表请于京师四面筑坊二百二十，各周一千二百步，迄发三正复丁以充兹役……诏从之。"同书《世宗纪》于同一事记曰，景明二年，"九月，丁酉，发畿内夫五万人，筑京师三百二十三坊，四旬而罢"。北魏这一大营洛阳里坊的壮举，由广阳王嘉表"请于京师四面筑坊"一语看，主要工程应在汉晋洛阳城外，北魏洛阳郭城的规模当即形成于是役。

至于此役中是否修建了郭城城墙，史无明征。然《洛阳伽蓝记》卷二有一段文字颇值得注意，文曰："（城东）崇义里东有七里桥，以石为之，中朝杜预之荆州出顿之所也。七里桥东一里，郭门开三道，时人号为三门，离别者多云'相送三门外'，京师士子送去迎归，常在此处。"此处既为送去迎归之所，概近郭城边缘；这里既设郭门，当有郭城城墙存在。照这样看，北魏已经筑起外郭城墙是完全可能的。外郭城墙建成的时间，大约亦在宣武帝大筑洛阳里坊的时期。

北魏外郭城这一长期以来为国内外学者所关心的学术问题，由于中国社会科学院考古研究所洛阳汉魏故城工作队的努力现已获得初步解决。20 世纪 60 年代初，该队曾在邙山上探到北魏外郭城北墙残迹数段，总长度计 1000 余米；1984 年该队又在故长分沟东侧、自今洛河北岸至邙山南麓的范围内，发现了外郭城西城墙的遗迹，总长 4000 余米，并在郭城墙上探到通大道缺口 3 处，或为郭门遗址[8]。这些发现，第一次从实践上肯定了北魏外郭城城墙的存在，并对了解北魏外郭城的基本形制、结构提供了宝贵依据，它表明彻底弄清北魏外郭城的残存状况已经为期不远了。这对研究汉魏洛阳乃至我国古代都城发展史来说，确实是一件值得高兴的事。

四 结 语

从以上我们就南北宫制兴衰、金墉城性质演变、外郭城的兴建三个方面所做的简单分析可以看出，在洛阳汉魏故城发展史上有三个重要时期。

一是东周末年，该城大规模扩建，形成了以南、北二宫对峙为主体的城市布局。这种在特定历史条件下出现的城市布局，适应了从西周至东周时期随着时代前进统治机构不断扩大的要求，较之秦都咸阳、西汉长安那种宫殿过度分散的状况，显然具有相对的优越性，故而能够持续数百年的时间。

二是曹魏都洛时期，以汉北宫区为基础大营洛阳宫，南、北二宫抗衡的局面实质上解体，预示着洛阳将向着曹魏邺城那样的新的城市布局过渡，这种新的城市布局，既符合帝王之居建中立极的封建都城设计原则，又利于改进城内交通状况，扩大人口容量，适应两汉以来都市经济蓬勃发展的要求。

三是北魏都洛时期，在新的历史条件下大规模营建洛阳，修建外郭城，实现了汉魏洛阳城市布局的一次历史性变革。这一变革的产生同样也是适应了当时社会政治、经济发展的需要。关于这一点，只要看一看北魏洛阳城内先后发生的一些主要变化就可以明白了。

首先，为着满足皇宫安全和统治阶级队伍不断扩大、机构不断增多的要求，撤除了皇宫西侧的市场——金市；城内除保留个别几座（按规定仅留一座）与皇室密切相关的寺院外，其余大量寺院统统迁至城外。与这一趋势相反，城内官署、池沼、园林面积却在与日俱增，即今所知，宫南沿铜驼街两侧有御史台，左、右卫府，太尉府，司徒府等中央衙署和太庙、太社；宫东有翟泉和太仓、导官等署；宫西有濛汜池，还有武库、乘黄二署和太仆寺；宫北有芳林园，不仅使宫城置于百官衙署及禁苑的拱卫之中，而且城之南部也成了以官府为主体的区域。

其次，原城外区域迅速发展起来。北魏三大市场全部分布于城外：大市在城西，包括市场及其周围十个里坊的广大地域；小市在城东，市场旁边也有与市相关的坊里；四通市在城南，靠近洛河永桥及四夷馆、四夷里，系伊、洛河水产及海外奇珍贸易中心。城外其他地方还有一些工商业相当发达的地区。城东建春门外故常满仓处，北魏辟为租场。城内里坊内，建有众多的寺院、官署和官僚、贵族宅第，有名的皇宗聚居地寿丘里俗名王子坊者，即处于城外最西部地区。城外区域已成为北魏洛阳的重要组成部分，在该城的政治、经济、文化生活中居于举足轻重的地位。在这种情况下，为了保证封建政权的利益，劳师动众兴修外郭城，就成了十分必要的了。

北魏洛阳城新型城市布局的形成，必将使该城的以下两个倾向变得更加突出：一是原城区南部居民里坊区日益加速向百官衙署区过渡，至北魏晚期，那里确已带有某些如同后世皇城那样的性质。二是随着皇宫周围园林、池沼、官府、衙署的逐渐增多和外郭城的兴建，金墉城在加强宫城防卫方面的作用越来越小，而作为离宫别馆的作用将日渐提高，在都城内居于仅次于皇宫的地位。

北魏洛阳城的上述突出特点，对后世的都市布局产生了积极影响。我们认为，隋唐长安的都城布局正是由北魏洛阳城发展而成，隋唐洛阳城将宫城置于大城西北一隅的作法，也可能是受了汉魏洛阳之有金墉宫的启发。

我们总的看法是：汉魏洛阳城在周秦汉唐的都城发展序列中每每起着承上启下的作用，它的这些历史作用，是任何一个同时代城市所无法替代的，在我国古代都城发展史上具有不容忽视的重要地位。

（原刊于《中国考古学研究——夏鼐先生考古五十年纪念论文集》，文物出版社，1986年）

注 释

① 陈梦家：《西周铜器断代（二）》，《考古学报》第十册，1955 年。

② 中国社会科学院考古研究所洛阳汉魏故城工作队：《偃师商城的初步勘探和发掘》，《考古》1984 年 6 期。

③ 王仲殊：《关于日本古代都城制度的源流》，《考古》1983 年 4 期。

④ 此段引文，《后汉书》标点本读为"宫掖门，每门司马一人，比千石。本注曰，南宫南屯司马，主平城门；（北）宫门苍龙司马主东门，玄武司马主玄武门，北屯司马主北门；北宫朱爵司马，主南掖门，东明司马主东门，朔平司马主北门。凡七门"。与我们读法不同，但觉语意欠妥，故不取。

⑤⑧ 中国社会科学院考古研究所洛阳汉魏故城工作队勘探资料。

⑥⑦ 中国科学院考古研究所洛阳工作队：《汉魏洛阳城初步勘查》，《考古》1973 年 4 期。

汉魏洛阳与自然河流的开发和利用

汉魏洛阳，在今洛阳东 15 千米处，适当洛阳盆地中部，四周群山环抱，颇有金城之固：此地交通便利，土壤肥沃，物产丰富，自西周以来，一直被历代帝王视为理想的建都胜地。周武王定鼎郏鄏，周召二公卜宅洛邑，择其地营建成周。嗣后，历经东周、秦汉，城的规模不断扩大，遂成为全国最大都市之一。逮至公元 1 至 6 世纪，此城达到了鼎盛期，东汉、曹魏、西晋、北魏四代，相继都于此。当时的洛阳，不仅是中国人向往的繁华帝都，而且在世界上享有盛誉。

这一世界名城的形成，是历史上千百万劳动人民，在连续十多个世纪内艰苦创造的结果，它的城市规划和城市建设，在我国城市发展史上占有较高的地位。其城市规划和城市建设的伟大成就，不单表现在对城池，道路、里坊、市场、宫庙，衙署、学校、寺院等的有计划安排上，同时，还突出体现在对周围自然河流的开发，利用方面。

众所周知，古今中外的任何时代，水源都是城市建设中至关重要的问题。由于生产力发展水平的限制，我国古代城市用水，通常主要依靠地上河流，而以井水为辅。汉魏洛阳城，北有千里黄河，南有伊洛二川，涧谷水、瀍水又从其西面流过，水的资源尚属充足。如何将这些相对分散的水源，最大限度地纳入城市整体规划中去，使之为城市的繁荣、发展服务，应是汉魏洛阳城市规划必须切实解决的问题。从业已掌握的文献及考古资料来看，由于汉魏时期人们一代接一代的努力，较好地解决了这一问题，成为我国古代城市建设史上开发自然河流满足城市用水需要的一个成功实例。

一 汉魏洛阳周围自然河道概述

洛阳盆地，西连崤山，东傍中岳，熊耳横列其南，邙山屏障其北，四周高而中间低。盆地西部，即今洛阳以西，南有龙门山，北有古郏鄏陌，地势高亢，沟壑纵横，海拔高度一般为 150—190 米，丘陵处高达海拔 200—300 米。盆地中部和东部，即今洛阳以东，南北各有一带高地，它们倚山面河，由山麓至伊洛河岸，海拔高度逐渐降低，高程多在 150 米以下。二高地间，为狭长的伊洛平原，是盆地内海拔高度最低的区域。

汉魏洛阳城即坐落在盆地中部邙山脚下的一带高地上，地势开阔，坡度平缓，海拔高度大体在 120 至 150 米之间。

流经洛阳盆地的几条主要河流，如洛河、伊河、涧谷水、瀍水，同属黄河水系的洛河支系。

涧谷水，由上游之谷、涧二水汇合而成。谷水发源于今河南渑池县；涧水发源于今河南新安县。二水东北流，至新安县汉函谷关东交汇为一水，今称涧水或涧谷水。再东流，进入洛阳盆地，穿行于古郏鄏陌丘陵间，至谷城东，南流注于洛。郏鄏海拔高度 200—300 米，涧谷水河床高度，差不多皆在海拔 150 米以上。其入洛处，距汉魏洛阳城约 18 千米。

瀍水，《水经·瀍水注》称，出自谷城北山。此处海拔高度一般在 200 至 300 米之间。东南流，经今洛阳老城东侧注于洛。其河床高度，洛阳以北段，海拔 150 米以上，洛阳东侧段，海拔约在 140 至 150 米之间。其入洛处，距汉魏洛阳城 10 余千米。

伊河，发源于今河南栾川县，东流，经嵩县、伊川二县，穿过伊阙而进入洛阳盆地。继续东流，汇合南来诸涧水；过汉魏洛阳城南，注于洛。经伊阙时河床海拔高度约 150 米，出伊阙（龙门，后同）北口很快降低至 120 米甚至以下。

洛河，发源于今陕西南部洛南县，东流经卢氏、洛宁、宜阳三县而入洛阳境。过今洛阳城南，左合涧谷和瀍水；又东，经汉魏洛阳城南，右合伊洛水；又东，经故偃师城南。至巩县界内，注入黄河。据《水经·洛水注》，洛河在宜阳界内，曾有枝渎左出，东北流，至洛阳西注入涧谷，北魏时已无水。

从现状看，在洛阳附近，洛河流向仍与《水经注》记载基本相符，唯自汉魏洛阳城西南至偃师县南的今洛河道较故道北移。据实地调查，汉魏时期的这段洛河河道，在今偃师县佃庄和东大郊村南、西大郊和翟镇村北的东西一线，北距汉魏洛阳南垣近 2 千米。故洛河河床业已干涸，其西段河岸断崖今犹历历在目；东段，河岸虽了无遗迹，然河床处地势低凹且多为芦苇覆盖的情况，却和西段相似。

综观洛河沿岸地理形势，其上游多为丘陵山地，河床窄而高。在宜阳界内，洛河穿流在海拔 200—250 米的丘陵间，河床海拔高度约 160—170 米。到洛阳境，洛河在伊洛平原上流淌，河床高度降至海拔 150 米以下；至汉魏洛阳城南，沿岸海拔高度只有 120—125 米；再往东，更降低到 120 米以下。总之，在今洛阳及汉魏洛阳附近，洛河河面确比上游平稳而宽阔。

位居洛阳盆地北侧的黄河，从晋、陕、豫三省交界处的黄土高原一泻千里，滚滚东下，至孟津县西部，冲出最东一峡小浪底，进入平原，沿着洛阳盆地北部屏障邙山之北麓东去。由此直到入海口，遥遥千余里，河床广阔而平坦，河水浩浩荡荡而从容不迫，对古代舟船航行颇为有利。

从以上简要叙述可以看出：

1. 汉魏洛阳周围诸自然河流，自成一个完整水系，互相沟通，源远而流长，具备综合开发、利用这些水力资源的前提条件。

2. 洛河在洛阳盆地先后容纳涧谷、瀍、伊诸水，流量大大增加，且与利于行舟的千里黄河相连，具备充当汉魏洛阳交通我国北方及东南地区之水上干道的基础条件。

3. 洛河靠近古城，无疑可以作为汉魏洛阳城市用水的来源之一，并可兼作城市排水渠道使用。

4. 洛河虽可作为汉魏洛阳城市用水的来源，但因其河床较低，沿岸海拔高度只有120—125米，而汉魏洛阳城的海拔高度却多在120至140米之间，如要依靠这一水源，尚须修建辅助工程借以提高水位。即使如此，要使洛河水流遍汉魏洛阳全城恐亦困难。涧谷水和瀍水，情况与洛河有所不同：它们水量小，且中上游穿行在沟壑纵横的丘陵间，显然不适宜行舟。二水下游，地势稍为平缓，沿海拔高度一般在140至150米之间，稍高于汉魏洛阳附近地面。它们距汉魏洛阳稍远，但其间为高平坡地，并无丘陵山险阻隔，如措施得当，完全有可能引以为给汉魏洛阳全城的水源。

以上诸点，都是就汉魏洛阳开发、利用自然河流的有利因素而言。至于不利的一面，同样十分明显：汉魏洛阳周围，四面皆山，诸河流皆有相当长一段河道穿行在丘陵间，每遇大雨，山洪从四面八方排入河道，容易引起河水暴涨，造成水患。所以，以这些地上河流作为城市用水水源，务必同时注意泄洪，对水患有所防范。

由《水经注》等有关记载看，汉魏时期对涧谷、瀍、洛等自然河流的开发、利用，正是根据上述特点，围绕着解决城市用水和漕运这两大中心问题展开的。

二　汉魏时期开发、利用涧谷、瀍、洛诸水的主要活动

历史上为满足汉魏洛阳城（包括该城的前身）的需要而开发涧谷、瀍、洛诸水的活动，究竟起于何时，文献记载颇不一致。有的文献，如陆机《洛阳记》、刘澄之《永初记》，将绕城阳渠的开凿，追溯到成周时期，说是周公所制，值得怀疑：其一，此事于先秦史籍无证，《洛阳记》等又言辞含糊。其二，阳渠环绕之城，实为汉—晋代洛阳城，即北魏洛阳内城。据考古勘察，这城的规模，并非成周时期就已确定，而是在成周的基础上，经过东周、秦汉的一次次扩建才最终形成的。这清楚地表明，所谓城四面阳渠乃周公所制，绝不会完全属实。陆机等作如是说，或许是为使这一巨大工程神圣化，而将其系于周公名下，实则不一定有史实为据。

与周公之事相比，史籍有关汉魏时期开发、利用故洛阳周围河流的记载则是比较可信的。

《后汉书·王梁传》载，建武五年（公元 29 年）梁代欧阳歙为河南尹，穿渠引谷水（即今涧谷水）注洛阳城下，东泻巩川，及渠成而水不流。

同上书《张纯传》载，建武二十三年（公元 47 年），纯代杜林为司空。"明年，穿阳渠，引洛水为漕，百姓得其利。"

《水经·谷水注》综述其事有曰："汉司空渔阳王梁之为河南也，将引谷水以溉京都，渠成而水不流，以坐免；后张纯堰洛以通漕，洛中公私穰赡。"

同书《谷水注》记述建春门外石桥曰："桥首建两石柱，桥之右柱铭云，阳嘉四年（公元 135 年）乙酉壬申，诏书以城下漕渠东通河济，南引江淮，方贡委输，所由面至。使中谒者魏郡清渊马宪，监作石桥梁柱，敦敕工匠，尽要妙之巧，攒立重石，累高周距，桥工路博，流通万里云云……"

以上为东汉人治渠、堰洛事迹。

《水经·谷水注》有云："河南王城西北，谷水之右有石碛，南出为死谷，北山为湖沟。魏太和四年（公元 230 年）暴水，流高三丈，此地下停流以成湖渚，造沟以通水，东西十里，决湖以注瀍水。"此所谓死谷，当是涧谷故道的遗迹。

《水经注》引杨佺期《洛阳记》曰："千金堤，旧堰谷水，魏时更修，谓之千金坞。"《水经·谷水注》还就此事进一步写道："《洛阳记》曰，千金碣，旧堰谷水，魏时更修此堰，积石为堰而开沟渠五所，谓之五龙渠，渠上立碣……盖魏明帝修王、张故绩也。碣是都水使者陈协所修也。"同书又载，晋太始七年（公元 271 年）六月，大水暴注，荡坏二碣，沟渎泄坏。晋人重修五龙渠及千金碣，"增高千金于旧一丈四尺"。同书还载，后张方入洛，破千金碣。永嘉初，汝阴太守李矩、汝南太守袁孚修之。

据《水经·谷水注》，晋惠帝时，曾于千金碣之东谷水上建造石梁。"桥西门之南颊文称，晋元康二年（公元 292 年）十一月二十日改治石巷水门……到三年三月十五日毕讫。"石巷东西长七尺，南北龙尾广十二丈；巷渎口高三丈，谓之皋门桥。

《洛阳伽蓝记》卷四载，"出阊阖门，城外七里（有）长分桥。中朝时以谷水浚急，注于城下，多坏民家，立石桥以限之，长则分流入洛，故名长分桥。"

《水经·谷水注》还载开凿九曲渎事："阳渠……亦谓之九曲渎。"引《河南十二县境薄》云，九曲渎在河南巩县西，西至洛阳。又引傅畅《晋书》云，都水使者陈狼（《读史方舆纪要》引作陈协）凿渠，从洛口入注九曲，至东阳门。

以上为魏晋人重修千金碣、开凿湖沟、九曲渎以及在引谷渠道修架桥梁事迹。

北魏迁洛之初，就十分重视这一历史性大型水利工程。太和中，曾再次修复千金碣。

《水经·谷水注》载，晋永嘉之后"积年，渠碣颓毁，石砌殆尽，遗基见存。朝廷太和中修复故碣"。《太平寰宇记》就此事引《东都记》曰，北魏孝文迁都洛阳，修千金碣。

与此同时，还开始了通洛入谷工程。《魏书》孝文帝纪云，太和"二十年（公元496年）九月，将通洛水入谷，帝亲临观"。

北魏迁洛初期，对城内水道系统也作了疏浚修理。《水经·谷水注》载："魏太和中，皇都迁洛阳，经构宫极，修理街渠。"

新出土的杨播墓志，是一件有关北魏迁洛之初兴修宫庙殿库及水利工程的宝贵实物。其人系汉弘农杨氏后裔，卒于延昌二年（公元513年）。志云："（太和）十七年（公元493年）大驾南征……以君为左将军，恒领万骑以卫中，拥车驾至洛阳，定鼎于郏鄏。高祖初建迁都之始，君参密谋焉，仍以左将军与咸阳王禧等经始太极、庙社、殿库，又修成千金堨，引谷、洛水以灌京师。"①此志，不但可以作为北魏重修千金堨的实物佐证，而且提供了董理其事的人员情况。杨播，《魏书》无传；《魏书》咸阳王元禧传，也不载此事。此志的发现，又可补史书之阙佚。

以上史实表明，引谷入洛及堰洛通漕这两项大型水利工程有据可查的最早兴工时间，大约在东汉初年光武帝在位时期。此后的曹魏、西晋、北魏诸代，都将引谷、通漕视为国之大事，给予特殊的重视。对重点工程项目，如千金堨等，及时修复，不断完善；对配套工程，也是该修理即修理，需增建就增建，从而使整套工程，质量日益提高，主配套工程分布更趋合理、系统。

三 《水经注》对引谷和通漕工程的具体记述

为再现汉魏时期开发、利用自然河流为洛阳城市建设服务之系统工程的整体面貌，现依《水经注》叙事顺序，简述引谷入洛、堰洛通漕（或称通洛入谷）工程之梗概。

从《水经注》的记载来看，这两项大型引水工程，都是用人工开凿沟渠的办法完成的。这些人工渠道，或仍用谷水之名，或被称作千金渠、阳渠，随处而不同。它的行经路线是：

从周王城西北，引涧谷水向东，先经王城北，又东，左合瀍水；又东，至千金堨。由堨东流，经晋皋门桥；又东，至中朝时所修长分桥，进入北魏外郭城。再东，抵达金墉城西，即汉晋洛阳城西北角。渠水由此分流绕城并枝分入城（图一）。分流后的渠水，一支向北，经洛阳小城北，再向东，历大夏门下，且有支渠入大夏门。在大夏门内，支渠又东，枝分入华林园；出华林园，经听讼观南，入洛阳县之南池。渠水自大夏门向东，经宣武观；又东，经广莫门北；又东，南屈，至建春门石桥下；又自建春门外乐里道屈而东出。一支向南，经阊阖门下，且有支渠由门侧入城，入城支渠向东，历故金市南，达宫城西侧千秋门。在此，更枝分出小渠，由石逗入宫城西游园。支渠由千秋门沿宫城南流，东屈，经宫城阊阖门南；又东，经司马门南；历司空府前；经

太仓南；出东阳门石桥下。又，此
支渠在宫城闾阖门南枝分，夹铜驼
街南下，汇入南渠。渠水自城西闾
阖门继续向南，经西阳门、西明门。
在西明门左，支渠东派入城，向东，
经太社、太庙前，东出青阳门，此
即所谓南渠。渠水自西明门向南，
东屈，依次经城南垣之津阳门、宣
阳门、平昌门、开阳门，又东，至
城东南隅。渠水在此再次枝分为二，
一支向北，经青阳门，左会南渠水；
又北，经东阳门；又北，经故太仓
西；又北，入洛阳沟，与渠水向北
一支由建春门屈而东去者合。另一
支自城东南隅迤逦东去，至偃师故
城南入于洛。《水经注》对由建春
门外屈东去之渠水的去向交代不明，
大约向东不远，即与七里涧水会合，
东南流，注于由城东南隅东流之渠
水。（图二）

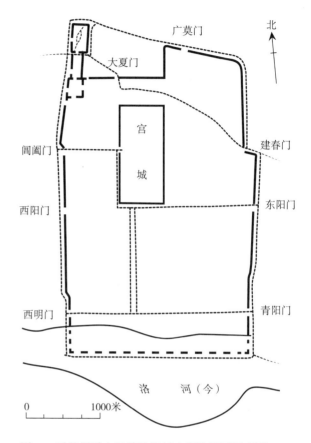

图一　引谷渠道在汉魏洛阳城内穿流情况示意图

　　《水经注》的叙述表明，引谷入洛与通洛入谷，彼此相互贯通、密切结合，实为一
项既能够解决城市供排水问题，又有益于漕运的综合性水利工程。人工开凿的渠道，
集涧谷、瀍及沿途诸涧水为一水，源源不断地流入汉魏洛阳城，保证了城市用水的水
源；这些渠水出城，又汇而东流入洛，增加了洛河水量，提高了洛河作为漕运航道的
功能。漕船由黄河水路进入洛河，便可直达汉魏洛阳城。这项综合性水利工程，在千
方百计搜集水源的同时，还对引水可能带来的水患，给予充分的注意。其措施之一，
是由自然河道引水，不采用简单地堵的方法，而是修筑兼具引水和泄洪两种职能的堰。
措施之二，是广开泄水、排水渠道。除城东两条漕运航道、城西诸堰以及涧谷、瀍水
故道兼有排水或泄洪功能外，为了城区的安全，还特意在长分沟上架设了兼具泄水职
能的长分桥。有了这些措施，无论哪里出现异常水量，都可以就近泄入洛河，从而减
轻对人工渠道的压力，有利于将水患消灭在渠水入城之前。

　　由此可见，这是一项计划周密、设计科学的水利工程。这一工程出现在千余年前
的汉魏时期，确是一件十分了不起的事情。

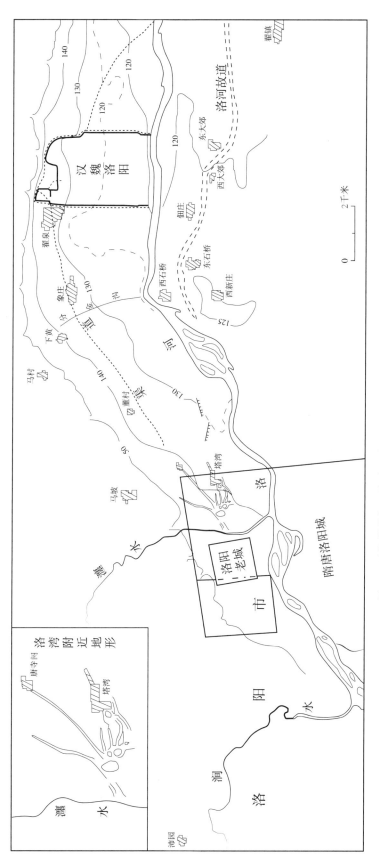

图二 引谷渠道行经线路示意图（洛阳老城——汉魏洛阳故城）

四 考古发现及有关问题的讨论

20 世纪 60 年代初，中国科学院考古研究所洛阳队全面勘查汉晋洛阳城，在金墉城西侧、今翟泉村东北，发现引谷入洛人工渠道（见图一）。渠道在此分作三支：一渠向东，入金墉城后、分为二支渠。一支渠向北，一支渠向东，纵横穿流金墉城。一渠沿金墉城西垣向北，东屈，至城北垣外，右合城内流出之南北向支渠。又东，至城东北隅，有支渠右出，在金墉城东侧，右合城内流出之东西向支渠；至大夏门侧，南屈入大城。渠道由金墉城东北隅向东，过广莫门外，至大城东北隅，南屈，沿大城东垣南流，经建春门、东阳门、青阳门，到今洛河岸边。一渠沿大城西垣南下，至阊阖门外，有支渠左出，由砖券涵洞入大城。渠道继续向南，历西阳门、西明门外，抵今洛河岸边。渠道面宽 18—28、深约 3—4 米[②]。汉晋洛阳城南垣，早为今洛河冲毁，垣外渠道自无痕迹残存，由该城形制及布局推测，城南渠道，应在今洛河河床内。

1985 年中国社会科学院考古研究所洛阳汉魏城队发掘了建春门遗址。在北魏城门遗址下，清理出汉代东西向涵洞一条，应是穿城支渠的出城渠道之一。此处未发现北魏时期出城渠道遗迹，它或在城门旁侧某地[③]。

此外，由金墉城往西直到长分沟的一段人工渠道，近年来，也由洛阳汉魏城队钻探证实。

这些水道遗迹表明，《水经注》关于谷水西来，注于城下，四面环绕汉晋洛阳并在诸城门处枝分入城的记载属实。

长分沟向西至今涧谷水岸边的引入洛渠道尚未钻探，但从沿线所出北魏至隋代墓志看，这条人工渠道确实也是存在的。今洛阳市西北的柿园村，地处涧谷水北岸，附近早年所出北魏元嵩、元瞻、元彝、元顺慕志，称其葬于"谷水之北岗"或"北皋"[④]，自是合情合理。然出于洛阳城东十余里董村的北魏元爽墓志，说他葬于"谷水北"[⑤]、出于今洛阳东马坡南地的隋郭王慕志，称其葬于"谷水之阳冠村之北二里"[⑥]，便与今人的概念相左。这些墓志文字，乍看似属可疑，实则包含了这样一段历史事实，那就是引谷入洛的人工渠道，确实是从涧谷水往东一直贯穿下来的。它自汉魏开凿以来直到北魏都常流不息。它的荒废泯灭，至少是隋代以后的事。从汉晋洛阳城绕城渠道和古城以西的上述线索可以进一步推知，由今洛阳东至金墉城西长约 15 千米的引谷人工渠道，基本上是在海拔 130 米或稍高的地面上穿行，只是在接近上游的今洛阳市境内，渠道水平高度才逐渐升高起来。人工渠道的这一行经路线，保证了渠水的畅流无阻。

汉晋洛阳城以东渠道，尚无系统勘察资料，不过，已经基本清楚的一点是，由城东南隅向东的人工渠道，已可能为今洛河河床所夺。今后有可能查清的，恐怕只有从建春门乐里道向东的渠道了。

引谷入洛人工渠道上的主要工程，也从调查中得到一些线索。

据《洛阳伽蓝记》载，长分沟上的长分桥，又名张方桥，在汉晋洛阳城西阊阖门外七里。今阊阖门遗址西约七里的方位上，旧有南北向深沟一条，南通洛河，北达象庄西，更西北斜，通往吕祖庙，俗名铁犁儿沟或分金沟，正横截引谷人工渠道。如在其上架设长分桥那样的桥梁，确能起到泄洪入洛的作用。早年在沟上游西侧的马村东、下黄村北，出土隋张礼暨妻罗氏墓志一方，言其合葬于张方桥北二里[⑦]。墓志所载长方桥的方位，也与沟的方位大致相符。据此，以分金沟为长分沟，判定长分桥在下黄村南的分金沟上，约无什么问题。若果真如此，那么，当初兴建长分桥的设计方案，很可能是依据对当地自然沟壑形势的科学分析而最后形成的。

引谷入洛渠道上的皋门桥，具体位置不详。依《水经·谷水注》行文顺序，应在长分桥西。据《晋书·张方传》，当时长分桥西还有所谓十三里桥一座，和皋门桥一样，也是交通要道上的军事重地，二者地望、性质相近，或同为一桥也未可知。据考证，十三里桥约在今三里桥附近[⑧]。欲寻皋门桥，不妨试于此处访之。

关于引谷入洛人工渠道上的最主要工程千金堨，《河南十二县境薄》，称其在河南县东十五里；杨佺期《洛阳记》，说它在汉魏洛阳西三（疑为二之讹）十五里。要之，应在瀍水以东不远处。《水经注疏》熊会贞按以为，堨在旧洛阳县北（今洛阳老城北）。然今老城北，地势高且沟壑错综，不是适合建造千金堨的地方。如从人工渠道走向及千金堨处水流峻急的形势分析，我们认为，千金堨当在渠水落差较大区域的东边缘，其处既要有比较开阔的地面，海拔高度也应与其以东地域接近。从这点出发，我们推测，今瀍河下游东侧、塔湾村以西约 0.5 千米的地方，或为千金堨故址所在地。那里地势较为开阔，海拔高度稍高于 140 米，且地面上尚有指掌般伸出的五六条土沟，土沟方向多朝向东南方的洛河，只有一条长沟斜向东北，穿过唐寺阙村东去，走向与人工渠道大体一致（见图二）。是否如此，有待今后的考古工作做出回答。

细查汉魏文献，通洛入谷与堰洛通漕应为一回事。至于堰洛的地点，《水经注》及其他文献均无明确记载，然并不是没有任何蛛丝马迹可寻的。《后汉书·张纯传》唐李贤等注云："阳渠在洛阳城南。"注者如是说，并非不知阳渠四面绕城，而是另有含义。其含义或许正如杨守敬在《水经·谷水注疏》中所指出的，"因纯通漕在城南，故第言南面之阳渠耳"。所谓堰洛通漕，顾名思义，应系以堰的办法，迫使部分洛河水流入阳渠，增大其流量，以助行舟。堰洛既与城南阳渠有关，堰洛地点绝不会距故洛阳城太远。那么，堰洛工程究竟在故洛阳城南何处呢？我们以为，不可能在城东。理由是：

1. 依有关诸文献行文的惯例，多称绕城南垣之渠水为阳渠，而称由城东南隅东流之渠水为谷水。2. 如在城东堰洛，堰必筑在偃师城以东，否则，洛河水无以灌入人工渠道。那样，堰洛的结果，反而堵塞了洛河航道，与通漕的总目的背道而驰。城东既不可能，那就只有求之于城西。其具体地点有可能在今偃师县东新庄附近（见图二）。其一，此处地势较高，海拔 125 米左右，与汉魏洛阳南部西侧地面高度相似，对迫使洛河水灌入城南阳渠有利。其二，如在这里堰洛，以部分洛河水灌入阳渠，可提高阳渠流量以助行舟；渠水至偃师以东，又流回洛河，也不会影响洛河航道的水情。其三，在此处，故洛河两岸高程基本相同。而今洛河却离开故道，陡然以接近 90 度的大转弯折而往北，并由汉魏洛阳南城垣处东流。洛河道的这一变迁，似非自然形成，背后应有强制其改变方向的原因。其四，洛河改道北流处以东，故河道两岸有夹河相对二村，名曰东石桥、西石桥。据当地人讲，传说故洛河上原有石桥一座，二村各据桥之一端。此地距故洛阳城甚近，文献不曾载此处建有石桥。此所谓石桥，是否可能即堰洛之堰的遗基呢？此外，还有一点值得注意：文献中凡提到洛河造成水灾，总是说如何逼近城南西侧之津阳门，而不及其他城门。永桥就架在洛河上，那里又有有名的永桥市，按说洛河泛滥它应首当其冲，然而却未见这方面的消息。这一事实，是否从反面向我们说明，由于堰洛地点在永桥西，即使洛河上游涨水，到这里也会被堰逼向阳渠，威胁故洛阳城南，而使永桥一带免遭水害呢？

五　开发、利用自然河流给汉魏洛阳带来的巨大社会效益

引谷入洛和堰洛通漕工程的完成，给汉魏洛阳城带来的巨大社会效益，表现在许多方面，这里，择要列述四点。

（一）为宫廷和城内外公私园林用水提供了充足水源

从《水经注》《洛阳伽蓝记》及其他文献的有关记载可以看出，汉魏洛阳是一个美丽的古代都市。城内道路宽广，夹路榆槐映荫。宫廷巍峨壮丽，寺庙佛塔林立；达官贵人宅第，更是雕梁画栋、争雄斗奇。这些地方，还都是园林荟萃之地。皇家的华林园、西游园，层峦叠翠，曲池盘桓，殿前九龙吐水，华堂绿林掩映，奇花异草充满其间。堪称天下园林之最，旖旎风光，美不胜收。北魏城中众多的佛教寺院，多为环境优美之所在，至如名刹永宁寺、瑶光寺、长秋寺、景明寺等，更是绿水为文，青林垂影，花香满园，果名京师，空气清新，红尘不染，犹如世外仙境一般。东汉梁冀在城西修建的园林，十里九坂，以象二崤，筑土为山，植木成苑，禽兽池鱼，无不俱全，作为私家园林，亦属罕见。其他，像城东渠道边之方湖、阮曲，也都是擅名一时的风

景区。所有这些，无不与城市用水水源充足有关。

（二）为漕运提供了良好的航道

汉魏时期，漕运对洛阳来说，主要任务是输送来自四方的租粮和贡赋。

从前引资料可以知道，有了引谷入洛及堰洛通漕工程，由洛阳可以"东通河济，南引江淮"，"四方贡赋，所由而至"，直抵洛城仓廪之下。《洛阳伽蓝记》卷二"明悬尼寺"条载："寺东有中朝时常满仓，高祖名为租场，天下贡赋所聚蓄也。"《水经·谷水注》引《洛阳地记》曰："大城东有太仓，仓下运船常有千计"，即其实证。

（三）便利居民生产和生活

关于这一点，前引《后汉书·张纯传》及《水经·谷水注》，已分别用"百姓得其利""洛中公私穰赡"一语予以概括。此外，还可举出以下二例。

1. 引谷入洛，提高了汉魏洛阳地区地下水的水位，便于人们凿井汲水，以满足生活用水的需要。《太平御览》七十三引《晋后略》曰："张方围京邑，决千金堨，沟渠枯涸、井多无泉。"从反面证明了这一点。

2. 人们还可以利用渠水落差，在渠道沿线装置水碓，为粮食加工服务。《水经·谷水注》云："张方入洛，破千金堨，京师水碓皆涸"。又一次从反面说明了引谷入洛给人带来的好处。

（四）加强城市的防卫能力

引谷之人工渠道，四面绕城，既宽且深，可以兼作护城河，有加强城市防卫能力的作用。

《洛阳伽蓝记》以赞美的语气讲述千金堨一名之由来时有曰："计其水利，日益千金，因以为名。"我们以为，借这句赞语评价汉魏洛阳整套引谷入洛、堰洛通漕工程的社会效益，也是非常合适的。汉魏时期对洛阳周围自然河流的开发、利用，确为我国古代史上价值千金的胜举。

（原刊于《庆祝苏秉琦考古五十五年论文集》，文物出版社，1989 年）

注　释

① 杜葆仁、夏振英：《华阴潼关出土的北魏杨氏墓志考证》，《考古与文物》1984 年 5 期。
② 中国科学院考古研究所洛阳工作队：《汉魏洛阳城初步勘查》，《考古》1973 年 4 期。
③《汉魏洛阳城北魏建春门遗址的发掘》，《考古》1988 年 9 期。

④—⑦ 赵万里：《汉魏南北朝墓志集释》，科学出版社，1956 年；郭玉堂：《洛阳出土石刻时地记》，大华书报供应社，1941 年。

⑧ 孟凡人：《北魏洛阳外郭城形制初探》，《中国历史博物馆馆刊》1982 年 4 期。

黄河三门峡邻近地区新发现
汉魏漕运遗迹浅议

近年来，与黄河三门峡邻近地区接连传来发现黄河漕运遗迹的可喜消息。先是在陕西华阴调查发掘西汉京师仓遗址，继而是在河南新安发掘西汉大型仓库建筑遗址和在三门峡以东至八里胡同峡黄河两岸调查发现古栈道遗迹。这些新的发现，连同 20 世纪 50 年代开展三门峡库区调查取得的一系列收获，形成了一份比较完整的古代黄河三门峡漕运实物资料。对这份珍贵资料，已有不少学者分别作过一些专门研究，我们仅就其中的汉魏遗迹，谈一点粗浅认识。

一　关于西汉仓库建筑遗址

新发现的西汉仓库建筑遗址，共有两座，即前述陕西华阴县（今华阴市，后同）京师仓遗址和河南新安县大型仓库建筑遗址。

（一）西汉仓库建筑遗址的调查和发掘

西汉京师仓，是见于文献记载的重要粮仓之一。京师仓遗址，又称华仓遗址，位于陕西华阴县城东 9 千米段家城村北的瓦渣梁上，地处关中盆地东端，属于渭河南岸第二级台地，高出河滩约 50 米。遗址一面依山，三面临崖，地势高敞，形势险要。北距渭河 3 千米，东距潼关今渭河入黄河河口 10 千米。

此遗址，1955—1956 年进行黄河水库库区考古调查时即有所发现[①]，1979 年做了较深入的勘查[②]，1980—1983 年实施发掘[③]。考古调查和发掘表明，京师仓实为一座仓城，四周沿土梁自然走向围筑夯土城墙，整体略呈不规则方形，东西长 1120、南北宽 700 米。城内有一条东西向沟，将城区分成南北两部分。已发现的粮仓，集中分布在北部偏西区域，仓的外围并有围墙残迹。粮仓之外，在城内还发现了一些房舍、窖穴、水井、渗井、蓄水池、排水管道以及陶窑遗址。

在京师仓，已发掘仓房基址 6 座（发掘者推测实有仓房应超过此数）。论建筑规模，以一号仓房最大。二至六号仓房的建筑面积，均在 100 平方米至 176.84 平方米之间，一号仓房的建筑面积竟高达 1662.5 平方米，是其余各仓总建筑面积的两倍多。各仓房的建筑结构也有差异。据发掘者研究，其建筑结构可分为三种：一号仓是地面一层木构建筑，二、三、四号仓是半地下式建筑，五、六号仓为地面二层建筑，而以一号仓房的结构为最复杂。可见，一号仓房是仓城中最为宏伟的建筑。这座仓房，平面呈长方形，坐西面东，东西长 62.5、南北宽 26.6 米。中间以两堵东西向隔墙将其分隔为南、中、北三室。中室最大，南、北二室较小。三室的门均设在东边，门外有一个以南室南墙和北室北墙向东延伸部分（长 5 米）形成的山墙建造而成的三室共用披檐建筑。一号仓房的基础，处理得相当坚固，室内地面经过夯打，墙基深厚。南、北二檐墙的基础部分，底部宽 3.3、深 3.4 米。中室与南、北二室间的隔墙，基础部分宽度更大，达到 5.2—5.4 米，深也有 2.6—2.7 米。大部分柱础石即置于这深厚的基础之上。唯一一列置于室内的柱础石，处于中室中部，同样也有深厚的基础。其做法是，先在各础位处挖一直径 2.5 米的圆形竖井，井深 3.83 米，然后填纯净黄土并逐层夯实，直到接近室内地面为止。诸仓室内架设地板的枋孔遗迹保存得清清楚楚，证明仓内原安有架空地板，地板高出室内夯土地面 0.86 米，从而形成了良好的通风环境。其余 5 座仓房规模较一号仓房小，结构也比较简单，皆以夯土墙和壁柱支撑房顶，室内俱未安装架空地板，但地面均做过防潮处理。

出土遗物，主要是砖、瓦、瓦当等建筑材料，也有一些生活用具、兵器和铜钱。瓦当中 "京师仓当" "京师庾当" "华仓" 等文字瓦当的存在，为此遗址即京师仓提供了直接证据。据仓城城墙解剖和发掘仓房获取的资料判断，京师仓的城墙是在秦国宁秦县城垣的基础上修建起来的，将宁秦县城改建成京师仓的年代，应是西汉中期也即武帝时期。此仓的废弃年代，大约是东汉初年。鉴于仓房遗址上没有残存的粮食，也没有留下木构件的丝毫腐朽痕迹，比较完整的砖瓦较少，发掘者认为，此仓是在被人为拆移后归于废弃的。被废弃的直接原因，很可能与关中漕渠淤沙过多难以使用、东汉都城东迁洛阳有关。

河南新安县西汉大型仓库建筑，不见于文献记载。此遗址，是 1997 年配合黄河小浪底水利枢纽工程建筑、开展水库淹没区文物普查时发现的，1998—1999 年进行了进一步的勘查和发掘[④]。遗址原压在该县北部仓头乡盐东村下，处于黄河南岸第二级台地上，北距黄河直线距离约 600 米，标高 185 米。其处西距黄河穿越崇山峻岭的最后一道峡谷——八里胡同峡约 13 千米，是古代黄河漕运的一处咽喉要地。

据报道，遗址占地面积 20 余平方千米，周边尚未发现围墙之类防卫性设置。遗址中心为一大型主体建筑，主体建筑周围分布着与之相关的附属建筑、水井以及墓葬区和烧窑区。其主体建筑，是一座平面呈规整长方形的单体建筑，南部保存较好，北部破坏严重。南北长 179、东西宽 35 米，建筑面积多达 6265 平方米，在主体建筑东墙外尚有一些与之连为一体的建筑遗迹。主体建筑的四面墙体宽厚，宽度达 5.6—6.3 米，残高 0—2.5 米。其间，以两堵东西向隔墙将其等分为三个单元，隔墙宽度同四面墙体。各墙皆夯筑而成，基槽深 1.5 米。在四面墙体和二隔墙上，各设有若干借以沟通内外或室内诸单元的通道，通道宽度同为 0.8—1 米。建筑北段已被夷平，通道无存，现存通道共 25 条：东墙 10 条，西墙 11 条，南墙和南隔墙各 2 条。东墙和西墙上的通道相互对应，南墙和南隔墙上的通道相互对应，其分布表现出极强的规律性。通道之左右壁上均发现有草拌泥痕和竖状柱槽，柱槽底部并有朽木痕迹。四面墙垣之内，整齐排列着大小两种规格的柱础石。柱础石形制甚不规整，有近似圆形、长方形者，也有不规则形者，但大都经过修凿，朝上一面平整，埋入地下后，上面大致与室内地面取平或略高。小柱础石，长、宽各约 0.3—0.5 米，现存南北向 13 行、东西向 12 列，南北间距 1.4、东西行距 1.5 米，颇显密集。所有单元缘边而置的小柱础石，均紧依夯土墙墙基，有的甚至深入到土墙以内，相应的壁面上并有竖状柱槽。大柱础石略呈长方形，长约 0.8—1、宽约 0.4—0.7 米，共有 2 行，分布在与南墙和南隔墙上南北向通道尽外侧相对应的两行小柱础中间，行距约 8.4、间距约 4.2 米。在东墙东侧，也还保存一些与前述墙外建筑遗迹相关联的大柱础石。另据报道，在主体建筑西南角墙垣上，还曾清理出一块柱础石及柱槽遗迹。附属建筑遗址，位于主体建筑东北数百米临近黄河的一处高台上，遗址高于河滩 15 米。由于历代扰乱严重，建筑基址非常零碎，虽曾清理出 16 个基本东西成行、南北成排的长方形残存基槽，但已很难明了整个附属建筑的完整形制。能够肯定的一点是，此附属建筑的规模不大，大致不超过长 11.5、宽 15 米的范围。附属建筑的年代，和附近的墓葬、陶窑、水井等一样，与主体建筑一致。

发掘出土遗物，同样主要是绳纹板瓦、绳纹筒瓦、瓦当等建筑材料，但未见砖。其中对判断时代最有价值者，是主体建筑出土的两枚铜钱和五号陶窑出土的半截空心砖。两枚铜钱中，一枚为西汉"五铢"，另一枚为"货泉"；半截空心砖上模印有"五铢"钱纹和"永始二年造"方戳形纪年图案。发掘者据以判断，此建筑的建造与使用年代应为西汉中晚期，并将具体修建年代定为西汉武帝元鼎三年（公元前 114 年）至成帝永始二年（公元前 15 年）之间。出土瓦当数量较少，当面均模印一篆文"关"字，明确显示出此遗址与关有直接关联。鉴于汉函谷关遗址在今新安县城东 500 米处，而此仓库建筑遗址在新安县城东北，距函谷关址约 25 千米；且按《水经·洛水注》的记载，汉函谷关并非仅是一个单独存在的关口，而是一条防线，它从洛水南筑塞，向北穿过洛水，形成南北数十千米的防御体系，直达黄河岸边。故而发掘者将此仓库建筑遗址视为函谷关防御体系的一个组成部分，命之为汉函谷关仓库建筑遗址。至于此仓库建筑遗址，原为粮仓或其他性质的仓库，或许因为发掘遗址未找到直接证据，发掘者没有做出明确判断，只是说"该遗址位于黄河之滨，漕船在进入黄河上游险恶水域以前，为了减载或转入陆运，岸边必然修建码头，筑造仓库。该建筑遗址就具有贮藏、中转漕运物资的功能"。又说："该建筑遗址所处的地点，地名叫盐仓，以前也有'验仓'的说法。该建筑形制巨大，构筑严密，绝非当时个人或地方所为。……我们认为该建筑是西汉时期国家管理的、为中央政府服务的、带有军事防御性质的仓库建筑。"

（二）新安县西汉仓库建筑遗址性质的讨论

依上所述，这两处西汉仓库建筑遗址，无疑都是汉代考古学上的重要发现，但人们对遗址的认识程度，却存在明显差距。华阴京师仓城，各种实物资料齐备，证据确凿，又有文献记载可供参考，判其为当时于渭、黄二河交汇处设立的大型粮仓，明白无疑。与此相比，新安县仓库建筑遗址的相关资料缺环尚多，发掘者对遗址性质的判断便较为含混。是为不得已之事，本无可厚非，然鉴于此遗址所处的重要地理位置，如能根据现有资料，从不同角度再多做一些探讨，对加深关于遗址性质的探讨，将会有所裨益，即使判断失当，也不一定就是坏事。因此，我们敢于不揣冒昧，提出如下讨论。

其一是，发掘者根据《水经注》的记载，将此仓库建筑遗址纳入汉函谷关防御体系，命之为汉函谷关仓库建筑遗址，对此，我们虽不敢妄加评说其是或非，但总感证据不足。《水经·洛水注》的有关原文，是在经文"（洛水）又东北出散关南"之下注曰："洛水东径九曲南，其地十里，有坂九曲。……洛水又东，枝渎左出焉。……洛水自枝渎又东出关，惠水右注之，世谓之八关水。戴延之《西征记》谓之八关泽，即《经》所谓散关。郭自南山，横洛水，北属于河，皆关塞也，即杨仆家僮所筑矣。惠水出白石山之阳……又南流径关城北，二十里者也。其城西阻塞垣，东枕惠水。灵帝中平元年，以河南尹何进为大将军，率五营士屯都亭，置函谷、广城、伊阙、大谷、轘辕、旋门、小平津、孟津等八关，都尉官治此，函谷为之首，在八关之限，故世人总其统目，有八关之名矣。"[⑤]只此而已。据此看不出关塞"北属于河"的具体地望之所在。发掘者称："1999 年 6 月，我队又组织力量沿文献记载函谷关的防御线路进行调查，发现了不少遗迹、遗物。初步证明函谷关确实是一处规模宏大、建筑众多的重要关口。"仍未能明确指出关塞北属于河的具体地望。在这种情况下，仅据出土关字瓦当这一孤证，即视此仓库建筑遗址"与汉函谷关防御体系一体"，不免显得有些仓促。我们从地图上看到，在此仓库建筑遗址以西不远的黄河北岸，有一村名为下关阳，《黄河小浪底水库区的古建筑》[⑥]一文称，该村南临黄河，隔岸与新安县西沃乡狂口村相望，"自古这里就是重要的漕运码头"。也有著作径称下关阳为古关者。按新安县仓库建筑遗址发掘简报，狂口距仓库建筑遗址才 3 千米。这使人想到，是否应该考虑，仓库建筑遗址有可能与黄河水运相关之古关有些联系呢？

其二是，由于缺乏直接证明，要确定此仓库建筑遗址的具体属性。一般说来，借助于同其他已知同类建筑遗址进行类比不失为可行的研究方法之一。在新安县仓库建筑遗址发现之前，业经调查发掘的同类遗址，仅有汉长安城内的武库遗址⑦和华阴京师仓城。当我们将它们同新安县仓库建筑遗址试作比较时，首先发现，从总体上看，新安县仓库建筑似乎同汉长安城内武库已发掘之第一、第七遗址颇为相似：1. 两者都是规模巨大的长方形建筑。武库第一遗址东西长 197、南北宽 24.2 米，第七遗址东西残长 190、南北宽 45.7 米，与新安县仓库建筑规模接近。2. 两者都有宽厚的墙壁和隔断墙。武库第一遗址东、西、北三墙各宽 4.6—4.8 米，南墙及室内隔断墙宽 3.4 米；第七遗址现存东、南、北三墙各宽 6.5 米，室内隔断墙的宽度为 6 米或 9.6 米，与新安县仓库建筑诸墙宽度相类。3. 两者都在建筑四壁（或前后檐墙）和隔断墙上设置较多相互对应的通道（或门道）。但进一步的比较发现，两者的室内建筑遗迹却显示出极大差异。武库第一遗址室内，东西向布置柱础石 4 排（含壁柱），排间距 5—5.2 米，排内础间距 4.1—4.7 米，远较新安县仓库建筑稀疏。在第七遗址室内，更不是像新安县仓库建筑那样整齐有序地排列大小两种柱础石，而是在每个大房间内筑建 4 条长方形夯土墙垛，于墙垛四壁设置壁柱。处于最东端之第Ⅰ号大房间的建筑遗迹显示，室内之 4 条夯土墙垛，各长 13.5—13.8、宽 5.2—5.4、高 0.5—1 米。墙垛和前后檐墙之间各留有一段大体相等的距离。每条夯土垛四壁各有 16 个壁柱。在第四夯土墙垛上曾发现一个柱础石，此础石和壁柱的位置相对应，是放檩条用的。总计在此房间中，包括壁柱在内有柱础石东西 21 排、南北 17 列，此外还有一部分双柱夹在各排之间。柱础间距有两种，一种是 1.8—2 米，一种是 4.5—5 米。前者是放兵器架的柱础石，后者用以立柱。大部分是明础，也有的是暗础。即使被认为是放兵器架的柱础石，础间距也比新安县仓库建筑的小柱础石大得多。另外，武库第一、第七遗址的所有门道，俱宽 2.1 米，人们可以从容出入，也与新安县仓库建筑各通道才宽 0.8—1 米者异。鉴于上述区别，便不宜因总体形制方面的相似而遽定新安县仓库建筑遗址为武库一类设施。至于华阴京师仓遗址，因诸仓址规模显较新安县仓库建筑遗址为小，柱网结构简单，主要使用夯土墙和壁柱支撑屋顶，与新安县仓库建筑差别较大，无法将两者作直接类比。总之一句话，依靠与同类建筑遗址类比，甚难确定新安县仓库建筑应是粮仓抑或是武库。

其三是，我们在查阅京师仓储仓址发掘资料时注意到，各仓对室内地面的处理方法不尽相同。除缺乏四号仓的资料外，其余各仓对室内地面的处理方法是：一号仓（中室）室内地面夯筑，夯层厚 9 厘米；二号仓，室内地面经过夯打平整，火烤烘干；

三号仓，室内地面经夯筑，还抹有一层草拌泥，十分光滑平整并经火烘烤，呈青红色，相当坚硬；五号和六号仓，室内地面经夯筑、火烤。作为仓库建筑，做到坚固、防潮是最基本的要求。从上述情况看，在华阴京师仓，除一号仓室内地面处理得相对简单、草率外，其余各仓，无论是地上建筑（如五、六号仓）抑或是半地下式建筑（如二、三号仓），室内地面处理得都比较讲究，具备坚固、防潮的功能。武库遗址的室内地面处理得怎么样？据报道，第一遗址的室内地面以草泥土铺成，草泥厚 20 厘米。其做法是，先铺数层粗麦秸泥，再铺一层厚 1.2 厘米的细麦秸泥使表面光平，并经烈火烧成红色或黑灰色。草泥土地面以下且有 40 厘米厚的夯土。第七遗址室内地面的做法，略同第一遗址，也是先用数层麦秸泥打底，然后用一层薄细泥抹面，使表面光平。每层草泥土厚 4—5 厘米。报道未说是否经过烘烤，但明言，草泥土地面以下，有厚达 2.8 米的夯土。可见，武库建筑对室内地面的处理，也是十分讲究的。综观京师仓和武库所有已知仓（库）房对室内地面的处理，京师仓城一号仓是唯一一个相对简单、草率的例子。之所以会如此，应同京师仓城一号仓室内原曾设置架空地板有直接关系。由此我们联想到，仅以挖槽填土夯打、形成 95 厘米厚室内地面的现存新安县仓库建筑遗址主体建筑基址，也可能只是该建筑的地板以下部分，换句话说，此建筑当初或许也是装有架空地板的。

核查发掘资料，我们觉得，这种联想并非无中生有，在现存遗址上似乎是可以找到一些相关遗迹作为依据的。比如，建筑四面墙体和隔断墙上所开众多通道，宽度仅 0.8—1 米，作为门道理解，未免过于局促。武库及京师仓城一号仓，规模稍大或稍小于此建筑遗址，其仓门宽度分别达到 2.1 米和 3.3—3.95 米，颇显宽敞；即使建筑面积只有 100—170 平方米的京师仓诸小仓，仓门宽度也都在 1.3—1.9 米之间，没有窄于 1.3 米者。0.8—1 米的通道相对于新安县偌大仓库建筑来说，用以通风则可，用作仓门实不大相宜。又比如，此建筑基址上的大小柱础石，俱为明础，其上既无柱榫窝、石面加工草率且多高于室内地面，用于壁柱尚可，用作支撑房架的柱础，便难以确保立柱的稳固。小柱础石的纵横间距分别为 1.5 米和 1.4 米，比武库第七遗址第Ⅰ号大房间内、用以放置兵器架的础石间距还小 0.3—0.5 米，显然不是直接支撑房架之木柱所用础石；大柱础石间距较大，适于用作支撑房架的柱础，然欲求其稳固，仍需依赖其他相关设施的帮助。我们以为，对这种现象一种较为可行的解释是，室内原设有架空地板。小柱础石，或为架设木地板所用短柱的柱础，而借助于木地板枋架及木地板，又可使支撑房架的木柱保持稳固。另外，还有一点不可忘记，即在新安县仓库建筑遗址主体建筑保存较好的南部，西南角墙垣上曾发现一柱础石和竖状柱槽，它或者正是现存宽墙之上原曾设础立柱的仅存遗迹。这一发现，对我们的上述联想也是一个有力的支持。

新安县仓库建筑遗址的主体建筑，其建筑结构既然有可能如同华阴京师仓一号仓房那样，于室内设置架空地板，便不能完全排除它作为粮仓或其他漕运物资仓库的可能性。至于为什么发掘过程中始终没有发现任何粮食或其他漕运物资的残余，也许是出于和华阴京师仓同样的原因也未可知。

综上所述，我们对于临黄河而建的新安县西汉仓库建筑遗址的倾向性意见是，在尚未彻底查清它和函谷关防御体系确切关系的前提下，与其勉强说它是函谷关防御体系的一个组成部分，反不如依据它所在地理位置，视之为与黄河漕运密切相关的西汉重要漕运遗迹。

（三）由新发现漕运遗迹看西汉黄河三门峡漕运

据上所述，华阴京师仓城和新安县大型仓库建筑，同为西汉时期与黄河漕运有密切关系的重要仓库遗址，二者的建筑年代，同为西汉中期之武帝在位时期，使用年代也基本一致。西汉另一项漕运工程——自长安城西南引昆明池水，依山傍渭，东达黄河的关中漕渠，也是在同一时期开凿并付诸使用的⑧。《西汉京师仓》发掘报告称，在京师仓遗址北面 400 米处，有一条东西走向的槽形凹地，向西一直延伸到华县境内，长达 40 多千米，地势低洼，地下水位很高，常年积水，沼泽盐碱化严重，当地群众称之为"二华夹槽"。据陕西师范大学马正林和西北大学李健超二先生的研究，此即西汉关中漕渠的遗迹。这些重要漕运遗迹的发现，使我们对当时洛阳至长安间漕运航道有了一个形象而具体的认识。

据考古调查和发掘资料，华阴京师仓城东距潼关今渭河汇入黄河处 10 千米，但在古代，京师仓与渭、黄二河汇合口的距离，也许更近一些。《西汉京师仓》发掘报告讲，在遗址东北 2 千米的地方，有个村庄名三河口，当地老年人讲，过去黄河、渭河、洛河三河曾在此汇合。若如此，在古代，遗址东距渭河汇入黄河处只有 2 千米左右。发掘报告依照《水经·渭水注》的记载以为，从南、西两面环绕京师仓遗址的今白龙涧，即渭河汇入黄河前最后注入其中之沙渠水；渭河与黄河汇流处曾设有专门管理船运事宜的机构——船司空。由此向东，顺序经过砥柱所在之三门峡、五户滩，穿越今八里胡同峡，即可到达新安县大型仓库建筑遗址。京师仓和新安县大型仓库建筑遗址恰恰处于黄河漕运航道三门峡险恶河段的东西两端，尽管京师仓与黄河三门峡漕运险段的距离大了一些。由此不难看出，此二大型仓库对调节黄河三门峡险恶河段的漕运、保证黄河漕运和渭河漕运的贯通、衔接，都将发挥非常重要的作用。

在三门峡至新安县境内的黄河险恶河段，迄未发现过西汉用以改善航道状况的水利工程遗迹。在文献记载中也没有西汉武帝及其以前的有关记事，所能看到的，唯有为避开三门峡险阻而采取的变通措施：先是河东守番系欲省"底柱之漕"于汾阴、蒲坂作渠田⑨；此举失败后，又欲由张印主持开"褒斜道"，以绕道漕运关东粮食⑩。整个西汉时期，直接施于黄河三门峡航道的工程，只有《汉书·沟洫志》所载的一次，即成帝"鸿嘉四年（公元前 17 年）杨焉言：'从河上下，患底柱隘，可镌广之。'上从其言，使焉镌之。镌之裁没水中，不能去，从令水益湍怒，为害甚于故"⑪。此举不仅没有取得预期的结果，而且只是"患底柱隘"而欲"镌广之"，似与开栈道之类工程无涉。看来，西汉王朝始终没有沿黄河险段两岸开凿栈道的可能性极大。

在此形势下，西汉时期的三门峡黄河险段漕运，除要适应季节和水势的限制外，还需仰仗熟悉险恶河段航道的当地"河师"（船工），漕运艰难，运输量必不会很大。《汉书·食货志》称，"故事，岁漕关东谷四百万斛"，后又"益岁六百万石"，恐怕已是可能达到的最大数字。

二 关于新发现栈道遗迹和题刻

1996 年和 1997 年，为配合黄河小浪底水利枢纽工程建设，山西、河南两省的考古和古建筑保护部门对三门峡库区以东黄河沿线开展文物普查，在山西平陆、夏县、垣曲和河南新安县境内的黄河古岸上，都发现了断断续续存在的古栈道遗迹和题刻，是继 20 世纪 50 年代三门峡库区调查之后，关于黄河三门峡漕运遗迹的又一次重大发现。

（一）新发现栈道遗迹和题记

据报道⑫，在山西境内的黄河北岸调查，共发现古栈道遗迹 40 处，自西向东，依次散布在平陆县五一石膏厂、关窑、大集、西寨、东寨、杜家庄、粮宿、老庄、冯家底、张岭村溜溜窝、煤窑凹、西河头渡口、老鸦石，夏县任家堆、小堆、大堆，垣曲县鲁家圪塔、五福涧、安窝、马蹄窝等 20 个村庄、厂矿的范围内，累计长度 5000 余米。在河南境内发现的古栈道遗迹，集中分布在新安县西沃村西北 4 千米的八里胡同峡南北两岸。此段峡谷，由新安县荆紫山脉、济源市王屋山余脉对峙形成，峰峦高耸，远望如门阙。黄河从峡谷中穿过，水激浪涌。其南岸西口在西沃乡莲花寨，东口在西沃乡荒坡村北大禹滩；北岸东口在济源市下湾村北 1 千米处，西口在东沟村。八里胡同系民间俗称，它的实际长度约为 5.5—6 千米。在这里，共发现古栈道遗迹 14 段（北岸 9 段，南岸 5 段），累计长度约 816.4 米。各段栈道遗迹的侧壁上除有像 20 世纪 50 年代在三门峡库区调查看到的方形壁孔、牛鼻形壁孔、各种底孔和桥槽，在八里胡同峡栈道上方又看到了 D 形手窝，在山西境内因山崖凸出而形成的栈道转弯处，还首次发现了立式转筒状机械装置留下的遗迹。调查者认为，在栈道转弯处设置立式转筒状机械装置的时间，当在唐代漕运兴盛时期。新发现各种古题刻，也有数十处之多。其中最有价值的部分，是与古代修治栈道有直接关系的题记。属于汉魏时期的题记共二则。一则纪年为正始九年（公元 248 年），另一则纪年为建武十一年（公元 35 年）。

正始九年题记，刻在八里胡同峡北岸清河（又名逢石河）河口以东之东Ⅱ段栈道侧壁。报道称，题记高 36 厘米，宽 23 厘米，正书，5 行："正始　贺囦领帅五千人修治此道。天大雨。正始九年正月造。"由所发拓片观察，此题记实为 6 行；录文中的"帅"字，应改为"师"，此"师"字之所指，应如同 20 世纪 50 年代发现之三门峡库区人门栈道曹魏题记中的"石师"。改正之后，题记全文应为："正始｜贺｜囦领师五千人修治此｜道天大雨｜正始九年正月｜造"。此题记所记修治工程，显然是曹魏正始年间一次较大规模的政府行为，不仅题记内容较 20 世纪 50 年代在三门峡人门栈道见到者更丰富，而且位于黄河三门峡险段的最东部，因而具有更大的史料价值。调查者还认为，曹魏大规模修治黄河栈道，"其目的不一定是向关东漕运。至迟在正始五年，从关中向关东漕运的情况发生了根本性变化。关东经过多年的休养生息，屯田积累，转漕关中已成为可能。……因此，正始九年正月 5000 人修治栈道题记的发现，正是（关东粮食）转漕关中的实证"。

建武十一年题记，刻在垣曲县五福涧村栈道岩壁上。调查者称，此题记分上下两段。上段为竖刻，2 行，文为："建武十一年□月□日官造□｜遣匠师专治□［积临水］水□"；下段位于上段右下方 20 厘米处，也为竖刻，2 行，文为："时遣石匠□［赤］□］［知］石师千人"。两段字迹一样，同为隶书，当出一人之手，为一则题记的前后两个部分。据调查者考证，此建武十一年，当为东汉光武帝之建武十一年，它和 20 世纪 50 年代在三门峡库区人门栈道看到的和平元年（公元 150 年）题记一样，是东汉时期修建栈道的物证。对这段迄今所见年代最早的栈道题记，我们同样特别关注，曾经反复审视 1998 年 8 期《文物》杂志刊布的题记拓片，颇疑上段题记录文"遣匠师专治"和"［积临水］"之间的未释文字，是 3 字而不是 2 字，且前二字似为"五户"。五户乃砥柱以下黄河险段上带有标志性质的重要地名，《水经·河水注》"自砥柱以下，五户已上，其间百二十里，河中竦石杰出，势连襄陆"[13]一语中的五户即此。为给这一看法寻求参照性依据，在辨认字迹之余，我们还特地将《水经注》所载五户与砥柱的距离和题记所在之五福涧与砥柱间距离作了一番比较。北魏尺一尺合公制 28 厘米，一里约合 420 米，百二十里则为 50400 米，合今 50.4 千米；参与调查的山西省考古研究所张庆捷、山西大学历史系赵瑞民二先生在报道文章中说，"新发现的建武十一年题记所载千余名石匠汇集今五福涧村，显然是为修建栈道，以便漕运。此段题记与三门峡栈道岩壁上发现的东汉'和平元年'题记正可相互印证。两地相距约 50 千米"，也即 100 里。也就是说，今五福涧与砥柱间的距离，恰与《水经·河水注》所谓

"自砥柱以下，五户已上，其间百二十里"如同合契。看来，今五福涧即汉魏时期的五户似无太大问题。

五户的地望既已有了着落，那么砥柱以东黄河水道最险地段的范围，便变得具体而清晰，这对于黄河漕运史研究，自是一件很有意义的好事。

（二）栈道题记的综合考察

为综合考察栈道题记，以便从中找出一些规律性的东西，我们试将20世纪50年代以来发现之纪年明确或比较明确的汉魏题记汇集起来⑭，编制成下表，并将唐代开凿开元新河之前的题记附录于后表，以供讨论时参考。

由下表中可以看出：

1. 现已发现的15则汉魏题记中，东汉、曹魏、西晋、北魏各代皆有，唯独没有属于西汉者。其中，东汉2例、曹魏2例、西晋7例、北魏3例。若将同一年的题记视为一次河道工程的记录，则可以认为，各代有实物为证的工程次数分别为：东汉2次，具体施工时间为光武帝建武十一年（公元35年）和桓帝和平元年（公元150年），两次施工的间隔约为115年；曹魏3次，具体施工时间为齐王芳正始元年（公元240年）、正始九年（公元248年）和高贵乡公甘露五年（公元260年），三次施工的间隔分别为8年和12年；西晋至少有2次，具体施工时间为武帝泰始四年（公元268年）和太康二年（公元281年），两次施工的间隔约为13年；北魏至少有1次，具体施工时间是宣武帝景明四年（公元503年）。唐开元以前较为明确的有3次，具体施工时间为太宗贞观十六年（公元642年）、高宗总章三年（公元670年）和武则天垂拱四年（公元688年）。另有一则开元廿二年题记，见于三门峡人门栈道，残存可识文字太少，语义不明，难以确定其是否真与修治栈道工程有直接关系。如暂不考虑这则题记，那么，唐开元以前三次施工的间隔分别为28年和18年。看来，东汉、北魏二代工程次数确实不多，但魏晋两代的工程次数和密度，均可与唐开元以前相仿佛。从全部汉唐题记中能看出施工月份者，共9例：东汉1例、曹魏2例、北魏2例、唐4例。其中有8例施工月份都在正月、二月、三月黄河枯水季节，只有东汉和平元年一例是在六月。

2. 已发现15则汉魏题记的具体分布见下表。今五福涧以东1例（曹魏），五福涧1例（东汉），三门峡人门栈道13例（东汉1、曹魏2、西晋7、北魏3）。如此算来，题记最为集中的地段，是三门峡库区的人门栈道，占了已发现题记总数的86.6%；五福涧和五福涧以东皆为1例，各占题记总数的6.6%强；如按《水经注》的说法，视三门峡黄河险段的范围为砥柱至五户地段，那么，其处存在题记数则占了已发现题记总数的93%还多。

	八里胡同峡	五福涧	平陆五一石膏厂	三门峡库区（人门栈道）
东汉		·建武十一年□月□日官造□遣匠师专治□□〔积临水〕水□时遣石匠□〔赤〕□〔知〕石师千人		·和平元年六月十四平阴李儿□□造（人Ⅵ段）
曹魏	·正始　贺⃞晃⃞领帅五千人修治此道天大雨正始九年正月造			·石师政始元年作（人Ⅱ段） ·甘露五年二月十六日治河都匠左页□□石师江洛善许是□（人Ⅵ）段
西晋				·秦始四……（人Ⅻ段） ·秦始（人Ⅻ段） ·大康二年（人Ⅴ段） ·大康二年木⃞匠⃞□伦石工孙同造（人Ⅳ段） ·大康二年（人Ⅸ段） ·大康……都匠张□梁□……□□作人见之□□如□（人Ⅸ段） ·都匠药世以□□初……□□禹□□□□治……□□前后七支□□七十剥……立石（人Ⅵ段）
北魏				·景明四年三月十六日（人Ⅵ段） ·景□四年三月廿六日（人Ⅵ段） ·景明……（人Ⅵ段）
唐代	·大唐贞观十六年二月十日前岐州郿县令侯懿陕州河北县尉古成师三门府折冲都尉北武将军〔林〕阳县开国男侯宗等奉敕〔适〕〔此〕导河〔之〕迹〔从〕河阳〔武〕□		·大唐总章三年正月十五日太子供奉人刘君琮奉敕开凿三门河道用功不可记典令史丁道树	·大唐贞观十六年四月三日岐州郿县令侯懿河北县尉古城师前三门府折冲侯宗等奉敕造船两艘各六百石试上三门记之耳（人Ⅵ段） ·总章三年正月廿一日儒林郎守司马表当开三门河道（人Ⅵ段） ·大唐垂拱四年正月十六日上柱国马大谅开三门河道（人Ⅶ段） ·开元廿二年□供主……□□□……（人Ⅵ段）

3. 从题记分布与时间推移的关系考察，又明显表现出，时代越晚有关题记越向黄河险段之最西部即三门峡之人门区集中的趋势。比如，东汉的 2 则题记，分别分布在五福涧和三门峡库区人门栈道上；曹魏的 3 则题记，更分散分布在五福涧以东的八里胡同峡至三门峡人门区的广大范围内；西晋、北魏题记则全部集中在三门峡人门区。唐初贞观年间的 2 则题记分别分布在五福涧和三门峡人门区；唐总章至开元时期的题记，除总章三年"太子供奉人刘君琮奉敕开凿三门河道"题记刻于紧邻三门峡库区的平陆五一石膏厂栈道侧壁外，全部分布在三门峡库区。唐代题记在分布地域上与汉魏题记表现出了大体一致的趋势。

现存题记的上述特点，在一定程度上，可以说是相关历史时期黄河三门峡漕运状况的真实反映。但它显然不是相关历史事实的全部，比如，《水经·河水注》载："魏景初二年（公元 238 年）二月，帝遣都督沙丘部、监运谏议大夫寇慈帅工五千人，岁常修治，以平河阻"[15]事，便明显不包含在已发现题记之内。同上书还载："晋泰始三年（公元 267 年）正月，武帝遣监运大中大夫赵国、都匠中郎将河东乐世，率众五千人修治河滩，事见五户祠铭。"此一记事，虽不敢说与表中所列人门栈道题记"都将药世"事绝对没有关系，然也无从断定二者所记为同一回事。这表明，留下题记的工程，只是当时实际工程数的一部分而已。上引二条记载，除能够增加魏、晋实施修治航道工程的次数外，还有另一方面的意义，那就是汉魏时期施于黄河险段的工程，既包括修治栈道任务，又含有"平河阻""修治河滩"等改善航道状况的内容。此外，文献中还保留有西晋为避开三门峡险阻而在砥柱上游"凿陕南山，决河东注洛，以通漕运"[16]和北魏三门都将薛钦上言京西汾华二州、恒农、河北、河东、平阳等郡输京物资改陆运为水运的记载[17]。这虽不是直接施于黄河三门峡险段的工程，但对判断汉魏时期黄河三门峡漕运的状况，还是具有一定的参考价值。

综观上述实物和文献资料，我们以为，对汉魏时期为改善黄河三门峡险段漕运航道所做的努力，似可提出以下几点认识。

一是，自东汉建国初期起，即开始了治理黄河三门峡险段航道并于沿途修建栈道的工程，自此之后，在整个汉魏时期，历代政府都没有放弃过这种努力。

二是，自东汉开始，用于改善航道的工程规模就相当大，而且随着时间的推移，规模有越来越大之势。东汉建武十一年题记显示，施工用匠师千人；魏晋时期的题记和文献记载都告诉我们，每次施工用"石师"数更达到五千之巨。工程内容，是治理河道与修建栈道并举。

三是，由题记分布情况看，在汉魏时期，此段黄河主航道之走向，似乎主要是沿黄河北岸；通过三门峡时始终是从三门中居北的人门穿行。经过汉魏人们的长期努力，到北魏时期，五福涧也即五户以东航道，可能已经不是十分险恶，故而郦道元在注

《水经》时仅把黄河水运险段局限在砥柱与五户之间，而未将包括八里胡同峡在内的五户以东河段列入其中。

由上表我们还注意到这样一个事实，即唐贞观年间的工程题记，在五福洞即五户滩曾有一见，此后的唐代题记，连五户滩一带也不再出现，而是集中分布于三门峡库区。这意味着在郦道元完成《水经注》之后到唐初，黄河漕运航道或许又有所改善，只有三门峡库区一带才是有待最后征服的险段。这大约即是开元二十年（公元 732 年）为改善黄河漕运、裴耀卿建议"于河口置一仓，纳河东租米，便放船归。从河口即分入河洛，官自雇船载运，至三门之东，置一仓，三门既属水险，即于河岸开山，车运十数里，至三门之西，又置一仓，每运置仓，即搬下贮纳，水通即运，水细便止"[18]时的实际情势。

（原刊于《宿白先生八秩华诞纪念文集》，文物出版社，2002 年）

注　释

① 黄河水库考古工作队：《黄河三门峡水库考古调查简报》，《考古通讯》1956 年 5 期。

② 陕西省考古研究所华仓考古队：《汉华仓遗址勘查记》，《考古与文物》1981 年 3 期。

③ 陕西省考古研究所华仓考古队：《汉华仓遗址发掘简报》，《考古与文物》1982 年 6 期；陕西省考古研究所：《西汉京师仓》，文物出版社，1990 年。

④ 洛阳市第二文物工作队：《黄河小浪底盐东村汉函谷关仓库建筑遗址发掘简报》，《文物》2000 年 10 期。

⑤⑬⑮ 引文据上海古籍出版社 1990 年版陈桥驿点校本北魏郦道元撰《水经注》，按语略。

⑥ 文载河南省文物管理局、水利部小浪底水利枢纽建设管理局移民局编：《黄河小浪底水库文物考古报告集》，黄河水利出版社，1998 年。

⑦ 中国社会科学院考古研究所汉城工作队：《汉长安城武库遗址发掘的初步收获》，《考古》1978 年 4 期。

⑧ 事载《史记·河渠书》。

⑨ 事载《汉书·沟洫志》。

⑩ 事载《史记·河渠书》。

⑪ 引文据中华书局标点本《汉书·沟洫志》。

⑫ 张庆捷、赵瑞民：《黄河古栈道的新发现与初步研究》，《文物》1998 年 8 期；河南省文物管理局、水利部小浪底水利枢纽建设管理局移民局编：《黄河小浪底水库文物考古报告集》，黄河水利出版社，1998 年。

⑭ 资料来源见注⑫和中国科学院考古研究所编著：《三门峡漕运遗迹》，科学出版社，1959 年。

⑯ 引文据中华书局标点本《晋书·武帝纪》。

⑰ 详见《魏书·食货志》。

⑱ 见《唐会要》卷八十七《漕运》。

洛阳古代都城城址迁移现象试析

  洛阳位于河南西部黄河中游南侧的洛阳盆地，土地肥美，物产丰富，景色宜人，河山壮丽。从遥远的新石器时代起，这里就是我国古代文化最为发达的中心区域之一，进入阶级社会以来，更成为元明以前历代王朝理想的建都之地。据历史文献记载统计，自夏商以至于唐宋，共有 13 个王朝建都于此[①]。其都城遗址，只有西周时期的洛邑成周尚在探寻之中，一时难以准确判定，其余俱已查明，总计凡 5 处，即通常所说的洛阳五大都城遗址。如按年代先后排列，依次为偃师二里头遗址、偃师商城遗址、东周王城遗址、汉魏洛阳城遗址和隋唐东都洛阳城遗址。这些城址，同是沿洛河（此指改道以前的洛河，其河道与今洛河的差异，是自汉魏洛阳城至偃师商城遗址的一段，故河道在今洛河以南。下文凡提到洛河，义均同此）营建，但并不固定于一地，而表现为伴随时代变迁而东挪西移。移动范围，自东至西可达 30 至 35 千米（图一）。

  我们把洛阳古代都城城址这种伴随时代变迁而东挪西移，称为城址迁移现象。造成这一现象的原因自然是多方面的，理应涉及当地的地理形势以及各个历史时期的政治、思想、社会经济、军事、科学技术等各种因素，但对此，从历史文献中找不到明确答案。为求得其答案，本文拟从洛阳盆地的地理形势及有关古城遗址的实际状况出发，试做一些初步的探讨和分析。

一　洛阳盆地的山川形势

  关于洛阳盆地的山川形势，目前尚无比较系统的考古资料可资参考，只能根据现今的地形地貌概述其要。

  洛阳盆地，周边群山环抱，西连崤山，东傍中岳，熊耳横亘其南，邙山屏障其北，四周高而中间低，且有伊、洛二水蜿蜒于盆底。盆地西部，地形复杂、高亢，在今洛阳及其以西，南有龙门山，北有古郏鄏陌，西为丘陵地，冈峦起伏，沟壑纵横，海拔高度一般为 150—190 米，丘陵处高达 200—300 米。盆地中部和东部，即今洛阳以东地

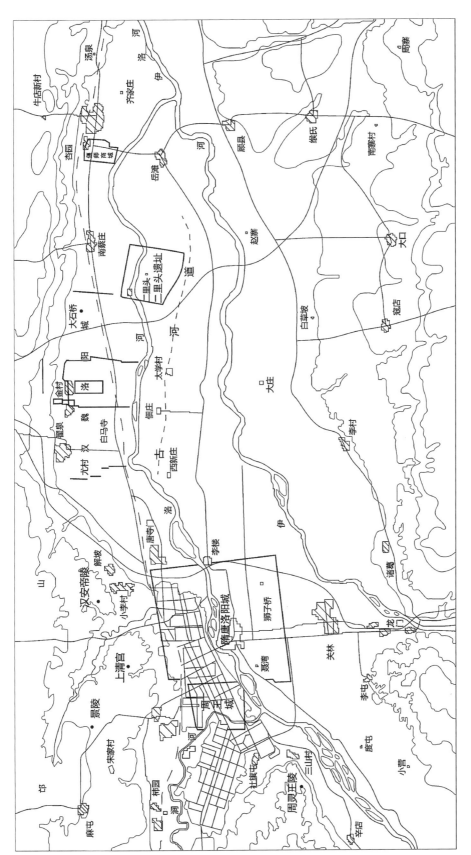

图一　洛阳古代都城形势图

区，海拔高度普遍降低。其南北两侧，各有一带状高地，它们倚山面河，由山麓至伊、洛河岸，海拔高度逐渐下降，高程多在 150 米以下。二高地间，则为狭长的伊洛平原，是盆地内海拔高度最低的区域。伊洛平原之大势，也是西高而东低。

蜿蜒流淌于洛阳盆地的伊、洛河及其支流涧河、瀍河等，同属黄河水系的洛河支系。涧、瀍二河，多数河段穿行于丘陵间，河床高度多在海拔 150 米以上，只有近洛河段河床稍低，或在海拔 140 至 150 米之间。它们分别于今洛阳中部和东部注入洛河。伊河发源于今河南栾川县，东流经嵩县、伊川县，穿过伊阙（龙门）进入洛阳盆地。更东流，汇合南来诸水，至今偃师县南汇入洛河。流经伊阙时，河床高度约为海拔 150 米，出伊阙北口，很快降至 120 米乃至 120 米以下。洛河发源于今陕西南部洛南县，东流经河南卢氏、洛宁、宜阳三县而进入洛阳盆地。其上游多为丘陵山地，河床高而窄，在宜阳界内，河床高度约为海拔 160—170 米。进入洛阳盆地，河床高度已降至海拔 150 米以下。至涧、瀍二河入洛处，洛河河床高度不到海拔 140 米。而至伊、洛汇流处，二河河床高度均降至海拔 120 米以下。伊、洛汇流后，俗称伊洛河。河水越往东河床越低，在巩县境内，流出洛阳盆地而注入黄河。伊、洛河由上游携带大量泥沙滚滚东流，至洛阳盆地中部开阔地带，流速减缓，泥沙沉积，使伊洛平原逐渐抬高，并有不断向东扩展的趋势。

综观洛阳盆地的山川形势，其周围环山，四塞似有金汤之固；伊、洛河及其支流自成一系并与黄河沟通，既可滋润沿岸的伊洛大地，又为洛阳盆地带来交通全国各地的莫大便利。这一切，正是进入阶级社会以来历代帝王选择洛阳建都的基础因素。然而，在洛阳盆地之内，并非任何地方皆宜于建都。伊、洛汇流处以东，两侧山地逼近伊洛河岸，沿河低平地段甚少，且支离破碎，显然不适宜营建较大城郭，因而不是建都之地。只有伊、洛汇流处以西，也即今偃师城关至洛阳市一带，沿洛河两岸较为低平、开阔，才具备营建都城的地理条件。这也正是洛阳五大古代都城遗址均发现于这一区域的根本原因之所在。

二　五大都城遗址概述

偃师二里头遗址，位于古洛河北岸较为高隆平坦的高地上，东西约 1.5 千米，南北约 1 千米。1986 年，我们在今洛河北岸古城村边调查，曾发现大量二里头遗址三期陶器残片，从地望看，此处当初或与二里头遗址连为一体。由古城村向北，古代为一东西向槽状低地，再北，迄未发现与二里头遗址相连的二里头文化遗迹。据知，二里头遗址所在的这片高地，整体作东西向带状，东达偃师商城，西逾汉魏洛阳城遗址，它即是历史文献屡屡称道的古亳坂。由现已掌握的实际资料看，二里头遗址向南、向北均未超出古亳坂的地理界限。二里头遗址内涵十分丰富。其间既有多座大型宫殿遗址，成批一般居住基址和各种手工业作坊，又有大量灰坑、窖穴和墓葬。出土遗物主要为青铜器、玉器、陶器、石器、骨角器和蚌器，还有少量漆器和卜骨，其中除生产工具、生活用具外，武器和礼器也占一定比例，制作精美的珍贵工艺品不在少数。建筑、墓葬和出土遗物所体现的种种社会对立现象，揭示了阶级和早期国家的存在。鉴于其年代与文献中的夏代相当，二里头文化的分布范围，又在传说中夏人活动的区域，因此，对二里头文化的研究，一开始便与夏文化的探索紧密联系在一起。关于二里头文化及二里头遗址的性质，学者们有多种意见。其中一种意见认为，二里头文化为夏文化，二里头遗址乃夏代晚期的一处都邑；更有人径直指出，二里头遗址就是夏都斟鄩城的遗迹②。

偃师商城遗址，与二里头遗址同处于洛河北岸的古亳坂上。东临伊、洛汇流处，西距二里头遗址约5.5至6千米③。城址大体呈长方形，南北1710米，东西（最宽处）1240米，周遭筑建夯土城垣，城外有沟壕遗迹。其南半据亳坂，地势较高，海拔120米左右，城内主要建筑大多集中于此，可分三区，而其中处于南部居中部位的建筑群，即是该城的宫殿区。约当今310国道北侧部位，有东西向古代大道一条，应是古尸乡沟之所在。按古地貌，此处地势陡然下跌，由此向北，为一东西向槽状地带，其地面约低于南部商代地面2米左右。越过此槽状地带，地势才再度抬高起来。或许正因为城区北部地势较低，较重要建筑遗址迄今发现不多，似非都邑的重心区域。

东周王城遗址④，位于今洛阳市区洛河与涧河交汇处东侧，据古郏鄏之地。南临洛河，西跨涧河，平面呈不规则方形。保存状况稍差，仅能找到西、北两面城垣和西北、东北、西南三个城角，以及部分护城壕沟。北垣长2890米，西垣长3700米。该城海拔高度多在150米以上。城内西南隅地势较高，地面瓦片较多，或为宫殿区之所在；此区以东，粮食仓窖分布密集。城内西北部有一些烧明器和日用陶器的陶窑等手工业遗址。城内东南隅地势较低。在城区中部，曾发现不少带墓道的东周大墓和陪葬车马坑，被认为是东周王陵区之一。看来，城区南部应是此城的重心区域。

汉魏洛阳城⑤，在今洛阳市以东约15千米处，其前身即东周时期的成周城。成周城的规模，现已基本查明，适当汉至晋代洛阳的城中部和北部，其北界已达邙山南麓高地。另据文献记载，秦封吕不韦为洛阳十万户侯，又有扩城之举。这一连串的扩城工程，奠定了汉至晋代洛阳城的规模。据实地勘查，东汉、曹魏、西晋时期的洛阳城，平面呈不太规则的长方形，南城垣被今洛河冲毁，旧迹了无孑遗，其余三面城垣仍断断续续矗立于地面，东垣残长3895米，西垣残长3500米，北垣全长2523米。按古地貌，城区南、北两端地势较高，中部地势稍低。城区南部高地与城南高地原应连为一体，当属古亳坂的组成部分；北部高地紧靠邙山南麓。东汉时期，城内有南、北二宫，城南为灵台、辟雍、明堂等礼制建筑区。汉南宫及南郊诸礼制建筑，即坐落在古毫坂之上，北宫则建于北部高地。当时的圜丘，位居伊河之阳，据说在今王圪垱村南旧时曾有其遗迹。其地今在河床内，近年调查时，已是满地白沙，不知沙层之下尚有遗迹幸存否？魏晋时期，城区范围一仍东汉之旧，但宫殿似已集中于东汉北宫故地，并在大城西北隅开始营建金墉城；圜丘改筑于城南阴乡之委粟山，此山或即今日之禹宿圪垱，地当古大谷关（今水泉口）北侧稍偏西，距城约 25 千米。北魏迁都洛阳，袭据汉至晋代洛阳城并再次扩而大之。宣武帝景明二年（公元 501 年），在故城周围修建外郭城垣，仅洛河北岸城区已达到东西 10 千米、南北 7.5 千米的巨大规模。其时，还将城区扩展至洛河以南，在那里营建了以四夷馆、四夷里为代表的里坊区，从而使该城的南北长度也达到了 10 千米。

隋唐东都洛阳城遗址[6]，位于今洛阳市区东部、东周王城遗址东侧。此城址跨洛河而在，北据邙郦，南对伊阙。平面略呈方形，东、南、北三面城垣规整、端直，西城垣之洛北段较直，洛南段则明显弯曲。东城垣长 7312 米，南城垣长 7290 米，北城垣长 6138 米，西城垣长 6776 米。宫城、皇城南北毗连，建于城区西北隅高地；其东有东城、含嘉仓城，西、北两面有夹城及诸小城围护。它们占据了洛河北岸的大部分城区。洛河以南以及洛北之宫城、皇城以外地面，则为面积广大的居民里坊和工商业区。另外，在宫城、皇城以西，还营建了涵山带水、幅员辽阔的东都苑。据载，隋旧苑方二百二十九里一百三十八步，唐苑周一百二十六里[7]。

由以上关于五大都城遗址的简要描述可以看出，伴随历史前进的步伐，洛阳古代都城城址发生了如下一些规律性变化。

其一，由夏商以至于隋唐，都城的城市规模越来越大。

其二，夏商时期都城，无不靠近伊、洛二河汇流处；至东周时期，都城西移，或建于洛阳盆地西部，或建于伊洛平原较开阔的中部地区。汉魏时期的都城，正是沿用了东周时期后一类都城的旧址；至隋唐时期，最终将东都城建于洛阳盆地西部，且为此后历代所沿用，以至于成为近现代洛阳城的基础。

其三，夏商城址，全部坐落于洛河北岸岸边高地上（如偃师二里头遗址），至多延及高地以外的部分低地（如偃师商城遗址）。东周以后，随着都市规模的大幅度增大，城区内地形也日渐变得复杂起来。像成周城和后来的汉至晋代洛阳城，其城址南起洛河北岸，向北直达邙山南麓，其间包涵着相距不远的南北两块高地和一些起伏不平的区域；到北魏迁洛，修建洛阳外郭城，其城址不仅涵盖了洛河以北西起张方沟（又名长分沟）、东逾七里涧、北至邙山之巅的广大地域，而且首先跨过洛河，将城区扩展到伊、洛之间，直逼伊河北岸。隋唐东都洛阳城，更是有意识地将洛河作为主要穿城水道，跨河建城。洛河横贯城区，河南、河北几乎各居其半。

其四，至迟到秦汉以后，各都城显然已经产生了一条贯穿全城及其前后山川的南北轴线。

如对上述四项带有规律性的变化加以对比分析便会发现，洛阳古代都城诸城址的迁移现象主要表现为，伴随时代的变迁逐渐由东向西迁移；而且早期城址的范围，仅仅局限于洛河北岸的沿河高地，只是到了一定的历史阶段，才敢于跨越洛河扩展城区，并最终达到驾驭洛河乃至洛河水系、跨河营建大型都市的高度境界。研究洛阳古代都城城址的迁移现象，就是要从中找出隐藏在这种现象背后的起决定作用的东西。

三　洛阳古代都城城址迁移原因初探

随着时间的推移，都城规模越来越大，这是事物发展的一般规律。在夏商以至唐宋的13代王朝都洛期间，中国历史经历了由奴隶社会初期阶段到封建社会中期的巨大变革。在此长达三千多年的历史进程中，伴随社会的进步，政治机构日渐庞大，社会经济和文化事业日益发达，城市人口不断增加，适应客观形势发展的需要，都市规模必然会一步步扩大。普天之下，都城发展之大趋势，几乎无不如此。因此，单单从这一方面，似乎还不易找出洛阳古代都城城址迁移的根本原因。

那么，为什么洛阳古代都城城址伴随都市规模的不断扩大而渐次西移呢？联系到东周以后历代都城皆采取向南、北两个方向扩展乃至跨河而建的事实，我们以为，洛阳古代都城城址迁移现象的出现，约同洛阳盆地伊、洛二河汇流处及其以西地区的具体地理形势和水源条件有着密切关系。

如前所述，洛阳盆地地属豫西丘陵前缘地区，周边群山环抱，伊、洛蜿蜒盆底。沿山麓一带地势高亢，水源缺乏，唯伊洛平原即伊、洛河谷及洛河北岸地势较为低平、开阔，水源又较为充足，是古代适于建都之地，故而五大都城遗址尽数集中于今偃师城关至洛阳市这一地域。

新中国成立以来的大量考古调查和发掘表明，新石器时代先民们的居住遗址，大都处于濒临河流的一、二级台地上。学者们认为，这样做既便于取水，又可避免水患；有自然河谷可供利用，交通也比较方便。夏商以来历代都城大多营建于近河高地，大约即是对新石器时代先民这一传统经验的发展和继续。这一点，在夏商都城遗址中表现得尤其突出。

洛阳五大都城遗址中的夏商城址——二里头遗址和偃师商城遗址，同处于伊洛平原最东部，即今偃师城西7.5千米的范围内，营建于洛河北岸的亳坂上，地近伊、洛二河汇流处。亳坂高隆、平坦，南北宽约千米左右，可以满足营建一定规模城池的要求；其高程在海拔120米上下，与洛河河床相差无几，城内用水的水源不致成为难题。

如此地形，对于夏商都邑来说无疑是适宜的，但要在这里营建封建时代大型都城，显然大不相宜。因其地近伊、洛汇流处，洛河以南为二河冲积形成的低湿平地，故而往南无任何发展余地。向北，自洛河至邙山南麓海拔 145 米线，其间距离大约为 2.5 千米，地面颇为局促。况且在亳坂和邙山之间，还横亘着一带东西向槽状低地，一旦伊、洛二河泛滥，便很容易遭到洪水的威胁。位于偃师商城以东仅 2—3 千米的偃师旧县城，历史上曾两次被洪水淹没便证明了这一点。这也许就是东周及其以后的历代都城选址偏西的原因之一。

周武王灭商之后，在洛阳营建洛邑成周。为选择城址，曾亲自对洛阳及其附近地区的历史和山川形势进行了宏观调查。在追述调查过程时他说："自洛汭延于伊汭，居易无固，其有夏之居。我南望过于三涂，我北望过于岳鄙，顾瞻过于河，宛瞻于伊洛。无远天室。"[⑧]在调查的基础上选定建城地点，并廷告于天，宣布"余其宅兹中或（国），自之（兹）辥（乂）民"[⑨]。其后，成王委派周、召二公来洛主持营建事宜。经二公实地相宅、攻位，将勘察、设计报经成王批准，方始正式动工营城。这些记载表明，我国古代都城的营建活动，至迟在西周时期已经有了比较合理的管理，从选址勘察到整体规划设计都初步纳入了科学的轨道。因此，西周初年选定的洛邑成周城址，理应比较符合时宜。洛邑成周城址目前尚未找到，但有关西周城的线索还是有的，而且不止一处。有学者认为，从《尚书·洛诰》所载周公语"我乃卜涧水东、瀍水西，惟洛食；我又卜瀍水东，亦惟洛食"约略可知，成周城的地望当在涧河与瀍河及瀍河东侧地区。近年在瀍河下游两岸又曾发现大型西周墓地和铸铜遗址，这进一步表明洛邑成周城址应在这里，即今洛阳老城东部城区[⑩]。另外，在汉魏洛阳城遗址内，也曾发现过一处西周城址[⑪]。这两处西周城址都较夏商城址靠西，地势也较高显开阔。它们在选址方面的高明之处在于，由于建城地点西迁，避免了二里头遗址、偃师商城遗址所特有的地势低下、可利用地域狭窄和易遭水患威胁等天然缺陷。从宏观上看，这两处西周城址，还分别与其南15 至25 千米以外的山口相对，对城址附近的大环境及陆路交通给予了更多的注意。前述学者推定的洛邑成周城南对伊阙，汉魏洛阳城遗址内的西周城南对大谷，将城池建设同山川形势统一协调起来，浑然形成一个整体，使都邑显得格外雄伟壮丽。同时，又在保持伊洛河谷这一东西交通孔道的前提下，为开辟南北交通孔道，打下了良好基础。

此二西周城的选址，基本上为东周时期的王城、成周所承袭。且不说成周城正是据汉魏洛阳城遗址内西周城并向北扩展而成，就是新建的王城，也只是较前述学者推定的西周洛邑成周城稍稍西移而已。然而值得注意的是，汉魏都城并没有直接沿用王城城址或学者推定的西周城址，而是在东周时期成周城的基础上营建并日益兴旺发达起来。但王城城址也未完全废弃，而是降格使用，成了规模大大缩小了的汉河南县城所在地。这是为什么？显然是一个需要认真探讨的问题。弄清这一点，对研究什么是影响洛阳古代都城迁移诸因素中起决定作用的因素，将会有所启示。为此，有必要将东周时期王城、成周二城址做一对比分析。

东周的两座都城，无论王城还是成周，都要比偃师二里头遗址和偃师商城遗址为大，无不建于地势较为高显宽敞的地域，地形也较上述二遗址复杂得多。如前所述，王城城址，坐落于地势高且水源较为丰富的涧河入洛处东侧，城区之内，东北、西北、西南三隅，海拔高度达到150至160米，唯东南一隅地势较低；其西城垣部分筑于涧河以西，做出了跨河建城的最初尝试。将宫殿及粮仓布置在濒临涧、洛二水的城西南隅，大约是为了便于解决城市用水、尤其是宫廷用水问题。然由于此处地形复杂，高差较大，以涧、洛二河为水源解决城市用水实非易事。该城城市用水问题究竟解决得如何，不得而知，但水患并未彻底解除却是毋庸置疑的事实。因为据记载，在周灵王时，就曾发生过"谷洛斗将毁王宫"[12]的悲剧。这条记载还提醒我们，河水对古代都城来说，既是必不可少的城市用水水源，同时又是容易对城市造成严重危害的因素，如对河水的这种二重性缺乏足够认识，或管理不善，那么其危害作用随时都是有可能表现出来的。王城的悲剧，或许正是由于其时对河水缺乏驾驭能力所致。成周城的情况与王城有显著差异。此城系以汉魏洛阳城遗址内的西周城址为基础，毁狄泉北扩而成，东距偃师商城10多千米，城区高程海拔120至140米，显然高于偃师商城，而比王城遗址为低，地形也远不如王城复杂。此处的洛河河床较平缓开阔，且城址与洛河之间尚有一段距离，这就大大降低了发生水患危及城市的可能性。北扩以后的成周城，城区面积扩大，城市容量增加，满足了该城作为东周都城的需要。但由于城区北界已达邙山南麓，其处地势较高，可达海拔140米左右，这种地理条件，无疑为解决城市用水问题提出了更高的要求。当时如何解决这一问题，今已无从确知，然从《水经·谷水注》在述及汉至晋代洛阳城外兼作护城河用的阳渠时，屡屡称其为"周公制之"，说明此渠或出现较早，曾是成周时期用以解决城市用水的一项重要措施。另外，为扩大城区而毁狄泉，也从反面表明，解决该城的城市用水，水源仍不是严重问题。

从以上简要论述可以看出，东周时期的两座都城王城和成周，对城址的选择皆有一定的合理性，在秦汉之际，二城又都依然存在，按说均有发展成为汉魏都城的可能性。汉魏时期的最高统治者之所以放弃王城而选择成周，其间固然有历史的原因，比如秦初曾再次扩大成周以封吕不韦，后又以之为三川郡治，城市已然蔚为壮观，城内又有南、北二宫，具备较好的建都条件。但除此而外，应有更为深刻的根源，即当时对自然河流的控制能力低下，尚不足以确保跨河而建之城市的安全。这一点，由东汉、曹魏、西晋三代俱未在洛河以南进行多少营建活动便可想见。在此前提下，就洛河北岸的地理形势而论，王城附近远不如成周一带更为开阔、平坦，从而更适合于汉魏时期都城的营建与发展。

汉魏洛阳成为都城之后，城市容量随之大增，城市用水量成倍增长；加之曹魏都洛，为加强宫廷防御，开始在全城地势最高处即城西北隅（其处海拔高度约 145 米）修建金墉城，使城市用水的供需矛盾变得十分突出。城址附近最大的水源洛河，几乎处于地势最低的部位，靠它供给城市用水，显然是不可能的事情。况且，当此之时，洛阳既是帝都所在，又是国内首屈一指的工商业都市，理所当然地成了天下租赋和各种奇货、土产的最大集散地。面对这一形势，交通运输自然承受着前所未有的巨大压力。为解决这些矛盾，汉魏统治者采取的重大对策，便是兴建大型引水工程千金渠（此渠在城区附近亦称阳渠）。

这是一项综合性水利工程[13]。简单说来，是由东周王城城北凿渠引谷水（今涧河）东流，渠水穿过瀍河，再历经千金堨、皋门桥而达于汉至晋代洛阳城西北角。在此，渠水分流，其支渠或绕城而行，或通过涵洞伏流入城，象血脉一样呈网状分布，流遍城区的各个组成部分。各支渠出城后汇为两大支，一大支由城东南角东流，沿途形成多处较大面积水域，在日后成为一个个颇有名气的风景区；另一大支由城东垣北端之建春门（即汉上东门）外斜向东南。出北魏洛阳东外郭城后，二大支渠合而为一，并继续东流，汇入洛河。勘察表明，自建春门外东去之渠，渠道既宽且深，行船概无问题。按《水经·谷水注》的说法，与兴修千金渠同时，还完成了洛河上的堰洛工程。此项工程，大约是为了保证或增大城东渠水水量以利行舟，而与引水渠道配套使用。这一综合性水利工程的竣工，不仅为汉魏洛阳城开辟了充足的城市用水水源，提高了水路运输能力，有利于居民生活和手工业生产，而且还有助于控制洛河，防止水患。

据《水经·谷水注》，千金渠之兴修约始于东汉，由汉司空渔阳王梁主持，但"渠成而水不流，故以坐免"。后由"张纯堰洛以通漕，洛中公私穰赡"。所以古人称："是渠今引谷水，盖纯之创也。"由此不难看出，东汉虽有意于控制和利用自然河流，但因受科学技术水平局限，其愿望并未能够圆满实现。曹魏时期引水工程的胜利完成，标志着人对自然河流的认识和控制能力已经达到相当高的水平。

人类对水的认识和控制、改造能力一旦提高到一定水平，无疑将会为都城建设开辟更加广阔的前景。正因为如此，北魏迁都洛阳，即敢于突破洛河天险并获得成功，它在伊、洛河之间建立四夷馆、四夷里，设置包括白象坊等里坊在内的新里坊区，使汉、魏、晋三代从不敢问津的伊、洛河之间低平地带，成了繁荣发达的新城区。也因为如此，隋唐东都洛阳城才敢于建成一座跨河营造的大型都市。

隋唐东都洛阳城，作为我国封建社会繁荣阶段的一代陪都，担负着多项关系国家兴衰安危的重大使命。它既是仅次于首都长安的一大政治、经济、文化中心，又是面向广大东南地区的军事重镇，还是其时天下租粮的最大集散地之一。营建这种政治、军事色彩浓厚又适宜于发展工商业的封建都市，有几个基础条件是必须具备的。其一是，山川形势壮丽，足以代表皇家气派；其二是，地势高旷，四塞坚固；其三是，地域开阔，水源充足，水陆交通便利。拿这几个基础条件衡量，学者推定之原西周洛邑和东周王城一带显较汉魏洛阳城更为相宜。所以当隋代营建洛阳城时，炀帝登北邙而观伊阙，不禁发出"此非龙门邪，自古何因不建都于此"的慨叹⑭，遂决定将城址自故都移之于此。

创建于隋的隋唐东都洛阳城，位居东周王城东侧。它之所以不袭用王城旧址而稍稍东移，大约只是为了让新都的南北轴线与伊阙直对，以显示其为河山拱戴的无比宏伟气魄。以地理条件而论，隋唐城址唯一不及汉魏洛阳城者，就是洛河北岸较平坦地面过于狭窄，但这在隋唐时期已不再是不可克服的缺陷。此处洛河以南地面，较汉魏洛阳城处要广阔得多，地势也相对高一些，有了南北朝以来人们对河水特性的认识和实际控制能力的大幅度提高，完全可以使这里也成为城市的主要区域。这样，不但可以弥补洛河北岸地面狭窄的先天性缺点，而且由于其处水源丰富，若能科学地加以开发利用，还将成为促进城市建设和经济、文化事业发展的有利因素。事实表明，隋唐东都洛阳城的规划、布局，正是充分考虑并合理利用了城址范围内各种地形地貌特点而最终形成的。

如前所述，隋唐东都洛阳城跨河而建，利用洛河北岸建造皇城、宫城和其他重要建筑，而将洛河以南辟为面积广大的里坊区。它将皇城、宫城置于城区西北隅高地，前临洛河，后倚邙阜，东、西、北三面又有东城、夹城以及圆璧、曜仪等众小城围护，其西更与东都苑毗连，宫廷防御措施远较长安严密。既从城市布局上形象地体现了东都洛阳下首都长安一等的实际地位，严密的防御设施也与其作为东方军事重镇的客观要求相符；在皇城、宫城近旁，设有大型粮仓（如隋子罗仓和隋唐含嘉仓）和商业市场（北市），可确保粮食和其他生活必需品充足无虞。有此两项，即可在很大程度上保证该城在较为严峻的政治、军事形势下，立于不败之地。在洛河南岸的里坊区内，错落分布着各级官府、贵族官僚宅第以及一般民居、寺观、商市，且南市、西市皆傍漕渠。这里，正是日后经济、文化繁荣的地区。看似被洛河隔开的南、北两区，因在洛河架设了黄道桥、天津桥、星津桥以及旧中桥、新中桥、浮桥等多座桥梁，而使天堑变通途，将二者紧密联系在一起，形成一个统一、协调、结构严密的有机整体⑮。应该强调指出的是，隋唐洛阳城之所以能够迅速发展成为一座高度繁荣发达、雄伟秀丽的城市，有规划地大力开发利用自然河流起了非常重要的作用。在当时，洛阳盆地的伊、洛、瀍、涧四条河流，都曾被用来为隋唐洛阳的城市建设服务。它们或自然交汇，或通过人工渠道相互沟通，纵横交织，构成一个以洛河为主干的水道网络。有了这一水道网络，圆满解决了城区各部分的用水、排水问题，使城市变得既少水患又清新美丽，无论宫苑、宅第，还是衙署、寺观，到处都有环境优美的园林存在，把都市装扮得花团锦簇，赢得世人称赞。通过这一水道网络，由黄河而达于四海三江，不仅东南各地的租赋及土产奇货源源不断汇集洛阳，还大大密切了洛阳同国际间的联系，使之成为闻名世界的国际性都市。假如没有充足的水利资源，没有对充足水利资源的合理开发利用，这一切，简直不可思议。

四 余 论

通过以上的探讨、分析，我们认识到，洛阳自夏商以至汉唐的历代都城城址，伴随时代的前进而沿洛河迁移，完全是为了适应城市发展的需要。它告诉我们，一代都城城址的选定，既要考虑到政治、经济、军事以及有关意识形态方面的要求，又要适合当时生产力（包括科学技术）发展的水平。一个比较理想的都城城址应该具备的条件，最主要的，一是合适的地理形势，二是充足的水源，二者缺一不可。而且随着时间的推移、社会的进步，其重要性将变得越来越明显。地理形势优越与否、时人对水资源开发利用的能力强弱，甚至可以成为制约城市发展前途的关键。因此，为求得都城考古的深入发展，在今后对都城遗址的勘察、研究中，必须注重对当地古地形地貌的恢复，同时，对相应地区的水资源以及用以开发水资源水道系统，也应给予比较完整和尽可能详尽的了解。

（原刊于《考古与文物》1999 年 4 期）

注 释

① 此所谓在洛阳建都的 13 个王朝，指夏、商、西周、东周、东汉、曹魏、西晋、北魏、隋、唐、后梁、后唐、后晋。

② 苏健：《洛阳古都史》，博文书社，1989 年。

③ 中国社会科学院考古研究所洛阳汉魏故城工作队：《偃师商城的初步勘探和发掘》，《考古》1984 年 6 期。

④ 中国社会科学院考古研究所：《新中国的考古发现和研究》第三章，文物出版社，1984 年；中国科学院考古研究所洛阳发掘队：《洛阳涧滨东周城址发掘报告》，《考古学报》1959 年 2 期。

⑤ 中国科学院考古研究所洛阳工作队：《汉魏洛阳城初步勘查》，《考古》1973 年 4 期；中国社会科学院考古研究所洛阳汉魏城工作队：《北魏洛阳外郭城和水道的勘查》，《考古》1993 年 7 期。

⑥ 中国社会科学院考古研究所编著：《新中国的考古发现和研究》第六章，文物出版社，1984

年；王岩：《隋唐洛阳城近年考古新收获》，《中国考古学论丛——中国社会科学院考古研究所建所 40 周年纪念》，科学出版社，1993 年。

⑦ 徐松：《唐两京城坊考》。

⑧《逸周书·度邑》。

⑨ 何尊铭文语。见唐兰：《何尊铭文解释》，《文物》1976 年 1 期。

⑩ 叶万松、张剑、李德方：《西周洛邑城址考》，《华夏考古》1991 年 2 期。

⑪ 中国社会科学院考古研究所洛阳汉魏城队：《汉魏洛阳故城城垣试掘》，《考古学报》1998 年 3 期。

⑫《国语·周语下》。

⑬ 段鹏琦：《汉魏洛阳与自然河流的开发和利用》，《庆祝苏秉琦考古五十五年论文集》，文物出版社，1989 年。

⑭《元和郡县图志》卷五"河南府"条。

⑮ 本文讲到洛阳城中的洛河，仍依唐代文献的有关记载和考古界的传统认识。据知，洛阳学者方孝廉近年撰有《隋开通济渠和洛河改道》一文，将于《考古》1999 年 1 期刊出（编者按：如期刊出）。此文认为，唐洛阳城中的洛河，实即隋代所开通济渠，而在隋以前，洛河是经隋唐洛阳城南地区东去。如果这一看法符合历史实际，那么对我们的论点也是一个有力的支持。

汉魏洛阳故城形制浅议

在汉唐以来各代都城中，以汉魏洛阳故城（此指汉—晋代洛阳城，亦即北魏洛阳城内城）形制最为特殊。其他都城遗址，平面多呈方形或长方形，城垣直如绳，四隅方如矩。唯有此城，平面作不规则长方形，现存三面城垣无一较直者：东、西二垣之上东门和上西门处，各有一大转折、望京门和广阳门北侧又各有一小的弯曲；北垣曲折更甚，整体视若拐把形。城之四隅，今存其二。其西北城角，因有曹魏以降历代营建之金墉城，汉—晋代旧状不可详知；东北城角，后代未搞新的建筑，原貌得以维持，其转角甚缓，略呈圆弧形（见下图）。

汉魏洛阳故城何以作此形制？长期以来迄未见到令人满意的解释。今以此短文，谈谈我们的肤浅认识。

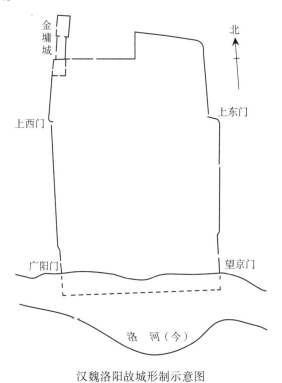

汉魏洛阳故城形制示意图

我们认为，按照事物发展的一般规律，它既然是一种实际存在，就必然有其存在的历史依据。因此，如能从弄清该城汉晋及其以前的历史沿革入手，切实予以探讨、分析，或能发现其中蕴含的道理。

对该城的始建年代，古文献没有明确记载。为对它的始建年代做出合理解释，前人曾费心竭力从《春秋公羊传》中找到如下两段文字：

> 昭二十二年有曰，是年"秋，刘子、单子以王猛入于王城。王城者何？西周也"。
>
> 昭二十六年又曰："冬十月，天王入于成周。成周者何？东周也。"何休注："是时王猛自号为西周，天下因谓成周为东周。"

据此，或以为西周初年周公所营洛邑成周为二城，而成周城即在今汉魏洛阳故城城址处，换言之，西周时期的成周即是汉魏洛阳故城的前身。对于这种说法，不少人持怀疑或否定态度。故而有关洛邑的地望问题，便成了我国都城史上一桩有争议的公案，至今未能求得一致认识。不过，由这两条文献至少可以确凿无疑地判定，其时在今汉魏洛阳城城址处确有一座与王城并存且名曰成周的城池。

自此以后，有关这座城池的明确记载日渐增多，它们一再表明，这座城池的规模也在伴随时间的推移而不断扩大。综观文献，在两汉以前，约有两次较大规模的扩城之举。一次发生在公元前六世纪的东周敬王时期。其时，由于统治阶级内部斗争加剧，周敬王匄为避王子朝乱而移居成周，因城小不受王都，晋合诸侯、大夫成成周之城，毁狄泉扩而大之。《春秋公羊传·昭三十二年》所谓是年"冬，仲孙何忌会晋韩不信、齐高张、宋仲几、卫世叔申、郑国参、曹人、莒人、邾娄人、薛人、杞人、小邾娄人，城成周"。指的就是这件事。另一次扩城之举，大约发生在公元前三世纪秦封吕不韦为洛阳十万户侯时。此事见于《水经·谷水注》引陆机《洛阳记》和刘澄之《永初记》。再其后，即从两汉以至魏晋，除于城西北隅营建金墉城外，不闻再有扩城之事。由此看来，似乎汉魏洛阳城的规模至秦代已经基本确立。

以上即是对文献所见西晋以前该城历史沿革的概略叙述。

1984 年，中国社会科学院考古研究所洛阳汉魏故城队，为了解城垣本身的建筑年代及构筑技术，在该城现存之东、北、西三面城垣上，选择适当部位，开挖解剖沟十数条。结果，在每一条解剖沟所揭露的城垣横截面上，都发现有若干不同时代的夯筑城垣遗迹，证明现仍矗立于地面之上的夯土城垣，正是历代王朝以其前代城垣为内核，经过修整、增筑而建造起来的。这些城垣横截面，无疑是关于汉魏洛阳故城历史沿革的另一种性质的珍贵记录，它比文献记载更为客观、真实，具有较高资料价值。以之与文献记载一起进行对比研究，将使我们对该城沿革史的认识，达到一个前所未有的高度。

此次发掘的主要收获，可以归纳为三点。

其一，在今汉魏洛阳故城范围内，发现了从西周到北魏层层叠压的历代城垣（或称城址）遗迹。其中的西周城址是目前所知时代最早者，在它之前此地是否还有更早的城址，因考察工作仍做得不多，尚不敢做出肯定的判断。

其二，西周以后的历代城址，都是在部分或者全部沿用前代城垣的前提下，重新营建而成。

其三，东周城和秦汉城的城址规模，均较前代有较大幅度扩展，而两汉至魏晋时期的洛阳城，则始终维持相同的规模，各代皆无大的扩城行动。汉—晋代的洛阳城，在宣武帝景明二年（公元 501 年）修建外郭城后，最终演化为北魏洛阳城的内城。

关于此次发掘的全部资料，将于 1998 年年内正式发表，兹不赘述，而仅将其中与汉魏洛阳故城形制有关的一些内容，简要予以介绍，并参照文献记载略作探讨。

设在该城东、西二城垣中段之几条解剖沟的发掘资料显示，新发现的西周城址，位于汉魏洛阳故城城址的中部，建造年代约当西周中晚期，其具体范围似可以该城上东门、上西门和望京、广阳二门北侧的 4 处转折为标志。在这里，除存在西周夯筑城垣遗迹外，在它的两侧，还依次发现了东周及以后诸代的城垣遗迹。至于这一城址的名称、性质为何，因与本文要谈的问题无关，今可暂置不论。要之，此城当是汉魏洛阳故城现知年代最早的母体。

设在该城上东门和上西门以北三面城垣上的数条解剖沟，发掘结果与前述诸解剖沟有所不同，其最显著特点是，其中年代最早的夯筑城垣遗迹，皆属东周时期。此一发掘结果表明，这座东周城系在西周城的基础上向北扩展而成，其城区范围，恰与汉魏洛阳城的中、北部城区相同。对照前引文献，它应该就是鲁昭公三十二年（公元前510 年）晋合诸侯、大夫所营建的成周城。此城东北隅，即闻名中外的金村八大墓所在地，是洛阳地区的东周王陵区之一。《水经·谷水注》所谓"班固、服虔、皇甫谧咸言翟泉在洛阳东北，周之墓地"，所指即此。

当年还曾在汉魏洛阳城望京门南侧的东城垣上，开过一条解剖沟，所得城垣横截面虽同样由几个时代的城垣遗迹组成，但时代都偏晚，建筑时间迄无可早到东周者。在广阳门以南的西城垣上未开解剖沟，但城垣尽南端被洛河冲毁后形成的断面，至今完整暴露，完全可以作为一处城垣横截面看待。清理该断面所见现象，与东城垣横截面类似，同样不见东周时期的城垣遗迹。可见，东周时期的成周城区，不曾到达汉魏洛阳城的南部城区，即望京门、广阳门以南区域。这两处城垣横截面也有自己的特点：它们的基础都很浅，今地表耕土以下不深即为生土，城垣结构也与其他地段有异。然由于出土遗物甚少，且因地处中原，秦、汉遗物难于分辨，要明确判定城垣的始建年代实属困难。依据城垣结构和少量出土遗物，我们曾笼统地认为，这一区域很可能是秦汉时期才被扩为城区的。结合文献予以考察，如果秦封吕不韦为洛阳十万户侯时确有扩城之举，那么，便有可能是其时在东周时期成周城的基础上向南扩展的。

综上所述可知，汉魏洛阳城的规模及其基本形制，确系在汉代以前已经确立，其故城遗址诸城垣上的几处曲折，无疑同历次扩建有着密不可分的关系。

在扩建工程中，诸城垣何以会出现如此明显的曲折，原因不外乎三个方面：一是因测量出现较大误差所致；二是受地形、地貌限制使其不得不然；三是建造者有意识地将城垣筑成弯弯曲曲的形式。按我们对东周以来筑城技术和城址一带地理形势的了解判断，前两条原因几乎是不存在的，唯有第三方面的原因，值得特别予以重视。

我们知道，东周是阶级斗争异常激烈、复杂的历史时期，列国之间以大欺小、以强凌弱的战争连绵不断，侵城掠地更是司空见惯寻常事；即使在一国之内，贵族之间的争权夺利也经常激化到动辄兵戎相见的地步。在这种历史条件下，城市攻防技术得到迅猛发展，只要稍为留心一下《墨子》一书"备城门"以下诸篇的文字便可看出，当时业已形成了一套比较完备的立体式城市攻防体系。该书所列举的种种城市防御措施中，多项设施的前部，都是要凸出于城垣之外的。之所以要使这些设施的前部凸出于城垣之外，无非是为了在城垣外侧多制造几处曲折，以便于最大限度消除死角，有效地打击来犯之敌，并使之难以接近城池。这类城市防御设施，在我国某些地区出现甚早，内蒙古赤峰西山根夏家店下层文化遗址发现的城址，不仅城墙弯弯曲曲，墙外还曾附建原始马面，便是一个现知年代较早的实例。由此看来，在周敬王移居成周扩展此城时，面对其时严峻的斗争形势，为加强防御而有意识地在城垣上做出那么多的曲折，是完全可能的。

继东周之后在此建都的东汉、曹魏、西晋、北魏诸代，或因其创业者通晓军事，或因其始终处于紧张激烈的军事斗争时期，深知此种城垣形制对加强都城防御的重要意义，所以，不仅没有轻率改变原有的城垣形态，裁弯取直，使都城的轮廓在形式上变得整齐、美观一些，相反却采取一系列措施，诸如在城部诸城垣外侧增置马面、在城垣顶上修建楼观、在城西北隅营建金墉城、于北城垣外设置宣武场等，进一步突出和强化城垣形制所体现的固有特点。这些史实表明，我们对此城特殊形制形成原因的推测，应该是有道理的。

类似的实例，在以后的历史时期也曾出现过，但它没能像汉魏洛阳故城那样被一代代承袭下来，而是被后人改变了，并因此造成了严重后果。这个实例，就是北宋汴京城。

据岳珂《桯史》记载，开宝元年（公元968年）宋太祖赵匡胤"初修汴京，大其城址，曲而宛如蚓诎焉。耆老相传，赵中令（按即赵普）鸠工奏图，初取方直，四面皆有门，坊市经纬其间，井井绳列。上览而怒，自取笔涂之，命以幅纸作大圈，纡曲纵斜，旁注云，依此修筑。故城即当时遗迹也。时人咸罔测，多病其不宜于观美。熙宁乙卯（即熙宁八年，公元 1075 年）神宗在位，遂欲改作，鉴苑中牧豚及内作坊之事，卒不敢更，第增埤而已。及政和间（公元 1111—1118 年），蔡京擅国，亟奏广其规，以便宫室苑囿之奉，命宦官董其役。凡周旋数十里，一撒而方之如矩，堞堞楼橹，虽甚藻饰，而荡然无曩时之坚朴矣。一时迄功第赏，侈其事，至以表记，两命词科之题，概可想见其张皇也。靖康（公元 1126—1127 年）胡马南牧，粘罕、斡离不扬鞭城下，有得色曰，是易攻下。令植砲四隅，随方而击之。城既引直，一砲所望，一壁皆不可立，竟以此失守。艺祖（按即太祖）沉几远睹，至是始验。"

这段文献讲述的故事，从反面为我们的前述意见提供了又一有力论据。

（原刊于《洛阳博物馆建馆四十周年纪念文集〔1958—1998〕》，科学出版社，1999 年）

对汉魏洛阳城外郭城内丛葬墓地的一点看法

1988 年夏，中国社会科学院考古研究所洛阳汉魏城队在汉魏洛阳东外廊城内发现古代丛葬墓地两处。这两处丛葬墓地位于今寺里碑村东景阳岗上，分别处于岗之北部和中部，距汉魏洛阳内城东垣约 1500 米（发掘简报见《考古》1992 年 1 期）。

根据铲探和局部发掘所得到的资料知道，岗北部墓地东西长约 6、南北宽约 7 米，约有墓葬 20 余座；岗中部墓地东西长约 7、南北宽约 9 米，约有墓葬近 40 座。从墓葬形制、布局及出土文物看，应是一批具有特定身份的死者的葬所。

一

这两处丛葬墓地，在墓葬分布及其内涵方面呈现了大体一致的特点。

1. 丛葬墓地所葬死者，皆人各一棺，棺仅容身。棺板甚薄，板灰宽度（即板厚）一般为 4 厘米左右。棺无榫卯，俱以铁钉钉合。棺底铺白灰。

2. 丛葬墓地内，棺各一穴，穴仅容棺；排列十分密集，相邻二穴间距才 10—25 厘米。墓穴头端，常竖置残断或完整的长方形素面小青砖一块，有的砖上残存朱书铭文。

3. 死者的骨架多未经后世扰乱。躯体之各部位骨骼甚少错乱现象，唯头骨错位者较为普遍。以岗中部墓地为例：有的头骨偏离颈骨一段距离，头骨下连接一、二节颈骨；个别头骨甚至倒置，以至顶骨与颈骨相对。

4. 所有死者，均有一定数量的随葬品。除几乎全部随葬铜钱外，各墓还分别随葬有漆器、陶壶、滑石猪、石蝉、耳鼻塞、玉眼盖、玉璧片、料珠、铁刀、铜带钩、铜顶针、铜镜、铜弩机等。

5. 丛葬墓地内，墓穴排列井然有序，规律性极强。

上述两墓地的种种特点明确告诉我们：

1. 两墓地的死者骨骸，皆无迁葬迹象，当属一次性埋葬，其入葬时间应当是完全一致的。

2. 两墓地墓穴排列呈现出极强的规律性，表明埋葬死者的活动，应是按照预定方案有组织地进行的。

3. 丛葬墓地的骨骸既非由他处迁来，说明他绝非收集荒野无主尸骨集中埋葬而形成的墓地。所有死者都有一定数量的随葬品，且在数量和质量上都远非不幸身亡的刑徒们可比；墓内又无"刑徒砖"出土①，可见它也不是刑徒墓地。死者中身首分离的人数较多，因知他们更非成批死于灾荒或传染性疾病的平民百姓。

那么，这类丛葬墓究竟是什么人的坟墓呢？我们以为，欲解此谜，仍需从墓葬本身寻找线索。我们注意到以下两点：一是丛葬墓的死者是在较短时间内成批死亡并统一埋葬的，其中非正常死亡者，占了相当大的比重。造成这种结果的原因，战争应是重点考虑的因素之一。二是丛葬墓内出土的两块朱书铭文砖。铭文中，在应该书写墓主人身份、姓名的位置上出现"西人"一词，发掘简报因而称这类丛葬墓为"西人"墓，如能究明"西人"一词的真实含义，这类丛葬墓的性质也就不难弄清了。

二

这两处丛葬墓地直接叠压在北魏层之下，墓内所出随葬品中有些显然具有东汉晚期器物的特征，因此，发掘简报将丛葬墓的时间上限划在东汉晚期以后，下限定在北魏以前。

这是包括魏、晋、十六国在内的一个较长的历史时期。能否根据随葬器物特征将丛葬墓的时间划得更具体些、譬如定为东汉晚期呢？我们觉得，至少在目前情况下这样做不大合适。首先，丛葬墓各种随葬品中最富时代特征的器物，莫过于铜镜和铜钱两类。铜镜，只有一面，圆形，背面饰柿蒂纹和连弧纹，纹间铸出"长宜子生"铭文，属于通常所说的连弧纹镜。这类铜镜盛行于东汉晚期，但在魏晋时期并未绝迹。铜钱数量较多，共388枚，除4枚为"大泉五十"和剪郭无文钱外，皆为"五铢"。我们知道，在魏、晋、十六国以至北魏时期，古钱和当时新铸的货币一起在社会上流行，同样具有流通货币的职能。"五铢"钱是当时流行范围最广、数量最大的一种古钱，在我国南北各地的遗址、墓葬中多有发现。汉魏洛阳故城遗址历年出土的"五铢"钱就有多种，见于洛阳汉墓的各型"五铢"钱几乎无所不有；一种钱文形体较方的"五铢"钱，也曾在我国南方东晋墓内出现②。这些说明，丛葬墓出土的铜镜和铜钱，虽具有东汉晚期器物的特征，然考虑到丛葬墓地的地层堆积情况，尚不能排除丛葬墓形成的时间晚于汉代（或者说属于魏、晋、十六国时期）的可能性。其次，在这种情况下，只有前已提到的朱书铭文砖才是断定丛葬墓具体时代的最为有力的实物。在没有查明它的有关内容之前，丛葬墓的年代便不能遽尔判定。如能究明砖铭所谓"西人"活动于什么年代，丛葬墓形成的时间问题，也就迎刃而解了。

<h2 style="text-align:center">三</h2>

据发掘简报，两块铭文砖皆出于景阳岗中部墓地 T7M4 和 T7M5 之间，文皆隶书，颜色有些脱落，多数文字尚可辨认。其铭文分别为：

1. "南头第十九西人故在」东北头第一柱间□」□□头"
2. "南头第廿西人故在东」□北头第一柱间□□」□□故在东南□□"

总的看来，砖铭似乎主要在于记述墓穴的方位及其编号，而其中的"西人"一词，诚如前文所说，应是弄清死者身份及其生活年代的关键所在。

在砖铭中，"西人"一词显然是一个专有名词。而在这一专有名词中，"西"字作为表示地理方位的本义好像并未完全丧失。这使我们联想起汉魏六朝时期一些文献中有关"西楚""西土"等地域的记述或故事。

如《史记·货殖列传》云："越楚则有三俗。夫自淮北，沛、陈、汝南、南郡，此西楚也。……江陵，故郢都，西通巫巴，东有云梦之饶。陈在楚夏之交，通鱼盐之货，其民多贾……彭城以东，东海、吴、广陵，此东楚也。……浙江南则越。……衡山、九江、江南、豫章、长沙，是南楚也。"

又如，沈约《齐纪》曰："朝系伯，襄阳人也。事母甚谨。西土风俗，田与邻畔者，辄于畔上种桑以志之。"

这些记述中"西楚""西土"的西，在地域上都与荆襄一带有关。"西人"一词的西字，是否也有同样含义呢？从《宋书·胡藩传》关于刘裕讨伐桓玄的一段记事看，"西人"一词中的西字确有指荆襄地区的含义，但"西人"作为一个专有名词，并非泛指荆襄一带的人们，而可能是专指来自荆襄一带并活跃在当时政治、军事舞台上的一批特殊人物。

《宋书·胡藩传》有关原文为："义旗起，玄战败，将出奔。藩于南掖门捉玄马控曰：'今羽林射手犹有八百，皆是义故西人，一旦舍此，欲归可复得乎？'玄直以马鞭指天而已。于是，奔散相失。"

《资治通鉴》卷一百一十三《晋纪》三十五"安帝元兴三年（公元 404 年）"条载有同一事件而对胡藩谏桓玄语记述更详。其曰："胡藩执马控谏曰：'今羽林射手犹有八百，皆是义故西人，受累世之恩，不驱令一战，一旦舍此，欲安之乎？'玄不对，但举策指天。"

在《资治通鉴》此段文字下胡三省注云："桓氏世居荆楚，西人皆其义旧，此盖从玄东下。桓既篡，因以为羽林。”

显然，这里所说的“义故西人”，正是东晋时期执掌朝廷大权的荆楚望族桓氏从老家带来的一大批亲信及其追随者。他们世世代代受桓氏厚恩，对桓氏忠贞不贰，成为桓氏政治、军事势力的一支中坚力量。

由胡三省注语知，“义故西人”，或可简称为“西人”。鉴于这批“西人”生活的时代，与汉魏洛阳城丛葬墓死者的时代基本相符，我们便有理由提出，汉魏洛阳城丛葬墓中的死者——“西人”，是否就是东晋时期桓氏家族的“义故西人”呢？

有关历史记载表明，这种可能性无疑是存在的。

我们知道，在两晋时期，桓氏家族先后出现过几位影响颇大的重要历史人物，如桓玄及其先辈桓彝、桓温等等。而桓玄之父桓温，出将入相，曾执掌东晋军政大权多年，更是一位位极人臣、权倾朝野的显赫人物。对他一生的人品、政绩，我们可以不予评论，但应该特别提出这样一件事，即他在东晋穆帝永和十二年（公元356年），曾经率兵进行过一场以收复故都洛阳、修复西晋五陵为目的的北伐战争。

这场战争的缘起及其进程大体是：

西晋永嘉以来，刘曜、石勒、符坚等相继入主中原，尤其是石勒、石季龙“并贪而无礼，既王有十州之地，金帛珠玉及外国珍奇异货不可胜纪而犹以为不足，曩代帝王及先贤陵墓靡不发掘而取宝货焉。”在这种官盗浪潮中，西晋帝陵屡遭挖掘，几乎无一幸免。祖宗陵墓被掘，使偏安江南的东晋帝室蒙受了奇耻大辱，“频年元会废乐”，或皇帝“素服临太极殿三日”。为雪此耻，曾屡次派使修复五陵并遣殷浩率军北伐，然历次行动无不以失败而告终。待到穆帝永和十二年，桓温请移都洛阳、修复园陵。章十余上，不许。“拜温征讨大都督，督司、冀二州诸军事，以讨姚襄。……五月……姚襄自许昌攻周成于洛阳……八月己亥，温至伊水。姚襄撤围拒之……襄众大败……襄西走，温追之不及……周成帅众出降。温屯故太极殿前，既而徙屯金庸城。己丑，谒诸陵，有毁坏者修复之，各置陵令。”此事载于《资治通鉴》卷一百、晋纪二十二。这是东晋时期桓温北伐取得成功的记录，也是西晋灭亡、五陵遭劫后，东晋、南朝屡次发动以收复洛阳、修复园陵为目的的军事行动的第一次胜利。

“义故西人”，既是受桓氏“累世之恩”，自当包含曾经受到桓温给予的恩惠在内。他们之中，自然不乏桓温的幕僚亲信及积极追随者。桓温举行北伐这种大规模军事行动，将士中必然有一大批桓氏家族的“义故西人”。所以，我们推测，汉魏洛阳城东郭城内丛葬墓，很可能就是桓温北伐时“义故西人”在洛阳附近战死或因其他原因死亡者的葬地。这种丛葬墓地究竟有多少，目前尚不清楚，但肯定绝不只此两处。

如果这一判断不错，那么，汉魏洛阳城东郭城内“西人”丛葬墓的发现，无论对于历史上的桓温北伐，还是两晋时期西晋帝陵的破坏和修复，都是不可多得的实物证据。

（原刊于《考古》1992 年 1 期）

注　释

① 中国科学院考古研究所洛阳工作队：《东汉洛阳城南郊的刑徒墓地》，《考古》1972 年 4 期。
② 周裕兴：《南京虎踞关、曹后村两座东晋墓》，《文物》1988 年 1 期。

洛阳平等寺碑与平等寺

今洛阳市偃师县寺里碑村南农田中，矗立高大佛教造像碑四通，人皆谓为北齐洛阳平等寺碑。四碑呈东西向一字排列，面南而立。碑均蟠螭首、龟跌座；碑面刻像龛、纹饰、长篇发愿文及歌功颂德文字。碑身半埋土中，其地上部分风化已甚；地下部分保存尚好，碑文曾载于著录①。1984 年秋，河南省文物普查中，洛阳市及偃师县文管会联合组成调查组，对此四碑进行了发掘、清理并照相、摹拓，取得了关于此四碑的完整资料。调查报告已发表于《中原文物》②。

现存四碑中，东数第一碑，武平三年立，著录称其为"北齐冯翊王高润修平等寺碑"，碑文有"彼岸平等寺（下阙八字）永平中造定光铜像一区高二丈八尺"句，与《洛阳伽蓝记》关于平等寺前佛像的记载契合。东数第二碑，天统三年立，碑文有"在于定光像前敬造七佛宝堪"句。可证此二碑确为洛阳平等寺故物。但其所涉及的一些问题，大有进一步探讨的必要。至于另外二碑同平等寺有无关系，无可稽考，似不宜遽下断语。

一 关于洛阳平等寺寺址

平等寺，是北魏洛阳东郭城内著名佛教寺院之一。《洛阳伽蓝记》卷二载，寺"在青阳门外二里御道北，所谓孝敬里"。

青阳门，乃北魏洛阳内城东垣之南数第一门。据考古钻探，此门遗址位于横穿今龙虎滩村之东西大道以北不远。由此门址向东延伸，应即当年青阳门外御道行经处。《洛阳伽蓝记》既云寺在此御道北，依该书叙事文例，可知其寺址必在御道北侧近处。

现存平等寺碑之所在地，地当北魏洛阳内城东垣之南数第二门东阳门外御道以南，距青阳门外御道比距东阳门外御道远得多，如按《洛阳伽蓝记》叙事文例，应系之于东阳门外御道，显与平等寺位置不符。据几年前中国社会科学院考古研究所汉魏故城队实地勘探及 1984 年调查组发掘资料，今所谓平等寺碑处，后世形成之淤土厚 3.5 米以上，诸碑皆立于淤土中，且龟跌座下仍为淤土，证明其处并非诸碑始建之地。本地居民云，此处土地旧为义井村一家地主所有，四通石碑系这家地主由他处搬来置于自家地中的。碑原立何处？不得而知。足见此处不是平等寺故址所在地。

平等寺故址或以为在今义井村之东北③，但我们认为，可能在义井村南某地。根据《洛阳伽蓝记》关于寺院位置的记述，寺"在青阳门外二里御道北"，且该书作者杨衒之早年曾在洛阳为官，武定五年（公元 547 年）他重游洛阳时，平等寺依然存在，其对寺院位置记述的可靠性毋庸置疑。然他所说的"二里"，可作两种理解：一是单纯表示长度之道里的里。北魏时的一里，当今 400 余米。一是里坊的里。北魏洛阳的里坊，一般认为"方三百步"，一坊每边长度约合今 400 米稍多。但无论作哪种理解，"青阳门外二里御道北"，都应是指义井村南某个位置，而不应延及村东、村北或村东北某地。

武平三年北齐冯翊王高润修平等寺碑（下称武平三年碑），碑文曾叙及平等寺的地望，其云："寺则背彼崇邙，面兹清洛，右依城雉，左带洪陂，嵩岳拥其前，灵河行其后。"然其所状写者，为一大环境，适用于北魏洛阳东郭城之所有寺院，于解决平等寺之具体位置问题无补。因此，欲求平等寺之确切地点，最终仍需依赖进一步实地调查和有关实物资料的出土。

二　平等寺始建时间

据《洛阳伽蓝记》记载，平等寺乃广平武穆王怀舍宅所立。广平王怀系高祖孝文帝子，《魏书·孝文五王列传》虽有其传，但传文甚略且有残缺，不能详细了解其人其事。故而，我们综合《魏书》诸纪、传之零散记载及其人墓志资料，将其生平事迹简略编次如下。

广平王姓元，讳怀，字宣义，乃献文帝之孙，孝文帝之第四子，世宗宣武帝之母弟，肃宗孝明帝之叔父。约生于孝文帝太和十一年，即公元 487 年（据《广平王怀墓志》）。

孝文帝太和二十一年（公元 497 年）七月封王（《孝文帝纪》）。

宣武帝在位期间，即景明元年至延昌三年（公元 500—514 年），曾被"召入华林别馆，禁其出入……世宗崩，乃得归"（《广平王怀传》）。

延昌四年（公元 515 年）正月丁巳世宗宣武帝崩（《宣武帝纪》）。是夜，孝明帝即位。二月，"以骠骑大将军、广平王怀为司空"。八月，"以司空、广平王怀为太保、领司徒"（《孝明帝纪》）。

孝明帝熙平二年（公元 517 年）三月二十六日丁亥广平王怀薨，享年三十。"追崇使持节、假黄钺、都督中外诸军事、太师、领太尉公，侍中、王如故。显以殊礼，备物九锡，谥曰武穆。皇太后舆驾亲临，百官赴会，秋八月廿日窆于西郊之兆”（《广平王怀墓志》）。

广平王怀颇涉经史。延昌四年以前召居华林别馆期间，宣武帝“令四门博士董徵授以经传”（《广平王怀传》）。正始二年（公元506年）十一月，世宗宣武帝还亲自为他和京兆王愉、清河王怿、汝南王悦讲《孝经》于式乾殿（《宣武帝纪》）。他又崇信佛教，以至舍宅为寺。仅《洛阳伽蓝记》所载著名寺院中，即有东郭城内平等寺、西郭城内大觉寺等二寺为其舍宅而立。他在东郭城所建之平等寺，以“堂宇宏美，林木肖森，平台复道，独显当世”。位居西郭城之大觉寺，也是“北瞻芒岭，南眺洛汭，东望宫阙，西顾旗亭，神皋显敞，实为胜地”；寺内“林池飞阁，比之景明。至于春风动树，则兰开紫叶，秋霜降草，则菊吐黄华”（《洛阳伽蓝记》卷四）。由寺院之宏丽壮美，不难想象其崇信佛教之狂热程度。

由上所述，知广平王怀从政时间甚短，前后才两年；而其墓志文空话连篇，约无什么政绩可述。他之所以品阶、官位甚高，或完全由于其为皇帝之近亲故。其平生之主要事迹，可能正在于狂热奉佛。

广平王怀墓志称，怀为“河南洛阳乘轩里人”。可见被他建作平等寺、位于孝敬里的宅第，不是在其死后，而是在其生前施舍给佛教的。《洛阳伽蓝记》所谓平等“寺门外金像一躯，高二丈八尺”，应即武平三年修平等寺碑所记寺外高二丈八尺之定光铜像。武平三年碑载，此定光佛铜像，造于永平中（公元508—511年）。说明永平初年，甚至永平以前，广平王怀业已舍宅为寺了。考虑到改王第为壮丽寺院之土木工程所费时日，可以设想，广平王怀舍宅为寺的举动，应发生在永平以前其人狂热信佛的时期。《魏书·孝文五王列传·京兆王愉传》称，愉“又崇信佛道，用度常至不接。与弟广平王怀颇相夸尚，竞慕奢丽，贪纵不法。于是，世宗摄愉禁中推案，杖愉五十，出为冀州刺史”。同传又称，永平元年（公元508年）“八月癸亥，冀州刺史、京兆王愉据州反”。由此知，广平王怀、京兆王愉之狂热信佛确在永平元年以前的一个时期。所以，我们以为，广平王怀之舍孝敬里宅而建平等寺，很可能是在宣武帝景明、正始年间。

景明、正始年间，广平王怀是否已被宣武帝“召入华林别馆，禁其出入”，本传文字语焉不详。即使已入华林别馆，由于宣武帝本人就是一位热心奉佛的皇帝，故而对广平王之奉佛举动恐也不会有过多的限制。换言之，广平王就是在入居华林别馆的情况下，也是有机会做出舍宅为寺的举动的。

三 北魏末年以后的平等寺

《洛阳伽蓝记》卷二“平等寺”条，在叙述寺院的位置及其宏丽建筑之后说，“寺门外有金像一躯，高二丈八尺，相好端严，常有神验，国之吉凶，先炳祥异"。孝昌三年（公元527年）十二月中，金像面有悲容，两目垂泪，遍体皆湿，时人号曰佛汗。如此三日乃止。次年四月尔朱荣入洛阳，百官死亡涂地；永安二年（公元529年）三月，金像复汗。五月，北海王入洛，庄帝北巡。七月，北海王大败，所将江淮子弟五千尽被俘虏，无一得还；永安三年（公元530年）七月，金像悲泣如初。十二月，尔朱兆入洛阳，擒庄帝，崩于晋阳。在京宫殿空虚，百日无主。次年长广王从晋阳赴京师，至郭外，尚书令、司州牧、乐平王尔朱世隆，以长广王本枝疏远，政行无闻，逼禅与广陵王恭。

对于这尊金像，武平三年修平等寺碑记之甚详。其云："永平中，造定光铜像一区，高二丈八尺。永熙年（公元532—534年）金涂讫功。像在寺外未得移（入寺内）。"

这两项记载，不仅可以互相参证，而且有力地表明，洛阳平等寺，自广平王舍宅建寺直到北魏末年一直是长盛不衰的。

然而，就在北魏末年，京都洛阳遭到空前浩劫。战乱频仍，皇室分崩。孝武帝西奔长安，孝静帝迁都于邺，朝廷分为西魏和东魏。洛阳无复繁华之貌，旧京竟成荒凉之域。武平三年修平等寺碑描写洛阳的这段经历是："□邑为豺狼之窟，皇居成战斗之场。四海分崩，八宏沦丧；人物将尽，盛□□□。"逮及皇舆东移，"巩洛遂空，城寺云毁。铜驼之街无复连镳；金马之门宁闻待诏。荒凉宫室，禾黍生悲；寂寞池台，丘墟流叹"。武定五年，《洛阳伽蓝记》一书作者杨衒之重游故都，抚今追昔，也有一段对洛阳残破状况的生动描述。他说："逮皇魏受图，光宅嵩洛，笃信弥繁，法教逾盛。王侯贵臣，弃象马如脱屣；庶士豪家，舍资财若遗迹。于是，招提栉比，宝塔骈罗，争写天上之姿，竞模山中之影，金刹与灵台比高，广殿共阿房等壮，岂直木衣绨绣、土被朱紫而已哉。暨永熙多难，皇舆迁邺，诸寺僧尼，亦与时徙。至武定五年（公元547年），岁在丁卯，余因行役，重览洛阳。城郭崩毁，宫室倾覆；寺观灰烬，庙塔丘墟……京城表里，凡有一千余寺，今日寥廓，钟声罕闻。"在这种局面下，平等寺的遭遇又如何呢？

《洛阳伽蓝记》卷二"平等寺"条载："永熙元年，平阳王入纂大业，始造五层塔一所。……诏中书侍郎魏收等为寺碑文。至二年（公元533年）二月五日土木毕功，帝率百僚作万僧会。"

此平阳王，名脩，字孝则，广平王怀之第三子。年十八封汝阳县公。永安三年封王。普泰中，为侍中、尚书左仆射。中兴二年（亦即永熙元年）高欢迎立，改中兴二年为太昌元年，此即孝武皇帝。同年七月中，为侍中斛斯椿所逼，奔于长安。元脩既为广平王怀之子，入登大宝而为怀舍宅而立之平等寺修塔，既是情理中事，也显示出平等寺仍受到皇室的特殊隆遇。

《洛阳伽蓝记》所载这件事，无疑发生在东魏迁邺之前，而武平三年修平等寺碑之所述，则都是东魏迁邺以至北齐立国以后的事。

是碑所载与平等寺有关之大事共三件。

其一，碑载："高祖（高欢）以王业草创，□□□□，志去门泥。观兵故洛，见像（指寺外定光铜像）瑰奇。……发菩提觉心，希无上正果，躬亲致礼，迁像入寺，登给羽林，长□守□。"

此高欢迁像入寺事，不记年月，然碑文序之于皇舆迁邺之下，暗示其发生在天平元年（公元534年）之后。

高欢死于武定五年（公元547年），上距皇舆迁邺仅十三年。在此期间，有可能造成高欢观兵故洛并萌生移像之念的时机有两次。一次是，"元象元年（公元538年）七月，东魏侯景、高敖曹等围（西魏）独孤信于金墉。"同年"八月，高欢自将七千骑向洛，围攻金墉"（《资治通鉴》卷一五八梁大同四年）。另一次是"武定元年（公元543年）壬申，东魏北豫州刺史高慎据武牢西叛。三月壬辰，周文率众援高慎""戊申，神武（高欢）大败之于芒山"（《北齐书·帝纪第二·神武下》）。东、西魏这两次交战，均以东魏高欢取胜而告结束，皆有可能发生取胜后迁像入寺的行动。鉴于在武定元年的战斗中，高欢曾遭西魏军追击，不仅大难不死反而大获全胜，这一出乎意料的结局，或者使高欢联想到神明的冥助。因之，我们设想，高欢迁像之举，是否更可能发生在武定元年战事之后呢？

其二，碑载："武定末，世宗文襄皇帝（高澄）□□□□□河洛，历揽周京，睹佛仪相（亦即前述定光佛像），世未尝有，身色光明，实所希妙，崇申礼敬，广施军资，增给兵力。"

此高澄崇奉平等寺佛像事，碑文序之于武定末。高澄执政仅三年，有可能到洛阳的机会更少，文献能查到的只一次，即武定六年（公元548年）"三月辛亥，王（高澄）南临黎阳，济于虎牢，自洛阳从太行而反晋阳"（《北齐书·帝纪第三·文襄》）。其在洛阳平等寺的崇佛活动，或正发生在此次途经洛阳时。

其三，是"太宰、河阳道大行台、录尚书事、冯翊王高润"修寺事。碑云："自推毂专行捴戎，奉律治兵余暇，降志玄道。鸣鸾展礼，暂驻骓服，俄见绣雉飞于梁□，文狸起于□中，叹净宫之雕毁，嗟伽蓝之落构。永言旧事，思用修复。割舍侔于布金，穷材磬于文梓。匠人单五都之妙，画绘极□土之奇。""于是，苦行异人，慧心高德，皆通九部，咸晓二禅，乃振锡来仪（下阙）"，平等寺由此而再度兴旺起来。

是碑系为高润修平等寺歌功颂德而立，刊于武平三年（公元572年）八月十五日，可见高润修寺之举完成于是年。其时，高润的职衔是"太宰、河阳道大行台、录尚书事、冯翊王"。至于修寺之举起于何时？是碑没有涉及。既有当年施工、当年完成之可能，更有工程历时非止一年而碑文漏记兴工时间之嫌疑。有鉴于此，我们从高润之职衔入手，略作考证如下。

《北齐书·高祖十一王传》载，高润，字子泽，乃高欢第十四子。天保初封冯翊王。"历位东北道大行台、右仆射、都督、定州刺史"；"寻为尚书令、领太子少师，历司徒、太尉、大司马、司州牧、太保、江南道行台、领录尚书，别封文成郡公，太师、太宰，复为定州刺史"。依传，不知其曾否担任河阳道行台一职。1975 年高润墓志在河北省被发现④，志文述其历职甚详，与本传虽略有异词，然主要经历多与本传契符，且证实其人确曾出任河阳道行台一职。由志知，高润在其一生中，曾多次为录尚书事，两次除河阳道行台，一次拜太宰。除河阳道行台的时间，一在任太子太师之后至任司空之前；一在进位太保之后至出任太师之前。拜太宰的时间，在其罢太师之后。武平三年修平等寺碑署其职衔时，既以太宰、河阳道大行台、录尚书事、冯翊王连称，说明其修寺事必发生在"进位太保"至"拜太宰"这段时间。据《北齐书》和《北史》，高润出任太保在天统五年（公元 569 年）十一月；出任太师在武平二年（公元 571年）。二书帝纪皆云，武平三年（公元 572 年）八月壬寅，以"太师、冯翊王润为太尉"。《北史》标点本校记认为，此处的"太尉"二字乃"太宰"的误书，证之武平三年碑和其人墓志，校记的看法应是正确的。依此推断，高润之捴兵驻洛并修平等寺，应在天统五年至武平三年间，也就是说，高润修平等寺的兴工时间，决不会早于天统五年十一月。

综观上述关于高欢、高澄、高润父子三人种种崇佛活动的简单分析，可以毫不怀疑地认为，终东魏、北齐之世，洛阳平等寺不但香火延续不断，而且始终是同皇室（或者说是同当时的政治形势）密切相关的一座著名寺院。由于有北齐末年高润的修寺举动，迎来寺院的再度兴旺，即使北齐灭亡后，北周朝廷不再予以扶持，洛阳平等寺恐怕也能继续维持相当长一个时期。可见，此寺之彻底毁亡，应发生在北周武帝灭佛时。

四 由平等寺的潜在危机看东魏、北齐时期的洛阳佛寺

按照《洛阳伽蓝记》的记载，北魏洛阳城在其繁荣发达时期，佛教寺院曾达到一千三百六十七所。经过北魏末年的连年战乱，洛阳佛寺也和整个洛阳城一样，遭到严重破坏和摧残。天平元年，"皇舆迁邺，诸寺僧尼，亦与时徙"，故都洛阳，仅余佛寺四百二十一所。从杨衒之面对此景此情而发出的"今日寥廓，钟声罕闻"的哀叹声里，我们业已体味到东魏武定五年以前洛阳佛教的衰败气氛。

　　然而，由于资料缺乏，我们对东魏迁邺之后洛阳仅存之四百余寺的境况，所知甚少，实难据以了解东魏、北齐时期洛阳佛教的实际状况。

　　从文献中，我们固然可以找到东魏迁邺前后一些尚存寺院的名字及发生在寺院中的某些历史故事，然对此后以至北齐灭亡这一历史时期来说，文献中关于洛阳寺院的记载，几乎是只字全无。从现存实物看，除武平三年修平等寺碑对平等寺记述较多外，其他资料同样甚少。唯一值得提出的，是前述平等寺天统三年造像碑上的两则造像题名。

　　这两则造像题名，一为"都邑师太上公寺普珍法师"；一为"景明寺法和"。太上公寺，应即《洛阳伽蓝记》卷三所载之秦太上公寺。它与景明寺皆为北魏洛阳名寺，俱在北魏洛阳内城南。景明寺，乃宣武帝所立，在宣阳门外一里御道东，寺东西南北方五百步。秦太上公寺，在景明寺南一里，含二寺：西寺，太后所立；东寺，皇姨所建。俱因为父追福而造，时人号为双女寺。此二寺之所在，适当灵台之西和西北，以今日地望论，约分别在灵台遗址以西之大郊寨村及其村北数百米处。两则题名中的"普珍""法和"二人，显为僧人。他们的名字在天统三年碑上出现，既表明这两所名寺北齐时期仍然存在，又透露出二寺尚有僧人居住、管理，为研究东魏、北齐时期洛阳佛教提供了一项宝贵资料。

　　然而，并不能以之概括东魏、北齐时期洛阳幸存寺院的一般情况。我们以为，如欲判断此时洛阳幸存寺院之概貌，还应从平等寺碑寻找一些有价值的依据。

　　如前所述，平等寺自始至终都是与最高统治集团关系极其密切的寺院。北魏末年，由于广平王怀之子平阳王脩被推上皇帝宝座，不但使其免遭或少受劫难，而且还增建了五级砖塔这一重要建筑。东魏迁邺，又由于此寺定光佛像屡有神验，故高祖欢移像入寺，并给羽林长相守护。武定末年，文襄帝澄过洛，由于高欢之故，再为此寺"广施军资、增给兵力"。同样由于高欢之故，北齐末年高润捃兵驻洛期间，更为此寺修葺殿堂建筑、妆銮像设，使之成为当时洛阳最为兴盛的寺院。平等寺之依赖政治上的优势，得以保存下来而且基本上保持常盛不衰的局面，显然是同时代的其他寺院所无法比拟的。

　　即使是这样一座寺院，在其似乎常盛不衰的经历中，仍然可以觉察到潜伏其间的衰亡危机。

　　在高欢、高澄执政时期，高氏父子广施军资、增给兵力供给平等寺，从武平三年碑文看，主要是为了迁移和保护定光佛像，当然也将包括维持整个寺院。这一现象告诉我们，当时寺院本身的经济来源可能比较拮据，寺僧人数也欠充足。碑文不曾涉及寺院建筑，或许寺内殿堂还不是过于残破。

　　这种局面大约维持到北齐天统三年（公元 567 年）前后。天统三年三月五日所立造像碑发愿文称："今合邑诸人等……在于定光像前敬造七佛宝堪并二菩萨、贤圣诸僧、弥勒下生、梵王、帝释、舍利非壹。"这里的所谓"合邑人等"，依题名，计有都像主、像主、堪主、邑主、邑老、邑子、香火、斋主、地方军政官员以及僧职人员维那、典坐、坐主、比丘等等。它表明，至少在天统三年之前，平等寺依然拥有一定数量的僧尼和民间信徒，尚不是香火冷落、无人管理的局面。不过，既然以邑人为主体的一群信徒能在定光像前立碑，可见，北齐统治者与平等寺的联系，或不如高欢、高澄时期紧密。

也许正是由于相当一段时间内，没有得到高氏政权的大力支持，所以，平等寺的面貌便迅速往坏的方面演变。据武平三年碑载，至北齐末年高润修寺之前，平等寺已是"檐薨倾褫，结构崩颓"。冯翊王"鸣鸾展礼，暂驻骖服"，所目睹的，也是"绣雉飞于梁□，文貍起于□中"的荒凉景象。平等寺之衰败，差不多已经到了香火断绝的程度。

上述事实表明，东魏迁邺之后，平等寺之所以能维持下来，显然主要依赖于高氏父子军事力量和经济上的支撑。然而，一旦军事、政治形势发生动荡或逆转，寺院面貌将很快显现出惨淡冷落的衰亡气象。

同东魏、北齐最高统治集团关系极其密切的平等寺尚且危机四伏，那么失去政治优势的其他寺院，境遇自不待言。由此可以想见，武定五年以后洛阳尚存的四百二十一寺，即使由于民间信徒的支持等种种原因，部分能够勉强幸存下来，其残破冷落状况，也必不会较北齐高润修葺以前之平等寺稍好一点。

看来，洛阳佛教，随着北魏末年政治、经济形势的崩溃而走向衰落，随着东魏迁都邺城而逐渐归于消沉，这是大势所趋，也是历史发展的必然。

（原刊于《考古》1990年7期）

注　释

① 见方彦闻：《金石萃编补正》卷一；武亿：《偃师金石遗文记》，摘自《偃师县志·金石录》（上）、《全上古三代秦汉三国六朝文》等。

②③ 李献奇：《北齐洛阳平等寺造像碑》，《中原文物》1985年4期。

④ 磁县文化馆：《河北磁县北齐高润墓》，《考古》1979年3期。

洛阳东白马寺和庄武李王

　　《大金国重修河南府左街东白马寺释迦舍利塔记》碑（下称《塔记》碑），现立于河南洛阳白马寺齐云塔右前方，是一件研究白马寺沿革史的重要文物。其学术价值在于它保存了有关久已毁废无闻之东白马寺的翔实记录。

　　《塔记》碑立于金大定十五年（公元 1175 年）。金吾卫大将军河南尹上护军彭城郡开国侯食邑壹仟户食实封壹佰户唐括等建。河南府学正李中孚同年五月初八日撰文。李中孚者，乃东白马寺创建者庄武李王六世孙。碑末空处，还刻有"修塔会首忠显愹□忠显□心忠翊海云""本寺主兼化缘僧永顺""□寺□□僧沙门□云"等三行小字。

　　碑文关于东白马寺的记载，计有三段文字。

　　第一段，追述东白马寺的创建。碑文云："迨乎东汉明帝时，则有若三藏曰摩腾、法兰，以白马驮经四十二章，始流传法至于中州。是时，迺卜府皇城之东二十余里建精舍、度僧徒，创□白马寺。""厥后，敬供香火相传，魏晋隋唐而下迄千有余岁不绝。洎五代之后，粤有庄武李王施己净财，于寺东又建精蓝一区，亦号曰东白马寺，并造木浮图九层，高五百余尺。"碑文转述木浮图东南隅旧碑的记载说，庄武李王建寺时，"太祖睹王之乐善，赐以相轮；王之三子，又施宅房廊裹角龟头等仅五间"。寺成，"每遇先大王、夫人远忌等日，逐年斋僧一千五百人，以崇追荐"。

　　第二段，追述庄武李王所建东白马寺之焚毁。碑文云："又一百五十余年，至丙午岁之末，遭劫火一炬，寺与浮图俱废，唯留余址。鞠为瓦子堆茂草场者，今五十载矣。"

　　第三段，记述金僧栖岩彦公重建东白马寺的经过。碑文说：东白马寺遭焚五十年后，"果彦公大士自浊河之北底此，睹是名刹荒榛丘墟，彷徨不忍去。一夕，遽发踊跃，特□心，迺鸠工食造甓。缘化如流，四方云会，不劳余刃而所费瓣集。因塔之旧基，剪除荒埋，重建砖浮图一十三层，高一百六十余尺，徘徊界宁洞并龟头一十五所，护塔墙垣三重，甘露井，又立古碑五通，左右焚经台两所，杈子并塔门九座，下创屋宇二十八间、门窗大小三十七座。其余不可具纪。不踰年而悉就所愿。恭以临济宗无畏之坛，谨持六斋。……可见非我栖岩彦公乘时一举手，孰能起废兴嗣，致巍巍之功能如是乎!"

由上述三段碑文可以看出:

其一,庄武李王创建之东白马寺,位于汉以来白马寺之东,与后者原本不是同一所寺院。此寺由"精蓝一区"、九层木塔一座组成。其规模如何?碑文记载欠详,估计不会比汉以来白马寺更大。寺为李氏施财所建,且以斋僧、追荐庄武李王及其夫人为重要宗教活动,说明它至少在一定程度上具有李氏家族寺院的性质。

其二,东白马寺建成后一百五十余年,遭"劫火"焚毁,"寺与浮图俱废"。又五十年后,至金大定十五年,由禅宗五家之一的临济宗僧人栖岩彦公为之重建。由彦公筹建的东白马寺,虽沿袭了庄武李王所建东白马寺旧址,但重要建筑仅砖塔一座(包括附属建筑)、房舍二十八间、焚经台二所,规模似乎更小,性质也有所改变,已不再是私家佛寺,而成为一所弘扬临济宗的寺院。

其三,金僧在庄武李王所建木塔旧基上新建之砖塔,一十三层,高一百六十余尺,与今凌空傲立之齐云塔塔身的风貌基本相符,今齐云塔应即《塔记》碑所载之东白马寺释迦舍利塔,今齐云塔所在处,也即庄武李王所建木塔所在地。今齐云塔基座四周,现有方形大青石柱础六块。从其排列规律看,这组柱础石原应是八块,布局呈八角形,人或以为它们就是庄武李王所建木塔的遗迹。是否确乎如此?在没有确凿证据之前不必遽信,然有一点可以肯定的,那就是,历史上的东白马寺应该就在今齐云塔一带。若说得具体一些,大约是包括塔址在内的一个面积不太大的范围。鉴于今齐云塔南侧即古代的东西大道,因此,可以设想,"精蓝"的主体部分可能在塔址以北区域。

金代以后的情况如何?从今齐云塔右前方另一通古碑——明嘉靖三年建《修白马寺塔记》碑碑文看,与汉以来白马寺(即今白马寺)东西对峙的东白马寺,明正德、嘉靖年间依然存在,不过,时人似乎已将东西二寺视为一体了。今当地人常称白马寺为大寺,这意味着昔日或曾有与之相对应的小寺存在。访问证实,这小寺确实是有的,其故址就在齐云塔北荣校(即荣康医院)院内,新中国成立初期建荣校时才被全部拆除。这小寺,地望与庄武李王以来之东白马寺一致,或者正是东白马寺的余绪。

基于上述情况,我们认为,《塔记》碑关于东白马寺的记载,无论是研究洛阳齐云塔还是整个白马寺的历史,都是不可多得的宝贵资料。然值得指出的是,在以往学术研究中,学者们虽曾时而涉及《塔记》碑碑文,但大都侧重于探讨齐云塔的始建年代,而忽略了对东白马寺的全面研讨,更没有注意到对东白马寺遗址的实际考察。然正是后者,才是将有关东白马寺的研究引向深入的最为紧要的环节。

1985年,徐金星在题为《关于齐云塔的几个问题》(《中原文物》1985年4期)的文章中,谈到木塔的创建年代时指出:"长期以来所流行的传统说法,以为木塔创建于'五代时期'或'五代后唐时期',甚至更具体说是五代后唐庄宗李存勖所创建的。

显然……是不确切的。"他从前述《塔记》碑所载之金代砖塔修建时间、庄武李王所建木塔焚毁时间逆推，以为"原来的木塔实建于北宋初期"。他申述理由说："如果我们暂以木塔建于开宝八年（公元975年）计，由此下行一百五十余年，相当于宋徽宗宣和七年（公元1125年）左右，宣和七年翌岁，恰为'丙午之岁'，这和碑文所说'又一百五十余年至丙午岁之末，遭劫火一炬，寺与浮图俱废'正好一致。"他的总看法是："今存砖塔之前的木塔，创于北宋初而焚于北宋末，大体和北宋王朝相终始。"我们以为，他的看法比较近乎历史实际，较以往种种说法无疑前进了一大步。遗憾的是，他没有能对塔的创建者庄武李王其人做出必要的考证，因而稍嫌证据不足。

木塔的创建时间，也就是东白马寺的创建时间，是研究东白马寺首先应该解决的问题。因此，必须解开东白马寺的创建者庄武李王是谁这个谜。

从《塔记》碑碑文看，庄武李王大概是这样一位历史人物：他姓李，有三子。生前颇受太祖青睐，曾被封王，如非太祖亲属故旧，必是功勋卓著，或两者兼而有之。他笃信佛教，且与洛阳有密切关系，甚或曾在洛阳居住。

根据现已掌握的文献材料，我们以为，此人应是宋初去世的李继勋。

其人《宋史》有传。据其本传（《宋史》卷二百五十四），李继勋乃大名元城人。"周祖领镇，选隶帐下。"广顺初，补禁军列校，累迁至虎捷左厢都指挥使。显德初，迁侍卫步军都指挥使，领昭武军节度。显德四年，随周世宗南征，以功迁左领军卫上将军，后改右羽林统军。周恭帝即位，授安国节度，加检校太傅。

宋初，加检校太尉。"太祖平泽、潞，继勋朝于行在，即以为昭义军节度。"此后，入河东，攻辽州，屡败北汉军。乾德五年，加同平章事。开宝二年，太祖亲征河东，以其为行营前军都部署。开宝三年春，移镇大名。"太平兴国初，加兼侍中。俄以疾求归洛阳，许之，赐钱千万、白金万两。是秋，上表迄骸骨，拜太子太师，致仕，朝会许缀中书门下班。寻卒，年六十二，赠中书令。"

本传评述其人曰："继勋累历藩镇，所至无善政，然以质直称。信奉释氏。与太祖有旧，故特承宠遇。"

本传还载，继勋有三子：守恩、守元、守徽。

上引李继勋家世与行事，已表明他与《塔记》碑所载庄武李王的基本情况颇多相符，而且完全有可能于宋初在洛阳建塔修寺。他是否就是庄武李王？本传失载，但《续资治通鉴》却给我们做了简明而肯定的回答。

《续资治通鉴》卷六《宋纪六》"开宝三年"条称，李继勋于是年四月由昭义节度使徙为天雄军节度使。此所指应与前引《宋史》所载三年春移镇大名为同一事。同书卷九《宋纪九》"太宗太平兴国二年"条又云："初，天雄军节度使兼侍中李继勋以疾求归洛阳，许之；复上表乞骸骨，（七月）庚戌，授太子太师，致仕。……后月余卒，赠中书令，追封陇西郡王，谥庄武。"这两段记载清楚地说明，这个李继勋就是《宋书》所载之李继勋，他在宋初确曾被追封为郡王，谥号庄武。

综合《宋史》《续资治通鉴》的上述记载，我们似乎可以这样说，《塔记》碑中的庄武李王，恐怕非此李继勋而莫属，碑文中的太祖即宋太祖赵匡胤无疑。

庄武李王之谜既已解开，我们便可结合《塔记》碑文对东白马寺及木塔的创建时间做出进一步的推断。从李继勋的经历看，他在移镇大名之前，从太祖征河东，军务繁忙，戎马倥偬，似无暇从事建塔修寺这类较大规模的崇佛活动，可断定其修建东白马寺不早于开宝三年（公元970年）。从开宝三年至太平兴国二年，李继勋由天雄节度使，到以疾归洛阳，直到上表乞骸骨，以太子太师致仕，逐渐摆脱军务，生活相对安定，又有一段时间退居洛阳，并得到朝廷巨额赏赐，应是他从事建塔修寺活动最为合适的时期。鉴于《塔记》碑仅载太祖为庄武李王所建木塔赐相轮事，而未涉及太宗，这意味着建塔修寺工程或许在太祖生前，即开宝九年（也即太平兴国元年、公元976年）十月（太祖是月崩）之前业已基本竣工。由此我们认为，庄武李王继勋之创建东白马寺，很可能是在宋太祖开宝三年之后、开宝九年十月之前这段时间，尤其是其中较后的几年。

这一看法，同《塔记》碑所载庄武李王所建木塔焚毁、金僧修建砖塔的时间同样毫无抵牾之处，应该是可信的。

（原刊于《考古》1992年2期）

从北魏通西域说到北魏洛阳城

——公元五、六世纪丝绸之路浅议

本文从国使商贾往来、宗教文化传播、西方玻璃东传等几个方面，论述了北魏通西域以来首都洛阳与西域及其以西地区的种种联系，旨在揭示公元五、六世纪丝绸之路畅通对中西交往的巨大促进作用，进而阐明北魏洛阳在当时的中西贸易和文化交流方面所处的重要地位。

众所周知，洛阳是一座历史悠久的文明古都。早在公元五世纪末北魏迁都洛阳之前，她已走过了千年以上值得骄傲的辉煌历程，尤其是公元初年以来，东汉、曹魏、西晋相继都洛，一代帝都洛阳，更是以全国政治、经济、文化中心的姿态巍然屹立于世界东方，名闻遐迩，为世界各国所瞩目。只是到了十六国时期，由于旷日持久战乱的摧残，才使这座繁华帝都，人口锐减，百业萧条，一时失去了往日的光彩。然而，到六世纪初年，经过北魏迁洛前后的大力经营，名城洛阳不仅重新恢复了生机，而且迅疾发展成为名副其实的一大国际都市。

今天，当我们以历史的眼光考察北魏洛阳时，首先可以得到这样一个突出印象，那就是随着丝绸之路畅通，西域来洛人口日众，并成为当时洛阳城的一个显著特点。

据《魏书·西域传》，太延间董琬等奉诏西使返回魏都，曾述及耳闻目睹之西域诸国，说是"西域自汉武时五十余国，后稍相并，至太延中为十六国"。实际恐远不止此数。查《魏书》诸帝本纪，仅北魏迁洛后的宣武帝、孝明帝在位期间，西域诸国（含地区）遣使朝贡或朝献的，即有于阗、疏勒、龟兹、悉万斤（今新疆境内）、渴盘陁、薄知（属东波斯）、波斯、哒（故大月氏，今阿姆河以南）、朱居（今新疆叶尔羌）、乾达（今阿富汗东境）、罽宾（今旁遮普一带）、乌苌（今斯瓦脱河沿岸，属北天竺）、南天竺等大小共八十多个。它们之中，位于最西方的，是西亚大国波斯；位居最南方的，是处于今印度境内的南天竺。这些国家遣使来朝的次数多少不一。其中来朝次数最多的是哒和疏勒，分别为十二次和九次。其次为乌苌，六次。再次为于阗（今新疆和田）、波斯和南天竺，各五次；悉万斤、罽宾、乾达，各四次。其他则至少为一次。各国每次遣使的人数，文献失载，但以常理度之，绝非一、二人之数。这些使节既是奉命来魏朝贡或朝献，一般来说，他们必到魏都洛阳。由此可见，当时来往于洛阳与西域的使节，数量是相当可观的。至于西域使节来洛究竟贡、献些什么？除文献关于宣武帝永平二年哒哒、薄知国贡白象和孝明帝正光末年波斯献背施五彩屏风、七宝坐床的狮子等少数记录外，其余几乎一无所知。然有一点可以肯定：彼之贡献者，都应是内地少有或没有的地方特产，即所谓方物。来往使者既多，所献方物的数量和品类，当亦不可小觑。

洛阳与西域间丝绸之路的畅通，东西贸易随之迅速活跃起来，奔忙于内地和西域之间的各族商人，其人数之多，当远在各国使节之上。《洛阳伽蓝记》卷三有云："自葱岭以西至于大秦，百国千城，莫不欢附。商胡贩客，日奔塞下。所谓尽天地之区已。"此语不仅透露出丝绸之路上商贾来往如织并大批汇集洛阳的盛况，而且明确告诉我们，当时，地中海岸边的大秦（古罗马）也同北魏有着经常性的贸易关系。

北魏孝文帝迁都洛阳，意在吞并江南，统一寰宇。以此气魄营建洛阳，城市规划本已十分宏伟，宣武帝景明二年（公元 501 年），又在城区四周增筑外郭城垣，并在外郭城内修建里（坊）二百二十个[①]，从而使洛阳城达到东西、南北各二十里的空前规模。为适应特定历史环境和政治斗争的实际需要，还特地在城南洛水永桥至伊水北岸圜丘之间的宣阳门外御道两侧，建造了四夷馆和四夷里，借以安置境外来降或来附的人口。关于四夷馆和四夷里，《洛阳伽蓝记》卷三有云：宣阳门外御"道东有四馆：一名金陵，二名燕然，三名扶桑，四名崦嵫。道西有四里：一曰归正，二曰归德，三曰慕化，四曰慕义"。"吴人投国者处金陵馆，三年已后，赐宅归正里"。"北夷来附者处燕然馆，三年已后，赐宅归德里"。"东夷来附者处扶桑馆，赐宅慕化里"。"西夷来附者处崦嵫馆，赐宅慕义里"。此所谓西夷来附者，主要指来自西域诸国的各种人物，其中绝大部分应是沿着丝绸之路来魏贸易的商人。《洛阳伽蓝记》同卷还载，由西夷来洛的各类人物，"乐中国土风，因而宅者，不可胜数。是以附化之民万有余家"。其居住区内，"门巷修整，阊阖填列，青槐荫陌，绿柳垂庭。天下难得之货咸悉在焉。"或许正是为了适应四夷来魏人口密集区商业的发展、也为了满足居民生活的需要，更于洛阳城西大市、城东小市之外别立一四通市。此市居永桥之南，民间又称永桥市。伊、洛之鱼多在此出卖。"士庶须脍，皆诣取之。"鱼味甚美，其价昂贵，致使北魏洛阳城内流传着"洛鲤伊鲂，贵于牛羊"的谚语。由此不难想见，四夷，尤其是西域商人涌入洛阳，带给洛阳商业市场的该是一番多么繁荣、富庶的景象。

《洛阳伽蓝记》卷四，曾经记述了一个皇室贵胄河间王元琛与高阳王元雍斗富的故事，其中有这样一段话："琛常（尝）会宗室，陈诸宝器。金瓶银瓮百余口，瓯檠盘盒称是。自余酒器，有水晶钵、玛瑙杯、琉璃碗、赤玉卮数十枚。作工奇妙，中土所无，皆从西域而来。"元琛所据有的这些西域宝器，无疑也是天下难得之货，若非皇帝赐予的西域贡品，可能就是购自洛阳商市。

佛教源于印度（古称天竺）。东汉明帝初年经西域传入中国内地，并在首都洛阳城西建立起被后世誉为释源、祖庭的白马寺。与此同时，译经活动也已开始。经过二百多年的缓慢发展，到西晋末年，洛阳城才只有佛寺四十二所。北魏通西域，为佛教在中国的高速发展和传播创造了极其有利的条件。在北魏时期，不但各种形式的佛寺遍布国内各地，而且基本佛教经典也大体趋于完备。

当时洛阳城内，大规模译经活动开展得有声有色。其规模最大者，由宣武帝亲自主持，主要参加者，既有北天竺三藏法师菩提流支（道希）、北天竺大法师伏陀扇多、中天竺大法师勒摩那提（宝意），又有国内大德名僧慧光、僧辩，还有一代名儒崔光等。

大批西域僧人来洛传经布道，洛阳僧人也多次远涉流沙往西域取经。《洛阳伽蓝记》卷四"永明寺"条有云："永明寺，宣武皇帝所立也。在大觉寺东。时佛法经像盛于洛阳，异国沙门咸来辐辏，负锡持经，适兹乐土。世宗故立此寺以憩之。"声言，其时有"百国沙门三千余人，西域远者，乃至大秦国，尽天地之西垂"[②]。同书卷五"闻义里"条又载，里人宋云等与崇灵寺比丘惠生，受胡太后派遣，于神龟初年俱使西域。他们辞京师，渡流沙，过于阗，越葱岭，到东波斯境，又入北天竺之乌苌国。居乌苌国二年，遍朝佛教圣迹。正光三年（公元 522 年）返抵洛阳。凡得大乘妙典一百七十部。这些故事，揭示了中外僧人为繁荣我国佛教所做的不懈努力。

据载，当时洛阳共有佛教寺院一千三百六十七所[③]，达到前所未有的惊人数目。其建寺者，既有帝、后及皇室贵胄、外戚达官，又有市井里巷的平头百姓，还有来自西域的所谓胡僧（城西法云寺、城南菩提寺即其实例[④]）。其多数固然为新建寺院，但属于舍宅为寺者也不在少数。

概而言之，佛教的空前兴盛，已成为北魏洛阳的又一显著特点。

伴随佛教的空前兴盛，西域的佛学、建筑和绘画、音乐、舞蹈等文化艺术大量传入内地，并为我国传统文化所借鉴、所吸收，成为我国古代文化史的一个重要组成部分，引起治文化史研究者的高度重视。

为说明这一点，我们不妨撇开比较抽象的学术思想，仅就建筑和文化艺术方面略举数例。

永宁寺，位于宫城阊阖门南一里御道西，乃熙平元年（公元 516 年）胡太后所立，是北魏洛阳城内最著名的佛教寺院之一，也是我们对其布局及建筑结构了解最多的一所佛寺。它独占一坊之地，平面呈南北长的长方形。前有山门，后有佛殿，中心为一座九层宝塔，是我国早期佛寺的一种典型平面布局。据载[⑤]，该寺寺院周垣，皆施短橡，以瓦覆之，状若宫墙。其山门，通三道，形似宫城端门；门楼三重，去地二十丈。图以云气，画彩仙灵。门有四力士、四狮子。饰以金银，加之珠玉，庄严焕炳，世所未闻。东、西二门，亦皆如之，唯门楼为二重。北门一道，形似乌头门。其佛殿，形如宫内主要宫殿太极殿。中有丈八金像一躯，中长金像十躯，绣珠像三躯，金织成像五躯，玉像二躯，作功奇巧，冠于当世。外国所献经像，皆在此寺。其九层宝塔，架木为之，去地千尺⑥，距京师百里已遥见之。塔之四面，各有三户六窗。户皆朱漆，扉饰金钉五行，复有金环铺首。佛事精妙，不可思议。每当高风永夜，宝铎和鸣，铿锵之声，远闻十余里。今塔基已经科学发掘⑦。塔基遗基，呈正方形，每边各长 38.2 米，中部各有一登塔慢道。塔基四面皆青石包砌，台基上面，四周装置青石栏杆和螭首。塔之初层，建于塔基之上。中间为木柱与土坯混作的方形塔心，其外为以木柱、门窗构成的木质塔壁。塔壁与塔心之间是宽约一间的甬道。塔壁每面均为九间，与文献所谓三户六窗相符。塔心之东、南、西三面修有佛龛，龛附近出土一批等身像或较等身像略大、略小的彩塑佛、菩萨像残块；北面无佛龛，原装有登塔用木梯。塔基周围，还清理出仿高浮雕小型彩色残塑像 200 余件，它们原来可能是贴于塔心壁表的。这些残塑像都是价值极高的艺术品。从整体看，这座九层木塔无疑是我国传统建筑技术的不朽杰作，但在其具体结构、装饰艺术和塑像造型艺术方面，却显然具有不少适合佛教需要的外来文化因素。

佛教的诸多礼佛仪式，如大斋及浴佛节等等，往往有各种文化娱乐形式辅助进行。这些，可以从《洛阳伽蓝记》一书中找到不少生动例证。该书卷一"景乐尼寺"条描写此寺大斋的情况时说："至于大斋，常设女乐。歌声绕梁，舞袖徐转，丝管寥亮，谐妙入神。"浴佛节较之大斋，更要隆重得多。其节日安排似乎是这样：节前数日，诸寺佛像即陆续盛饰出游，并集中于城南景明寺。至节日那天，由景明寺出发，正式举行盛大庆祝活动。该书卷一"长秋寺"条有云："四月四日，此（寺佛）像常出。辟邪狮子，导引其前；吞刀吐火，腾骧一面；彩幢上索，诡谲不常；奇伎异服，冠于都市。"该书卷三"景明寺"条更进一步写道：此寺"伽蓝之妙，最得称首。时世好崇福。四月七日，京师诸像皆来此寺，尚书祠曹录像凡有一千余躯。至八日，以次入宣阳门，向阊阖宫前受皇帝散花。于时，金花映日，宝盖浮云，幡幢若林，香烟似雾，梵乐法音，聒动天地。百戏腾骧，所在骈比。名僧德众，负锡为群，信徒法侣，持花成薮。车骑填咽，繁衍相倾。时有西域胡沙门见此，唱言佛国。"

从《洛阳伽蓝记》作者对上述娱佛场景的形象描写中，我们似乎听到了梵乐法音的优美神韵，仿佛看到了西域狮舞的粗犷风采。由它们与两汉以来传统文艺形式鱼龙漫衍汇合而成的音乐歌舞，竟能引得古洛阳人倾城出动、争相观看，让我们强烈地感到，它们不单单是一支支用于佛教节日庆典的文艺队伍，而是一股各民族文化艺术融合的巨大潮流。这潮流，正以其丰富的营养滋润着神州大地，由它孕育的新型音乐歌舞，使中原各阶层人们为之耳目一新。正是在这一潮流的推动下，才有我们这个古老国度文化艺术的飞跃发展，才有隋唐时期音乐歌舞等文艺形式的高度繁荣。

公元五、六世纪，西域诸国流行的宗教，实非佛教一种。除佛教之外，还有琐罗亚斯德教、基督教聂斯托利派等等。

琐罗亚斯德教，中国史籍称之为祆教、火祆教或拜火教。公元前六世纪由琐罗亚斯德创建于波斯东部。公元三世纪至七世纪波斯萨珊王朝曾奉之为国教。大约于公元六世纪由中亚传入我国内地。由于史籍有关记载甚少，考古工作中又未发现相关的文物和遗迹，对火祆教在北魏境内的传播情况，我们几乎一无所知。到目前为止，仅知孝明帝时，胡太后曾亲率宫廷大臣及其眷属几百人奉祀火天神；神龟二年诏除淫祀，而火天神不在其内[⑧]。由此看来，火祆教在北魏时虽已传入洛阳，但在社会上可能尚无多大影响。

基督教起源于公元一世纪的今巴勒斯坦地区。公元三世纪末至四世纪初始取得在罗马帝国传教的合法地位，但四世纪末已成为罗马帝国国教。基督教之最早传入我国者，是被唐人称作景教的聂斯托利派。据研究，此派自公元 428 年与当时作为罗马帝国国教的正统派分裂后，日渐向东传播，大约在公元五世纪至六世纪经叙利亚人从波斯传入我国新疆[⑨]。它传入我国内地的具体时间，一般根据明天启年间陕西周至发现之"大秦景教流行中国碑"关于大秦国主教阿罗本来华传教的记载，确定为唐太宗贞观九年（公元 635 年）。此后迄无更早的遗迹和遗物发现。

20 世纪初，英人斯坦因在新疆塔克拉玛干沙漠东南缘的古米兰遗址（斯坦因称其为磨朗遗址）一座佛寺残基中，于寺壁距地面约四英尺（1 英尺约为 0.3 米）高的部位，发现彩色天使壁画一幅。这一幅壁画，由七个半身有翼青年天使图像组成。天使头呈长圆形，顶蓄刘海儿式发型，细眉大眼，直鼻薄唇，身着圆领衫，背生双翼，翼硕大，作展翅欲飞态势。整个壁画，洋溢着希腊式的古典派画风。斯坦因根据遗址出土的丝质彩幡推断，这座佛寺的年代下限，约在公元三世纪或其后不久。他认为，有翼天使这一题材系取自基督教造像。至于佛寺中何以出现与基督教造像题材相关的艺术形象？按照他的解释，可能是佛教借以当作飞天使用[⑩]。从这里我们不难看出，当时西域流行的各种宗教之间确实存在着相互渗透的现象。

这幅对研究西域宗教有着重要意义的壁画，一经发现，即被斯坦因运往国外。每提及此事，无不引起我国学人的强烈不满和深深的遗憾。然使人欣慰的是，在数十年后的今天，我国考古工作者又在同一遗址的佛寺残壁上，发现同样内容的壁画一幅[⑪]。据报道，这幅壁画保存完整且色泽鲜艳，长 1.2、高 0.52 米。画面上有南北并列的两个半身双翼天使。其北侧者，刚勇威猛，显为男性；南侧者，端庄秀美，当是女性。

天使头顶画出一大朵莲花。新发现的天使图像具有如同前述壁画完全一样的时代特征。

更值得重视的是，在北魏洛阳城内也曾发现过与天使形象类似的双翼童子造像。

北魏洛阳城内出土的双翼童子造像，共2件。一件为采集品，据说出于内城南部；一件为科学发掘品，出自城南太学遗址第二层，即北魏（或北朝）层中。后者保存完好，前者双翼残损。两者皆铜质，铸造，大小相若，造型相同，背部都有二字铭文，铭文为篆书体汉字。它们若非境外某地专为中国人制造者，就是中国人自己的铸造品。

二双翼童子像，皆圆雕，男性，裸体，身高不足5厘米。圆脑袋，头顶蓄发如刘海儿；面部稍平，五官毕具。前胸及小腹微凸，以阴线小圆圈表示双乳及肚脐。双腿浑圆，膝部微前屈，跣足。双臂前屈，双掌合十。上臂外侧附以张开的双翼。全身无纹饰，唯颈部系一串珠项链。神态虔诚可爱，俨然就是中国型的小天使。不过，其背部铭文显示他们不叫"天使"，而叫"仙子"。在我们看来，这仙子二字并不一定带有否定其为天使的含义，而更可能是小天使们的中国名字。鉴于内地佛教雕像，壁画中尚未看到过此类形象，可见在内地他们可能不属于佛教造像体系，但天使颈部的串珠项链表明，在他们身上佛教艺术的影响也是存在的。

新疆、洛阳两地发现的双翼天使艺术形象，为我们勾划了造像题材包含双翼天使的一种西方宗教沿丝绸之路自西向东传播的轨迹。从当时的历史环境及文化面貌分析，这种宗教，肯定不是佛教，但也不能说一定就是基督教或基督教的聂斯托利派，它究竟是哪种宗教，仍是一个有待探讨的学术问题。

在我国古籍中，玻璃往往被称为琉璃。我国生产玻璃珠玉甚早，制造玻璃器皿则要相对晚一些。从考古发现看，国产玻璃器皿的出现至迟不晚于西汉中期。自此以后，我国的玻璃器皿生产一直不曾中断。与此同时，伴随汉（北）魏以来中西交通的发展，地中海沿岸和西亚地区的玻璃生产工艺及其玻璃器皿也通过丝绸之路相继传入我国内地。《北史·大月氏传》记有这样一件事："（北魏）太武帝时，其国人商贩京师，自云能铸石为五色琉璃。于是，采矿山中，即京师铸之。既成，光泽乃美于西方来者。乃诏为行殿，容百余人，光色映彻。观者见之，莫不惊骇，以为神明所作。"这件事说明，在西方琉璃器皿传入魏地的同时，已有大月氏人以彼方技术在平城为北魏皇帝生产玻璃。从魏晋及北朝墓葬迄今所发现的玻璃器皿看，凡属西方传入品，多为罗马玻璃，少数为波斯萨珊朝玻璃器。据有关学者所做的对比研究[12]，罗马和波斯萨珊朝生产的玻璃器皿与中国古代玻璃器皿有很大区别。中国古代玻璃器皿，以铅玻璃为主要体系，器形基本保持着中国古器物的风格，多小型器皿和薄壁器皿。其工艺特点是：多采用无模自由吹制成型；常常用火将器口烧成圆唇，用热玻璃条缠成圈足，在器盖上粘贴球形钮；器身多素面，不施纹饰。罗马玻璃器皿，为钠钙玻璃，成分与现代玻璃无大差异。器物多采用型压、无模吹制或有模吹制法成型；装饰手法有搅胎、型压、玻璃堆贴、磨花等。萨珊朝玻璃是在罗马玻璃的影响下发展起来的。其玻璃成分和成型工艺与罗马玻璃多所雷同，但在器皿的形制和装饰上却有自己的风格，喜欢以磨花或缠贴玻璃条工艺于器皿外壁做出圆形或环形装饰。这种装饰被认为是波斯萨珊文化中的联珠纹在玻璃器皿上的反映。罗马、萨珊等西方玻璃器皿和生产工艺的东传，对我国古代玻璃手工业的发展起到了积极的推动作用。

然而，在北魏时期，我国的玻璃器皿制造尚不是为整个社会服务的独立手工业部门，掌握玻璃生产工艺、制造各种玻璃器皿，主要仍是皇室御用手工业的事情。而御用手工业生产的玻璃器皿以及外域贡品，仅供皇室享用或赏赐贵族、大臣，可能还用于对佛教寺院的施舍，对普通居民来说，玻璃器皿恐怕还是渴望获得而又难以得到的贵重物品。目前，在故洛阳城之内外，尚未发现属于北朝时期的哪怕是最残破的玻璃器皿，其主要原因或正在于此。所以，近年北魏洛阳大市遗址发现的一些北魏釉陶残器[13]，因其与玻璃器的某些特征有所相似，便理所当然地引起人们的关注。

这些釉陶残器，器胎皆陶质，呈土红、浅红或黑灰色，器表施有一层透明青釉，器形只有盏、盘两种。它与普通釉陶的显著区别在于，当器胎处理妥当时，先在表面以浓浆白彩（质地尚未检定）点出联珠或由七个圆点组成的团花图案，然后施釉。烧成之后，器表及花纹呈现出格调清新典雅的美妙色彩。通常是：土红胎器，器表呈泛绿的褐黄色或淡黄色，花纹接近白色；浅红胎器，器表呈酱色，花纹为深黄色；黑灰胎器，器表近黑色，花纹浅黄色。其花纹之构图，有的比较简单，有的较为复杂，而用以组成图案的大、小圆点无不隆起于器物表面，颇有立体感。这些釉陶既是精美的工艺品，又具有一些如同玻璃器那样的观赏效果，故而，学者们认为，可能是工匠们刻意模仿玻璃器创烧而成的。

这种釉陶，器表俱以花纹图案为饰，似乎可以肯定，工匠们制造这种釉陶所模仿的对象不是当时的中国玻璃。鉴于釉陶上所饰联珠纹和七点团花纹，既是流行于西亚地区的主要装饰纹样，又是我国古代工匠最熟悉的西亚装饰纹样之一（这一点早已为新疆大量出土的波斯锦和专为输出西亚而织造的中国锦标本所证明），加上釉陶器表那些联珠纹和七点团花纹图案极富立体感，具有与罗马玻璃、萨珊玻璃以磨花手法做成的凸花纹饰相近的外观特点，从而使我们意识到，这种釉陶所模仿的，应是西方玻璃尤其是西亚玻璃器，唯其器形仍是我国古器物的形制，不是外来器物的样子。由此可以推知，在北魏都洛时期的洛阳及其附近地区，还是会有一定数量的西方玻璃器皿在社会上流传的。

以上，我们仅从国使商贾往来、宗教文化传播、西方玻璃东传等几个方面，论述了通西域以来北魏首都洛阳与西域及其以西地区的种种联系，意在揭示公元五、六世纪丝绸之路畅通对中西交往的巨大促进作用，进而阐明北魏洛阳在当时的中西贸易和文化交流方面所处的重要地位。

我们的论述，既不全面又很肤浅。然由此已可看出，古都洛阳对中西贸易和文化交流的伟大历史贡献，确实是值得深入研究、并予以大力宣扬、讴歌的。

（原刊于《洛阳——丝绸之路的起点》，中州古籍出版社，1992 年）

注　释

① 此据《洛阳伽蓝记》卷五。《魏书·世宗纪》和《魏书·广阳王嘉传》所载与此不同，分别为三百二十三里和三百二十里。

② 此据《洛阳伽蓝记》。《资治通鉴》卷一百四十七所载与此颇有出入。其云："时佛教盛于洛阳，沙门之外，自西域来着三千余人，魏主别为之立永明寺千余间以处之。"

③《洛阳伽蓝记》卷五。

④《洛阳伽蓝记》卷三"菩提寺，西域胡人所立也。在慕义里"。同书卷四"法云寺，西域乌场国胡沙门昙摩罗所立也"。

⑤《洛阳伽蓝记》卷一。

⑥ 永宁寺塔的高度，诸文献记载不一。《水经·谷水注》云："自金露盘下至地四十九丈。"《魏书·释老志》云："永宁寺浮图九层，高四十余丈。"

⑦ 见中国社会科学院考古研究所洛阳工作队：《北魏洛阳永宁寺塔基发掘简报》，《考古》1981年 3 期。

⑧ 参见《中国大百科全书·宗教》《魏书·后妃传》及《魏书·肃宗纪》。

⑨ 参见《中国大百科全书·宗教》。

⑩ 奥利尔·斯坦因著，向达译：《斯坦因西域考古记》，中华书局，1935 年。

⑪ 舒英：《新疆出土双翼天使壁画》，《中国文物报》1990 年 1 月 18 日 1 版。该报道称天使壁画发现于古伊循城遗址。其所谓伊循即我们所说的米兰遗址。

⑫ 安家瑶：《中国的早期玻璃器皿》，《考古学报》1984 年 4 期。

⑬ 参见中国社会科学院考古研究所洛阳汉魏城队：《北魏洛阳城内出土的瓷器与釉陶器》，《考古》1991 年 12 期。

隋唐洛阳含嘉仓出土铭文砖的考古学研究

　　含嘉仓是隋唐两代最重要的大型粮仓之一，位居隋唐洛阳宫城东北，北倚外郭城北垣，南接东城，西邻圆璧城和曜仪城，东临里坊区徽安门内大街。

　　含嘉仓遗址，首次发现于1971年元月，随之进行了全面勘探并相继开展了三次发掘[①]。据报道，含嘉仓又称含嘉仓城，整体布局略呈长方形，东西宽600余米，南北长700余米，四周有夯筑围墙。仓城内西北部的一个长方形区域内有房舍等建筑遗址发现，当为管理机构所在地；其余则为分布密集、排列有序的粮窖区。据文献记载[②]，含嘉仓有南、北、西三门，南曰含嘉门，北曰德猷门，西曰圆璧门。因仓城南墙为今洛阳街市占压，迄今尚未发现门址；西面门址处于西墙中部；北面门址已探出并经过发掘，位于今洛阳老城北郊驾鸡沟村西、岳村北的邙山脚下，逼近仓城西北隅。

　　在仓城内，铲探发现粮窖259个，其中10个业经科学发掘，所获最重要的遗物为13块铭文砖。这是一批研究租粮运输、受纳以及仓廪管理制度的宝贵实物资料，故而一经发表，即受到学术界的普遍重视，学者们已发表研究文章多篇从不同角度予以探讨。但我们以为，时至今日，仍有对它们进行一些考古学研究的必要。

一

　　这13块铭文砖集中出于含·窖19、50、180、182、194、195等六个粮窖，且每窖出土铭文砖数量不等。含·窖180、190各出1块，含·窖50、182各出2块，含·窖195出土3块，含·窖19出土4块，是出土铭文砖最多者。由于这些铭文砖有些甚至全部有可能是从邻近窖中取出后扔进去的。因此，铭文砖文字并不一定是它所从出之粮窖储粮情况的真实记录。这是在对铭文砖进行深入研究之前首先应该注意到的。

　　通观诸铭文砖保存状况，完好者极少，只有含·窖19铭文砖1基本完整，仅砖铭文个别字残损；其他铭文砖皆部分残损或严重残缺，砖铭文仅保留一部分甚至只存数字。尽管如此，依然可以看出它们彼此之间存在明显区别，主要表现在以下三个方面。

1. 用砖大小有别。

如保存状况最好的含·窖 19 铭文砖 1，所用为方形砖，边长 32.5 厘米；含·窖 19 铭文砖 2，所用也应为方形砖，现已残半，长 33、残宽 22 厘米。从砖的规格、大小来看，它们应属同一类。含·窖 50 铭文砖 1 和含·窖 182 铭文砖 1，均已残，原也应为方形砖。前者残长 36、残宽 18—23 厘米；后者残长 20、残宽 36 厘米。此 2 件，所用砖的规格显较前一类砖要大。诸砖厚度，一般为 6—6.5 厘米，但含·窖 195 铭文砖 3 和含·窖 195 铭文砖 2 厚达 8 厘米，比其他铭文砖要厚得多。

2. 各铭文砖铭文中用以表述粮窖位置的方法颇不统一。

最明显的例子，是含·窖 19 铭文砖 1 仅以东门为坐标点，而含·窖 19 铭文砖 2 和含·窖 50 铭砖 1 却以仓中门内东西大街和南北竖街为横轴及纵轴所划分的象限来表示。如若再仔细推敲各砖文字，将会发现其间的差异还要更多一些。

3. 各砖铭文尾部职官署名所显示的职衔也有所不同。

《旧唐书·职官志》"太仓署"条有言曰："凡凿窖置屋，皆铭砖为斛斗之数与其年月日、受领粟官吏姓名。又立牌如其铭。"这意味着，凡凿窖置屋、建官仓储租粮、需备两份相同的记录，内容包括纳粮数量、时间及经办官员之职衔姓名，一份铭刻砖上，藏于窖（屋）内，一份录于牌上，交有司收存。这是唐代官仓管理的基本制度之一，也是粮窖内何以有铭文砖存在的原因。鉴于铭文砖乃关系官仓管理制度的重要实物，其用砖规格和铭文格式、用语特点理应比较一致，但实际上，所见含嘉仓铭文砖却非如此，故而引起我们的特别关注。

二

为探求形成上述种种差别的原因，我们曾着意于从前列三项差别中寻找突破口。含嘉仓铭文砖多已残损，能复原其规格者，似仅前述四例。因其数量太少，不足以代表全部用砖情况，甚难用以进行排比，从中找出规律性的东西。砖铭文尾部职官署名所显示的职衔，虽有差异但不甚鲜明，也不是对铭文砖作考古学研究首先应该注意的现象。有鉴于此，我们将重点放在对砖铭正文部分的对比分析上。

为便于读者全面了解和勘对资料，不妨把已知铭文砖砖铭正文转录于下。

含·窖 19 铭文砖 1，砖铭正文基本保存完整。文为：

含嘉仓」东门从南苐廿三行从西第五窖」含纳苏州通天二年租糙米白多一万三」□□十五石耗在内」右圣历二年正月八日纳了

含·窖 19 铭文砖 2，砖铭正文基本保存完整。文为：

含嘉仓」仓中门东西大街北南北竖街东从西向东数」窖从南向北数行第八行第三

窖」合纳邢州长寿元年租小□七千五百石九」斗八升耗在内」长寿二年三月廿四日纳了

含·窖 19 铭文砖 3，砖铭正文残存头三行，且第 2、3 行有所残。文为：

冀州弟十□行从西弟三窖」万肆千贰佰捌拾硕

含·窖 19 铭文砖 4，砖铭正文残存四行。文为：

向东弟七窖」拾柒硕□□伍合柒勺壹撮捌抄」□州六千七百十八石六斗六升八合正」六十七石一斗八升六合六勺八撮耗

含·窖 50 铭文砖 1，砖铭正文大部完整。文为：

含嘉仓」仓中门东西大街北南北竖街东从西向东数窖丛南」向北数第十二行弟十二窖」合纳德濮魏沧等州天授元年租粟八千六百九十五」石耗在内」六千廿石德州一千二百八十石濮州六百石沧州七百九

含·窖 50 铭文砖 2，砖铭正文残存七行，各行多有残缺。文为：

东从西」十二行弟」米租一万三」升五合六勺」斗二升一合三勺四撮四抄正」四合一勺五撮六抄耗」廿日纳了

含·窖 182 铭文砖 1，砖铭正文残存五行，各行多有残缺。文为：

含嘉仓」仓中」向北」合纳□州」内

含·窖 182 铭文砖 2，砖铭正文残存三行，各行皆有残缺。文为：

□石」耗」调露 □□□□十八日纳了窖

含·窖 180 铭文砖 3，铭砖正文残存三行，各行皆只存数字。文为：

□嘉仓」从东弟九行」□开元四年

含·窖 194 铭文砖 2，砖铭正文残存三行，一行漫漶不清，另两行有残缺。文为：

□□□□□」一万三」一百卅五（石）

含·窖 195 铭文砖 1，砖铭正文残存二行，二行皆有残缺。文为：

光宅元年十月」知征

含·窖 195 铭文砖 2，砖铭正文残存三行，各行皆有残缺。文为：

三行从西弟七窖」（糙）米白多一万八千」□元年六月十一日（纳）

含·窖 195 铭文砖 3，砖铭正文残存三行，各行均只存数字。文为：

弟（十）」仓州越州（米）」三

三

由转录砖铭正文发现，其中确有铭文格式和用语几乎完全相同而且时代相近者。如含·窖 50 铭文砖 1 和含·窖 19 铭文砖 2，前者为天授二年（公元 691 年）物，后者刻于长寿二年（公元 693 年），其间仅差 2 年。此例使我们相信，同一时期铭文砖的砖铭格式和用语具有极大的同一性。于是，我们循着这条规律，将含嘉仓所出含·窖 195 铭文砖 1 等三块残存铭文过少之铭文砖以外的十块，逐一做了对比分析，据其异同，分为六组，并按照各组有纪年铭文砖的时代早晚，排出它们的顺序（表一）。

表一

组别	砖号	砖铭正文抄录	年代
一	含·窖 19 铭文砖 4	□□□向东第七窖」□□□□拾柒硕□□伍合柒勺壹撮捌抄」□州六千七百十八石六斗六升八合正」六十七石一斗八升六合六勺八撮耗」	贞观年间或稍后
二	含·窖 50 铭文砖 2	□□□□东从西」□□□□十二行弟」□□□□米租一万三」□□升五合六勺」□□斗二升一合三勺四撮四抄正」□□□四合一勺五撮六抄耗」廿日纳了	调露（公元 679 年）前后
	含·窖 182 铭文砖 2	□□□□石」□□耗」调露」□□□□十八日纳了」窖」	调露年间
三	含·窖 50 铭文砖 1	含嘉仓」仓中门东西大街北南北竖街东从西向东数窖 从南」向北数第十二行弟十二窖」合纳德濮魏沧等州天授元年租粟八千六百九十五」石耗在内」六千廿石德州一千二百八十石濮州六百石沧州七百九□□	天授元年（公元 690 年）
	含·窖 19 铭文砖 2	含嘉仓」仓中门东西大街北南北竖街东从西向东数」窖从南向北数行第八行弟三窖」合纳邢州长寿元年租小□七千五百石九」斗八升耗在内」长寿二年三月廿四日纳了	长寿二年（公元 693 年）
	含·窖 182 铭文砖 1	含嘉仓」仓中□□□□」向北□□□□」合纳□州□□□□」内	天授、长寿年间
四	含·窖 19 铭文砖 1	含嘉仓」东门从南第廿三行从西第五窖□□□□」合纳苏州通天二年租糙米白多一万三」□□□十五石耗在内」　右圣历二年正月八日纳了	圣历二年（公元 699 年）
	含·窖 195 铭文砖 2	□□□□三行从西第七窖」□□□□糙米白多一万八千」□□□□元年六月十一日纳	圣历年间
五	含·窖 180 铭文砖 3	□嘉仓」① □□从东第九行□□」□□□□开元四年」〔左〕内□	开元四年（公元 716 年）
六	含·窖 19 铭文砖 3	冀州　　　　弟十□行从西弟三窖」□□□□万肆千贰佰捌拾硕□□□□	

说明：①据发掘简报，含·窖 180 铭文砖铭"□嘉仓"三字之后，有墨书"马□"二字。因其未曾镌刻，当不属于砖铭文字，兹不录。

除上表所列十块铭文砖外，尚有铭文砖三块，即含·窖 194 铭文砖 2、含·窖 195 铭文砖 1、含·窖 195 铭文砖 3，或因砖铭残缺过甚，正文几乎无存；或因残存文字少且无典型特征，无从判断其组属，故暂不列入表中。但三砖的时代，皆有据可推定。有关探讨，请详见下文。

鉴于表中一、六两组皆只一件标本，且标本本身并无纪年文字保留，所以，需要对何以作如是排列，简要加以解释。

关于一组标本含·窖19铭文砖4。我们曾以此件铭文砖砖铭残存正文与含嘉仓其他铭文砖勘对，迄未找到与其同类者。后又以之与传出西安之太仓砖砖铭勘对[③]，发现二者有同也有异。太仓砖砖铭为："贞观八年十二月廿日。街东从北向弟二院，北向南第二行，从西向东第十三窖，纳转运敖仓粟四迁（千）硕。"含·窖19铭文砖4，砖铭前部文字多残缺，仅存"向东第七窖"这五个表述粮窖位置的文字，正与太仓砖砖铭第二行"从西向东第十三窖"的句式一致。与太仓砖的不同处，是受纳租粮数量的记录用语及格式相异。而含·窖19铭文砖4的那段残文，却与二组标本含·窖50铭文砖2的相应文字相似。这种现象说明，含·窖19铭文砖4砖铭刻成时间，应在太仓砖和含嘉仓二组铭文砖之间。太仓砖砖铭明言，其刻成时间为贞观八年（公元634年），而含嘉仓二组铭文砖的明确纪年为调露（此年号仅一年，即公元679年），故而我们将此铭文砖的年代估为贞观年间或稍后，并排为一组。

关于六组标本含·窖19铭文砖3。我们以为，此件标本给我们提出的问题比较复杂，也较难找到准确答案，这里只能谈一点不成熟看法。据报道，此铭文砖已残，残长25.1、残宽14厘米。从拓片看，今所存者，系铭文砖左上角，上缘和左边保存方砖原边。残存之三行砖铭，即原砖铭首行及2、3行上半。文为："冀州」弟十□行从西弟三窖」万肆千贰佰捌拾硕。"以之与含嘉仓其他铭文砖砖铭相比较，相差之处颇多。第一，砖铭体例不合。首行，其他铭文砖（此指首行仍存者）皆为"含嘉仓"三字，只有此砖为州名；2行，其他铭文砖（此指2行完整保存者）皆以某仓门为基点记述粮窖位置，唯此砖不书仓门而直接记述其为第几行第几窖。第二，有的字的写法也与他砖不同。如第字，其他铭文砖皆写作"苐"，唯此砖写作"弟"。鉴于上述理由，尤其是第一条理由，颇疑此砖不属含嘉仓而可能是冀州仓旧物。目前，州郡仓铭文砖尚无实物发现，但在出土文书中类似实例还是有的。如敦煌文书《唐天宝九载八月—九月敦煌郡仓纳谷牒》（十六）[④]有"入北行从东苐肆眼""入北行从东第五眼"及"入东行从南第一眼"句，句子结构与含·窖19铭文砖3接近。这似乎表明，州郡仓因其规模较小，仅某行第几窖即可准确表述粮窖的位置。故而此例对判断含·窖19铭文砖3可能为冀州仓旧物颇有参考价值。如果这一推断能够成立，那么，此铭文砖之所以能在含嘉仓遗址出土，很可能是冀州仓发运租粮到洛阳时于无意中裹带过去的。

此外，含·窖195铭文砖1等三件标本，我们没有明确它们的组属，并在表一"说明"部分专门陈述了无法将其归组的理由。但从残存砖铭看，对它们的时代还是可以做出大体估计的。含·窖195铭文砖1，残存砖铭内有"光宅元年（公元684年）十月"字样，其年代理当与此年相近。含·窖194铭文砖2的时代，在铭文砖自身铭文中也有据可寻。此铭文砖铭文内有两行残数字："一万三"和"一百卅五石"，后者恰为前者的百分之一。依含·窖 19 铭文砖 4 和含·窖 50 铭文砖 2 铭文体例，前者应为纳租正额，后者则是加征的"耗"。载有此类内容的铭文砖，年代应同表一所列一、二组铭文砖相近，更可能属于二组。至于含·窖 195 铭文砖 3，砖铭文字少且缺乏特征，年代难以遽断，然由残存铭文"仓州越州米"和"三"等字句看，或许其年代也与表一所列二组铭文砖接近。

由表一和上述解释、分析知，含嘉仓所出铭文砖属于本仓者可分为五组。各组铭文砖的年代分别是：一组，贞观年间或稍后；二组，调露前后；三组，天授、长寿年间；四组，圣历年间；五组，开元年间。而就各组所属铭文砖数量说，绝大多数集中在二至四组，尤以二、三两组为多。显然，这一分组结果，为研究含嘉仓出土铭文砖分期打下了良好的基础。

在考虑铭文砖的分期问题时，我们觉得一组、四组、五组铭文砖，砖铭格式特征鲜明，自可各自单独划为一期，而二组和三组铭文砖砖铭用以表述粮窖位置的方式大体一致，可以合为一期，但鉴于它们记录租粮数目的格式有所不同，又需将此期划为A、B 两段。这样便形成了表二所示的四期（表二）。

表二

期别		铭文砖标本号	时代
一		含·窖 19 铭文砖 4	贞观年间或稍后
二	A	含·窖 194 铭文砖 2、含·窖 50 铭文砖 2、含·窖 182 铭文砖 2、含·窖 195 铭文砖 1、含·窖 195 铭文砖 3	调露前后
	B	含·窖 50 铭文砖 1、含·窖 19 铭文砖 2、含·窖 182 铭文砖 1	天授、长寿年间
三		含·窖 19 铭文砖 1、含·窖 195 铭文砖 2	圣历年间
四		含·窖 180 铭文砖 3	开元四年

由依据砖铭正文对含嘉仓出土铭文砖做出的分期，可以进一步看出如下一些问题。

其一，由铭文砖分布情况看，含嘉仓的最盛期，是唐高宗及武则天居洛时期。

其二，在唐代前期的各个历史阶段，含嘉仓铭文砖砖铭的格式和用语是大不相同的。

在贞观年间或稍后的时期内，铭文砖上铭文的格式是，表述粮窖位置的文字或与贞观太仓砖接近，而记述各地纳粮数目，则是先记总数，然后，分州记述所纳租粮正额和额外加征"耗"的数目。

在调露年前后，铭文砖上铭文的格式是，表述粮窖位置的文字，或与天授、长寿间铭文砖的相应文字格式一致，而记述纳粮数目时，文字格式却与前述贞观年间或稍后的铭文砖无异。文末纪年方法，是记年、不记月，但记日。

在天授、长寿间，铭文砖上铭文的格式是，先书含嘉仓名，次以仓中门内东西大街和南北竖街为横轴及纵轴划分象限，并于象限内"从西向东数窖，从南向北数行"，借以表述某一仓窖的具体位置。接着记述租粟总数，在粮数前点明为某州某年租，粮数后注明"耗在内"，而不再将租粮正额与额外加征之"耗"分别记出。文末，记明纳粮日期，年月日俱全，不再省月。

在圣历年间，铭文砖上铭文的格式，与天授、长寿间砖文铭的最显著区别，是不再以仓中门及门内东西、南北大街为坐标记述粮窖位置，而是以仓东门为基点，入东门，即以南起第几行、西起第几窖记述粮窖位置。文末记年格式，略同天授、长寿间铭文砖，只是于年号前冠一"右"字。铭文在记述租粮品种时，用了"糙米白多"四字，引人注目。

在开元年间，铭文砖上铭文的格式，因实物资料太少，且文字残缺过甚，不是十分清楚。但残存砖铭中"从东第九行"一语表明，此时记述粮窖位置的方式，又显与圣历年间不同。

其三，唐代前期各个历史阶段含嘉仓铭文砖砖铭格式的变化，无疑是当时此仓管理工作发生改变的真实记录，但仔细想来，其背后或许隐藏着一些重要的历史事实。

首先，我们注意到，铭文砖上铭文格式的变化，表现最突出的是长寿至圣历间和圣历至开元间这两段时间，其中尤以前段时间为剧。

天授、长寿间铭文砖对粮窖位置的表述方法，反映出当时含嘉仓的规模相当大，以至于必须用中门及门内纵横大街为轴划分出象限来表述粮窖位置；逮至圣历年间，放弃使用已久的格式而改用以仓东门为基点的简单方法表述，究其原因，恐怕只能用其时含嘉仓范围急剧缩小来解释。如果联系含嘉仓北门德猷门处于逼近仓城西北隅这一蹩脚位置予以考虑，那么似可做出如下推断：在长寿年间及其以前，含嘉仓的范围还要向西张出去一段距离，也即其西界要比现知含嘉仓西界偏西。如果史实确实如此，至少还要牵动隋唐洛阳宫城以北圆璧城、曜仪城的范围问题。此事关系重大，不能不勘查清楚。含嘉仓规模的这种改变，文献或者失于记载，但地下或多或少会有遗迹保留，我们期待着这一推断的被否定或被证实。

相对于长寿至圣历间发生的变化来说，发生于圣历至开元间的变化，可能并不意味着含嘉仓范围的又一次改变，而是仓内粮窖布局或管理办法有所变所致。即便如此，也还是应该予以重视。

其次，是砖铭中关于租粮数字的记录方式。自唐初至调露间，纳租正额与额外加征的"耗"是分别记录的，额外加征数是正额的百分之一。至天授、长寿以至圣历间，正额和"耗"不再分别记述，改而将正额与"耗"合并记其总数，其后附上"耗在内"三字。所谓"耗"，本来就是封建统治阶级在征收租粮时于额外盘剥农民的一项措施，铭文砖关于租粮数字记录方式的改变，可能意味着，其时"耗"的征收方式已经发生了变化，将"耗"和正租合并一次向农民征收，"耗"被赋予了准正租的性质。此外，圣历间铭文砖砖铭中且于租粮品种处写明"租糙米白多"五字。"租糙米白多"显然不同于此前砖铭中的"租米"。由征收租"米"改为"糙米白多"，固然表现了租粮品种的变化，但难说它就不是加紧盘剥农民的又一项措施。

其四，如前所述，从文献中可以看到含嘉仓南、北、西三面城门的名字，且考古勘探和发掘中已经找到（或发掘了）北、西两面的门址。今据铭文砖，此仓还应有东门。也就是说，含嘉仓实际上四面各开一门，共有四门。当然，含嘉仓西墙上的那处门址，或许只是一定历史阶段的建筑，不是自始至终存在的，因为，前已论及含嘉仓早期的西界墙有可能比现知西墙更偏西。

四

为全面揭示含嘉仓出土铭文砖的价值，我们依据砖铭正文对铭文砖做出的分期，试将砖铭尾部职官署名及铭文砖用砖情况分别依次录出，列成表三和表四，以求从中归纳出一些带有规律性的东西。

砖铭尾部职官署名见表三。

表三

期别		砖号	砖铭末尾职官署名所显示的职衔
一		含·窖19铭文砖4	（职官署名无存）
二	A	含·窖195铭文砖3	□□□□仓使（史）□□□□
		含·窖194铭文砖2	典纲判官 仓使（史）丞　长上　监察 寺卿
		含·窖50铭文砖2	典□□（县尉兼）□□□□
		含·窖182铭文砖2	租典　副纲（县丞兼）　窖近□镇兵　仓史　仓官监事　左监门　右监门校尉□□□□
		含·窖195铭文砖1	□□□□丞□□□□
	B	含·窖50铭文砖1	（职官署名无存）
		含·窖19铭文砖2	输典　副纲（县丞兼）　仓史　丞□□知仓事□□□□
		含·窖182铭文砖1	输典　正纲（录事兼）　仓史　□□□□右金吾卫长□□□左监门校□　押仓使　卿
三		含·窖19铭文砖1	□典 正纲　仓史　监事 丞　令 寺丞知仓事左监门 右监门 长上 押仓使监仓御史卿
		含·窖195铭文砖2	□□□□仓史　□□□□知仓史（事）　监仓御史　卿
四		含·窖180铭文砖3	（职官署名无存）

含嘉仓出土铭文砖，砖铭尾部职官署名部分保存状况普遍不好。表三所列 12 块铭文砖中，有 3 块铭文砖职官署名无存；3 块铭文砖仅存典、仓史或丞一项；职官署名基本完好者仅 2 例；其余均有不同程度的残缺。依据这种残缺不全的资料进行过细的对比研究，显然是十分困难的。

从职官署名基本完好的含·窖 194 铭文砖 2 和含·窖 19 铭文砖 1 看，各砖砖铭尾部署名职官的具体数量有所不同。对表中所列各种职官，学者们曾做过精辟考证和论述⑤，兹不赘述。通观各铭文砖砖铭尾部的职官署名，主要由三部分人组成，即负责运输租粮的职官、管理粮仓的职官和承担门卫及守护粮窖任务的职官。

负责运输租粮的职官，包括输典（或称租典）、正纲和副纲。正纲和副纲多由县丞、县尉或州录事参军兼任。有时还有"判官""窖近□镇兵"参与其事。

管理粮仓的职官，包括仓史、仓丞、仓令。有时还要设置监事和品阶较高的官员以大兼小出任的知仓事。

承担门卫及守护粮窖任务的职官，包括右金吾卫长、左监门校尉、右监门校尉、长上等。

此外，还有押仓使、监仓御史（含·窖 194 铭文砖 2 职官署名中的"监察"一职执掌或与监仓御史同）和卿（或寺卿）。其中，卿即司农寺卿，是中央政府主管仓廪的长吏。

这些执掌各不相同的职官同在一块铭文砖上署名，说明他们都是经办租粮入仓事宜的官员，是要对入仓租粮负责的。其署名次序几乎一成不变，而且各部分职官，多以官职小者居前官职大者居后。之所以表现出如此一致的现象，是由租粮入仓时执行一套严格的收验、勘检制度所决定的。

仔细对勘含嘉仓各期铭文砖的职官署名，看不出它们之间有什么太大区别，这表明铭文砖尚有职官署名残存的二、三、四期，即自调露前后至圣历年间，含嘉仓对租粮入仓，始终坚持着同一种管理制度。

铭文砖的用砖情况见表四。

据报道，含嘉仓出土诸铭文砖，皆呈灰色，有方形砖和长方形砖两种。砖的正面和侧面比较平整光滑，有些砖面可能在刻字前又经过研磨；砖的背面较为粗糙，并饰有较粗的绳纹。砖铭阴刻，刻于砖的正面。从现状观察，其铭文，或者先用刀刻成文字然后涂朱，或者先书丹而后用刀刻之。有的砖面于刻字之前曾刻出竖行界线。因原简报没有逐一记述铭文砖所用砖为方形砖或长方形砖，也没有逐一记述砖铭文字的书刻方法，无法直接进行排比。但依据现已公布的资料，还是可以知道各铭文砖用砖的大致情况。

表四

期别		砖号	砖的规格（厘米）			砖的形制
			长	宽	厚	
一		含·窖19铭文砖4	19（残）	12（残）	*	方形砖
二	A	含·窖195铭文砖3	34（残）	17（残）	8	长方形砖
		含·窖194铭文砖2	22（残）	17（残）	6	方形砖
		含·窖50铭文砖2	20.5（残）	26（残）	6.5	方形砖
		含·窖182铭文砖2	26（残）	19（残）	*	方形砖
		含·窖195铭文砖1	17.5（残）	12（残）	6	方形砖
	B	含·窖50铭文砖1	36（残）	18—23（残）	6.3	方形砖
		含·窖19铭文砖2	33	22（残）	*	方形砖
		含·窖182铭文砖1	20（残）	36（残）	6.5	方形砖
三		含·窖19铭文砖1	32.5	32.5	6.5	方形砖
		含·窖195铭文砖2	36	20	8	长方形砖
四		含·窖180铭文砖3	16.5（残）	14（残）	6.5	方形砖

　　1971年发掘所出铭文砖皆作正方形[⑥]。可知含·窖19铭文砖1、含·窖19铭文砖2、含·窖19铭文砖4、含·窖50铭文砖1、含·窖50铭文砖2、含·窖182铭文砖1、含·窖182铭文砖2所用均为方形砖。1988年发掘所出铭文砖，"有方形和长方形两种"[⑦]。据此又可知，在含·窖180铭文砖3、含·窖194铭文砖2、含·窖195铭文砖1、含·窖195铭文砖2、含·窖195铭文砖3等5件铭文砖中所用有方形砖也有长方形砖。而由表四所列各砖数据看，最有可能属于长方形砖者，只有含·窖195铭文砖2和含·窖195铭文砖3两件。理由是：第一，他砖皆厚6—6.5厘米，唯此二砖厚8厘米。第二，此二砖中，含·窖195铭文砖3，长、宽均残，残长34、残宽17厘米；含·窖195铭文砖2，长度完整，为36厘米，宽稍有所残，为20厘米，长与宽都比含·窖195铭文砖3更接近砖的本来规格。据记载，传出西安之太仓砖，整体呈长方形，"高一尺一寸二分，广一尺五"，长与宽之比约为3∶2。含·窖195铭文砖2，虽宽度稍残，但长与宽的比例也已几乎达到了3∶2。看来，说此二砖为长方砖恐无大误。

　　另，从表四所列诸铭文砖数据看，二件长方形砖以外的铭文砖虽同属方形砖，但并不只有一种规格，如含·窖19铭文砖1，长、宽皆为32.5厘米，含·窖19铭文砖2，已残，但存一整边，全长33厘米。此二者大小相仿，应属于同一种规格。另二例，即含·窖50铭文砖1和含·窖182铭文砖1，诸边均有所残，但保存最长的边都达到了36厘米，可见，此二砖应属于方形铭文砖中所用砖形体较前者更大的另一种规格。此二砖的厚度分别为6.3和6.5厘米，均超过6厘米。但厚度超过6厘米者，也不一定都是较大型方形砖。如含·窖 19 铭文砖 1，长、宽均 32.5 厘米，不属于较大型方形砖，其厚度却已达到 6.5 厘米。显然，厚度不能作为区别一般方形砖和较大型方形砖的标准。有鉴于此，我们不欲将方形砖的规格在数据欠准的条件下勉强予以区分，而笼统以方形砖视之。

基于上述讨论，我们将四期铭文砖的用砖情况简单表述如下：

一期，用方形砖；二 A 期，用方形砖和长方形砖；二 B 期，用方形砖；三期，用方形砖和长方形砖；四期，用方形砖。

上述情况表明，一期和四期，各自只有一件标本，局限性较大，可以暂置不论。由二、三期诸铭文砖看，当时含嘉仓镌刻铭文砖，主要使用方形砖，只在少数情况下，使用长方形砖。

（原刊于《考古》1997 年 11 期）

注 释

① a. 河南省博物馆、洛阳市博物馆：《洛阳隋唐含嘉仓的发掘》，《文物》1972 年 3 期；b. 洛阳市博物馆：《隋唐洛阳含嘉仓德猷门遗址的发掘》，《中原文物》1981 年 2 期；c. 洛阳市文物工作队：《洛阳含嘉仓 1988 年发掘简报》，《文物》1992 年 3 期。

②《大业杂记》；元《河南志》；（清）徐松：《唐两京城坊考》。

③（清）陆增祥：《八琼室金石补正》"敖仓粟窖题字"条，文物出版社，1985 年。

④［日］池田温：《中国古代籍帐研究》，中华书局，1984 年。

⑤ 张弓：《唐朝仓廪制度初探》，中华书局，1986 年；沧清：《含嘉仓铭砖初探》，《考古》1982 年 3 期。

⑥ 同①a。

⑦ 同①c。

西安南郊何家村唐代金银器小议

1970 年 10 月西安南郊何家村一唐代窖穴出土陶瓮二、提梁罐一只，内装文物一千多件，其中金银器皿二百余，被誉为我国唐代金银器的一次空前发现[①]。这一发现，不仅给研究唐代社会生活和金银器工艺提供了丰富资料，而且为研究中外文化交流增添不少新的实物证据，从而得到国内外学者的广泛重视。

自何家村金银器出土以来，我国学者已进行了多方面的研究。这里，我们仅就这批金银器的年代及其出土地点所在位置谈一点粗浅认识。

何家村金银器的年代

何家村金银器，显然不是同一时期的作品，因此，讨论何家村金银器的年代，自然要涉及两个问题：一是这批金银器本身的编年问题，二是这批金银器的埋藏年代问题。

要解决这两个问题，靠该窖藏的地层关系不行，与金银器伴出的银饼铭文和中外货币，也不能作为确切的断代标准，只能通过对金银器本身器形及装饰花纹的对比研究，才能得出较为满意的结论。由于公布材料有限，从器形方面进行研究困难很多，从器物的纹饰出发则比较方便而稳妥。

根据装饰花纹进行金银器的编年研究，首先需要掌握唐代金银器花纹演变的基本规律。为此，有必要将纪年明确的金银器的装饰花纹，从类型上加以对比分析。

现知纪年明确的金银器，数量不多，且多属唐代后期。时间最早的，是甘肃泾川塔基出土的金棺银椁，依照舍利函上的铭文，此金棺银椁，系武则天延载元年（公元694 年）物。其纹饰为比较纤细的忍冬纹和折枝花、四瓣或八瓣小团花[②]。其次，是长安大明宫西夹城外遗址出土的镀金双凤纹银盘。该银盘盘心饰双凤，外围有二周团花及花鸟。盘底有铭文三行，文曰"浙东道都团练观察处置等使大中大夫守越州刺史兼御史大夫上柱国赐紫金鱼袋臣裴肃进"，系裴肃的进贡品。据考证，裴肃贡此盘的时间在德宗贞元十四至十八年之间（公元798—802 年）[③]。与此同时的器物，还有内蒙古自治区喀喇沁旗锦山公社河南东大队哈达沟门出土的镀金鹿纹银盘。该盘盘心为一卧鹿，外围布置两周对称的花卉及花鸟图案。底部有楷书铭文一行，文曰"朝议大夫使持节宣州诸军事守宣州刺史兼御史中丞充宣歙池等州都团练观察处置采石军等使彭城县开国男赐紫金鱼袋臣刘赞进"，系刘赞的进贡品。刘赞，德宗时人，以"竞为进奉"闻名当世，死于贞元十二年（公元796年），可知该银盘为德宗贞元十二年以前物[④]。又次，是江苏镇江甘露寺铁塔塔基发现的文宗太和三年（公元829年）李德裕重埋舍利所用金棺银椁，棺椁表面饰缠枝花、云鸟及迦棱频迦纹[⑤]。再次，是陕西耀县柳林（今耀州区，后同）背阴村出土的一批银器。其中一件涂金刻花五曲银碟，中心饰凤鸟，周围饰花卉，底部有"盐铁使臣敬晦进十二"的刻铭，据考证敬晦于宣宗大中年间曾先后任御史中丞、刑部侍郎、诸道盐铁转运使、浙西观察使等职，做盐铁转运使约在大中四年（公元850年），该器大概即是这时的贡品[⑥]。

上述纪年明确的金银器表明，唐代金银器纹饰的演变规律大体是：武则天前后，主要装饰花纹是忍冬纹、四瓣或八瓣花及折枝花。后来，随着时间的推移，特别是由于花鸟画的兴起，花鸟图案的成分逐渐增多，并最终成为金银器的主要纹饰，所以，我们今天看到的德宗以后的金银器，无例外地都以团花（母题为牡丹花）和花鸟图案为装饰。这些团花及花鸟图案，时间较早者，富于写实意味，时间较晚者，则表现出简化草率的趋势（图一，左）。金银器主要装饰花纹由忍冬及折枝花变为团花及花鸟图案的时间，因无典型器物，不好贸然肯定，估计约在天宝时期。

有意思的是，西安地区唐墓墓志及石刻线刻图的装饰纹样，不仅刻划手法与金银器皿有某些相似之处，而且两者装饰花纹的演变规律也是一致的（图一，右）。因此，在仔细划定金银器的年代时，以带纪年唐墓石刻纹饰作为借鉴，看来是可行的。

在初步掌握唐代金银器纹饰演变规律的有利条件下，我们对何家村金银器的装饰花纹进行了具体分析和排比。

何家村金银器的装饰花纹，主要是忍冬纹、六瓣或八瓣小团花、折枝花、羽鸟翼兽、狩猎纹、团花、缠枝花。此外，还有具波斯萨珊朝金银器装饰风格的深目高鼻人像、联珠纹、对兽纹等。其花纹组合，大致有以下几类：第一类，以翼兽、宝相花或多瓣小团花为中心、周围绕以忍冬纹组成的种种图案（如金花银盒、刻花银碗、金花银洗）。第二类，折枝花鸟及狩猎纹（如狩猎纹高足银杯）。第三类，以羽鸟、团花为中心、周围绕以缠枝花纹（如鹦鹉纹提梁银罐、镀金银盒）。第四类，单独使用的花卉图案（金花银盖碗）。另有一些器皿，仅以翼兽、羽鸟等个体动物为饰（如龟纹桃形银盘、鸳鸟纹六瓣银盘），在这批金银器中是比较特殊的。这四类花纹组合中，第一、二类花纹，共同因素较多，互相渗透或结合使用的现象也较普遍，如狩猎纹高足银杯，口部饰忍冬纹，腹部饰狩猎纹及折枝花，器座中心为八瓣小团花，周围饰忍冬；又如，

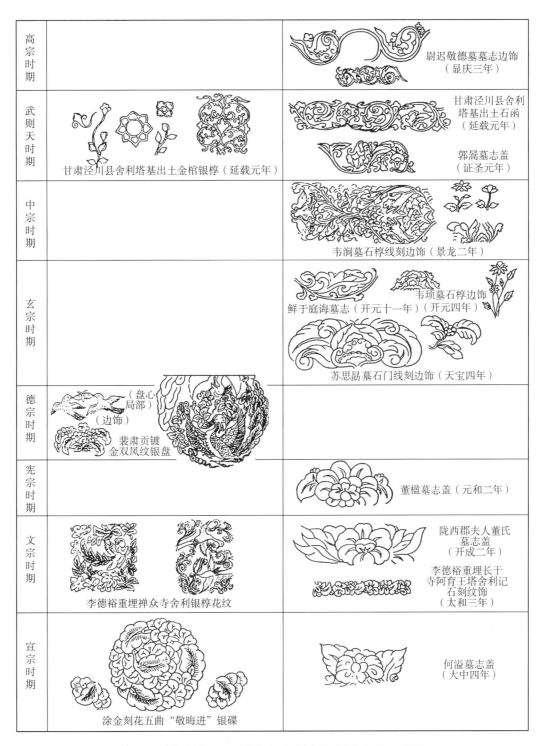

图一　有纪年金银器（左）及墓内石刻（右）纹饰示意图

金花银盒，纹饰由忍冬和六瓣小团花共同组合而成。这说明，第一、二类花纹流行的时间比较接近。第三、四类花纹，基本成分雷同，它们的流行时间接近不言自明。从前述唐代金银器装饰花纹的演变规律来看，前两类花纹的时间较早，流行于唐代前期，后两类花纹的时间较晚，流行于唐代后期。蔓草鸳鸯纹银羽觞的内部，中心饰多层的宝相花，周围对称地布置四朵艳花大叶的折枝花，显然带有从前两类花纹向后两类花纹过渡的性质。

在这个基础上，我们根据何家村金银器各类花纹的发展变化，参照有纪年金银器和墓葬石刻提供的时间标准，进一步将这批金银器分作四期（图二）。

第一期，约当高宗至武则天时期。其花纹组合主要有两类：第一类，以翼兽、宝相花或多瓣小团花为中心、周围绕以忍冬纹组成的种种图案；第二类，传统的折枝花鸟及狩猎纹。这时的忍冬纹，一般说来，还比较规整、纤细，仅个别成分出现向花形演变的趋势。折枝花、多瓣小团花及其他纹饰，也显得单薄而琐碎。狩猎纹高足银杯、金花银盒等都是这一期的代表器物。有的器物，如八棱舞伎金杯（《文物》1972 年 1 期 40 页图 27），从器形到纹饰都表现出较浓厚的萨珊朝金银器风格，忍冬纹尤显板滞，可能是比此期时间为早的器物。

第二期，约当中宗至玄宗时期。此期花纹沿袭了前一期的基本内容，但宝相花层次增多，结构复杂，显得繁缛而富丽；忍冬纹枝蔓流畅，花繁叶茂，并与花鸟纹有机地结合在一起。在一些器物上，出现了枝叶茂盛鲜花怒放的较大型花卉图案，开了下一期装饰图案的先河。其代表器物有金花银洗、刻花银碗、蔓草鸳鸯纹银羽觞等。

第三期，约当玄宗末至代宗时期。金花鹦鹉纹提梁罐、镀金银盒、金花银匜等，可作为这一期的代表器物。其花纹组合与一、二期大不相同，多以羽鸟、团花为中心、周围绕以缠枝花纹。羽鸟栩栩如生，团花舒卷逼真，缠枝花枝条回转自如、将秾叶艳花连结为一个和谐的整体。整个图案结构谨严，气韵生动，富于写实意味。

第四期，约当德宗时期。金花银盖碗是典型器物，其纹饰虽亦属花卉图案，但在构图上追求严整，讲究对称，因而显得拘谨而少生动，与前述德宗时期的两件带铭文银盘的花卉图案同趣。

应该指出，前述何家村金银器中那些仅以翼兽、羽鸟及龟为纹饰的器物，目前尚难肯定他们的具体年代。《波斯艺术综述》一书载有一件同类纹饰的银器，器心饰翼兽，周围有一圈发辫形几何纹饰[7]，被认为是安息时代的文物。何家村金银器中，金花银盒花纹图案的中心有饰翼鹿、犀牛和翼兽者，兽周围有同样的几何纹。又，舞马衔杯纹壶主体纹饰为舞马，器座也有同样的几何纹（《文物》1972 年 1 期图版三）。前者，我们已将其为第一期，后者，一般以为系玄宗时物[8]。因此，把这类银器的年代暂定于安史之乱以前，也许不谓无理。

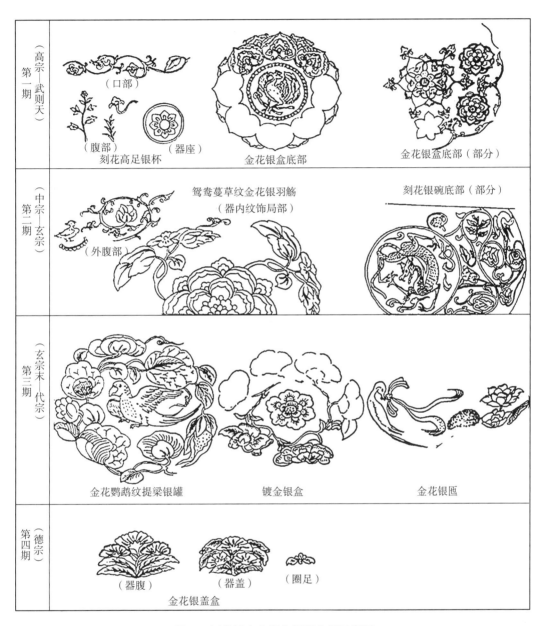

图二 何家村出土唐金银器分期示意图

按照我们所做的分期可以看出，何家村金银器是相当长一个历史时期所造器皿的集合体。其年代的下限，应以年代最晚的器物为准，定在德宗时期较为合适，也就是说，何家村金银器的埋藏年代应在德宗时期。

金银器出土地点是否为邠王府地

何家村金器银的出土地点，经陕西省博物馆和省文管会的共同研究与钻探，确认其地在长安城兴化坊中部偏西南的部位，这无疑是对的。至于这个地点是否为"邠王府"的部位⑨却是值得讨论的。

推断金银器出土地点为邠王李守礼府的根据，是唐韦述《两京新记》"兴化坊"条的记载。记载原文是，兴化坊"西门之北，今邠王守礼宅，宅南隔街有邠王府"。我们以为韦述所指邠王府的方位，不一定包括金银器出土地点在内。这里有一个对《两京新记》一书中的文字，关于方位的表述方法如何理解的问题。

为弄清韦述在《两京新记》中对方位的表述方法，我们根据尊经阁文库旧钞本《两京新记》及《太平御览》卷一百八十所录韦述"两京记"条文⑩做了一个统计（书中仅记坊名或记事与方位无关者不计在内，共 37 坊），结果发现，他在表述寺观、住宅、衙署、庙宇在坊内的位置时，主要使用了三种方式：第一种，指出其在坊的某隅。此种共 47 例，其中在坊西南隅者 18 例，在坊西北隅者 7 例，在坊东南隅者 16 例，在坊东北隅者 6 例。第二种，指出其在四面坊门的某侧。此种共 18 例，其中在坊西门之北者 3 例，在坊西门之南者 3 例（包括邠王府）；在坊东门之北者 3 例，在坊东门之南者 1 例；在坊南门之东者 3 例，在坊南门之西者 2 例；在坊北门之东者 2 例，在坊北门之西者 1 例。第三种，指出其在十字街的哪个方向。此种共 15 例，其中在十字街东之北者 7 例；在十字街西之北者 3 例；在十字街北之西者 2 例；在十字街北之东者 1 例；在十字街南之东者 2 例。此外，只有两个特殊的例子，一是仅记在南北街的某侧，原文为和平坊"坊内南北街之东筑大庄严寺，街西入（大）总持寺"。一是记在坊哪半面，原文为永阳坊"半已东大庄严寺，半已西大总持寺"，实际上也是以南北街为坐标的。对这两坊所以采取这种记述方法，大约是由于该二寺占地面积特大的关系。

统计数字表明，三种主要表述方式，每种都有 10 个以上的例证，这种情况绝不是偶然的，应和当时长安城的坊制有密切关系。唐代长安城内，每个坊里都设有十字街道，已是考古钻探和发掘证明了的事实。从文献材料来看，除十字街外，还有较小的纵横街道，即所谓巷曲。韦述在表达方位时同时使用上述三种方式一事表明，那时，坊内地面在被十字街分为四个区域的同时，每个区域还被主要巷道分割为四个更小的单位，也就是说，每个坊是被十字街和主要巷道划分为 16 个单位的⑪。为明确起见，我们将坊内地面的区域划分及每个部分的表述方式图示如次（图三）。当然，实际上坊内小巷、曲可能更多，区划更加细致，这里不再详加考据。

拿《两京新记》对一个坊内寺观、住宅、衙署及其他庙宇的记述来验证，我们的上述理解也是合理的。且举两三个记载较全的例子：布政坊，西南隅为胡祆祠，东北隅为右金吾卫，西门之南为法海寺，北门之东为济法寺，十字街东之北为明觉尼寺。长受（寿）坊，西南隅为长安县廨，南门之东为永泰寺，北门之东为大法寺，十字街西之北为崇义寺。礼泉坊，西南隅为三洞女官观，观北妙胜尼寺，西北隅为祆祠，十字街北之西为礼泉寺，十字街南之东为波斯胡寺。这三例中，尽管记载建筑较多，且对其方位的表述，几乎都是同时运用了三种表述方式，但都做到了简明扼要，准确无误，没有一个是互相抵牾或者含混不清的。即使在该书所载的 34 个记有寺观、住宅、衙署和其他庙宇的坊中，也只有颁政坊十字街附近两个尼寺的位置有所冲突。因此，可以说，韦述所使用的关于方位的表述方式是相当严密而确切的。

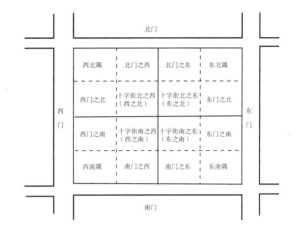

图三　坊内地面区域划分示意图

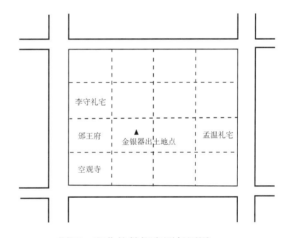

图四　兴化坊钻探实测复原图
（本图依据《西安南郊何家村发现唐代窖藏文物》一文
附图作出，图中虚线系笔者所加）

　　按照这样的认识，再来看《两京新记》对兴化坊的记载，便会明白它的确切含义。所谓"西南隅空观寺，西门之北今邠王守礼宅，宅南隔街有邠王府"，是说空观寺在坊的"西南隅"区，邠王李守礼宅在"西门之北"区，邠王府在"西门之南"区。此记载虽未讲王府范围究竟有多大，但依上下文来看，似不应超出"西门之南"区。这三处均偏居于兴化坊的西部，不能包括何家村金银器的出土地。

　　按照韦述关于方位的表述方式，金银器出土地点应属兴化坊之哪一区呢？照《西安南郊何家村发现唐代窖藏文物》一文所附兴化坊钻探实测复原图[12]所标位置，应在十字街西之南（或南之西）区（图四）。

　　那么，谁是何家村金银器出土地的"主人"呢？自然不会是平民百姓，而应是达官贵族等封建统治阶级。当时的兴化坊，达官贵族宅第甚多，除《两京新记》提到的以外，据徐松的考证⑬，东门之南有京兆尹孟温礼宅，空观寺东有尚书右仆射密国公封德彝宅（中宗时嗣虢王邕宅），还有不知具体地点的租庸使刘震宅，晋国公裴度池亭，都官郎中窦臮宅，长安主薄李少安宅，职方郎中萧彻宅。恐怕还有一些不见于文献记载的。总之，兴化坊内，可能拥有大量贵重金银器者，似不止邠王一家。然而，要从文献上弄清金银器出土地点的据有者，几乎是不可能的，需要通过进一步的考古工作去探索。

（原刊于《考古》1980 年 6 期）

注　释

① ⑧ ⑨ ⑫ 陕西省博物馆革委会写作小组、陕西省文管会革委会写作小组：《西安南郊何家村发现唐代窖藏文物》，《文物》1972 年 1 期。

② 甘肃省文物工作队：《甘肃省泾川县出土的唐代舍利石函》，《文物》1966 年 3 期。

③ 李长庆等：《西安北郊发现唐代金花银盘》，《文物》1963 年 10 期；卢兆荫：《关于西安北郊所出唐代金花银盘》，《考古》1964 年 3 期；朱捷元：《西安北郊出土唐金花银盘铭文的校勘》，《文物》1964 年 7 期。

④ 喀喇沁旗文化馆：《辽宁昭盟喀喇沁旗发现唐代鎏金银器》，《考古》1977 年 5 期。

⑤ 江苏省文物工作队镇江分队、镇江市博物馆：《江苏镇江甘露寺铁塔塔基发掘记》，《考古》，1961 年 6 期。

⑥ 陕西省博物馆：《陕西省耀县柳林背阴村出土一批唐代银器》，《文物》1966 年 1 期；〔日〕桑山正进：《一九五六年来出土の唐代金银器とその编年》，《史林》第 60 卷第 6 号。

⑦ Arthur Upham Pope, Phyllis Ackerman eds. *A Survey Of Persian Art*. Oxford University Press. 1938. 图 135。

⑩ 《太平御览》卷一百八十所录韦述《两京记》条文与《两京新记》文字在文例上稍有不同，如《太平御览》载，"又曰，通化坊，东南郧公殷开山宅，西北颜师古宅"。按《两京新记》文例，"东南""西北"应分别为"东南隅"和"西北隅"，《太平御览》省去一"隅"字，其含义相同。另，《太平御览》在"延寿坊"条下载，"延寿坊东隅驸马裴巽宅"。此"东隅"含义不明，疑漏一"南"字或"北"字。此例，我们在统计时，略而不计。

⑪ 唐长安城一坊被十字街及巷道划分为十六个单位的看法，宿白先生曾在《隋唐长安城和洛阳城》一文中提出，见《考古》1978 年 6 期。

⑬ 徐松：《唐两京城坊考》卷四。

我国古墓葬中发现的孝悌图像

长期以来，在考古调查和发掘工作中，相继发现一大批汉至元代初年的砖室壁画墓、画像石墓、仿木结构雕砖壁画墓以及与其相关的石祠、石阙等地上建筑。在其墓壁、石棺和建筑壁面上，绘制或雕刻着大量以具体故事为题材的历史人物图像。这些形象资料，无疑体现了当时社会生活、尤其是意识形态的某些方面，颇有将其加以系统整理并做出相应研究的必要。

一

我国古代墓葬之刻、绘历史人物故事图像，约始于西汉时期。河南洛阳老城西北发现的砖室壁画墓，墓室内彩绘鸿门宴、二桃杀三士、苛政猛于虎等历史故事图像，是迄今所知年代最早的实例。其年代，约当西汉元、成帝在位期间①。

东汉时期，在北方地区的上层社会墓葬中，刻、绘此类图像已蔚然成风。分布于河南、山东、江苏北部、内蒙古南部的东汉砖室壁画墓、画像石墓，均有相当数量的历史人物及故事图像发现。内蒙古和林格尔壁画墓，中室之西、南、北三壁彩绘历史人物及故事图像80多幅，是东汉砖室壁画墓中此类图像最多的一例②。东汉画像石墓，刻划此类图像者，较壁画墓更为普遍，其中画面保存较多、内容较为丰富的实例，不胜枚举。

东汉建造的石阙、石祠，保留至今的数目较少，但壁面雕刻此类图像者仍不乏其例。河南登封少室阙、山东嘉祥武氏祠之东、西二子阙、四川王家坪无铭阙和雅安高颐阙，阙面皆有此类图像存在③；山东长庆郭巨祠和嘉祥武氏祠，更是此类图像荟集的场所④。

此外，从文献中也可看到一些有关的记载。如戴延之《西征记》云："金乡焦氏山北数里有汉司隶校尉鲁峻冢，前有古石祠堂，堂壁皆青石，隐起自书契以来忠臣、孝子、贞妇、孔子及弟子七十二人形象。"

见于上述各类汉墓、石阙、石祠的历史人物及故事图像，题材颇为广泛，《西征记》"自书契以来"一语已经对它作了很好地概括。

属于孝子类的图像，主要表现以孝行著称的人物。如曾参母子图、闵子骞及闵子骞芦衣赶车图、老莱子及老莱子斑衣娱亲图、丁兰及丁兰刻木奉亲图、韩伯榆悲亲图、董永卖身图，还有邢渠、魏汤、朱明等。他们多为后世孝子传中的人物及故事。

上述实物资料表明，在冢墓及其地上建筑壁面绘、刻历史人物及故事图像，已是弥漫于汉代中原地区的一种社会风习。这种社会现象的出现，固然与西汉中晚期以来厚葬之风愈演愈烈有关，但如从意识形态方面加以考察，便会发现其更为深刻的社会根源。

首先，我们知道，早在先秦时代，不论宫廷、衙署，还是太庙、祠堂，都已有壁画存在。鲁明堂内，"有尧舜之容，桀纣之像"⑤；楚"先王之庙及公卿祠堂，图天地、山川、神灵、琦玮、谲诡及古贤圣、怪物、行事"⑥。秦汉亦然。在汉墓、石祠中图写历史人物及故事图像，正是这一建筑传统在埋葬制度上的反映。

在建筑内图写此类壁画，不仅仅是为着装饰壁面而使之愈益富丽堂皇、有声有色，而更重要的，则是要人们从中受到教育，有所鉴戒。诚如《孔子家语》所说："孔子观乎明堂，睹四门墉有尧舜之容、桀纣之像，而各有善恶之状，兴废之戒焉。"

曹植在画赞序中对绘画所产生的这种教育作用曾有精辟的论述。他说："观画者，见三皇五帝莫不仰戴；见三季暴主莫不悲惋；见篡臣贼嗣莫不切齿；见高节妙士莫不忘食；见忠节死难莫不抗首；见放臣斥子莫不叹息；见淫夫妒妇莫不侧目；见令妃顺后莫不嘉贵。是知存乎鉴戒者，图画也。"曹植的这一看法，系针对人物画而言，自然应包含建筑壁画中的历史人物及故事画在内。曹植生于汉末，又曾是最高统治集团中有影响的文人，他的看法在当时应具有一定的代表性。由此我们便不难看出汉墓及石祠中雕刻或绘画历史人物及其行事的良苦用心了。

其次，从思想内容上说，汉墓及石祠、石阙上雕、绘的历史人物及故事图画所宣扬的，一是古帝王圣贤和儒家学说创始人，二是忠臣贤相、孝子列女和侠义之士。宣扬古帝王圣贤是儒家的一贯主张；宣扬儒家学说创始人，是要凭借推崇孔子其人，巩固儒家学说在意识形态领域的统治地位。至于忠臣贤相、孝子列女和侠义之士，其行为本身便是儒家教条的具体体现，浸透了儒家一再强调的君君、臣臣、父父、子子和三纲五常等伦理道德思想。因此，汉代墓葬及其地上建筑中大量出现历史人物及故事图像，显然同汉武帝接受董仲舒建议、罢黜百家独尊儒术以来，儒家学说及其伦理道德思想逐渐成为全社会指导思想和人们行为的道德规范，有着密切的内在联系。

值得指出的是，其一，宣扬儒家学说之所以采取图画这种形式，是因为它不仅和口头上的理论性说教相辅相成，而且具有形象、生动、直观明了的特点，比理论性说教更易于为社会各阶层人们所接受。其二，从实物资料看，汉代社会所宣扬的儒家伦理道德，包含忠、孝、节、义四大要点。孝是其中的主要内容之一，但还不是着意予以强调的对象。

二

魏晋南北朝墓葬中，目前发现此类图像尚少。所见数例，几乎全部出现在随葬器物和葬具上。图像内容，与汉代约略相似。

安徽马鞍山东吴朱然墓，出土漆木器约80件，其中的3件漆盘上彩绘历史故事图像，分别为季札挂剑图、百里奚会故妻图和韩柏榆悲亲图⑦。

河南邓县（今邓州市，后同）学庄北朝彩色画像砖墓，部分墓砖上模印附题名历史人物图像。所见人物有南山四皓、王子（乔）、浮丘公、老莱子⑧。

山西大同北魏司马金龙墓，出土残木板漆画1件，其上尚保留一些附榜题历史人物图像。所见人物有舜、周太姜、周太任、周太姒、鲁师春姜、汉成帝、汉成帝班婕妤、孝子李充及李充妻、启与启母、孙叔敖与孙叔敖母、鲁母师、和帝□后、卫灵公及卫灵公夫人、晋公子重耳、蔡人妻、（黎庄）公夫人、孟谈、高赫、鱼与鱼之子等⑨。

宁夏固原北魏墓，出土漆画木棺一具，上绘舜、郭巨、尹吉甫、蔡顺等历史人物⑩。

现藏美国堪萨斯城纳尔逊艺术博物馆的北魏石棺，早年出于洛阳。石棺上刻有舜、郭巨、原谷、董永、蔡顺、尉等历史人物⑪。

早年洛阳出土的北魏宁懋石椁上，也刻有此类图像，其图像榜题为："舜从东家井中出去时""丁兰侍木母""董永看父助时""董晏母供王寄母语时"⑫。

此外，在南京一带的东晋、南朝墓中还多次发现模印的竹林七贤图。

通观魏晋南北朝墓葬图像资料，其所刻、绘人物，除南山四皓、王子乔、浮丘公、竹林七贤等人外，余皆忠孝节义类人物。舜、周太姜、周太任、周太姒、孙叔敖母、老莱子、丁兰、董永、蔡顺、韩柏榆及季札挂剑图，已见于汉代。其他，如郭巨、原谷、李充均为名孝子。唯对见于北魏石棺上的尹吉甫、尉二人需要作一简要解释。

尹吉甫事迹，见于《太平御览》卷五百一十一引《琴操》和《水经·江水注》引杨雄《琴清英》，二者所记稍异。依《琴操》，尹吉甫乃周卿，其子伯奇慈仁（《琴清英》谓为"至孝"），受后母谮而被放诸野。后吉甫从宣王出游，伯奇作歌感之。吉甫感悟遂射杀其妻。此故事与闵子骞、薛苞父子间发生的误解有某些类似。伯奇堪称孝子，尹吉甫不失为慈父，列入孝子类较为合适。

尉，原图像榜题"尉"字之上尚有字迹，但不可识。人或以为其为"巨"字⑬。巨尉，即汝南王琳。其事迹，分见《太平御览》卷四百六十引《东观汉记》和同书卷五百四十八引《孝子传》。王琳"十岁失父母，弟季年七岁，兄弟二人哭泣，哀声不绝；在冢侧作庐，不妄出入"。又，"弟季出，遇赤眉，将为所捕。琳请自缚先季死。贼怜而遣之"。依此，也属孝悌类人物。

魏晋南北朝墓葬中所见历史人物及故事图像，其主旨当同汉代一样，是宣扬忠、孝、节、义这一封建道德标准。然若将两者仔细加以对照，便会发现它们之间还是存在一定差别的。

其差别之一，是魏晋南北朝时期墓葬历史人物图像中，古帝王圣贤图像显然比汉代大大减少了。在目前所见实物中，属于古帝王圣贤者，只有舜一人。舜，既是古帝王，又是履行孝道的典范。鉴于其形象曾多次与诸孝子同列而刻、绘于北魏石棺或漆棺上，说明在北魏时期可能主要是将他作为大孝子加以宣扬的。

其二，魏晋南北朝墓葬中历史人物及故事图像的具体内容，在北魏迁洛前后似乎发生了较大的变化。其突出表现，在于宣扬孝道的孝悌人物及其故事，几乎成了墓葬中历史人物及故事图像的唯一题材。宁夏固原北魏墓漆画木棺和河南洛阳所出北魏石棺、石椁上，所绘、刻的历史人物——舜、郭巨、原谷、蔡顺、丁兰、董永、巨尉、尹吉甫，无一不是孝悌行为卓著的人物，为我们的上述观点提供了有力证据。这一现象说明，魏晋南北朝的后期，在伦理道德的宣传上，已经开始把孝悌观念置于特别予以强调的地位。

墓葬中历史人物及故事题材的这一变化，同样是由当时的历史环境决定的。自东汉末年直至北魏入主中原，我国封建社会经历了长达数百年的社会大动乱。政局四分五裂，朝代更替频繁。统治阶级内部钩心斗角、明抢暗夺的权力之争连续不断，君不君、臣不臣的事例司空见惯。两汉以来笼罩全社会的儒家学说及其伦理道德教条面临总崩溃的困境，意识形态领域一片混乱。清谈之风风靡全国，佛道二教迅速泛滥，儒佛道之间的斗争也在日趋激化。面对这一现实，当时的统治者们为了巩固自己的政权，一方面利用宗教麻痹人民的斗志，同时，竭力维护儒家学说业已动摇了的地位，希图从人们之间最根本的关系——血亲关系出发，极力强化孝悌观念，大力宣扬孝道，从而达到齐家、治国、平天下的目的。各种各样的孝子传、孝传应运而出，形形色色的孝悌人物故事在社会上广为传播。在这种条件下，墓葬中历史故事图像的题材，发生由忠孝节义逐渐向单一孝悌故事的转化，便是自然而然的事了。

三

孝悌故事图像在宋辽金元（早期）墓葬中屡见不鲜。迄今为止，豫西、豫北、晋南、辽南以及甘肃、四川等地的宋辽金元（早期）砖室壁画墓、仿木结构雕砖壁画墓中皆有不少孝悌故事图像发现。

据不完全统计，宋辽金墓葬发现孝悌图像者近 30 例。分布如下。

豫西地区：孟津出土宋张君石棺线刻孝悌故事图 24 幅[14]；洛阳七里河出土宋孝子石棺线刻孝悌故事图 15 幅[15]；巩县西村宋墓石棺线刻孝悌故事图 24 幅[16]；嵩县北元村宋墓墓壁绘制孝悌故事图 15 幅[17]。

豫北地区：林县一中北宋晚期墓墓壁绘制孝悌故事图 12 幅[18]；焦作电厂金墓墓壁镶嵌砖雕孝悌故事图 3 幅[19]；焦作金代画像石墓墓壁雕刻孝悌故事图 7 幅[20]。

晋南地区：永济县（今永济市，后同）金墓石棺雕刻孝悌故事图 24 幅[21]；沁源县正中村金墓绘制孝悌故事图 24 幅[22]；垣曲县东铺村金墓绘制孝悌故事为主要内容的壁画 12 幅[23]；侯马 31 号金墓雕刻孝悌故事图 6 幅[24]；绛县裴家堡金墓绘制孝悌故事图 4 幅[25]；闻喜县寺底金墓绘制孝悌故事图 11 幅[26]；闻喜县下阳村金墓绘制孝悌故事图 6 幅[27]、小罗庄 1 号金墓残存孝悌故事图 7 幅[28]、小罗庄 2 号和 6 号金墓各雕、绘孝悌故事图 10 幅[29]；长治市故漳村金墓绘制孝悌故事图 22 幅[30]；长治市安昌金墓绘制孝悌故事图 24 幅[31]；长子县石哲金墓绘制孝悌故事图 24 幅[32]。

重庆井口镇宋墓雕刻孝悌故事图像 11 幅[33]；四川广元罗家桥宋墓雕刻孝悌故事图 4 幅；四川广元○七二医院宋墓雕刻孝悌故事图 6 幅[34]。

甘肃兰州中山林金墓雕刻孝悌故事图 4 幅[35]。

辽宁辽阳金厂辽墓雕刻孝悌故事图 18 幅[36]；锦西大卧铺辽金时代 1 号墓雕刻孝悌故事图 15 幅[37]；2 号墓雕刻孝悌故事图 14 幅[38]；鞍山市汪家峪辽墓雕刻孝悌故事图 19 幅[39]。

刻绘孝悌故事的元代墓葬，多属元代早期。现已发现五例：山西芮城永乐宫旧址潘德冲墓石棺线刻孝悌故事图 24 幅[40]、宋德方墓石棺线刻孝悌故事图 4 幅[41]；山西新绛县寨里村元墓雕刻孝悌故事图 12 幅[42]；山西长治捉马村元墓绘制孝悌故事图 4 幅[43]。甘肃漳县汪世显家族墓地之 8、9、11、13 号墓，皆为砖筑单室墓。墓室平面作方形或长方形，四壁下部镶嵌模制人物、花卉、鸟兽纹花砖。人物花砖未作详细报道，然简报透露其图像"多属于'二十四孝'内容"[44]。

上述宋辽金元墓葬孝悌故事图所刻画的孝悌人物，有的从图像所附榜题可以确切了解，具有无可置疑的准确性；有的则需要根据图像刻画的简略故事情节予以推断。由于种种原因，这种推断不可避免地会产生某些失误，但从总体看，这类图像对于研究孝悌故事的流传情况仍不失为有价值的参考资料。

依照各地文物考古工作者对有关图像的鉴别，我们对宋辽金元诸代墓葬历史故事图像所刻画的孝悌人物作了一个初步统计（详见附表）。该表显示出，宋辽金诸代墓葬历史故事图像所刻划的孝悌人物共约 40 人，而且各地区墓葬所出现的孝悌人物也有所不同。豫西、晋南地区宋金墓所见孝悌人物故事图像呈现出大体一致的面貌，可以看作一个区域。辽南辽金墓、四川地区宋墓所见孝悌人物故事图像，大多同于豫西、晋南地区，但少数人物及其故事却是豫西、晋南地区所没有的，而且辽南、四川二地区所见孝悌人物及其故事也有一定区别，因此，他们似乎又可以分别算作一个区域。

以上三个区域中，豫西、晋南地区的实物资料最为系统、丰富，我们拟从这一地区入手试作一些分析。

豫西、晋南地区各宋金墓，刻、绘孝悌人物的数量有多有少，而一座墓葬刻绘孝悌人物故事图像的最高数额为 24 幅，每幅一人一事。关于本地区宋金墓孝悌人物故事图像的统计资料表明，经常出现于墓葬图像的孝悌人物同样是 24 例，而且这 24 位孝悌人物及其故事与刻绘于同一座墓葬的 24 幅孝悌故事图像基本一致。他们是大舜、老莱子、郯子、曾参、闵损（闵子骞）、蔡顺、郭巨、董永、丁兰、姜诗、陆绩、孟宗、王祥、杨香、韩伯俞、元角、刘明达、田真、曹娥、刘殷、鲁义姑、赵孝宗、鲍山、王武子。

据有榜题图像的画面看，这 24 人中的 22 人，各墓在表现他们孝悌事迹时所采用的故事情节相同，连构图也十分接近。大舜，表现其驱象耕田；老莱子，表现其彩衣娱亲；郯子，表现其衣鹿皮入山取乳；曾参，表现其樵归问母；闵损，表现其谏父一节；郭巨，表现其埋儿见金；董永，表现其与妻生离死别；丁兰，表现其夫妻奉木刻亲像；孟宗，表现其哭竹生笋；王祥，表现其卧冰求鱼；杨香，表现其扼虎救父；韩伯俞，表现其受母杖责；元角，表现其拉笆劝父；刘明达，表现其卖子情节；田真，表现兄弟三人见紫荆枯萎而感戚；曹娥，表现泣江寻父尸；刘殷，表现其行孝而得神赐；鲁义姑，表现其舍己子而救夫兄之子；赵孝宗，表现其舍己救弟；鲍山，表现其行佣孝母；王武子，表现其夫妻之割股奉亲。这 24 人中的另外二人——姜诗和蔡顺，情况与上述 22 人不同，各地墓葬描述他们事迹的图像，明显存在一些差异。

先说姜诗。各墓的姜诗行孝图像，似乎皆取夫妻取江水供母情节。但有的，如孟津宋张君石棺，画其夫妻面对老母躬身而立；有的，如长治故漳金墓，则画作诗妻挑担往取江水。

再说蔡顺。其行孝图像，在孟津宋张君石棺及巩县西村宋墓石棺上，皆表现其闻雷泣墓情节，但在山西长子石哲金墓中，画面上画一着盔甲武将，旁竖彩旗；蔡顺面朝武将拱手拜，地上放一篮。依图判断，图像所表现的应是拾椹供母，而不是闻雷泣墓。闻雷泣墓的图像在山西永济金墓石棺上曾经出现，但图像题名为王怖而不是蔡顺。按此王怖，事迹与王裒同；怖与裒字读音相近，或为王裒之讹。

从对豫西、晋南宋金墓图像资料的粗浅分析，我们觉得有以下两点值得注意。

其一，豫西、晋南宋金墓，每墓的孝悌故事多少不等，但最高数额不超过 24 幅，而一墓刻、绘 24 幅孝悌图像者已有 6 例，这意味着当时的一组孝悌故事或许正是由 24 个人物的典型事迹组成的。

其二，豫西、晋南宋金墓最常见的孝悌人物，为前所列举之大舜等 24 位。在 6 座刻、绘 24 幅孝悌故事图的宋金墓中，有 5 例（即河南孟津宋张君石棺、巩县西村宋墓石棺、山西长子石哲金墓和安昌金墓、沁源中正村金墓）所刻、绘人物与前所列举人物同。但也有例外，山西永济金墓石棺所刻 24 位孝悌人物中，少了前所列举 24 位孝悌人物中的陆绩，而以王怖（哀）代之。再加上前述姜诗行孝故事、蔡顺行孝故事在各墓图像上呈现出来的种种差异，这就不能不让人觉得，当时流传于豫西、晋南的二十四孝悌故事似乎不止一种组合。

经过对实物资料的进一步分析排比，我们以为，至少可以提出三种人物组合类型。

第一种，见于孟津宋君石棺、巩县西村宋墓石棺。其 24 位孝悌人物即前述之大舜、老莱子、郯子、曾参、闵损、郭巨、董永、丁兰、陆绩、孟宗、王祥、杨香、韩伯俞、元角、田真、曹娥、刘明达、刘殷、鲁义姑、赵孝宗、鲍山、王武子、姜诗、蔡顺。蔡顺以闻雷泣墓为主要孝行。

第二种，见于山西长子石哲金墓、长治安昌金墓和沁源中正村金墓壁面。其人物组合同于第一种，但蔡顺事迹是拾椹供母而不是闻雷泣墓。

第三种，见于山西永济金墓石棺。其人物组合基本同于第一种，但以王怖（哀）替代陆绩，王怖（哀）以闻雷泣墓为主要孝行。蔡顺孝行图像不曾发表，肯定不会再是闻雷泣墓，而有可能是拾椹供母那样的内容。

此外，在河南嵩县宋墓和山西闻喜小罗庄金墓的无题名孝悌图像中，文物考古工作者还分别辨认出汉文帝刘恒行孝和江革行孝等孝悌故事图，而这二人又都是前述三种人物组合所不曾有的。如辨识确凿无误，那就意味着前述三种人物组合之外，很可能还有其他人物组合存在。

豫西、晋南地区宋金墓孝悌故事图像之榜题，约有以下几种形式。一种，是仅仅题写孝悌人物姓名。另一种，是在姓名之后加上"行孝"二字。使用这两种榜题的实例较多，分布范围较广，似乎不受地区的局限。第三种，是榜题为一短语，概括说出孝悌人物姓名及其典型事迹。此种榜题，可以巩县西村宋墓石棺的孝悌图像为代表。这一石棺 24 幅孝悌故事图像中，使用这种榜题的有 20 幅。其榜题分别为"丁兰刻木""董永卖身""舜子事父""郭巨埋儿""脤子悲前""鲍山起熟"[45]"刘殷泣江""子骞谏父""伯榆泣杖""曾参母齿（啮）指""武妻事家""陆绩怀桔""诗妻奉姑""元觉迴箐""曹娥泣江""孟宗哭竹""莱老奉亲""王祥卧冰""蔡母怕雷""杨香跨虎"。语言洗练，似经文人加工。类似的榜题还曾在山西闻喜小罗庄金墓和长治故漳村金墓的部分孝悌图像中出现。第四种，是榜题为一段与图像有关但结合不甚紧密的文字。山西长子石哲金墓 24 幅孝悌故事图中的王祥、郭巨、王武子妻、韩伯瑜、田真、孟宗、曹娥等 7 幅，榜题皆取这一格式。如王祥卧冰图，榜题为"王祥幼亡其父，惟奉其母，母染沉疴之"；郭巨埋儿图，榜题为"郭巨至孝，持□□子侵母食"；韩伯瑜泣杖图，榜题为"韩伯瑜奉母，常望教训之，瑜非□□□一日母训□恸泣，母曰教□"。这种榜题格式显然是由汉画像延续下来的，内容好像是孝悌故事介绍文字的一部分。

鉴于墓葬中各种不同组合的二十四孝悌人物故事的实际存在和每种组合内人物故事内容的相对稳定，我们推测，在宋金时期，豫西、晋南地区很可能流传着内容大同小异的多种二十四孝悌故事蓝本，各种蓝本流行的地域有所不同。墓葬中孝悌故事图像不同格式的榜题还提示我们，社会流行的此类蓝本，不但有对孝悌人物故事的文字叙述，而且每个故事可能都有一个用精炼语言概括故事情节的标题。从各墓葬内容相同故事的图像在构图上的较大一致性看，这种蓝本还有可能是图文并茂的。

豫西、晋南地区迄今发现孝悌故事图像的宋金墓，有 9 座为纪年墓。他们是北宋崇宁五年（公元 1106 年）孟津张君墓、北宋宣和五年（公元 1123 年）洛阳七里河墓、北宋宣和七年（公元 1125 年）巩县西村墓、金贞元元年（公元 1153 年）山西永济石棺墓、金大定八年（公元 1168 年）沁源县中正村墓、金大定廿三年（公元 1183 年）垣曲东铺村墓、金大定廿八年（公元 1188 年）闻喜小罗庄 2 号墓、金明昌二年（公元 1191 年）闻喜下阳村墓、金明昌六年（公元 1195 年）长治安昌墓。其中年代最早的，当属孟津张君墓。由此可以看出，宋金时期流行的时间最早的二十四孝悌故事必形成于崇宁以前。最早出现二十四孝悌故事的地区，很可能是洛阳地区。

辽南地区，已发现刻绘孝悌故事图像的辽金墓 4 座。各墓孝悌故事图像的数额多少不等，但无一墓达到 24 幅，也无一幅附有榜题。所见孝悌人物中，最常见的，虽仍是中原习见的虞舜、郯子、曾参、闵损、王祥、郭巨、董永、杨香、鲁义姑、元觉、丁兰、孟宗、王裒等，但仅见于中原北朝墓的茅容故事，曾在三座墓中出现；而这里孝悌图像中的薛苞、魏汤、唐氏、王密、黄庭坚等，在中原宋金墓中尚未看见。这说明，辽南流行的孝悌人物故事，确有一些特别之处。墓葬孝悌图像制作所依据的，应该是与中原不同的蓝本。

四川地区宋墓之发现孝悌故事图像者，只有重庆、广元的 3 座南宋墓。一墓孝悌故事图像最多的只 11 幅，且皆无榜题。据考古工作者辨识，其图像内容有见于宋金墓的郭巨埋儿、董永别妻、丁兰侍木母、曾参问母、杨香扼虎、元角谏父、伯俞泣杖、陆绩怀桔，以及姜诗、闵损故事，还有不见于中原的子路负米奉亲、唐氏乳姑、李氏女守父柩、王延元求鱼、刘庸行孝等。这种情况的出现，也应与图像制作所据蓝本不同于中原有一定关系。

重庆井口镇宋墓后穿道之东、西壁分别雕刻出自佛教典籍的阿难见王舍城男子孝父母和目连救母故事，更是其他地区所不曾见过的。

辽南、四川两地区孝悌图像在墓葬中出现的时间均较中原地区为晚。这些地区的孝悌故事蓝本，或者是在中原本子的影响下产生的。

刻、绘孝悌人物故事图像的元代早期 5 处墓葬中，汪世显家族墓地在甘肃，图像内容不曾报道，自不在讨论范围之内。其余 4 座墓葬，皆在山西。他们是芮城永乐宫旧址元宪宗六年（公元 1256 年）潘德冲墓、同地至元十二年（公元 1275 年）宋德方墓、新绛县寨里村至大四年（公元 1311 年）墓和长治捉马村元墓。这些墓皆在富于刻、绘孝悌故事传统的晋南地区，图像中的主要孝悌人物均与流行于长子、沁源一带金墓的二十四孝悌故事的人物相同。其中最具代表性的，应是潘德冲墓。潘墓石棺线刻孝悌故事图 24 幅，榜题皆为"××行孝"。图像所表现的人物故事以至图像结构，与长子石哲金墓几乎完全一致。这说明，上述几处元墓孝悌故事图像制作所依据的蓝本，和长子石哲金墓是一脉相承的。

最后，我们觉得还应该对宋辽金元墓葬二十四孝悌故事图像中的人物题名问题，补充谈点看法。

在上述宋辽金元墓葬的有关图像中，对相当一部分孝悌人物的题名用字各异，但字音相同或接近。除前面提到的王裒误作王怖外，还可举出一大批。如杨香误作杨昌（宋张君石棺、故漳村金墓壁画）；丁兰或写作丁栏（永济金墓石棺、元潘德冲石棺）；刘殷误作刘鹰（元潘德冲石棺）；郭巨误作括拒（元潘德冲石棺）；陆绩误作陆稷（元潘德冲石棺）、闵子骞（闵损）误作闵子愆（永济金墓石棺）；王武子误作王舞子（洛阳七里河宋墓石棺）；姜诗误作姜师（故漳金墓壁画、石哲金墓壁画）、薑师（元潘德冲石棺）、江丝（洛阳七里河宋墓石棺）；韩伯逾或写作韩百俞（宋张君石棺）、韩伯榆（巩县西村宋墓石棺、元潘德冲石棺）、韩伯瑜（石哲金墓壁画）、韩百榆（永济金墓石棺），甚至误作韩俞伯（故漳金墓壁画）；元觉或写作元角（故漳金墓壁画）、或误作袁觉（永济金墓石棺）；郯子或写作睒子（宋张君石棺）、脁子（巩县西村宋墓石棺）或误作纴子（元潘德冲石棺）等等。

元觉（元角）一名，首见于宋代石棺。其故事图像为少年元觉手拖梯形"担架"跟随在中年男子身后沿山路往回走，二人似有所语；远处山崖上坐一孤独老人。巩县西村宋墓石棺题作"元觉迴箐"，金墓壁画常题作"元角拉筻劝父"。此图像所表现的元觉行孝故事，与汉画像中孝孙原谷的事迹相同，加之宋张君石棺曾将此图像中的孝悌人物题名为"孙悟元觉"，所以我们相信有人怀疑元觉即原谷的看法是正确的[86]。如此，则元觉一名乃由原谷二字转化而成。

山西长治故漳村金墓孝悌故事图中，有一幅题为"曹三问母"。曹三者何人？史籍无征。此图的画面是，右侧站一老妇，左侧绘一柴担和一拱手而立的青年，与曾参问母图十分相似。联系到曾字与曹字形近，参字与叁字易混，叁又可小写为三。故而我们以为，此图应为曾参问母，而榜题中的"曹三"二字实为"曾参"二字的误书。

图像中孝悌人物题名种种失误的出现，既可能是图像制作者多为民间艺人、文化水平不高所造成，也可能与二十四孝悌故事在民间的传播方式不全是本本相传有关。不管导致失误的原因究竟为何，这些失误的普遍存在，无疑为我们揭露了这样一个事实：在宋辽金元（早期）时期，二十四孝悌故事已经在社会下层人中得到广泛传播。

据专家考证，《二十四孝》始成于元代。最早撰辑者为谁，其说不一。世间流传的《二十四孝》至少有四种版本。其中流传最广的，是范泓《典籍便览》收录的元郭居敬辑《二十四孝》[47]。以之与宋至元代早期二十四孝悌故事比较，不难发现，元代辑本《二十四孝》，无论在形式上还是内容上，都是在继承以往二十四孝悌故事的基础上经过进一步的加工而后形成的。

（原刊于《中国考古学论丛——中国社会科学院考古研究所建所 40 年纪念》，科学出版社，1993 年，此次出版有删节）

注　释

① 河南省文化局文物工作队：《洛阳西汉壁画墓发掘报告》，《考古学报》1964 年 2 期。

② 内蒙古文物工作队、内蒙古博物馆：《和林格尔发现一座重要的东汉壁画墓》，《文物》1974 年 1 期。

③ 高成英：《中国汉阙画像艺术浅析》，《中国文物报》1989 年 3 月 31 日。

④ 骆承烈、朱锡禄：《嘉祥武氏墓群石刻》，《文物》1979 年 7 期。

⑤ 《孔子家语》卷三，《四部丛刊》初编缩本，商务印书馆，1936 年。

⑥ 王逸：《楚辞章句》，丛书集成本。

⑦ 安徽省文物考古研究所、马鞍山市文化局：《安徽马鞍山东吴朱然墓发掘简报》，《文物》1986 年 3 期。

⑧ 陈大章：《河南邓县发现北朝七色彩绘画像砖墓》，《文物参考资料》，1958 年 6 期。

⑨ 山西省大同市博物馆、山西省文物工作委员会：《山西大同石家寨北魏司马金龙墓》，《文物》1972 年 3 期。

⑩ 固原县文物工作站：《宁夏固原北魏墓清理简报》，《文物》1984 年 6 期。

⑪⑬ 宫大中：《邙洛北魏孝子画像石棺考释》，《中原文物》1984 年 2 期。

⑫ 赵万里：《汉魏南北朝墓志集释》，图一六二，科学出版社，1956 年。

⑭ 黄明兰、宫大中：《洛阳北宋张君墓画像石棺》，《文物》1984 年 7 期。

⑮ 杨大年：《宋画像石棺》，《文物参考资料》1958 年 7 期。

⑯ 巩县文物管理所、郑州市文物工作队：《巩县西村宋代石棺墓清理简报》，《中原文物》1988年1期。

⑰ 洛阳市第二文物工作队：《嵩县北元村宋代壁画墓》，《中原文物》1987年3期。

⑱ 林县文物管理所：《林县一中宋墓清理简报》，《中原文物》1990年4期。

⑲ 焦作市文物工作队：《焦作电厂金墓发掘简报》，《中原文物》1990年4期。

⑳ 河南省博物馆、焦作市博物馆：《河南焦作金墓发掘简报》，《文物》1979年8期。

㉑ 张青晋：《山西永济发现金代贞元元年青石棺》，《文物》1985年8期。

㉒㉜ 山西省考古研究所晋东南工作站：《山西长子县石哲金代壁画墓》，《文物》1985年6期。

㉓ 吕遵谔：《山西垣曲东铺村的金墓》，《考古通讯》1956年1期。

㉔ 山西省文物管理委员会侯马工作站：《山西侯马金墓发掘简报》，《考古》1961年12期。

㉕ 张德光：《山西绛县裴家堡古墓清理简报》，《考古通讯》1955年4期。

㉖ 闻喜县博物馆：《山西闻喜寺底金墓》，《文物》1988年7期。

㉗㉘㉙ 山西省考古研究所、山西省闻喜县博物馆：《山西省闻喜县金代砖雕、壁画墓》，《文物》1986年12期。

㉚ 长治市博物馆：《山西长治市故漳金代纪年墓》，《考古》1984年8期。

㉛ 长治市博物馆王进先、朱晓芳：《山西长治安昌金墓》，《文物》1990年5期。

㉝ 重庆市博物馆历史组：《重庆井口宋墓清理简报》，《文物》1961年11期。

㉞ 廖奔：《广元南宋墓杂剧、大曲石刻考》，《文物》1986年12期。

㉟ 甘肃省文物管理委员会：《兰州中山林金代雕砖墓清理简报》，《文物参考资料》1957年3期；王增新：《关于"孝子闵损"和"孝孙原谷"》，《文物参考资料》1958年10期。

㊱ 王增新：《辽宁辽阳县金厂辽画像石墓》，《考古》1960年2期。

㊲㊳ 雁羽：《锦西大卧铺辽金时代画像石墓》，《考古》1960年2期。

㊴ 鞍山市文化局、辽宁省博物馆：《辽宁鞍山市汪家峪辽画像石墓》，《考古》1981年3期。

㊵㊶ 山西省文物管理委员会、山西省考古研究所：《山西芮城永乐宫旧址宋德方、潘德冲和"吕祖"墓发掘简报》，《考古》1960年8期。

㊷ 山西省文物工作委员会侯马工作站：《山西新绛寨里村元墓》，《考古》1966年1期。

㊸ 王进先：《山西长治市捉马村元代壁画墓》，《文物》1985年6期。

㊹ 甘肃省博物馆、漳县文化馆：《甘肃漳县元代汪世显家族墓葬简报之一》，《文物》1982年2期。

㊺ 鲍山起熟的"起熟"二字不可解。简报未发表图像，而其他墓图像多作鲍山与其母面对持刀武人而立，鲍似有所语。依此，这"起熟"二字可能是"乞恕"二字之讹。

㊻ 宫大中：《洛阳古代世俗石刻艺术概说》，《中原文物》1985年4期。

㊼ 王炳照：《说说"二十四孝"》，《文史知识》1988年6期。

附 表

时代	墓别 \ 孝子孝妇	虞舜	郯子	老莱子	曾参	闵损	蔡顺	郭巨	董永	丁兰	姜诗	陆绩	孟宗	王祥	杨香	韩伯瑜	元角	刘明达	曹娥	田真	鲁义姑	赵孝宗	王武子	鲍山子	王仲由	李延伯	氏元女	刘氏女	王裒	茅容	王密	魏汤	江革	薛包	吴猛	黄庭坚	蔡娄	朱寿昌	黄香	备注
宋代	孟津张君石棺（崇宁五年）	√	√	√	√	√	√	√	√	√	√		√	√	√	√	√																							
	洛阳七里河出土石棺（宣和五年）	√												√	√		√																							
	巩县西村墓石棺（宣和七年）	√	√	√			√	√	√	√	√		√	√	√	√	√																							
	嵩县北元村宋墓	√	√	√		√								√	√	√	√		√																					另有 2 幅已残
	林县一中北未晚朝墓	√		√	√		√	√	√	√	√								√																					
	重庆井口镇南宋墓			√				√										√	√	√																				另有 3 幅，1 幅内容待考，2 幅故事出自佛教经籍，未计在内
	四川广元〇七二医院宋墓（嘉泰四年）				√																			√					√√											√ 由图像分析，此人或为鲍山
	四川广元罗家桥南宋墓								√							√	√	√																						√ 由图像分析，此人或为鲍山
辽金时代	河南焦作电厂金墓（大定二十九年）	√		√				√			√				√																√									
	河南焦作金墓（承安四年）	√	√	√			√		√	√	√	√			√√				√																					
	山西永济石棺（贞元元年）	√	√	√	√	√	√	√	√	√	√	√	√										√			√														
	山西沁源县中正村墓（大定八年）	√	√	√	√	√	√	√	√	√	√	√																												
	山西垣曲东铺村金墓（大定二十三年）	√				√					√							√											√√											另有 5 幅内容待考

续表

时代	孝子孝妇　墓别	虞舜	郭巨	老莱子	闵子骞	曾参	蔡顺	董永	丁兰	姜诗	陆绩	孟宗	王祥	韩伯瑜	元角	刘明达	田真	曹娥	刘殷	鲁义姑	赵孝宗	鲍山子	王武子	刘恒	仲由	王延	孝氏女	刘庾	曹氏	王裀（袁）	茅容	王密	魏汤	江革	薛包	吴猛	黄庭坚	朱寿昌	黄香	黄黔娄	备注
金	山西闻喜小罗庄2号金墓（大定二十八年）	√						√				√																								√					
	山西闻喜下阳村金墓（明昌二年）	√	√	√				√																																	
	山西闻喜小罗庄1号金墓	√				√				√		√											√																		
	山西闻喜小罗庄6号金墓	√			√		√	√		√		√											√													√					
	山西闻喜寺底金墓	√	√				√	√		√						√																									
	山西长治安昌金墓（明昌六年）	√	√	√			√	√		√		√			√		√	√																							另有1幅内容待考
	山西长治故漳村金墓	√	√							√		√			√		√	√	√																						
	山西长子县石哲金墓	√	√				√	√		√		√	√		√		√	√	√																						
	山西侯马31号金墓	√								√																															另有2幅，与田真曾参二幅重复
	山西绛县裴家堡金墓		√							√						√								√																	
	甘肃兰州中山林金墓（明昌年间）	√	√							√		√			√			√																							
辽	辽宁辽阳金厂辽墓	√	√	√				√		√			√			√	√								√								√	√							
	辽宁鞍山汪家峪辽墓	√	√	√				√		√		√					√																√	√					√		
	辽宁锦西大卧铺辽墓M1	√	√							√		√																				√									另有2幅内容待考
	辽宁锦西大卧铺辽墓M2	√	√							√					√						√																				另有5幅内容待考

续表

时代	墓别 \ 孝子孝妇	虞舜	郯子	老莱子	曾参	蔡顺	闵损	郭巨	董永	丁兰	姜诗	王祥	孟宗	陆绩	韩伯瑜	刘明达	元角	曹娥	田真	刘殷	鲁义姑	孝宗	王武子	赵鲍山	刘佰由	王仲元女	田氏	李唐氏	刘庸	王祐	孝容	王密	魏汤	江革	薛包	吴猛	黄庭坚	庾黔娄	朱寿昌	黄香	备注
元代（早期）	山西芮城潘德冲墓石椁（宪宗六年）	√	√	√	√	√	√	√	√	√	√	√	√	√	√	√	√	√																							
	山西芮城来德方墓石椁（至元十二年）			√	√						√	√																													
	山西新绛寨里村元墓（至大四年）	√		√	√	√					√	√		√																											另有1幅内容待考
	山西长治捉马村元墓					√					√	√	√																												
	甘肃漳县汪家显家族墓															（内容不详）																									
	元郭居敬辑录《二十四孝》	√	√	√	√	√	√	√	√		√	√	√	√	√					√					√			√		√				√		√	√	√	√	√	

读唐崔凝及其妻李氏墓志

　　1991 年，河南省偃师县城关杏园村一号墓出土唐崔凝及其妻李氏墓志各一方。两墓志皆石质，盖作方形、盝顶，志石方形，文皆楷书。崔凝墓志，长 68、宽 69、高 11 厘米。朝散大夫、御史中丞、上柱国、赐紫金鱼袋狄归昌撰文，共 38 行，满行 46 字。李氏墓志，长、宽各 29 厘米、高 7 厘米。崔凝亲为撰文，共 17 行，满行 17 字。其墓葬形制、结构、随葬器物及墓志拓片，详载《考古》杂志 1992 年 11 期①。

　　崔凝妻李氏早逝。志文称其殁于咸通八年（公元 867 年）六月廿七日，享年 25 岁。依此逆推，其生年当为公元 842 年，即唐武宗会昌二年。崔凝，字得之，享寿较永。志文称其"以乾宁二年（公元 895 年）八月廿五日薨于郡舍，享年五十有八"。依此逆推，其生年当为公元 837 年，即唐文宗开成二年。

　　崔凝，两《唐书》无传，但原西安文庙所存唐尚书省郎官石柱题名中能看到他的名字。对其五十八年的人生历程，仅能从时人和后人留下的笔记或其他著述中得以略知一二②：他擅长文字，墨妙词芬，进士及第。曾任司勋员外郎、中书舍人、户部侍郎、翰林学士，还曾以刑部尚书兼知贡举，并因知贡举期间，所选"颇多芜类"而被贬为合州刺史。今有墓志出土，对进一步考察其人生平自然是绝好的依据。况且，从墓志看，崔凝一生，前后经历了文、武、宣、懿、僖、昭六朝，步入仕途后，又一直在朝廷为官，墓志在叙述其生平事迹时，理所当然地联系到当时的朝政及一些重要历史人物，因而又具有另外一种意义上的史料价值。为此，特据拓片，将墓志中有关其主要经历的文字，按先后顺序逐一摘出＊，并加以必要的分析、考证，以期对深入理解墓志原文有所裨益。

　　1. 崔凝墓志云："公□岳降神，自天生德，丕承峻趾，克绍清风。幼学以孝悌著称，弱冠以器识显名，实为国华，遂从乡荐。咸通六年一上升第于故相国李公蔚之下。"

　　查《旧唐书》之《懿宗纪》和《李蔚传》，李蔚于咸通五年（公元 864 年）以中

＊ 录文系据《考古》杂志刊出之墓志拓片摘出，无法辨识之字用"□"，有疑问用"（？）"号标出。

书舍人权知礼部贡举；六年（公元865年）拜礼部侍郎、转尚书右丞，寻拜京兆尹、太常卿，寻以本官同平章事。是以知，墓志所谓崔凝于"咸通六年一上昇第于故相国李公蔚之下"，正是李蔚权知礼部贡举时期的事。又，崔凝妻李氏墓志首句称，"有唐前乡贡进士崔凝亡室陇西李氏"，更进一步表明，崔凝是在李蔚知贡举时期以乡贡进士资格步入仕途的，时年约28岁。

2. 崔凝墓志云："故相国崔公彦昭镇河阳署节度推官▨校书郎转协律郎、充河东支使改留守判官，俄充鹾巡移计推，皆赴崔公之嘉招，随府而莅职也。"

《旧唐书·懿宗纪》载，咸通十一年（公元870年）春正月，"以河阳三城节度、孟怀泽观察使、中散大夫、检校礼部尚书、孟州刺史、御史大夫崔彦昭为金紫光禄大夫、检校刑部尚书、太原尹、北都留守、河东节度观察等使"。据此知，崔彦昭之镇河阳起于咸通十一年以前之某年，至咸通十一年已移镇河东。同上书之《僖宗纪》又载，乾符元年（公元874年）"三月，以河东节度使、检校尚书右仆射崔彦昭为尚书兵部侍郎、充诸道盐铁转运等使，以银青光禄大夫、京兆尹……窦瀚检校户部尚书、太原尹、北都留守、御史大夫、充河东节度管内观察处置等使"。四月，崔彦昭本官同平章事、领使如故。据此又知，崔彦昭自乾符元年三月起已不再镇守河东，而重回朝廷任职。这就是说，"赴崔公之嘉招、随府而莅职"的崔凝，追随崔彦昭在河阳节度、孟州刺史及河东节度使麾下任职的时间，至迟不会超过乾符元年。崔凝妻李氏墓志云："其以咸通八年六月廿七日殁于孟州氾水县。"且从墓志知，李氏婚前居邓州；李氏殁后崔凝为其撰写墓志铭又自称前乡贡进士。说明崔咸通八年已经为官，李氏之所以殁于氾水县，约系随夫居住任所使然。氾水县属孟州，正是孟州刺史统辖的地盘，这表明至迟在咸通八年崔凝已应崔延昭之招在此任职，且更有可能始于此年之前。

总之，崔凝追随崔延昭为官的最大时间范围，应在咸通六年（公元865年）至乾符元年（公元874年），然鉴于下述理由（详见第3点），其时间下限似宜划在咸通十三年（公元872年）之前。

3. 崔凝墓志云："未几，故相国刘公邺奏以蓝田县尉直弘文馆，不日，除右拾遗、内供奉，迁殿中侍御史、转刑部员外郎，拜起居舍人，除司勋员外兼侍御史，知□事。"

关于刘邺，《旧唐书·刘邺传》称：咸通初刘瞻、高琚居要职，以故人子，荐（邺）为左拾遗，召充翰林学士，转尚书郎中知制诰，正拜中书舍人、户部侍郎，学士承旨。"寻以本官领诸道盐铁转运使，其年同平章事，判度支，转中书侍郎，兼吏部尚书，累加太清宫使、弘文馆大学士。"至于刘邺充任这些官职的具体时间，同上书《懿宗纪》及刘邺本传有所记载：咸通十一年（公元870年）其以兵部侍郎判度支；咸通十三年（公元872年）春以本官同平章事；咸通十四年（公元873年）因为宰相崔彦昭所恶，邺罢知政事，为检校尚书左仆射、同平章事、扬州大都督府长史、淮南节度使。其作扬州大都督府长史及淮南节度使有年，至黄巢渡淮而南，始以浙西高骈代还。参照以上记载，可知刘邺为相及为太清宫使，弘文馆大学士，当在咸通十三年至十四年，崔凝之以蓝田县尉直弘文馆也当在是年。

在唐尚书省郎官石柱题名中，崔凝之名出现在司勋员外郎行列之内，按墓志行文顺序，他出任司勋员外郎的时间，应在咸通末或更晚一点。

4. 崔凝墓志云："故相国豆卢公瑑请以本官充史馆修撰，复转吏部员外郎。"

据《旧唐书·豆卢瑑传》，其以咸通末累迁兵部员外郎，转户部中知制诰，召充翰林学士，正拜中书舍人。乾符中，累迁户部侍郎、学士承旨，六年，与吏部侍郎崔沆同日拜平章事。同上书《僖宗纪》所载豆卢瑑拜同平章事的时间与本传相同，但《新唐书·僖宗纪》却将豆卢瑑、崔沆同日拜平章事的时间系于乾符五年。尽管两书记载有此出入，然无疑可以据此肯定，豆卢瑑居翰林进而为相的时间，当在咸通末至乾符末年。豆卢瑑请以崔凝充史馆修撰应当在此期间。鉴于咸通末崔凝始被刘邺奏为以蓝田县尉直弘文馆，后又历迁他职，所以，豆卢瑑请以崔凝充史馆修撰更可能在乾符年间。

5. 崔凝墓志云："故相国郑公从谠奏兼延资判官，既而大盗移国，属车蒙尘，俄除洛阳宰，不之任，归昌（按即志文作者）与公携手崎岖，裹足奔问……未达行在，除考功员外郎。"

郑从谠，两《唐书》无传，但《新唐书·宰相世系表十五（上）》有"从谠，相僖宗"的简短记载，其历职情况，由两《唐书》的《僖宗纪》可以查见。《旧唐书·僖宗纪》载，乾符五年（公元878年）九月，以吏部尚书郑从谠本官同平章事；又载，广明元年（公元880年）二月，以开府仪同三司、门下侍郎、兼兵部尚书、同平章事、充太清宫使、弘文馆大学士、延资库使郑从谠检校司空、同平章事、兼太原尹、北都留守、充河东节度管内观察处置兼行营招讨供军等使。《新唐书·僖宗纪》载，乾符五年九月，吏部尚书郑从谠为中书侍郎同中书门下平章事；又载，广明元年二月，郑从谠罢为河东节度使、代北行营招讨使。从以上两《唐书》有关文字看，乾符五年以郑从谠同平章事的记载，二书虽有不同，但基本事实一致；与此相反，二书对广明元年郑从谠是否仍为同章事的记载，却有重大分歧。虽然如此，我们仍然可以从中看到一个重要事实，那就是郑从谠于乾符五年拜相，逮至广明元年，无论其是否为相，都已不再留在长安，而是出镇河东去了。依此看来，郑从谠之奏请崔凝兼延资判官，只能是在乾符五年九月至广明元年之初。崔凝兼延资判官大约为时甚短，故而墓志在叙述崔凝出任此职后，紧接着便出现了"既而大盗移国、属车蒙尘"一语。

所谓"大盗移国、属车蒙尘"，实指黄巢起义军长驱入长安、僖宗仓皇奔蜀这段史实。事情发生在广明元年。据《旧唐书·僖宗纪》载，当年十一月己巳黄巢攻取洛阳，唐东都留守刘允章率分司官属迎谒之。接着黄巢挥师西向，下虢州，攻潼关，锐不可当，唐守关诸将望风而逃。十二月，义军占据潼关，李唐朝廷大乱。时中官田令孜擅权，宰相卢携曲事之。义军逼近长安，田将一切罪责推卸到卢携身上，请贬携官，命学士王徽、裴彻为相。甲申，宣制以户部侍郎、翰林学士王徽、裴彻本官同平章事，贬卢携为太子宾客。携闻义军至，仰药而死。是日，僖宗与诸王妃后数百骑仓皇由含光殿金光门出逃山南，文武百官不之知，并无从行者。晡晚义军入城，唐右骁卫大将张直方率武官迎接。黄巢入居大内，建立新政权，国号大齐，年号金统。新政权以太常博士皮日休、进士沈云翔为学士，并发敕宣示内外：旧"朝臣三品以上并停见任，四品已下宜复旧位"，以赵章为中书令，尚让为太尉，崔璆为中书侍郎、平章事。唐宰相豆卢瑑、崔沆、故相左仆射刘邺、太子少师裴谂、御史中丞赵蒙、刑部侍郎李溥、故相于琮等来不及逃亡，被义军抓获处死；将作监郑綦、库部郎中郑系举家雉经而亡。僖宗一伙，急急如丧家之犬，于次年（中和元年即公元881年）正月逃至兴元，六月抵达成都，始得苟延残喘，直到光启元年（公元885年）才重返长安。看来，崔凝墓志所谓"俄除洛阳宰、不之任"，其实是在当时的情况下，时势使其不得不然罢了。然而，那时的崔凝并不甘心本阶级的失败，仍在竭诚孝忠于李唐朝廷，墓志所谓"归昌与公携手崎岖、裹足奔问"，正是其在僖宗仓皇出逃后，为保自己也为追随朝廷而投奔"行在"的狼狈形象的写照。因有这份忠孝之心，故而"未达行在"即得到一个考功员外郎的头衔。

6. 崔凝墓志云："故太尉韦公昭度奏充集贤殿直学士……迁祠部郎中、知制诰，未周月，拜中书舍人，面赐金紫，即以本官充翰林学士，仍转户部侍郎、知制诰，依前充职。"

查两《唐书》，韦昭度先后做过司空、司徒、太傅、太保、乾宁二年以太保致仕、被杀，不载其做过太尉。崔凝墓志称韦为故太尉，可补史籍之阙。

墓志叙韦昭度荐崔凝事，系于崔凝"未达行在、除考功员外郎"之后，这意味着韦昭度此举可能发生在僖宗奔蜀期间。查《旧唐书·僖宗纪》，僖宗于中和元年六月至成都，七月即以兵部侍郎、判度支韦昭度以本官同平章事，韦之荐崔凝应是此时或稍后的事。

与此有关的文字记录有两件。一是《文苑英华》所载刘崇望《授中书舍人崔凝、右补阙沈文伟并守本官充翰林学士制》③，证明崔凝确曾拜中书舍人并以本官充翰林学士。一是《益州名画录》载，常重胤于中和院上壁写《僖宗皇帝幸蜀随驾文武臣寮真》，有翰林学士、户部侍郎崔凝，表明韦昭度之荐崔凝正是发生在僖宗奔蜀期间。

7. 崔凝墓志云："时相国□□□人，悍愎怙权，忍虐多忌，恶公之推诚异己，虑公以守正得君，竟困铄金，遂成抵玉，左迁秘书监，由是物论喧然，人情是属，遂再升翰苑，复兼版（？）图。将命以释于怀疑，于役□期于□□。仗明诚以入不测，但倚神全；保大节而陷危机，甘临死所。触藩罔决、脱辐踰时，及间道高翔，潜身远引，自免虎□之难，靡劳雁足之书。朝廷闻之，慰悦良极，徵拜吏部侍郎。"

依墓志叙事顺序，此段约述僖宗奔蜀期间崔凝的一段经历。时中官田令孜弄权，政局一片混乱，藩镇尾大不掉，朝廷概莫能制。僖宗在成都时，宰相除韦昭度外，还有肖遘、裴彻、郑昌图等人，诸藩镇中冠以同平章事者更多。崔凝墓志所谓"时相国□□□人，悍愎怙权，忍虐多忌"，概指肖遘、裴彻、郑昌图等人。紧接着，墓志在历数崔凝此一时期曾左迁为秘书监，又"再升翰苑"之后，出现了"将命以释于怀疑，于役□期于□□。仗明诚以入不测，但倚神全；保大节而陷危机，甘临死所。触藩罔决、脱辐踰时，及间道高翔，潜身远引，自免虎□之难，靡劳雁足之书"这样一段文字，着意状写崔凝所经历的一个非常事件。对这一事件的具体起因及经过，我们目前尚不能给予确切的说明，但可以肯定的是，此事发生在僖宗末年，在这一事件中，崔凝处境十分危险，而他能历尽艰险，终于由险境中逃了出来，表现出对李唐王朝的忠心赤胆，从而受到朝廷的高度赞赏。从当时社会背景看，此事或与朝廷同藩镇之间的尖锐矛盾以及光启二年（公元886年）嗣襄王李煴称帝的政治闹剧有关。

8. 崔凝墓志云："今上御历……复以吏部侍郎徵入，迁刑部尚书判户部事，定三典之轻重，辨九土之耗登，屡改檀榆，弥彰功绪，仍兼判吏部、三铨选事，□□奉太庙使，改户部尚书，依前判户部，修奉不□。岁久，迁御史大夫……复转刑部尚书兼知贡举。公心目自任，请谒无阶，致不当之言，上达旒扆，成中覆之事，半斥生徒，公坐是左迁为合州刺史。沉忧内结，恙疹潜增……以乾宁二年（公元895年）八月廿五日薨于郡舍。"

此段开头所谓"今上御历"，指昭宗即皇帝位。时在文德元年即公元888年，下距崔凝去世仅短短七年时间。在这七年里，崔凝历任吏部侍郎、刑部尚书、户部尚书、御史大夫等种种显要官职，最后却为"不当之言"所害，左迁合州刺史，并因此忧郁成疾而死去。

此所谓为"不当之言"所害，左迁合州刺史，是指发生在唐朝末年的一桩贡举公案而言的。事见《唐摭言》和《唐昭宗实录》。乾宁二年，刑部尚书崔凝知贡举。"先是李涎附于中贵，既愤退黜，自计推之，上亦深器涎文学，因之蕴怒，密旨令内入于门搜索怀挟，至于巾履，靡有不至。"④放榜之后，又敕令复试，发现其中"颇多芜类⑤"，昭宗以为这是崔凝"司我取士之柄，且乖慎选之图，辜联明恩，自贻伊咎。"⑥于是，贬崔凝为合州刺史。从崔凝榜所取25名进士中，淘汰10人，重新放榜，仅得新进15人。

通过以上对崔凝一生主要经历的简略梳理和考证，不但使我们对崔凝其人有了更加具体的了解，而且显示出崔凝墓志还是有关黄巢起义和唐末腐败政局的一项实物证据。

谈到这方墓志的史料价值，我们觉得，崔凝及其妻李氏墓志所提及的家世及姻亲关系，也应附带予以留意。

崔凝墓志称其为博陵人。曾祖涔，官秘书郎；祖郿，官徐泗等州观察判官、监察御史，赠吏部郎中；父寿，官汝州防御使、大夫，累赠司徒；母京兆韦氏。李氏墓志，称其为陇西李氏，郑王亮之七代孙（查两《唐书》，郑王亮乃唐高祖之从父，仕隋为海州刺史，武德初追封为王）。曾祖匡佐，兖州金乡县令；祖诊，江陵石首县丞；父公仪，洪州都督府别驾，母范阳卢氏。二墓志所记死者家世及姻亲关系中，涉及显赫一时的博陵崔氏、陇西李氏、范阳卢氏、京兆韦氏等名门望族，而崔凝墓志更极言博陵崔氏之尊崇，声称"百氏之中，首推四姓；四姓之内，独冠三宗"。从这里不难看出：其一，魏晋南北朝以来门阀制度下形成的阀阅观念，至唐末尚有强烈影响。其二，入唐以后，尽管朝廷一再修订姓氏谱，着意提高陇西李氏、京兆韦氏等新兴氏族的地位，而博陵崔氏子孙崔凝的墓志，却置陇西李氏于不顾，仍然坚持将崔氏标榜为天下百姓之首，这至少反映了在旧望族中，传统的阀阅观念直至唐末依然顽固地保留着。

（原刊于《汉唐与边疆考古研究》第一辑，科学出版社，1994 年）

注　释

① 偃师商城博物馆：《河南偃师县四座唐墓发掘简报》，《考古》1992 年 11 期。

② 劳格、赵钺：《唐尚书省郎官石柱题名考》，中华书局，1992 年。

③（宋）李昉等编：《文苑英华》，中华书局，1966 年，384 页。

④（五代）王定保撰：《唐摭言》卷十四，上海古籍出版社，1978 年。

⑤《莆阳黄御史集》，引《唐昭宗实录》。

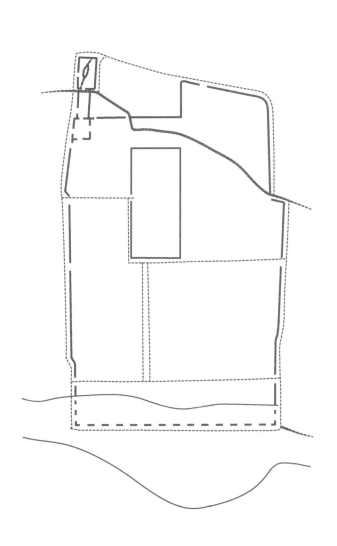

访问讲稿

北魏洛阳城的考古发现和研究

在我国，洛阳素有九朝古都之誉，而此九朝之中，有东汉、曹魏、西晋、北魏四个朝代建都于汉魏洛阳故城。汉魏洛阳故城在今洛阳东 15 千米处，是我国保存最好的古代都城遗址之一。

对汉魏洛阳故城进行考古学研究的最终目标，在于通过考古勘察，弄清东汉、曹魏、西晋、北魏四个朝代洛阳城的基本布局和各类型城市建筑，再现汉魏洛阳的历史风貌。这是需要几代人的努力才能完成的艰巨任务。社科院考古所汉魏洛阳城队自 1962 年建队以来，一直将工作重点放在勘察北魏洛阳城这一学术课题上。当然，也不失时机地考察了一些东汉至魏晋时期的大型建筑遗址，尤其是高台建筑遗址。

这里仅简要叙述考察北魏洛阳城的主要学术成果。

一　关于北魏洛阳城城市布局的勘察

北魏洛阳内城，除南城垣被洛河冲毁外，东、西、北三面均有残垣矗立于地面，部分地段城垣现存高度仍有 5—7 米。据 1962 年实地勘探，北魏洛阳内城呈不太规则的长方形，城垣以黄土夯筑而成。西垣残长约 4290、宽 20 米；北垣全长约 3700、宽约 25—30 米；东垣残长约 3895、宽约 14 米。全城原有城门 13 座。南垣 4 座城门无遗迹可寻，其余 9 座城门（西垣 4 座、北垣 2 座、东垣 3 座）门址皆已找到。西城垣北段和北城垣东段，城垣外侧皆附建马面：西垣阊阖门以北，共筑马面 4 座；北垣广莫门两侧，共筑马面 3 座。马面皆作长方形，大小各不相同。内城西北角又有金墉城。金墉城由南北毗连的三座小城构成，平面略呈目字形，南北约 1048、东西约 255 米。城垣外侧亦附建马面，已探出马面遗基 11 座。内城及金墉城外侧，均有护城河环绕（《水经注》称其为阳渠），河宽一般为 18—28 米，最宽处可达 40 米，通常在诸城门处分流入城或流出城区。内城北中部稍偏西，即北魏宫城所在地。宫城平面也呈长方形，南北约 1368、东西约 660 米，面积为内城面积的十分之一。东西南三面宫墙残基湮埋于地下；北墙无存。其正门阊阖门位于南墙偏西处，形制宏伟。宫内宫殿基址甚多，主殿太极殿居宫城前半部，南对宫门。在内城，探到通城门之纵横大道各 4 条。横向大道以南数第二、三道最宽，分别为 41 和 35—51 米；纵向大道以东数第三道最宽，为 40—42 米，此道北通宫门，当是故铜驼街的遗迹[①]。

近些年对北魏洛阳城的勘察，重在探索外郭城。北魏洛阳曾否修筑外郭城垣历来为国内外学者所关心。我们用了几年的时间寻找有关外郭城的遗迹，现已取得重要收获。勘探证明，北魏洛阳确有外郭城垣。其北垣位于邙山之巅，残长 1000 余米，东垣距内城东垣大约 3300 米、残长 1400 余米，西垣在长方沟（今分金沟）内侧，残长 4000 余米，城垣皆宽 20 米左右。外郭城垣保存甚差，所见均是湮没地下的基础部分。这些城垣遗迹皆分于洛河故道以北，故洛河以南尚未发现任何有关线索。横贯外郭城的东西大道也已发现。它们各宽 20 米左右，分别为内城 4 条横道向东西两端的延伸[②]。此外，还对外郭城内的谷水（即阳渠）和洛阳大市做了一些调查和勘探。从而得知：谷水自西来，由长分桥侧流进西外郭城。于金墉城西分流环绕或进入内城，最后汇合于建春门外，或东南流，泻入洛河；洛阳大市的确切范围尚不大清楚，但其地望无疑应在今白马寺镇一带。

由勘察资料看，北魏洛阳城较之汉代洛阳在总体布局上产生了显著变化。1. 废汉雍门（因其斜出）而建西阳门形成了东西二城垣上的三座城门两两直对的新格局；2. 城内诸纵横大道基本上都是直线贯通全城；3. 汉南北宫制废止而实行单一宫制；4. 环绕内城修建了外郭城垣；5. 商业市场由宫侧迁入居民密集的外郭城区。这些变化，为洛阳城的发展带来诸多积极因素：扩大了城市容量；改善了城内交通；强化了对城内居民的控制和宫廷的防御措施；商业市场移入居民区也有利于手工业、商业的繁荣。可见，北魏洛阳城在城市布局上的变化，适应历史发展的要求，是一种进步，从都城发展史角度来看，应该予以肯定。

我们在研究北魏洛阳城市规划时，还从考古勘察和文献资料出发，注意到以下两点。1. 南北宫制的废止和单一宫制的出现，不一定皆自北魏迁洛始。有迹象表明，曹魏都洛时期可能已基本实现了由南北宫制向单一宫制的过渡，而这一过渡的实现，应同曹魏邺城的影响有一定的内在联系。2. 北魏将宫城置于内城北部并修建外郭城之后，内城南部多为中央衙署、庙社和皇家佛寺所占据，使内城呈现出某些类似隋唐皇城那样的性质，从而使我们看到了隋唐都城布局的一些端倪。据此两点我们认为，汉魏洛阳城在中国古代都城发展系列中占有承上启下的特殊地位，对研究中国古代都城史具有重要学术价值[③]。

二 北魏洛阳城重点遗址的发掘

据查，北魏洛阳内城垣系利用汉晋洛阳旧城垣经修整、增筑而建造起来的。

建春门是内城东垣最北一座城门。发掘表明，其门址夯筑，整体作长方形，南北30、东西（进深）12.5 米。有三个门洞：中门洞内遗迹无存；南北二门洞各宽 6 米，遗迹保存尚好，正中为车道，车道两侧依门洞壁各设础石一排。在门址两侧残壁上曾发现青砖包砌痕迹，砖为魏晋遗物，北门洞下还清出一条宽约 1.8 米的汉代排水沟。由此知，此城门址汉魏晋及北魏相沿使用；魏晋时期或已出现于城门两侧壁包砌青砖的作法；北魏建春门乃一门三道，城门采用以夯土墙及排叉柱支承的大过梁式建筑形式[④]。

一号马面，位于内城北垣广莫门西侧 170 米处，依城垣而建。据发掘，其平面略呈方形，通体夯筑，现存夯土总厚度为 4.4 米。基部东西 14.4—15.8、南北 12.4 米；诸侧壁稍有收分，故顶面略小，东西 12.9、南北 11.7 米。周壁未见包砌砖石痕迹。这座马面遗基，由两种夯土构成。周边夯土，灰褐色。内含素面瓦片；中心为红褐色夯土，它也呈方形，东西 9、南北 8.5 米，有个别绳纹瓦片出土。两者分别与相应的城垣夯土连为一体，显属不同历史时期。从出土遗物判断，红褐色夯土属于魏晋、灰褐色夯土属于北魏时期，说明北魏马面应是在魏晋马面的基础上扩建而成的[⑤]。

宫城主殿太极殿，宏伟壮丽，现存夯土殿基东西 100、南北 60、残高约 2 米。但至今仍未正式发掘。宫城内经过发掘的唯一一座殿基，是位于宫城西部偏北、俗称羊家的高台建筑。此殿之台基呈方形，边长 25、残高 2.5 米，夯筑。台基中部为一直径 4.9、深约 3.6 米的圆桶形建筑，其周壁砌长方形小砖，底部平铺一层以 40 根短柱和井字形梁架支承的木地板。至于用途，被认为"最大的可能就是藏冰的冰室"[⑥]。此建筑的上部结构不清。然由其构筑特点及其具体位置看，学者们指其为北魏清暑殿似乎是可信的。

近年在西外郭城中部约属洛阳大市的范围内，清理了不少窖穴和半地穴房屋，出土一批北方青瓷器、黑釉瓷器和一些釉陶器。釉陶器有釉上彩器，也有釉下彩器。釉上彩器，在黄釉上施绿彩，工艺近于以后的唐三彩；釉下彩器，釉下饰以白彩点成的联珠等图案花纹，纹饰凸出于器表，可能是模仿萨珊玻璃器而创烧出来的[⑦]。这些发现增加了我们对北魏手工业和商业的认识。

北魏洛阳有佛寺 1367 所[⑧]，有多种平面布局。胡太后所立永宁寺是其中最著名的寺院之一，其平面布局也是我国早期佛寺中最为典型的一种。此寺位于宫前一里，平面呈长方形，南北 305、东西 260 米。周绕夯筑围墙，四面各开一门。山门居南墙正中，规模最大，面阔 7 间、进深 2 间。寺院中心为九层木塔，塔南对山门，北对大型佛殿。木塔于公元 534 年为大火焚毁，塔基至今犹存，仍高 2.5 米以上。据发掘，木塔建于东西 101、南北 98 米的巨大夯土基础中部，其基座呈方形，边长 38.2、高 2.2 米，周壁包砌青石，四面各设一墁道，顶面周边装石栏。基座之上，木塔初层的建筑遗迹历历在目：124 个柱础石分内外 5 圈排成方格形柱网；第 4 圈柱础以内，以土坯筑成方形实心体。实心体边长 20、残高 3.6 米；东西南三面各开 5 龛，龛内原有塑像，北面无龛，原架登塔木梯；最外圈柱础间尚存檐墙和门窗残迹，表明木塔每面各 9 间，与文献三门六窗的记载相符。塔基遗址出土有大量砖瓦、石雕等建筑材料，还有一定数量的大、中型塑像残件和 300 余件小型彩色影塑，所有塑像都是非常精美的艺术品[9]。塔基的发掘，为研究北魏佛教建筑和佛教艺术提供了极其宝贵的实物资料，引起国内外学者的广泛关注。

众所周知，北魏洛阳的坊制，曾对隋唐洛阳产生过强烈影响。对北魏洛阳坊制的考古勘察，正是我们在当前和今后一个时期内开展学术研究的重点课题之一。

（1992 年 3 月 18 日在日本奈良文化财研究所演讲）

注　释

① 中国科学院考古研究所洛阳工作队：《汉魏洛阳城初步勘查》，《考古》1973 年 4 期。

② 参见《中国考古学年鉴》1986 年《考古文物新发现》部分。

③ 参见拙著《汉魏洛阳城的几个问题》，载《中国考古学研究——夏鼐先生考古五十年纪念论文集》，1986 年，文物出版社。

④ 中国社会科学院考古研究所洛阳汉魏故城工作队：《汉魏洛阳城北魏建春门遗址的发掘》，《考古》1988 年 9 期。

⑤ 中国社会科学院考古研究所汉魏故城工作队：《洛阳汉魏故城北垣一号马面的发掘》，《考古》1986 年 8 期。

⑥ 冯承泽、杨鸿勋：《洛阳汉魏故城圆形建筑遗址初探》，《考古》1990 年 3 期。

⑦ 中国社会科学院考古研究所洛阳汉魏城队：《北魏洛阳城内出土的瓷器与釉陶器》，《考古》1991 年 12 期。

⑧ 杨衒之：《洛阳伽蓝记》卷五。

⑨ 中国社会科学院考古研究所洛阳工作队：《北魏永宁寺塔基发掘简报》，《考古》1981 年 3 期。

汉魏洛阳故城遗址出土的北朝瓷器和釉陶器

近年来洛阳汉魏故城外郭城内陆续出土的北朝瓷器和釉陶器，是一批具有较高学术价值的历史文物[①]。这批历史文物的问世，引起学术界的广泛重视。

这批北朝瓷器，主要出自北魏洛阳西外郭城大市遗址范围内，在东外郭城洛阳小市以南及其他区域也时有出土。其中，发现于半地穴式房舍以及各种窖穴、灰坑内堆积者占绝大多数，发现于北朝时期地层者只是少数。就陶瓷品种而言，只有青瓷、黑瓷两种，但若对青瓷器物仔细加以甄别，则又可将青瓷区分为北方生产的青瓷器和南方青瓷的仿制品两类。

北方生产的青瓷器，约有70件，占迄今出土青瓷器总数的93%。这类青瓷器，器类少而器形简单，仅有碗、杯、盏、豆、敛口钵、高足盘、壶等数种，以碗、杯类器物为大宗。碗、杯类器物，多为直口、深腹、腹下半部作圆弧形内收，底附饼状实足，足心稍内凹。也有少数器物，作敞口、尖圆唇、弧腹斜内收，形制与前者稍异。盏类器也有两种形制，且器形特征与碗、杯类器物类似，唯其形体稍小而已。豆及敛口钵各1件。豆，作浅盘、喇叭形高足；敛口钵，作敛口、圆唇、鼓腹、平底。高足盘共3件，皆作敞口、斜直腹、高圈足。壶只1件，器形较小，通高才13.6厘米。此器高颈、广肩、斜腹、平底，肩上三面各附三角形带穿小纽一个，一面存一把手残段，器口残毁。由肩部以上残状推测，原器应为盘口，一侧附有自口部直达肩部的双柄形把手。总的看来，这类青瓷器皆以轮制成型，胎质较粗，胎壁较厚，多呈灰白色。器内满釉，器外半釉。釉呈黄绿色或青绿色，釉质不太纯净，釉层薄而不匀，有些有细开片，釉面缺乏光泽者较多。施釉方法以蘸釉、荡釉为主，器内底心和器外下部常见积釉，或有泪状垂痕。施釉前器表不施化妆土。烧成火候较高，胎釉结合较为牢固，但仍偶见脱釉现象。

当然，其间并不乏精品，它们是这类青瓷中的佼佼者，器胎坚致细密，器壁较薄，釉质细腻光洁，在造型、胎釉各方面都表现出较高的工艺水平。尤为值得一提的是，有一种青瓷杯（如89BHT2H2∶1等），胎白壁薄，釉面莹润，略呈乳白色微泛青，颇有从青瓷向白瓷过渡的意味，有的学者甚至径直称其为白瓷[②]。装饰也极其简单、质朴。通常只在碗的口部外侧刻划一道阴弦纹，莲瓣纹或莲花纹仅在前述敛口钵腹部和壶的肩部出现过。碗、杯、盏、盘内底，多残存支钉疤痕，可见，当时是以叠置仰烧法装烧瓷器的。

南方青瓷的仿制品，出土数量不多，约有 6 件，器类有碗、盏托、多足砚等。这些青瓷器物，器胎略呈青灰色，釉质较纯净，釉色灰绿，器表除刻划阴弦纹外，个别瓷碗内底饰以莲花纹，颇有一些南方青瓷（越窑青瓷）的风格，直接显示了南方青瓷对北方青瓷的影响。它们同南方青瓷的显著区别在于：胎质远不及南方青瓷精细致密，釉面光泽度稍差，工艺水平也不能同南方青瓷同日而语。

黑瓷的出土数量少于青瓷，可复原者共 9 件，器类仅碗、杯、盂三种。碗、杯类器，器形与青瓷器颇多类似，碗多直口、深腹，杯多敞口、弧腹，皆附饼状实足。盂只 1 件，作敛口、广肩、鼓腹、平底。黑瓷同青瓷一样，胎体厚重，胎质较粗，但胎色较浅，多呈灰黄色。施釉方法略同青瓷，釉色或黑中显褐，或黑中泛绿，釉面光泽度一般不高，但甚少脱釉现象。其中有些器物，如出自大市遗址的黑瓷杯（88BD 办 T3H1∶8）和盂（85BDT9H4∶4），胎质较白而致密，釉质纯净而光洁莹亮，是这批黑瓷中不可多得的精品。见于黑瓷的装饰纹样，只有阴弦纹一种，这种阴弦纹，系以刮釉露胎手法做成，匠心独具，具有对比强烈的装饰效果。

洛阳汉魏故城遗址出土的这些北朝青瓷，无疑都是当时社会生活中的日用器皿，同其他北方地区所出北朝瓷器相比，具有不少共同特质，从品种、形制和烧造工艺等各个方面体现着它们所特有的质朴庄重、实用性强的时代特征和地方风格。

然而，洛阳汉魏故城以外的北朝遗址，迄今尚未看到出土北方瓷器的公开报道，而见诸报道的北朝瓷器，几乎全数出于河南、河北、山西、山东等地的东魏、北齐墓葬和窑址。其品种有青瓷、黑瓷、白瓷，常见器形，除碗、杯、盏外，还有盒、唾盂、盘口壶、鸡首壶、多系罐、长颈瓶、高足盘、莲花尊等等，而且不乏较大型器。在瓷器的装饰方面，既广泛流行刻划纹（如阴弦纹等），又较多的使用了堆贴莲瓣纹；在河南安阳北齐范粹墓白瓷器和濮阳北齐李云墓米黄釉瓷器上，还施用了加施绿彩的崭新工艺。总之，东魏、北齐墓葬、窑址出土的瓷器，无论是瓷器品种、器形种类、胎釉质量、装饰手法，还是制瓷技术的成熟程度，似乎都要比洛阳汉魏故城遗址所出北朝瓷器略胜一筹。这说明洛阳汉魏故城遗址出土的北朝瓷器，时代可能要早到北魏都洛时期。我们之所以得出这一结论，既基于上述对出土实物的对比分析，也有历史史实作依据。我们知道，早在北魏末年，统治阶级内部斗争激化，战乱连年不断，已使帝都洛阳呈现出一派衰败景象。逮至公元 534 年东西魏分立、孝静帝迁都邺城，洛阳更加残破不堪，并从此一蹶不振，再未能从原址上重新恢复起来。在此历史条件下，东魏迁邺之后的洛阳、特别是故洛阳大市，能集中出土那么多的瓷器简直是不可想象的事。

　　从胎釉质量及工艺技术考察，洛阳汉魏故城遗址所出青瓷器和黑瓷器显然不是处在同一个水平上，这意味着，陶瓷烧造业在北魏业已有过一段较长时间的发展历史。但即使是这样，对于瓷器在当时社会生活中的重要性和普及程度，恐怕也不能做出过高的估计。洛阳汉魏故城遗址大市以外区域出土瓷器甚少说明了这个问题，一般北魏墓葬尚未看到以瓷器随葬，就是北魏末年的大贵族、官僚墓葬随葬瓷器的也只有河北景县封魔奴墓③、河南洛阳元乂墓④等极少实例，同样说明了这个问题。

　　学术界普遍认为，河南北部和河北南部是北朝瓷器生产的重要区域，近年在山东淄博、枣庄、临沂还发现了东魏、北齐时期的瓷窑遗址⑤。至于洛阳汉魏故城遗址所出瓷器究竟为何地生产，至今仍是一个有待解决的问题。我们以为，在探寻洛阳汉魏故城出土瓷器产地的问题上，与其把视线投向已知之北朝瓷器生产重心区，反不如将注意力的重点放在洛阳周围。文献中北魏时期洛阳有所谓洛京窑的说法，至今虽未为考古工作所证实，然仍不能因此而以虚妄之说视之，况且洛阳附近的巩县、临汝等地又都调查发现了不少隋唐瓷窑遗址，在这里追寻洛阳汉魏故城出土瓷器的故乡，该不是没有希望的。

　　洛阳汉魏故城遗址出土的釉陶，多为碎片，可复原者约20余件，器胎均陶质，内含细砂粒，烧成火候较高。依照釉色和工艺技术的不同，约可分其为三类：一为单色釉陶；二为二彩釉陶；三为釉下彩釉陶。

　　单色釉陶，全器施单一的酱釉或黄釉，器类有碗、盘、杯几种。这是沿用汉以来传统工艺生产的釉陶器。器胎多呈土红色，釉层较厚，釉质较差，器形特征与北方青瓷相近，而且也是器内满釉，器外半釉。

　　二彩釉陶，属多彩釉陶范畴。所见皆为碎片，无可复原者。此类釉陶片，胎亦土红色。但质地较为细密，器表先施一层黄釉，再在其上加饰若干条草绿色釉彩，釉质较单色釉陶细腻。类似的釉陶器在北方其他地区也时有发现，且色彩更为丰富，有些甚至是黄、绿、褐三色同时并用⑥。显然，二彩釉陶是北魏时期在继承传统单彩釉陶工艺的基础上创烧而成的釉陶新品种。从对洛阳汉魏故城遗址所出实物标本的观察分析知道，二彩釉陶上的条纹釉彩，系在黄釉表面点以绿釉，经装窑加热，绿釉融化自然流淌形成的。从现有实物资料看，这一新的成彩技法至迟在北齐末年已在北方瓷器上得到应用，从而出现了像河南安阳范粹墓⑦、濮阳李云墓⑧的白瓷长颈瓶、三系白瓷罐、四系米黄釉罐以及山西太原娄叡墓的二彩盂那样以绿彩或黄、绿二彩为饰、风格清新的优美瓷器。到了唐代，这种成彩技法又成了烧造唐三彩的一项重要工艺。所以，不少研究者认为，多彩釉陶和瓷器的出现，"开唐三彩之先声"⑨，"为过渡到唐代绚丽多彩的三彩陶器奠下基础"⑩，是完全正确的。

釉下彩釉陶，仅在洛阳大市遗址一灰坑中出土残片十余片，据以辨认出它的器形可有盘、盏两种，但能复原者唯有一盏（89BHT12③：4）。北朝时期的这类釉陶器，在我国尚属首次发现。

这些釉陶标本，器胎呈土红色、浅灰色或黑灰色，胎壁薄而坚实，釉质大多细腻而纯净，装饰纹样繁简不一，然基本构图因素皆为小联珠纹、圆点纹和由七个圆点组成的团花，花纹凸出于器物表面，富有立体感。其工艺特点及其奇妙之处在于：将器胎处理妥当时，按照预定构图在胎表以浓浆状白彩点出联珠、圆点及团花图案，然后普遍罩一层青釉，烧成之后，器表及花纹图案便呈现格调清新典雅的美妙色彩。据初步观察，其呈色情况通常是：土红胎器，器表呈黄褐色或酱褐色，花纹呈黄绿色或淡黄色；浅灰胎器，器表呈淡绿色，花纹呈泛绿的白色；黑灰胎器，器表近黑色，花纹略呈鹅黄色。可见，器物表面及花纹图案呈现某种颜色，既取决于青釉釉质，又与器物胎色有直接关系。现已复原的釉陶盏，直口、深腹、饼状小实足黑灰胎。器表为均匀明亮的黑色，腹壁所饰联珠纹和圆点纹呈黄褐色，二者相映成趣，堪称这类釉陶中的上乘佳品。

这里，应该强调的是，这些釉下彩釉陶，不但是颇为难得的精美工艺品，而且由于它具有一些如同西方玻璃器那样的观赏效果，其装饰纹样又有着波斯萨珊朝流行纹样的风格，故而学者们认为，可能是刻意模仿萨珊玻璃器创烧而成的[11]。若然，它在研究中西交通方面的意义，也是不容忽视的。

（1993 年 3 月 18 日在日本奈良文化财研究所演讲）

注　释

① 中国社会科学院考古研究所洛阳汉魏城队：《北魏洛阳城内出土的瓷器和釉陶器》，《考古》1991 年 12 期。

②⑪《考古研究所四十年研究成果展览笔谈》中李辉炳文《成果展览中的瓷器》，《考古》1991 年 1 期。

③ 张季：《河北景县封氏墓调查记》，《考古通讯》1957 年 3 期。

④ 洛阳博物馆：《河南洛阳北魏元乂墓调查》，《文物》1974 年 12 期。

⑤ 宋百川、刘凤君：《山东地区北朝晚期和隋唐时期瓷窑遗址的分布和分期》，《考古》1986 年 2 期。

⑥⑩ 中国硅酸盐学会编：《中国陶瓷史》，文物出版社，1982 年。

⑦⑨ 河南省博物馆：《河南安阳北齐范粹墓发掘简报》，《文物》1972 年 1 期。

⑧ 周到：《河南濮阳北齐李云墓出土的瓷器和墓志》，《考古》1964 年 9 期。

北魏洛阳永宁寺的考古发现和研究

北魏都洛时期，佛教炽盛，据《洛阳伽蓝记·序》，至北魏末年，京师洛阳城内，佛寺已达1367所，永宁寺是其中最著名的寺院之一。

同书卷一"永宁寺"条载，该寺在宫城阊阖门南一里御道西，乃孝明帝熙平元年（公元516年）灵太后胡氏所立。其东有太尉府，西对永康里，南界昭玄曹，北邻御史台。寺"中有九层浮图（塔）一所，架木为之，举高九十丈；有刹，复高十丈。合去地一千尺。去京师百里已遥见之"。"浮图北有佛殿一所，形如太极殿。中有丈八金像一躯、中长金像十躯、绣珠像三躯、金织成像五躯、玉像二躯，作功奇巧，冠于当世。僧房楼观一千余间，雕梁粉壁，青璅绮疏。""寺院墙皆施短椽，以瓦覆之，若今宫墙也。四面各开一门。南门楼三重，通三道，去地二十丈，形制似今端门。……东西两门亦皆如之。所可异者，唯楼二重。北门一道，不施屋，似乌头门。四门外树以青槐，亘以绿水，京邑行人，多庇其下。"至孝武帝永熙三年（公元534年）二月，浮图为火所烧，火经三月不灭。其年七月，平阳王为侍中斛斯椿所使，奔于长安；十月京师迁邺，东、西魏分立。洛阳从此一蹶不振，永宁寺也随之毁废。

北魏洛阳永宁寺的兴衰历史大致如此。

1962年，社科院考古研究所洛阳工作队（今称洛阳汉魏城工作队）在对汉魏故城进行大规模勘察时，于北魏宫城正门阊阖门南一里的铜驼街西侧约200多米处，发现这所著名寺院的遗址，并初步查明了它的基本建筑布局[①]。此后，又对该遗址做过多次勘察，相继发掘了寺内九层木塔塔基、佛殿殿基，以及寺院的南门、东门和西门门址。通过多年的实际考察，使此寺的历史风貌逐步得以恢复。由于该寺系在汉晋建筑废墟上兴建，废弃后又遭到诸多人为破坏，遗址保存状况不是十分理想，故而对一些建筑遗址（如东门和西门门址、佛殿殿址）的发掘，没有取得令人满意的结果；文献所载千余间僧房楼观和寺院北门甚至连遗址都未能找到，这是很遗憾的。尽管有此缺憾，永宁寺的考古勘察与发掘成果，还是为有关的考古学研究提供了一份较为完整的宝贵实物资料，因而得到学术界的极大关注。

这里，拟从发掘和研究的角度，扼要讲述以下几个方面的问题。

一 关于寺院的平面布局

据实地勘察，永宁寺遗址平面呈长方形，南北长 300 余米，东西宽 210 余米。其四周为夯筑围墙，墙宽约 1.2 米；每面各开一门。院内正中为九层木塔塔基，塔基正对南门和东、西二门门址。塔基北面，有大型佛殿基址。这些建筑遗址，再现了永宁寺当初的基本布局。

从实地调查及文献记载看，在北魏时期，除散布于各地的石窟寺外，建于都市的寺院，形制或有多种样式，然概括起来，不外平地新建寺院和舍宅为寺的寺院两类。永宁寺无疑属于前面一类，相对于舍宅为寺的寺院来说，其建筑布局应更具典型意义。

在我国此类寺院遗址，迄今发现不多，其时代早至北魏者，更是寥寥无几；而遗址保存基本完整、工作又做得比较充分者，只有永宁寺一例。仅此一端，已可充分显示永宁寺遗址所具有的重大学术价值。

永宁寺的建筑布局，既不同于新疆于阗地区发现的"明屋"，又区别于唐长安发现的青龙寺和西明寺。对它们进行对比研究，不难勾画出佛教传入中国后，随着时间的推移和宗教自身的发展，其寺院布局所呈现出的演变轨迹。

二 关于寺院的主要建筑

如前所述，永宁寺的几个门址保存较差。其中保存状况较好的，是南门遗址。发掘表明，这是一座面阔七间，进深二间的较大型殿堂式建筑。文献说此门形制与宫城端门相似，完全是可能的。塔北佛殿，遗址情况复杂且保存不佳，只能约略知其规模，虽不像太极殿殿基 100×60 米那样巨大，但也颇为宏伟。巍峨壮丽的九层木塔塔基，是永宁寺保存最好的建筑遗址。据发掘，此塔建于大约 100 米见方的大型夯土基础中部，其基座平面呈方形，边长 38.2、高 2.2 米。周壁包砌青石并装置青石栏杆；四面各设慢道一条，以资登临。基座之上，124 个柱础分内外五圈排成方格形柱网；于第四圈柱础以内，以土坯筑成方形实心体，边长 20、残高 3.6 米。其东、西、南三面壁面各开弧形龛五个，当是安置神像的位置；北面无龛，而壁面留有 20 厘米见方的木柱残迹，此面原或架设登塔木梯。第五圈柱础间尚有檐墙及门址残存，据以判断，木塔每面各 9 间，与《洛阳伽蓝记》所谓"塔有四面，面有三门六窗"的记载相符[②]。这些，都是对九层木塔进行复原研究的可靠依据。

永宁寺九层木塔，素以高峻精妙著称，被建筑学家誉为我国古代建筑史上的一个奇迹。关于此塔的高度，文献有多种记载，具有代表性的说法有二：一是《洛阳伽蓝

记》的前述记载，说塔"举高九十丈，有刹，复高十丈，合去地一千尺"，约合公制
272 米余；一是《水经·谷水注》的记载，称"自金露盘下至地四十九丈"，不含塔
刹，高度约合 130 余米。两种数字相差甚远。人们多以为前者数字过大，实在难以置
信，而后者比较接近实际。

建筑学家们根据发掘资料和文献记载对永宁寺塔所做的复原研究，不但观点颇多
歧异，而且关于塔高的看法也大相径庭。杨鸿勋先生认为，《水经·谷水注》的记载，
"不但数字具体，而且这一高度的上下起止交代明确，想是经过丈量的"，"所以，复原
塔高可采纳'四十九丈'之说。四十九丈合 133.7 米，加上塔刹，总高按五十四丈计，
则约为 147 米，是现存辽代应县木塔的 2.2 倍"③。陈明达先生认为："对于塔的高度，
只能粗略估计。文献记载一说去地千尺……一说四百九十尺……均不足为据。按现知
唐辽时代建筑层高均约为间广之倍，而在……此塔可能的结构形式下，层高可能要小
一些。现在仍按层高为两个间广估计，得每层二丈八尺，九层共高二十五丈二尺合
68.76 米；刹高假定三丈，合 9.2 米；现存两层阶基共高 4.7 米，则全塔总高最大可达
81.66 米。可见文献对高度的记载都过于夸大了。"④ 到目前止，这一研究仍未取得较为
一致的认识。

三　关于出土文物

在对永宁寺遗址的历次发掘中，出土文物甚众。有砖、瓦、瓦当、石雕构件之类
建筑材料，各类泥质彩塑和壁画残件，还有日用陶瓷器、铁器、货币等等，而其中最
为引人注目的，当数各类泥质彩塑残件。

这批泥质彩塑残件，乃先后两次集中出土：1979 年发掘木塔塔基，发现各类彩塑
残件 1500 余件（块）。内中既有大、中、小型人（神）塑像，影塑像，又有像座、背
光、龛饰、塑像服饰残件，门类可谓齐全。其间工艺最复杂，最能代表当时之雕塑艺
术水平者，显然应是各类人（神）塑像和影塑像。此所谓大型塑像，指体量等身或大
于等身像者，此类共 90 余件（块）；中型塑像，指比等身像小、身高约在 1—1.5 米
者，此类共 280 余件（块）；小型塑像，身高一般约在 0.5 米左右，此类共 180 余件
（块）。影塑像，是一种较为特殊的塑像类别，形体更小，身高一般为 15—20 厘米，身
体一侧往往削为平面，以便贴附于壁，造成如同高浮雕那样的艺术效果。此类共 400
余件（块）。塑像的种类，主要是佛、菩萨、弟子和各色供养人。1994 年秋，在发掘
永宁寺西门门址的同时，还在塔基西南角、西北角和东北角各开探方一个，清理与塔
基有关文物，又发现各类彩塑残件 130 余件（块），其中有些类型的残件，是前次所未
见或比较少见的。这就不但增加了出土彩塑残件的数量，而且在一定程度上，弥补了

有关类型塑像实物标本严重不足的缺憾。1994 年新发现的一件大像面部残块，从颏下至眼部高约 30 厘米，如加上眉、额、鬓部，估计其头部总高可达 40—50 厘米。此像若取立姿，身高则可能超过 3 米。此种大像，恐怕就是永宁寺彩塑中体量最大的神像了。这些塑像残件全部出自塔基周围，而且出塑像之堆积并非一次形成，说明它们应是塔内各类彩塑在木塔焚毁后的劫余之物。那些大、中、小型人（神）塑像，当为供养人及原置于神龛的佛、菩萨、弟子等供养对象；种种影塑像，则是贴于方形实心体神龛以外壁面的雕塑品。

据观察，这批泥质彩塑除某些饰件或为模制成型外，共余皆为手工雕塑品。其工艺特点是：不论大小塑像，均采用身、首分制而后插合在一起构成完整形象的方法制成；所有大、中、小型人（神）塑像，皆以竹、木以及其他辅助材料（如禾本科植物茎秆）为骨架，而影塑像则以柔韧性好的金属材料代替之；塑像的服饰，全部是综合运用就像胎敷泥雕塑以及贴塑、插附等多种工艺手法完成；妆銮塑像，用金粉和其他矿物质颜料，其色调约与河西（甘肃）诸石窟的北魏洞窟接近。

这批人（神）塑像，工艺精湛，制作精细，即使极细微处也一丝不苟。塑像造型优美，体态俊丽，衣纹简练，自然流畅，蕴含着永恒的艺术魅力，堪称我国古代雕塑艺术中的上乘珍品。发据简报称，这些北魏晚期彩塑，"要比同时期的石窟造像更精美、更细腻、更生动"[⑤]，看来并非过誉之词。在各类人（神）塑像中，对各色供养人形象的塑造尤为成功。其身材修长但不过分夸张，姿态俊秀但不过分清瘦；面相俱呈浑圆形，身段依然保持着曲线美而体态却圆润、丰满起来。人物表情丰富，个性突出，形象逼真，富于动感，衣、裙、披帛当风舞动，颇有一些顾恺之洛神赋图卷中神女的风韵。

仔细玩味这些塑像标本我们体会到，永宁寺这批宗教题材塑像，之所以能够达到如此美妙的艺术境界，在很大程度上，应当归功于创作者对现实生活的深刻观察和对写实主义手法的大胆运用。

《魏书·崔光传》记载，神龟"二年（公元 519 年）八月，灵太后幸永宁寺，躬登九层浮图"，崔光曾上表谏阻。光表中有"今虽容像未建，已为神明之宅"一语，依此推测，将这批人（神）塑像安置于塔内当是神龟二年八月以后的事情。

四　结束语

鉴于北魏洛阳永宁寺的特殊地位，我国著名学者宿白先生认为："该寺实际是北魏国寺，所以建成之后影响甚大。"他在《洛阳地区北朝石窟的初步考察》[⑥]一文中指出，当时洛阳佛寺建塔之风盛极一时，除胡太后本人在多所寺院各建浮图外，朝中显贵如太后妹皇姨、清河王元怿、宠阉刘腾也都争建佛塔于都邑；"与此同时，洛阳地区也出现了一批中心柱窟，其中巩县第一窟、（渑池）鸿庆寺第一窟布局与永宁寺塔基的中心部分……情况非常接近，显然都不是偶然的巧合，可能都是摹拟永宁寺"。根据对永宁寺塑像的初步研究，他还断言："同类窟龛的雕刻（也）是寺院塑造的摹拟。"实际上，永宁寺及其塑像艺术的深远影响，绝不仅仅局限于洛阳地区，很可能波及到更加广阔的地域，对此必须有足够的估计。

（1995 年 3 月 17 日在东京"日本中国考古学会"月例会上演讲，地点：东京驹泽大学）

注　释

① 中国科学院考古研究所洛阳工作队：《汉魏洛阳城初步勘查》，《考古》1973 年 4 期。

②⑤ 中国社会科学院考古研究所洛阳工作队：《北魏永宁寺塔基发掘简报》，《考古》1981 年 3 期。

③ 杨鸿勋：《关于北魏洛阳永宁寺塔复原草图的说明》，《文物》1992 年 9 期。

④ 陈明达：《中国古代木结构建筑技术：战国—北宋》第二章，文物出版社，1990 年。

⑥ 宿白：《洛阳地区北朝石窟的初步考察》，载《中国石窟·龙门石窟》第一卷，文物出版社，1987 年。

北魏洛阳永宁寺遗址出土的彩塑残件

北魏都洛时期，大兴佛法，据《洛阳伽蓝记·序》，至北魏末年，洛阳城内已有佛寺 1367 所，永宁寺是其中最著名的佛寺之一；寺内的九层木塔，高峻挺拔，巍峨壮丽，更被建筑学家誉为我国古代建筑史上的一个奇迹。

北魏洛阳永宁寺遗址，位于宫城阊阖门南一里铜驼街西侧，东距铜驼街约 200 余米。自 20 世纪 60 年代以来，社科院考古所汉魏洛阳城队对这座著名寺院遗址进行过多次较全面的考古勘察，查明了它的基本建筑布局，并相继发掘了木塔塔基、大殿殿基以及寺院的南门、东门、西门门址。历次发掘的重要收获之一，是发现了一大批不同类型的泥质彩塑残件或残块。这一重大发现曾引起国内外学术界的广泛关注。

这里，拟对这批彩塑做一简要论述。

一　出土情况

这批彩塑残件或残块，是先后两次集中出土的。

1979 年发掘木塔塔基，出土各类彩塑残件计 1500 余件（块）。其中既有大、中、小型人（神）塑像、影塑像，又有像座、背光、龛饰、塑像饰件等等，而以各类大、中、小型人（神）塑像和影塑像为最主要部分。所谓大型塑像，指等身或大于等身像者，此类共 90 余件（块）；中型塑像，指比等身像小、身高约在 1—1.5 米者，此类共 280 余件（块）；小型塑像，身高一般约 0.5 米左右，此类共 180 余件（块）。影塑像，是一种较为特殊的塑像类别，形体很小，身高通常为 15—20 厘米，躯体一侧往往削为平面，以便贴附于壁，造成如同高浮雕那样的艺术效果。此类共 400 余件。塑像的主要种类，是佛、菩萨、弟子（比丘）和各色供养人。

1994 年秋，在塔基西南角、西北角和东南角清理文物，又发现各类彩塑残件 130 余件（块），其中有些类型的残件，是前次所未见或比较少见的。这就不但增加了发现彩塑残件（块）的数量，而且在一定程度上，弥补了有关类型彩塑像实物资料严重不足的缺憾。1994 年新出土的一件大像面部残块，从颏下至眼部高约 30 厘米，如加上眉、额、髻，估计其头部总高可达40—50厘米；此像若取立姿，身高则可能超过3米。此种大像，恐怕就是永宁寺彩塑中体量最大的神像了。

这些彩塑残件（块），全部出自塔基周围，充分显示了它们与木塔之间的密切联系。《魏书·灵徵志》有"永宁佛图，灵像所在"一语，说明当初木塔内是供有神像的。清理木塔塔基发现，塔体初层之"第四圈木柱以内，筑有一座土坯垒砌的方形实心体。长宽均为20米，残高3.6米。……在土坯垒砌的方形实心体的南、东、西三面壁上，各保存着五座弧形的壁龛遗迹。这种壁龛均设置在两柱之间，宽1.8米，进深20—30厘米，是用土坯垒砌出来的"。发掘简报如实判断："这些壁龛应是供奉佛像的位置。"[①]据此足以证明，塔基周围所出彩塑残件（块），无疑是塔内各类彩塑遭受破坏后的残余。那些大、中、小型人（神）塑像乃供养人及原置于龛内的佛、菩萨、弟子等供奉对象，而影塑像，则是贴附于方形实心体壁面的雕塑品。

二　制作年代

据《洛阳伽蓝记》卷一，永宁寺始建于孝明帝熙平元年即公元516年；至孝武帝永熙三年即公元534年，木塔被雷击，为大火所焚。依此知，木塔自始建到毁废，总共才有短短18年的时间。这就为永宁寺彩塑的制作，划定了一个明确的最大时间范围。

同书还记载，"装饰毕工"，孝明帝与胡太后曾共登木塔，"视宫内如掌中，临京师若家庭"。《魏书·崔光传》称，神龟"二年（公元519年）八月，灵太后幸永宁寺，躬登九层浮图"，崔光曾上表谏阻。二者所指或为同一事。崔光在陈述不可登塔的理由时，写有如下两段文字：一为"今虽容像未建，已为神明之宅"。另一为"今经始既就，子来自劝，基构已兴，雕绚渐起，紫山华台，即其宫也"。由以上记载可知，至神龟二年八月，永宁寺九层木塔的营建工程业已基本竣工，即令还有一些扫尾工作，也属雕镂粉饰之类，而当此时，塔内尚未安置各种神像。显然，于塔内供奉神像应是神龟二年八月以后的事情。

我们这样说，并不意味着各种人（神）塑像都是神龟二年八月以后才开始雕塑的。因为从塑像残件看，除大型塑像因资料缺乏难以做出判断外，其他各类塑像，都是有可能在塔外预先完成或基本完成、而后移置于塔内的。考虑到正光元年（公元520年）七月胡太后即开始了长达五年之久的被幽禁生涯这一历史事实，我们以为，永宁寺塔彩塑的制作及完成，或许应在正光元年七月之前。

三 制作工艺

据观察，这批泥质彩塑，除某些饰件如璎珞、杯状莲花等等或为模制成型外，其余皆为手工雕塑品。其制作工艺，颇为复杂。这里，仅以各类人（神）塑像为例，择其工艺技术中具有普遍意义者列举如次。

其一，无论大小塑像，均采用身、首分别制作，而后将颈部末端插入胸腔并以细泥将结合部抹平的方法制成。

其二，所有大、中、小型人（神）塑像的身、首两部分像胎，皆以竹、木以及其他辅助材料（如禾本科植物茎秆）为骨，然后层层敷泥制成；由内到外，用泥有粗、细之分。

其三，适应影塑像这一特殊雕塑品的实际需要和工艺要求，在制作时，普遍以金属材料为骨架，充分发挥其质坚、柔韧性强的功能。

其四，各类塑像的服饰，都是综合运用就像胎敷泥雕塑以及贴塑、插附等多种工艺手法而最终完成。

其五，最后一道工序，是为塑像敷彩、涂金。可惜在塑像被焚烧后，当初的斑斓色彩已丧失殆尽，而今得以见到者，唯有残存于面部及手掌、手指残件表面的少许金色和衣摆碎块上的一片片白、绿或赭红色色彩。然由此可以推知，当时妆銮所用，大约皆为矿物质颜料，其色调，应与河西诸石窟的北魏洞窟接近。

这一套工艺技术，既是对传统塑像制作工艺的全面继承和发展，又表现出较鲜明的时代特点，像各类人（神）塑像身、首分制而后插合在一起构成完整形象的做法，便与北魏墓随葬陶俑独具一格的制作方法相同。唯一的不同之处在于，随葬陶俑普遍为模制成型，然后稍加修饰而成，工艺简略、粗率，人物多所雷同。因此，即使同期墓葬所出工艺水平最高的陶俑，如洛阳北魏元邵墓所出土者[②]，也远不如永宁寺彩塑表情丰富，形态自然，富于个性。这大概即是制作永宁寺彩塑之所以摈弃社会上流行的模制成型法而坚持手工雕塑的根本原因。

除此之外，从实物标本还可看出，永宁寺彩塑的创作者，虽身怀绝技，但在创作过程中，依然兢兢业业，每道工序都严格要求，精工细作，即使极细微处也一丝不苟。这又是永宁寺彩塑获得巨大成功的重要技术保证。

四 艺术风格

北魏洛阳永宁寺彩塑，题材广泛，工艺精湛，形象逼真，蕴含着永恒的艺术魅力，堪称我国古代雕塑艺术中的上乘珍品。发掘简报已经指出，这批北魏晚期的彩塑，"要比同时期的石窟造像更精美、更细腻、更生动"③。

综观为数众多的人（神）塑像，我们得到的一个突出印象是：它们造型优美，端庄秀丽，虽不时流露出某些秀骨清像的遗韵，但在对人体各部特征的刻画及对塑像整体比例的把握方面，则显得更加准确、完美。其体形修长但不过分夸张，身姿秀美但不过分清瘦；面相俱呈浑圆形，身段依然保持着曲线美而体态却圆润、丰满起来。衣纹及下摆也不再那样紧密、重叠、繁复，而变得简洁、流畅，更趋自然。让人感到，一种新的造像风格似乎正在出现。

创作者雕塑各类头像，十分注重通过对相貌的形象刻划，表现人物的内在特质。比如，塑造弟子，头顶或呈浑圆状，或作顶骨缝稍稍隆起，其状貌微有差异。然青年弟子，无不面皮滑嫩，广额圆颏，眉清目秀，于安详中透出几分稚气；老年弟子，面部肌肉松弛，颧骨突出，连枕骨都清晰可见，再现了饱经沧桑的老成持重神态。女侍们面庞圆润，长眉细目，鼻尖稍高，嘴角微翘，完全是娴静淑女模样；戴盔武士方脸盘，大眼睛，络腮胡须，显得格外威武雄壮。深目高鼻的胡人形象，固然容易给人留下深刻印象，人们对菩萨的庄严、智慧，从其形象中也能有所体味。与此相适应，在雕塑身段和服饰时，还努力从形象上恰当表现出各类塑像的形态特征以至身份、地位。故而将身、首协调搭配，便能相辅相成，相映生辉，确保其艺术形象的完美。

更为难能可贵的是，当我们仔细观察各类头像时，在同类塑像的多数个体中，竟没有找到一个两者完全相同的实例。其原因在于，对同类塑像不同个体的形象刻画，彼此间还做出一些很难察觉的细微变化。

此外，若将人、神塑像加以对比，便会立刻发现，各色供养人像似乎更佳。对神像的塑造，大约受到固有传统样式的约束，使形象较为死板和程式化；对供养人形象的塑造则要放手得多，故其表情丰富，体态优美，富于动感；其衣袖、裙裾、披帛，当风飘舞，颇有一些顾恺之洛神赋图卷中神女的风韵。

从以上事实中我们领悟到，永宁寺这批宗教题材的塑像，之所以能够达到如此高妙的艺术境界，在很大程度上，应该归功于创作者对现实生活的深刻观察和对写实主义手法的大胆运用。

五 余 论

众所周知，北魏洛阳永宁寺乃熙平元年胡太后所立。然在城内兴建永宁寺的设想，早在孝文迁洛初期就已经有了，《魏书·释老志》所谓"都城制云，城内唯拟一永宁寺地"，便是证据。据此，我国著名学者宿白先生认为，"该寺实际是北魏国寺，所以建成之后影响甚大。"他在《洛阳地区北朝石窟的初步考察》④一文中，不仅从文献记载和实际调查资料两个方面，探讨了永宁寺塔对洛阳地区北朝佛寺和石窟营造的巨大影响，而且根据对永宁寺塑像的初步研究断言："同类窟龛的雕刻是寺院塑造的摹拟"。

事实上，永宁寺及其塑像艺术的深广影响，绝不仅仅局限于洛阳地区。而这一点，正是我们应该进行广泛而深入探讨的学术课题。

（1995 年 3 月 24 日在日本奈良文化财研究所演讲）

注　释

① ③ 中国社会科学院考古研究所洛阳工作队：《北魏永宁寺塔基发掘简报》，《考古》1981 年 3 期。

② 洛阳博物馆：《洛阳北魏元邵墓》，《考古》1973 年 4 期。

④ 宿白：《洛阳地区北朝石窟的初步考察》，载《中国石窟·龙门石窟》第一卷，文物出版社，1987 年。

书 评

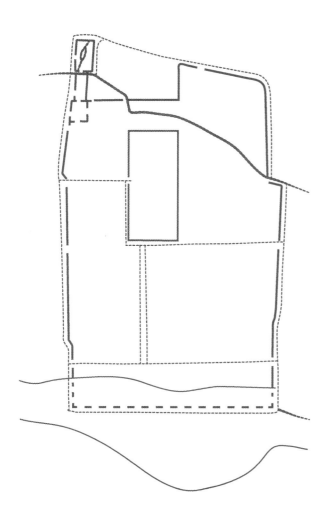

读《北宋皇陵》

  《北宋皇陵》是由河南省文物考古研究所编著，国家社会科学基金资助项目，中州古籍出版社 1997 年 8 月出版。本书正文 564 页，附表 41 页，附录 55 页，彩版 8 个版，黑白图版 88 个版，16 开本（精装），售价 150 元整。

  河南省文物考古研究所编著《北宋皇陵》，系在建立全国重点文物保护单位——河南巩义宋陵档案资料的基础上编写而成，重在全面记述北宋皇陵的各项遗迹和遗物，同时结合有关文献记载讨论了陵址的选择与建制特点、石雕名称与分期、地宫结构的三个阶段、陪葬墓的分区与等级等等问题。著名考古学家宿白先生在为其撰写的《〈北宋皇陵〉读后（代序）》中业已指出，该书"洋洋洒洒，都五十余万言，客观描述细致，主观探索清晰，并辅有大量插图、图版，洵是近年罕见的较有份量的大型考古调查报告"。这部"较全面详细的调查报告，不仅完成了重点文物的档案记录，并为研究者提供了宋陵的第一手资料，更重要的是给如何系统的、科学的对宋陵进行保护维修，做了最基础的工作"。

  巩义宋陵作为我国保存情况较好的古代帝陵遗址，历来深受世人的广泛关注。且不说屡见于元、明以来诸家著录和地志的有关记录，仅新中国成立以后发表的相关学术性文章以及介绍性文字或者单行本，即达十余种之多。与以往种种记述或论著相比，《北宋皇陵》可以说是在新的历史条件下，以更加广泛、深入的实际考察为依据形成的更高层次的成果。其突出特点，似可归纳为以下三个方面。

  一是资料全面、系统，内容详备充实，文字平实简练，图、表配置比较丰富。从中既可看到北宋皇陵区的地理环境和总体规划设计，又能较详尽地了解每座陵园的具体内涵及相关遗迹。在这里，既有对地面现存遗迹的翔实记述，又有地面无存之建筑遗迹的勘探或试掘资料，还有进行调查、试掘所获各类遗迹、遗物的科学记录，对此前诸陵园建筑遗迹的保存和损坏情况也做了必要的追述，其间自有不少超越前人之处。本报告设专章介绍与皇陵密切相关的建筑遗址，如陵邑、寺院、采石场、砖瓦窑址等等，更是以往著录或报道中较少涉及或不曾涉及的内容。编者在报告中提出的各种见解，定将使研究者从中获取启迪或补益；报告末尾的附录，汇集与皇陵有关的碑刻录文、明清时期御制祭文、皇陵区出土墓志和墓记录文百五十余篇（含仅存墓志盖者二十余例），又为研究者提供了极大的便利。

二是有关建筑遗迹勘探或试掘的资料，在报告中占有一定的比例。由于此前开展的巩义宋陵调查，主要是为了适应大遗址保护和建档工作的需要，而不是纯学术意义上的全面勘察和发掘，故而考古勘探和试掘在整个调查工作中所占比重并不很大，似乎只是作为地面调查的补充手段、在地上建筑遗迹无存、无法确定其范围或结构的情况下施行。然而事实表明，考古勘探和发掘在宋陵调查中同样具有突出的地位和作用。正是这些工作成果，构成了报告中最精彩的部分。比如，在北宋皇陵区内，诸陵园的下宫遗址普遍保存较差，地面上除望柱或个别门狮外，其他遗迹概无残存，诸皇后陵的宫城，多数也是神墙无存、角阙残缺严重，只是通过考古勘探，才使它们的范围、形制得以初步认定。又比如，以往仅对各陵园上宫做地面调查，只知道其上宫由陵台及围绕陵台的方形宫城构成，宫城周绕夯筑神墙，四面正中设门；南神门外神道两侧，由南向北依次排列鹊台、乳台和石雕像。由永定陵上宫遗址的试掘得知，其鹊台或作方柱体，而乳台则应是三出阙的形制；宫城角阙从外侧各个角度看都象三出阙；神门的结构较为特殊，采取门、阙结合的形式，中间为门道，两侧则是三出阙式门阙；陵台确如文献所载，为三重覆斗式，从而将人们的认识提高到一个新的高度。另外，专为永定陵营造的皇家寺院永定禅院之所在，也是因发掘而得以肯定。禅院遗址东南距永定陵陵台约1000米，近年修建的巩义—铁生沟铁路适从遗址东边部穿过。在配合铁路建设的发掘中，不仅揭露出一座南北长80余米的僧房类建筑，而且发现一大批建筑材料和陶瓷质日用器物，板瓦上戳印和瓷器底部墨书文字中，有"定陵官""永定""定院"多例，直接道明了遗址的固有性质。

三是报告配置的各种线图、拓片、图版，不单数量之大远远超出以往的任何著录和报道，其间更有不少值得称道之处。首先，各陵园的实测图，皆为带等高线的地形图；其次，对测绘难度较大的陵前石雕像，请中国人民解放军测绘学院摄影测量与遥感系的专业人员采用近景摄影测量技术绘制，以保证大型陵墓石刻线图的科学性和准确度；再次，陵园的全景图像，多采用彩色或黑白的高空摄影照片，其中部分为航拍而成。航拍片中，有3幅拍于1958年，其资料价值之高，自不待言；又次，装饰花纹繁缛精美，是北宋皇陵石雕的一大特点。记录此类图像，报告通常采用拓片，但于诸陵望柱，则于拓片之外，复转录张广立先生1986年所发有关文章的线图，两相参照，效果颇佳。

当然，这部书也存在一些不足之处。比如，报告对整个北宋皇陵区地理形势的形象反映似乎不够充分，缺少一张大范围的地形图或者影像图；陵前石雕像所占图版不少，但仍嫌不足，至少应增加一些局部特写照片；记录石刻纹饰，拓片固然必不可少，然鉴于石刻本身都有不同程度的风化，加上技术方面的局限，拓片效果不能尽佳，应该尽可能多附一些高质量线图。永昭陵下宫钻探平面图，是报告中唯一一张能够反映下宫具体内涵的重要线图，由于此图眉目不够清晰，看起来颇觉费力。

总的看来，《北宋皇陵》作为我国第一部关于巩义宋陵的大型调查报告，的确是一本好书。它既是在国家文物局和河南省文物局大力支持下，全体调查人员辛勤工作的结果，也是到目前为止宋陵考察发展水平的真实反映。这本调查报告的公开出版，除必将对今后宋陵遗址的保护和研究产生巨大积极影响之外，人们也会从中得到多方面的有益启示。

作为本报告的热心读者之一，我以为它带给人们的重要启示，至少有以下诸点。

其一，《北宋皇陵》以事实说明，帝陵区的各项地上建筑和设施，是帝王陵墓不可分割的有机组成部分，对研究古代陵寝制度具有重要意义。做好陵园地上建筑和其他相关建筑的调查、记录和研究，应是开展帝陵考察的基本要求之一，理当像对待帝陵的地宫那样，给予极大的关心和重视，舍得为此投入相应的人力、物力和财力，万不可漫不经心，漠然置之。

其二，帝王陵墓如同古城址一样，属于大型古代遗址，长期暴露于野而难以用任何覆盖方式全面予以保护，因此难免遭受某些自然或人为的损害以至破坏。阅读《北宋皇陵》时，我们曾以该书之诸陵园实测图与郭湖生等先生 1964 年发表的《河南巩县宋陵调查》（见《考古》1964 年 11 期）一文的有关插图加以对照，发现从 20 世纪 50 年代后期至 90 年代前期这数十年内、在各级政府已经明令宣布巩义宋陵属于文物保护单位的情况下，诸陵园遗迹仍然受到不同程度的损害，其中尤以永安陵、永泰陵为甚。造成损害的原因，既有自然因素，又有人为因素，人为因素似比自然因素危害更大。这一事实提醒我们，全面调查、记录帝王陵墓地上建筑遗迹、遗物是一项刻不容缓的工作，需要怀着紧迫感和高度责任心抓紧时间进行。工作做得越晚，损失将越重，更何况有些损失是无法弥补的。

其三，阅读《北宋皇陵》使人明白，对帝陵的地上建筑遗迹仅做地面调查固然十分必要，但由于它只能表现这些遗迹的保存状况，而不能反映它们的原始状态，由此产生的记录，便不可避免地带有某些局限性，对于文物保护虽不失为一份极其宝贵的档案资料，而从研究工作的角度看，却不能说是一种可以完全凭信的依据，因为保存现状和原始状态之间，往往存在较大的差异。因此，为了取得一套完整的、对文物保护和研究都适用的科学记录，除了认真进行地面调查，还必须开展全面的考古勘探和较大面积的发掘清理，借以追寻能够反映各建筑本来面貌的各种遗迹。

　　总之，由河南省文物考古研究所编撰的《北宋皇陵》一书，为我们提供了很多可资借鉴的东西。认真研读这部大型考古调查报告，从中汲取丰富营养，对开创我国古代帝陵考古勘察的新局面将大有帮助。

（原刊于《考古》1998 年 12 期）

中国钱币学研究的新成果

——简评《洛阳钱币发现与研究》

　　承蒙洛阳市钱币学会厚爱，赠我《洛阳钱币发现与研究》一册。在此，请允许我向贵学会及本书作者表示最诚挚的谢意，并借此机会，对本书的问世致以衷心地祝贺。

　　附函征求对大作的意见，让我颇感为难。我虽长期从事田野考古，但于古钱币学知之甚少，且限于时间，仅匆匆拜读了其中的第二、三两章，实不敢对全书做出评价。然为答谢贵学会不耻下问的诚意，不得不勉为其难，就拜读所及，谈一点粗浅看法。

　　1. 由洛阳市钱币学会组织编写的这本《洛阳钱币发现与研究》，以洛阳地区的考古发现为基础，结合其他资料，采用遗址、墓葬等断代分类方法，对新中国成立以来洛阳地区出土和发现的钱币进行了总结，使读者得以比较系统地了解前此近半个世纪内洛阳地区钱币发现和研究的主要成果，这无疑是做了一件非常有意义的工作。这本书，编辑主旨明确，体例统一，内容丰富，资料翔实，写作态度较为严谨，应该承认它是一部好的作品。书中不少章节，由年轻的文物、考古工作者担纲编写，不仅较好地吸收了学界前辈及诸同行的研究成果，同时也发表了一些颇有见地的意见，学术思想活跃，读来倍觉亲切。这种做法，我以为尤应予以肯定。

　　2. 据知，此书只是河南钱币学会组织编写之《河南出土钱币丛书》中的一部，以行政区划为单位、编辑主旨与其相同的书，今后还将出版若干部。这一事实表明，河南的钱币学研究，已经跨入到一个与文物、考古工作有机结合的新阶段，并取得了巨大的成绩。近年钱币学界与文物、考古学界一起，对曹魏"五铢"进行了富有成效的探讨，更预示着沿着这条路子走下去，将为我国的钱币学研究开创出一个更加光辉灿烂的未来。

　　3.《〈河南出土钱币丛书〉序》指出，这套丛书"各册的内容以当地出土和发现的钱币资料为主，着重于对钱币出土情况和出土钱币版别种类、质地等的介绍，并对出土钱币略作有独到见解的分析研究，力求图文并茂，突出全书的资料性和学术性。"以此标准衡量，《洛阳钱币发现与研究》一书，似仍有一些不足之处。

　　（1）在这本书里，钱币出土概述和钱币种类，本是两项内容密切相连的文字，但在某些章节，两者在文字表述上明显脱节，附图也只见拓本而不知标本的出土地点及单位，这无论从突出学术性或资料性的角度要求，都是有所欠缺的。

（2）本书对某些章节的编排似不尽合适。如将"三国钱币"和"西晋钱币"分别划分为第二章的第五节和第六节，但由于这两个历史时期俱以前朝旧币为主要流通货币，唯一富于时代特征的曹魏"五铢"，又几乎全部是出于西晋墓及窖藏之中，这样便造成了两节中的钱币出土概述，文字大量重复。

（3）书名既为发现与研究，那么，除详细记述发现资料外，研究方面的内容也应放到较为突出的位置，尤其对于重要研究成果，更应以简明扼要的文字重点予以表述，而不可过于简单从事。依此看来，第二章第五节关于曹魏"五铢"的表述方式，似乎显得太平淡了，这对不了解近年开展的大量有关学术探讨活动的读者来说，恐怕是很难理解的。据说，关于曹魏"五铢"拟在许昌册中重点介绍，然这样做，并不能使只读洛阳册的读者明了有关问题。因此，洛阳册的有关内容也是不可缺少的。

（4）本书所附标本拓片皆无比例，据说，按编辑体例，所有拓本皆为原大，即1∶1。但我试着量了几个，发现几乎无一例与文字记述的大小一致，误差都在1毫米左右。这一误差的形成，很可能是印刷过程中某些技术方面的原因造成，若确是这样，那就意味着这种现象，至少在目前很难避免。为保证书的出版质量，我建议，最好还是附上比例尺。

（原刊于《洛阳月谈》1998年6期）

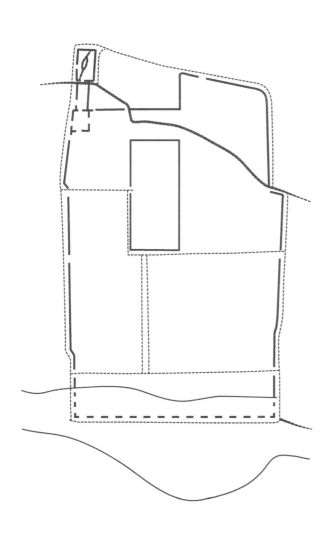

学术成果目录

学术成果目录

1. 《西安南郊何家村唐代金银器小议》，《考古》1980 年 6 期。

2. 《汉魏洛阳故城太学遗址新出土的汉石经残石》，《考古》1982 年 4 期。

3. 《偃师商城的初步勘探与发掘》，《考古》1984 年 6 期。

4. 《河南巩县宋陵采石场调查记》，《考古》1984 年 11 期。

5. 《河南巩县宋陵采石场题记补遗》，《考古》1986 年 6 期。

6. 文物出版社 1984 年版《新中国的考古发现和研究》载：
   "邺城的调查""汉魏洛阳城的调查与发掘""河北、山西、河南的东魏、北齐墓"
   "石窟寺考古的新发现和研究""隋唐两京的发掘""唐代墓葬的发掘和研究""唐
   代金银器的发现""新疆吐鲁番的高昌和唐代墓葬""渤海上京龙泉府遗址的调查与
   发掘""渤海墓葬的发掘"。

7. 《西晋帝陵勘察记》，《考古》1984 年 12 期。

8. 《洛阳汉魏故城北垣一号马面的发掘》，《考古》1986 年 8 期。

9. 《汉魏洛阳城的几个问题》，载《中国考古学研究——夏鼐先生考古五十年纪念论文
   集》，文物出版社，1986 年。

10. 中国大百科全书出版社 1986 年版《中国大百科全书·考古学》载：
    "隋唐考古""唐代金银器""阿斯塔那墓群""前蜀王建墓""河北、山西东魏、北
    齐墓""金银器""巩县宋陵"。

11. 《汉魏洛阳城北魏建春门遗址的发掘》，《考古》1988 年 9 期。

12. 《汉魏洛阳故城勘察工作的收获》，载《中国考古学会第五次年会论文集（1985）》，文
    物出版社，1988 年。

13. 《汉魏洛阳与自然河流的开发和利用》，载《庆祝苏秉琦考古五十五年论文集》，文
    物出版社，1989 年。

14. 《洛阳平等寺碑与平等寺》，《考古》1990 年 7 期。

15. "隋唐—元代考古"，载《当代中国社会科学手册》，社会科学文献出版社，
    1991 年。

16. 1985、1986、1988、1989、1990 年《中国考古学年鉴》的"魏晋南北朝—元明考古"。

17. 《对北魏洛阳城外郭城内丛葬墓的一点看法》，《考古》1992 年 1 期。

18. 《洛阳东白马寺和庄武李王》，《考古》1992 年 2 期。

19. 《从北魏通西域说到北魏洛阳城——公元五、六世纪丝绸之路浅议》，载《洛阳——丝绸之路的起点》，中州古籍出版社，1992 年。

20. 《汉魏洛阳城西东汉墓园遗址》，《考古学报》1993 年 3 期。

21. 《我国古代墓葬中发现的孝悌图像》，载《中国考古学论丛——中国社会科学院考古研究所建所 40 年纪念》，科学出版社，1993 年。

22. 《再现古都历史的辉煌——洛阳地区重要考古发现概述》，《文史知识》1994 年 3 期。

23. 《读唐崔凝及其妻李氏墓志》，载《汉唐与边疆考古研究》第一辑，科学出版社，1994 年。

24. 《北魏宣武帝景陵发掘报告》，《考古》1994 年 9 期。

25. 《北魏洛阳永宁寺》，中国大百科出版社，1996 年。

26. 《考古研究所汉唐宋元考古二十年》，《考古》1997 年 8 期。

27. 《隋唐洛阳含嘉仓出土铭文砖的考古学研究》，《考古》1997 年 11 期。

28. 1997 年洛阳文史资料第十八集《文化与考古》载：
《偃师商城发现追记》《对考察洛阳汉魏故城的片断回忆》《初释西晋帝陵之谜》。

29. 《偃师商城发现追记》，载《河南文史资料》第二辑，1998 年。

30. 《对勘察汉魏洛阳故城的片断回忆》，载《河南文史资料》第四辑，1999 年。

31. 《中国钱币学研究的新成果》，《洛阳月谈》1998 年第 6 期。

32. 编辑出版图录《中国社会科学院考古研究所考古博物馆洛阳分馆》，并在其中发表署名文章《洛阳汉魏故城》。

33. 《读〈北宋皇陵〉》，《考古》1998 年 12 期。

34. 《洛阳古代都城城址迁移现象试析》，《考古与文物》1999 年 4 期。

35. 《三国至明代考古学五十年》，《考古》1999 年 9 期。

36. 《汉魏洛阳故城形制浅议》，《洛阳博物馆建馆四十周年纪念文集（1958—1998）》，科学出版社，1999 年。

37. 《黄河三门峡邻近地区新发现汉魏漕运遗迹浅议》，载《宿白先生八秩华诞纪念文集》，文物出版社，2002 年。

38. "20 世纪中国文物考古发现与研究丛书"《汉魏洛阳故城》，文物出版社，2009 年。

39. 文物出版社 2010 年版《汉魏洛阳故城南郊礼制建筑 1962—1992 年考古发掘报告》载：

第三章"辟雍遗址"、第四章"太学遗址"。

40. 中国社会科学出版社 2010 年版《中国考古学·秦汉卷》载：

第五章（汉代都城之第二节）"东汉洛阳城遗址"、第八章（汉代官吏与平民墓葬之第十七节）"汉代刑徒墓"。

41. 中国社会科学出版社 2018 年版《中国考古学·三国两晋南北朝卷》载：

第一章"三国至北朝都城"之第一节"三国魏至北朝洛阳城"。

后　记

　　我们已经顺利地完成了发表在各种出版物上的文章收集工作，欲做进一步整理、校对，以便印刷。

　　现在回过头来想想，这项工作之所以进行得如此顺利，最重要的是，得到了考古所领导的支持。早在肖淮雁同志和刘涛同志提出想法，向所长汇报后，所长陈星灿同志说（据刘涛传达）：这是所里的工作，所里应该考虑为老同志们出版文集，你们先想到了，做得好，我们坚决支持。并叮嘱了一系列做好这一工作的注意事项。后来还专门开会讨论了资金等有关问题。在此，对考古所及所长的关心和支持，表示由衷的感谢。

　　刘涛同志在后来做田野工作的同时，还要兼顾此事，和财务部门及出版社沟通，处理各种杂事，非常费心。考古所研究生张效儒协助完成了文章收集、汇总等工作；考古所洛阳汉魏城队的张忠朴、王铭杰，南京大学研究生陈佩、张书涵、李梓萌、白宇、陈志远等协助完成了文字录入、誊清校对、线图清绘等工作；工作队的王向阳、陈雅琳协助完成了图版扫描制作等工作；责任编辑孙丹也为此贡献良多。在此一并致谢。

　　最后，还要对我的老伴和子女说一声对不起，年轻时关照他们太少，欠账太多，现在要补也晚了。

段 鹏 琦

2020 年 10 月 20 日